Coleção de Leis Rideel

Código de Defesa do Consumidor

Constituição Federal

EDITORA RIDEEL

Expediente

Presidente e Editor	Italo Amadio
Diretora Editorial	Katia F. Amadio
Editora Assistente	Ana Paula Alexandre
Assistente Editorial	Bianca Conforti
Equipe Técnica	Flavia G. Falcão de Oliveira
	Marcela Queiroz
Diagramação	Projeto e Imagem
Produção Gráfica	Hélio Ramos

Colaboração na elaboração das notas remissivas:

Constituição Federal	Marcos Antônio Oliveira Fernandes
	Rodrigo Carneiro Cipriano
Código de Defesa do Consumidor	Anne Joyce Angher

Dados Internacionais de Catalogação na Publicação (CIP)
(Câmara Brasileira do Livro, SP, Brasil)

Brasil
 Código de Defesa do Consumidor
 Código de Defesa do Consumidor / Obra Coletiva de autoria da Editora Rideel.
 – São Paulo: Rideel, 2010 (Coleção de Leis Rideel)

 Inclui: Constituição Federal
 ISBN 978-85-339-1655-5

 1. Consumidores – Leis e legislação – Brasil I. Título. II. Série.

10.07709   CDU-34:381.6(81)

Índices para catálogo sistemático:
1. Brasil : Código de Defesa do Consumidor   34:381.6(81)
2. Brasil : Consumidores : Código de Defesa e Proteção   34:381.6(81)
3. Código de Defesa do Consumidor : Brasil   34:381.6(81)

Edição Atualizada até 23-7-2010

© Copyright - Todos os direitos reservados à

Av. Casa Verde, 455 – Casa Verde
CEP 02519-000 – São Paulo – SP
e-mail: sac@rideel.com.br
www.editorarideel.com.br

Proibida qualquer reprodução, seja mecânica ou eletrônica,
total ou parcial, sem prévia permissão por escrito do editor.

5 7 9 8 6 4
0 8 1 0

Índice Geral da Obra

Prefácio IV

Código de Defesa do Consumidor
  Índice Sistemático do Código de Defesa do Consumidor 2
  Código de Defesa do Consumidor 3
  Índice Alfabético-Remissivo do Código de Defesa do Consumidor 21

Constituição Federal
  Índice Sistemático da Constituição da República Federativa do Brasil 26
  Constituição da República Federativa do Brasil 29
  Ato das Disposições Constitucionais Transitórias 122

Prefácio

A Editora Rideel, atendendo ao disposto na Lei nº 12.291, de 20 de julho de 2010, que torna obrigatória a manutenção de exemplar do Código de Defesa do Consumidor – Lei nº 8.078, de 11 de setembro de 1990 – nos estabelecimentos comerciais e de prestação de serviços, traz ao mercado mais um produto da Coleção de Leis Rideel: CÓDIGO DE DEFESA DO CONSUMIDOR E CONSTITUIÇÃO FEDERAL.

Ideal para consulta diária, a obra apresenta seu conteúdo criteriosamente atualizado com as mais recentes modificações normativas e totalmente adaptado ao Novo Acordo Ortográfico da língua portuguesa.

Pensando em facilitar ainda mais a sua consulta, esse lançamento oferece, ainda, todas as atualizações de 2010 em destaque, além de notas e índices especialmente planejados para orientar a pesquisa, garantindo mais funcionalidade ao seu livro.

Esta Editora, sempre comprometida em oferecer o melhor, mantém-se receptiva às críticas e sugestões de seus consumidores pelo e-mail: sac@rideel.com.br.

O Editor

Código de Defesa do Consumidor

Índice Sistemático do Código de Defesa do Consumidor

(Lei nº 8.078, de 11-9-1990)

TÍTULO I
DOS DIREITOS DO CONSUMIDOR

Capítulo I –	Disposições gerais – arts. 1º a 3º	3
Capítulo II –	Da política nacional de relações de consumo – arts. 4º e 5º	3
Capítulo III –	Dos direitos básicos do consumidor – arts. 6º e 7º	4
Capítulo IV –	Da qualidade de produtos e serviços, da prevenção e da reparação dos danos – arts. 8º a 28	4
Seção I –	Da proteção à saúde e segurança – arts. 8º a 11	4
Seção II –	Da responsabilidade pelo fato do produto e do serviço – arts. 12 a 17	5
Seção III –	Da responsabilidade por vício do produto e do serviço – arts. 18 a 25	5
Seção IV –	Da decadência e da prescrição – arts. 26 e 27	7
Seção V –	Da desconsideração da personalidade jurídica – art. 28	7
Capítulo V –	Das práticas comerciais – arts. 29 a 45	7
Seção I –	Das disposições gerais – art. 29	7
Seção II –	Da oferta – arts. 30 a 35	7
Seção III –	Da publicidade – arts. 36 a 38	8
Seção IV –	Das práticas abusivas – arts. 39 a 41	8
Seção V –	Da cobrança de dívidas – arts. 42 e 42-A	10
Seção VI –	Dos bancos de dados e cadastros de consumidores – arts. 43 a 45	10
Capítulo VI –	Da proteção contratual – arts. 46 a 54	10
Seção I –	Disposições gerais – arts. 46 a 50	10
Seção II –	Das cláusulas abusivas – arts. 51 a 53	11
Seção III –	Dos contratos de adesão – art. 54	12
Capítulo VII –	Das sanções administrativas – arts. 55 a 60	13

TÍTULO II
DAS INFRAÇÕES PENAIS

Arts. 61 a 80 ... 14

TÍTULO III
DA DEFESA DO CONSUMIDOR EM JUÍZO

Capítulo I –	Disposições gerais – arts. 81 a 90	15
Capítulo II –	Das ações coletivas para a defesa de interesses individuais homogêneos – arts. 91 a 100	16
Capítulo III –	Das ações de responsabilidade do fornecedor de produtos e serviços – arts. 101 e 102	17
Capítulo IV –	Da coisa julgada – arts. 103 e 104	17

TÍTULO IV
DO SISTEMA NACIONAL DE DEFESA DO CONSUMIDOR

Arts. 105 e 106 ... 18

TÍTULO V
DA CONVENÇÃO COLETIVA DE CONSUMO

Arts. 107 e 108 ... 18

TÍTULO VI
DISPOSIÇÕES FINAIS

Arts. 109 a 119 ... 18

CÓDIGO DE DEFESA DO CONSUMIDOR
LEI Nº 8.078, DE 11 DE SETEMBRO DE 1990

Dispõe sobre a proteção do consumidor e dá outras providências.

▶ Publicada no *DOU* de 12-9-1990, edição extra, e retificada no *DOU* de 10-1-2007.
▶ Esta Lei é conhecida como Código de Defesa do Consumidor – CDC.
▶ Dec. nº 2.181, de 20-3-1997, dispõe sobre a organização do Sistema Nacional de Defesa do Consumidor – SNDC, e estabelece normas gerais de aplicação das sanções administrativas previstas nesta Lei.
▶ Dec. nº 5.903, de 20-9-2006, regulamenta este Código, no que se refere às formas de afixação de preços de produtos e serviços para o consumidor.
▶ Dec. nº 6.523, de 31-7-2008, regulamenta este Código para fixar normas gerais sobre o Serviço de Atendimento ao Consumidor – SAC por telefone, no âmbito dos fornecedores de serviços regulados pelo Poder Público Federal.
▶ Port. do MJ nº 2.014, de 13-10-2008, estabelece o tempo máximo para o contato direto com o atendente e o horário de funcionamento no Serviço de Atendimento ao Consumidor – SAC.

TÍTULO I – DOS DIREITOS DO CONSUMIDOR

Capítulo I
DISPOSIÇÕES GERAIS

Art. 1º O presente Código estabelece normas de proteção e defesa do consumidor, de ordem pública e interesse social, nos termos dos artigos 5º, inciso XXXII, 170, inciso V, da Constituição Federal e artigo 48 de suas Disposições Transitórias.

▶ Arts. 24, VIII, 150, § 5º, 170, V, da CF.

Art. 2º Consumidor é toda pessoa física ou jurídica que adquire ou utiliza produto ou serviço como destinatário final.

▶ Arts. 17 e 29 deste Código.
▶ Súm. nº 321 do STJ.

Parágrafo único. Equipara-se a consumidor a coletividade de pessoas, ainda que indetermináveis, que haja intervindo nas relações de consumo.

▶ Art. 81, parágrafo único, deste Código.
▶ Súm. nº 643 do STF.

Art. 3º Fornecedor é toda pessoa física ou jurídica, pública ou privada, nacional ou estrangeira, bem como os entes despersonalizados, que desenvolvem atividades de produção, montagem, criação, construção, transformação, importação, exportação, distribuição ou comercialização de produtos ou prestações de serviços.

▶ Art. 28 deste Código.
▶ Art. 3º da Lei nº 10.671, de 15-5-2003 (Estatuto de Defesa do Torcedor).
▶ Súm. nº 297 do STJ.

§ 1º Produto é qualquer bem, móvel ou imóvel, material ou imaterial.

§ 2º Serviço é qualquer atividade fornecida no mercado de consumo, mediante remuneração, inclusive as de natureza bancária, financeira, de crédito e securitária, salvo as decorrentes das relações de caráter trabalhista.

▶ Súmulas nºs 297 e 321 do STJ.

Capítulo II
DA POLÍTICA NACIONAL DE RELAÇÕES DE CONSUMO

Art. 4º A Política Nacional das Relações de Consumo tem por objetivo o atendimento das necessidades dos consumidores, o respeito à sua dignidade, saúde e segurança, a proteção de seus interesses econômicos, a melhoria da sua qualidade de vida, bem como a transparência e harmonia das relações de consumo, atendidos os seguintes princípios:

▶ *Caput* com a redação dada pela Lei nº 9.008, de 21-3-1995.

I – reconhecimento da vulnerabilidade do consumidor no mercado de consumo;
II – ação governamental no sentido de proteger efetivamente o consumidor:
a) por iniciativa direta;
b) por incentivos à criação e desenvolvimento de associações representativas;
c) pela presença do Estado no mercado de consumo;
d) pela garantia dos produtos e serviços com padrões adequados de qualidade, segurança, durabilidade e desempenho;

III – harmonização dos interesses dos participantes das relações de consumo e compatibilização da proteção do consumidor com a necessidade de desenvolvimento econômico e tecnológico, de modo a viabilizar os princípios nos quais se funda a ordem econômica (artigo 170, da Constituição Federal), sempre com base na boa-fé e equilíbrio nas relações entre consumidores e fornecedores;
IV – educação e informação de fornecedores e consumidores, quanto aos seus direitos e deveres, com vistas à melhoria do mercado de consumo;
V – incentivo à criação pelos fornecedores de meios eficientes de controle de qualidade e segurança de produtos e serviços, assim como de mecanismos alternativos de solução de conflitos de consumo;
VI – coibição e repressão eficientes de todos os abusos praticados no mercado de consumo, inclusive a concorrência desleal e utilização indevida de inventos e criações industriais, das marcas e nomes comerciais e signos distintivos, que possam causar prejuízos aos consumidores;

▶ Lei nº 8.884, de 11-6-1994 (Lei Antitruste).
▶ Lei nº 9.279, de 14-5-1996 (Lei da Propriedade Industrial).

VII – racionalização e melhoria dos serviços públicos;
VIII – estudo constante das modificações do mercado de consumo.

Código de Defesa do Consumidor – Arts. 5º a 10

Art. 5º Para a execução da Política Nacional das Relações de Consumo, contará o Poder Público com os seguintes instrumentos, entre outros:

I – manutenção de assistência jurídica, integral e gratuita para o consumidor carente;

► Art. 5º, LXXIV, da CF.
► Lei nº 1.060, de 5-2-1950 (Lei de Assistência Judiciária).

II – instituição de Promotorias de Justiça de Defesa do Consumidor, no âmbito do Ministério Público;

III – criação de delegacias de polícia especializadas no atendimento de consumidores vítimas de infrações penais de consumo;

IV – criação de Juizados Especiais de Pequenas Causas e Varas Especializadas para a solução de litígios de consumo;

► Art. 98, I, da CF.
► Lei nº 9.099, de 26-9-1995 (Lei dos Juizados Especiais).

V – concessão de estímulos à criação e desenvolvimento das Associações de Defesa do Consumidor.

§§ 1º e 2º VETADOS.

Capítulo III
DOS DIREITOS BÁSICOS DO CONSUMIDOR

Art. 6º São direitos básicos do consumidor:

I – a proteção da vida, saúde e segurança contra os riscos provocados por práticas no fornecimento de produtos e serviços considerados perigosos ou nocivos;

II – a educação e divulgação sobre o consumo adequado dos produtos e serviços, asseguradas a liberdade de escolha e a igualdade nas contratações;

III – a informação adequada e clara sobre os diferentes produtos e serviços, com especificação correta de quantidade, características, composição, qualidade e preço, bem como sobre os riscos que apresentem;

► Arts. 31 e 66 deste Código.
► Lei nº 10.962, de 11-10-2004, dispõe sobre a oferta e as formas de afixação de preços de produtos e serviços para o consumidor.
► Dec. nº 4.680, de 24-4-2003, regulamenta o direito à informação quanto aos alimentos e ingredientes alimentares destinados ao consumo humano ou animal que contenham ou sejam produzidos a partir de organismos geneticamente modificados.
► Dec. nº 5.903, de 20-9-2006, regulamenta a Lei nº 10.962, de 11-10-2004, e dispõe sobre as práticas infracionais que atentam contra o direito básico do consumidor de obter informação clara e adequada sobre produtos e serviços.

IV – a proteção contra a publicidade enganosa e abusiva, métodos comerciais coercitivos ou desleais, bem como contra práticas e cláusulas abusivas ou impostas no fornecimento de produtos e serviços;

► Arts. 37, 39 a 41, 51 a 53 e 67 deste Código.

V – a modificação das cláusulas contratuais que estabeleçam prestações desproporcionais ou sua revisão em razão de fatos supervenientes que as tornem excessivamente onerosas;

► Arts. 478 a 480 do CC.

VI – a efetiva prevenção e reparação de danos patrimoniais e morais, individuais, coletivos e difusos;

► Art. 25 deste Código.
► Súm. nº 37 do STJ.

VII – o acesso aos órgãos judiciários e administrativos, com vistas à prevenção ou reparação de danos patrimoniais e morais, individuais, coletivos ou difusos, assegurada a proteção jurídica, administrativa e técnica aos necessitados;

► Lei nº 1.060, de 5-2-1950 (Lei da Assistência Judiciária).

VIII – a facilitação da defesa de seus direitos, inclusive com a inversão do ônus da prova, a seu favor, no processo civil, quando, a critério do juiz, for verossímil a alegação ou quando for ele hipossuficiente, segundo as regras ordinárias de experiências;

► Arts. 38 e 51, VI, deste Código.

IX – VETADO;

X – a adequada e eficaz prestação dos serviços públicos em geral.

Art. 7º Os direitos previstos neste Código não excluem outros decorrentes de tratados ou convenções internacionais de que o Brasil seja signatário, da legislação interna ordinária, de regulamentos expedidos pelas autoridades administrativas competentes, bem como dos que derivem dos princípios gerais do direito, analogia, costumes e equidade.

► Art. 4º da LICC.

Parágrafo único. Tendo mais de um autor a ofensa, todos responderão solidariamente pela reparação dos danos previstos nas normas de consumo.

► Arts. 12, 18, 19, 25, §§ 1º e 2º, 28, § 3º, e 34 deste Código.
► Arts. 275 a 285 do CC.

Capítulo IV
DA QUALIDADE DE PRODUTOS E SERVIÇOS, DA PREVENÇÃO E DA REPARAÇÃO DOS DANOS

Seção I

DA PROTEÇÃO À SAÚDE E SEGURANÇA

Art. 8º Os produtos e serviços colocados no mercado de consumo não acarretarão riscos à saúde ou segurança dos consumidores, exceto os considerados normais e previsíveis em decorrência de sua natureza e fruição, obrigando-se os fornecedores, em qualquer hipótese, a dar as informações necessárias e adequadas a seu respeito.

Parágrafo único. Em se tratando de produto industrial, ao fabricante cabe prestar as informações a que se refere este artigo, através de impressos apropriados que devam acompanhar o produto.

Art. 9º O fornecedor de produtos e serviços potencialmente nocivos ou perigosos à saúde ou segurança deverá informar, de maneira ostensiva e adequada, a respeito da sua nocividade ou periculosidade, sem prejuízo da adoção de outras medidas cabíveis em cada caso concreto.

► Art. 63 deste Código.

Art. 10. O fornecedor não poderá colocar no mercado de consumo produto ou serviço que sabe ou deveria saber apresentar alto grau de nocividade ou periculosidade à saúde ou segurança.

► Art. 13, II e III, do Dec. nº 2.181, de 20-3-1997, que dispõe sobre a organização do Sistema Nacional de Defesa do Consumidor – SNDC, e estabelece normas gerais de aplicação das sanções administrativas previstas nesta Lei.

§ 1º O fornecedor de produtos e serviços que, posteriormente à sua introdução no mercado de consumo, tiver conhecimento da periculosidade que apresentem, deverá comunicar o fato imediatamente às autoridades competentes e aos consumidores, mediante anúncios publicitários.

▶ Art. 64 deste Código.

§ 2º Os anúncios publicitários a que se refere o parágrafo anterior serão veiculados na imprensa, rádio e televisão, às expensas do fornecedor do produto ou serviço.

§ 3º Sempre que tiverem conhecimento de periculosidade de produtos ou serviços à saúde ou segurança dos consumidores, a União, os Estados, o Distrito Federal e os Municípios deverão informá-los a respeito.

Art. 11. VETADO.

SEÇÃO II

DA RESPONSABILIDADE PELO FATO DO PRODUTO E DO SERVIÇO

▶ Art. 14 da Lei nº 10.671, de 15-5-2003 (Estatuto de Defesa do Torcedor).

Art. 12. O fabricante, o produtor, o construtor, nacional ou estrangeiro, e o importador respondem, independentemente da existência de culpa, pela reparação dos danos causados aos consumidores por defeitos decorrentes de projeto, fabricação, construção, montagem, fórmulas, manipulação, apresentação ou acondicionamento de seus produtos, bem como por informações insuficientes ou inadequadas sobre sua utilização e riscos.

▶ Arts. 7º, parágrafo único, 25, 27, 34 e 51, III, deste Código.

▶ Art. 13, IV, do Dec. nº 2.181, de 20-3-1997, que dispõe sobre a organização do Sistema Nacional de Defesa do Consumidor – SNDC, e estabelece normas gerais de aplicação das sanções administrativas previstas nesta Lei.

§ 1º O produto é defeituoso quando não oferece a segurança que dele legitimamente se espera, levando-se em consideração as circunstâncias relevantes, entre as quais:

I – sua apresentação;
II – o uso e os riscos que razoavelmente dele se esperam;
III – a época em que foi colocado em circulação.

§ 2º O produto não é considerado defeituoso pelo fato de outro de melhor qualidade ter sido colocado no mercado.

§ 3º O fabricante, o construtor, o produtor ou importador só não será responsabilizado quando provar:

I – que não colocou o produto no mercado;
II – que, embora haja colocado o produto no mercado, o defeito inexiste;
III – a culpa exclusiva do consumidor ou de terceiro.

Art. 13. O comerciante é igualmente responsável, nos termos do artigo anterior, quando:

I – o fabricante, o construtor, o produtor ou importador não puderem ser identificados;
II – o produto for fornecido sem identificação clara do seu fabricante, produtor, construtor ou importador;

III – não conservar adequadamente os produtos perecíveis.

Parágrafo único. Aquele que efetivar o pagamento ao prejudicado poderá exercer o direito de regresso contra os demais responsáveis, segundo sua participação na causação do evento danoso.

▶ Art. 88 deste Código.
▶ Art. 283 do CC.

Art. 14. O fornecedor de serviços responde, independentemente da existência de culpa, pela reparação dos danos causados aos consumidores por defeitos relativos à prestação dos serviços, bem como por informações insuficientes ou inadequadas sobre sua fruição e riscos.

▶ Arts. 7º, parágrafo único, 25, 27, 34 e 51, III, deste Código.

▶ Art. 13, IV, do Dec. nº 2.181, de 20-3-1997, que dispõe sobre a organização do Sistema Nacional de Defesa do Consumidor – SNDC, e estabelece normas gerais de aplicação das sanções administrativas previstas nesta Lei.

▶ Súmulas nºs 130 e 387 do STJ.

§ 1º O serviço é defeituoso quando não fornece a segurança que o consumidor dele pode esperar, levando-se em consideração as circunstâncias relevantes, entre as quais:

I – o modo de seu fornecimento;
II – o resultado e os riscos que razoavelmente dele se esperam;
III – a época em que foi fornecido.

▶ Art. 63, § 1º, deste Código.

§ 2º O serviço não é considerado defeituoso pela adoção de novas técnicas.

§ 3º O fornecedor de serviços só não será responsabilizado quando provar:

I – que, tendo prestado o serviço, o defeito inexiste;
II – a culpa exclusiva do consumidor ou de terceiro.

§ 4º A responsabilidade pessoal dos profissionais liberais será apurada mediante a verificação de culpa.

Arts. 15 e 16. VETADOS.

Art. 17. Para os efeitos desta Seção, equiparam-se aos consumidores todas as vítimas do evento.

▶ Art. 2º deste Código.

SEÇÃO III

DA RESPONSABILIDADE POR VÍCIO DO PRODUTO E DO SERVIÇO

Art. 18. Os fornecedores de produtos de consumo duráveis ou não duráveis respondem solidariamente pelos vícios de qualidade ou quantidade que os tornem impróprios ou inadequados ao consumo a que se destinam ou lhes diminuam o valor, assim como por aqueles decorrentes da disparidade, com as indicações constantes do recipiente, da embalagem, rotulagem ou mensagem publicitária, respeitadas as variações decorrentes de sua natureza, podendo o consumidor exigir a substituição das partes viciadas.

▶ Arts. 7º, parágrafo único, 19, caput, 25, 26, 34 e 51, III, deste Código.

▶ Arts. 275 a 285 do CC.

§ 1º Não sendo o vício sanado no prazo máximo de trinta dias, pode o consumidor exigir, alternativamente e à sua escolha:

I – a substituição do produto por outro da mesma espécie, em perfeitas condições de uso;
II – a restituição imediata da quantia paga, monetariamente atualizada, sem prejuízo de eventuais perdas e danos;
III – o abatimento proporcional do preço.

▶ Arts. 13, XXIV, e 22, XXIII, do Dec. nº 2.181, de 20-3-1997, que dispõe sobre a organização do Sistema Nacional de Defesa do Consumidor – SNDC, e estabelece normas gerais de aplicação das sanções administrativas previstas nesta Lei.

§ 2º Poderão as partes convencionar a redução ou ampliação do prazo previsto no parágrafo anterior, não podendo ser inferior a sete nem superior a cento e oitenta dias. Nos contratos de adesão, a cláusula de prazo deverá ser convencionada em separado, por meio de manifestação expressa do consumidor.

§ 3º O consumidor poderá fazer uso imediato das alternativas do § 1º deste artigo sempre que, em razão da extensão do vício, a substituição das partes viciadas puder comprometer a qualidade ou características do produto, diminuir-lhe o valor ou se tratar de produto essencial.

§ 4º Tendo o consumidor optado pela alternativa do inciso I do § 1º deste artigo, e não sendo possível a substituição do bem, poderá haver substituição por outro de espécie, marca ou modelo diversos, mediante complementação ou restituição de eventual diferença de preço, sem prejuízo do disposto nos incisos II e III do § 1º deste artigo.

§ 5º No caso de fornecimento de produtos *in natura*, será responsável perante o consumidor o fornecedor imediato, exceto quando identificado claramente seu produtor.

§ 6º São impróprios ao uso e consumo:

I – os produtos cujos prazos de validade estejam vencidos;
II – os produtos deteriorados, alterados, adulterados, avariados, falsificados, corrompidos, fraudados, nocivos à vida ou à saúde, perigosos ou, ainda, aqueles em desacordo com as normas regulamentares de fabricação, distribuição ou apresentação;
III – os produtos que, por qualquer motivo, se revelem inadequados ao fim a que se destinam.

Art. 19. Os fornecedores respondem solidariamente pelos vícios de quantidade do produto sempre que, respeitadas as variações decorrentes de sua natureza, seu conteúdo líquido for inferior às indicações constantes do recipiente, da embalagem, rotulagem ou de mensagem publicitária, podendo o consumidor exigir, alternativamente e à sua escolha:

▶ Arts. 7º, parágrafo único, 25, § 1º, 26 e 58 deste Código.
▶ Arts. 275 a 285 do CC.

I – o abatimento proporcional do preço;
II – complementação do peso ou medida;
III – a substituição do produto por outro da mesma espécie, marca ou modelo, sem os aludidos vícios;

IV – a restituição imediata da quantia paga, monetariamente atualizada, sem prejuízo de eventuais perdas e danos.

§ 1º Aplica-se a este artigo o disposto no § 4º do artigo anterior.

§ 2º O fornecedor imediato será responsável quando fizer a pesagem ou a medição e o instrumento utilizado não estiver aferido segundo os padrões oficiais.

Art. 20. O fornecedor de serviços responde pelos vícios de qualidade que os tornem impróprios ao consumo ou lhes diminuam o valor, assim como por aqueles decorrentes da disparidade com as indicações constantes da oferta ou mensagem publicitária, podendo o consumidor exigir, alternativamente e à sua escolha:

▶ Arts. 7º, parágrafo único, 25, § 1º, 26 e 58 deste Código.

I – a reexecução dos serviços, sem custo adicional e quando cabível;
II – a restituição imediata da quantia paga, monetariamente atualizada, sem prejuízo de eventuais perdas e danos;
III – o abatimento proporcional do preço.

§ 1º A reexecução dos serviços poderá ser confiada a terceiros devidamente capacitados, por conta e risco do fornecedor.

§ 2º São impróprios os serviços que se mostrem inadequados para os fins que razoavelmente deles se esperam, bem como aqueles que não atendam as normas regulamentares de prestabilidade.

Art. 21. No fornecimento de serviços que tenham por objetivo a reparação de qualquer produto considerar-se-á implícita a obrigação do fornecedor de empregar componentes de reposição originais adequados e novos, ou que mantenham as especificações técnicas do fabricante, salvo, quanto a estes últimos, autorização em contrário do consumidor.

▶ Arts. 32 e 70 deste Código.
▶ Art. 13, V, do Dec. nº 2.181, de 20-3-1997, que dispõe sobre a organização do Sistema Nacional de Defesa do Consumidor – SNDC, e estabelece normas gerais de aplicação das sanções administrativas previstas nesta Lei.

Art. 22. Os órgãos públicos, por si ou suas empresas, concessionárias, permissionárias ou sob qualquer outra forma de empreendimento, são obrigados a fornecer serviços adequados, eficientes, seguros e, quanto aos essenciais, contínuos.

Parágrafo único. Nos casos de descumprimento, total ou parcial, das obrigações referidas neste artigo, serão as pessoas jurídicas compelidas a cumpri-las e a reparar os danos causados na forma prevista neste Código.

▶ Art. 44, § 2º, deste Código.
▶ Art. 20 do Dec. nº 2.181, de 20-3-1997, que dispõe sobre a organização do Sistema Nacional de Defesa do Consumidor – SNDC, e estabelece normas gerais de aplicação das sanções administrativas previstas nesta Lei.

Art. 23. A ignorância do fornecedor sobre os vícios de qualidade por inadequação dos produtos e serviços não o exime de responsabilidade.

Art. 24. A garantia legal de adequação do produto ou serviço independe de termo expresso, vedada a exoneração contratual do fornecedor.

▶ Arts. 50 e 74 deste Código.

Art. 25. É vedada a estipulação contratual de cláusula que impossibilite, exonere ou atenue a obrigação de indenizar prevista nesta e nas Seções anteriores.

§ 1º Havendo mais de um responsável pela causação do dano, todos responderão solidariamente pela reparação prevista nesta e nas Seções anteriores.

§ 2º Sendo o dano causado por componente ou peça incorporada ao produto ou serviço, são responsáveis solidários seu fabricante, construtor ou importador e o que realizou a incorporação.

▶ Art. 7º, parágrafo único, deste Código.

SEÇÃO IV

DA DECADÊNCIA E DA PRESCRIÇÃO

Art. 26. O direito de reclamar pelos vícios aparentes ou de fácil constatação caduca em:

I – trinta dias, tratando-se de fornecimento de serviço e de produto não duráveis;

II – noventa dias, tratando-se de fornecimento de serviço e de produto duráveis.

▶ Arts. 18 a 20 deste Código.

§ 1º Inicia-se a contagem do prazo decadencial a partir da entrega efetiva do produto ou do término da execução dos serviços.

§ 2º Obstam a decadência:

I – a reclamação comprovadamente formulada pelo consumidor perante o fornecedor de produtos e serviços até a resposta negativa correspondente, que deve ser transmitida de forma inequívoca;

II – VETADO;

III – a instauração de inquérito civil, até seu encerramento.

▶ Art. 90 deste Código.

▶ Arts. 8º, § 1º, e 9º, da Lei nº 7.347, de 24-7-1985 (Lei da Ação Civil Pública).

§ 3º Tratando-se de vício oculto, o prazo decadencial inicia-se no momento em que ficar evidenciado o defeito.

Art. 27. Prescreve em cinco anos a pretensão à reparação pelos danos causados por fato do produto ou do serviço prevista na Seção II deste Capítulo, iniciando-se a contagem do prazo a partir do conhecimento do dano e de sua autoria.

▶ Arts. 101 e 102 deste Código.

▶ Art. 1º-C da Lei nº 9.494, de 10-9-1997, que disciplina a aplicação da tutela antecipada contra a Fazenda Pública.

Parágrafo único. VETADO.

SEÇÃO V

DA DESCONSIDERAÇÃO DA PERSONALIDADE JURÍDICA

Art. 28. O juiz poderá desconsiderar a personalidade jurídica da sociedade quando, em detrimento do consumidor, houver abuso de direito, excesso de poder, infração da lei, fato ou ato ilícito ou violação dos estatutos ou contrato social. A desconsideração também será efetivada quando houver falência, estado de insolvência, encerramento ou inatividade da pessoa jurídica provocados por má administração.

▶ Art. 50 do CC.

▶ Art. 18 da Lei nº 8.884, de 11-6-1994 (Lei Antitruste).

§ 1º VETADO.

§ 2º As sociedades integrantes dos grupos societários e as sociedades controladas, são subsidiariamente responsáveis pelas obrigações decorrentes deste Código.

▶ Art. 1.098 do CC.

§ 3º As sociedades consorciadas são solidariamente responsáveis pelas obrigações decorrentes deste Código.

▶ Arts. 275 a 285 do CC.

§ 4º As sociedades coligadas só responderão por culpa.

▶ Art. 1.099 do CC.

§ 5º Também poderá ser desconsiderada a pessoa jurídica sempre que sua personalidade for, de alguma forma, obstáculo ao ressarcimento de prejuízos causados aos consumidores.

CAPÍTULO V

DAS PRÁTICAS COMERCIAIS

SEÇÃO I

DAS DISPOSIÇÕES GERAIS

Art. 29. Para os fins deste Capítulo e do seguinte, equiparam-se aos consumidores todas as pessoas determináveis ou não, expostas às práticas nele previstas.

▶ Art. 2º deste Código.

SEÇÃO II

DA OFERTA

Art. 30. Toda informação ou publicidade, suficientemente precisa, veiculada por qualquer forma ou meio de comunicação com relação a produtos e serviços oferecidos ou apresentados, obriga o fornecedor que a fizer veicular ou dela se utilizar e integra o contrato que vier a ser celebrado.

▶ Art. 427 do CC.

▶ Art. 13, VI, do Dec. nº 2.181, de 20-3-1997, que dispõe sobre a organização do Sistema Nacional de Defesa do Consumidor – SNDC, e estabelece normas gerais de aplicação das sanções administrativas previstas nesta Lei.

Art. 31. A oferta e apresentação de produtos ou serviços devem assegurar informações corretas, claras, precisas, ostensivas e em língua portuguesa sobre suas características, qualidades, quantidade, composição, preço, garantia, prazos de validade e origem, entre outros dados, bem como sobre os riscos que apresentem à saúde e segurança dos consumidores.

▶ Arts. 6º, III, e 66 deste Código.

▶ Lei nº 10.962, de 11-10-2004, dispõe sobre a oferta e as formas de afixação de preços de produtos e serviços para o consumidor.

▶ Art. 13, I, do Dec. nº 2.181, de 20-3-1997, que dispõe sobre a organização do Sistema Nacional de Defesa do Consumidor – SNDC, e estabelece normas gerais de aplicação das sanções administrativas previstas nesta Lei.

▶ Dec. nº 5.903, de 20-9-2006, regulamenta a Lei nº 10.962, de 11-10-2004, e dispõe sobre as práticas infracionais que atentam contra o direito básico do consumidor de obter informação clara e adequada sobre produtos e serviços.

Parágrafo único. As informações de que trata este artigo, nos produtos refrigerados oferecidos ao consumidor, serão gravadas de forma indelével.

▶ Parágrafo único acrescido pela Lei nº 11.989, de 27-7-2009.

Art. 32. Os fabricantes e importadores deverão assegurar a oferta de componentes e peças de reposição enquanto não cessar a fabricação ou importação do produto.

▶ Arts. 21 e 70 deste Código.
▶ Art. 13, V e XXI, do Dec. nº 2.181, de 20-3-1997, que dispõe sobre a organização do Sistema Nacional de Defesa do Consumidor – SNDC, e estabelece normas gerais de aplicação das sanções administrativas previstas nesta Lei.

Parágrafo único. Cessadas a produção ou importação, a oferta deverá ser mantida por período razoável de tempo, na forma da lei.

Art. 33. Em caso de oferta ou venda por telefone ou reembolso postal, deve constar o nome do fabricante e endereço na embalagem, publicidade e em todos os impressos utilizados na transação comercial.

▶ Art. 49 deste Código.
▶ Art. 13, VII, do Dec. nº 2.181, de 20-3-1997, que dispõe sobre a organização do Sistema Nacional de Defesa do Consumidor – SNDC, e estabelece normas gerais de aplicação das sanções administrativas previstas nesta Lei.

Parágrafo único. É proibida a publicidade de bens e serviços por telefone, quando a chamada for onerosa ao consumidor que a origina.

▶ Parágrafo único acrescido pela Lei nº 11.800, de 29-10-2008.

Art. 34. O fornecedor do produto ou serviço é solidariamente responsável pelos atos de seus prepostos ou representantes autônomos.

▶ Arts. 7º, parágrafo único, e 25, § 1º, deste Código.

Art. 35. Se o fornecedor de produtos ou serviços recusar cumprimento à oferta, apresentação ou publicidade, o consumidor poderá, alternativamente e à sua livre escolha:

I – exigir o cumprimento forçado da obrigação, nos termos da oferta, apresentação ou publicidade;

▶ Arts. 48 e 84 deste Código.

II – aceitar outro produto ou prestação de serviço equivalente;

III – rescindir o contrato, com direito à restituição de quantia eventualmente antecipada, monetariamente atualizada, e a perdas e danos.

▶ Art. 13, VI, do Dec. nº 2.181, de 20-3-1997, que dispõe sobre a organização do Sistema Nacional de Defesa do Consumidor – SNDC, e estabelece normas gerais de aplicação das sanções administrativas previstas nesta Lei.

SEÇÃO III

DA PUBLICIDADE

Art. 36. A publicidade deve ser veiculada de tal forma que o consumidor, fácil e imediatamente, a identifique como tal.

Parágrafo único. O fornecedor, na publicidade de seus produtos ou serviços, manterá, em seu poder, para informação dos legítimos interessados, os dados fáticos, técnicos e científicos que dão sustentação à mensagem.

▶ Art. 69 deste Código.
▶ Art. 19, parágrafo único, do Dec. nº 2.181, de 20-3-1997, que dispõe sobre a organização do Sistema Nacional de Defesa do Consumidor – SNDC, e estabelece normas gerais de aplicação das sanções administrativas previstas nesta Lei.

Art. 37. É proibida toda publicidade enganosa ou abusiva.

▶ Arts. 60, 66 e 67 deste Código.

§ 1º É enganosa qualquer modalidade de informação ou comunicação de caráter publicitário, inteira ou parcialmente falsa, ou, por qualquer outro modo, mesmo por omissão, capaz de induzir em erro o consumidor a respeito da natureza, características, qualidade, quantidade, propriedades, origem, preço e quaisquer outros dados sobre produtos e serviços.

§ 2º É abusiva, dentre outras, a publicidade discriminatória de qualquer natureza, a que incite à violência, explore o medo ou a superstição, se aproveite da deficiência de julgamento e experiência da criança, desrespeite valores ambientais, ou que seja capaz de induzir o consumidor a se comportar de forma prejudicial ou perigosa à sua saúde ou segurança.

▶ Art. 39, IV, deste Código.

§ 3º Para os efeitos deste Código, a publicidade é enganosa por omissão quando deixar de informar sobre dado essencial do produto ou serviço.

▶ Art. 66 deste Código.
▶ Arts. 14 e 19 do Dec. nº 2.181, de 20-3-1997, que dispõe sobre a organização do Sistema Nacional de Defesa do Consumidor – SNDC, e estabelece normas gerais de aplicação das sanções administrativas previstas nesta Lei.

§ 4º VETADO.

Art. 38. O ônus da prova da veracidade e correção da informação ou comunicação publicitária cabe a quem as patrocina.

▶ Arts. 6º, VIII, 51, VI, e 69 deste Código.
▶ Art. 333 do CPC.
▶ Art. 14, § 3º, do Dec. nº 2.181, de 20-3-1997, que dispõe sobre a organização do Sistema Nacional de Defesa do Consumidor – SNDC, e estabelece normas gerais de aplicação das sanções administrativas previstas nesta Lei.

SEÇÃO IV

DAS PRÁTICAS ABUSIVAS

Art. 39. É vedado ao fornecedor de produtos ou serviços, dentre outras práticas abusivas:

▶ *Caput* com a redação dada pela Lei nº 8.884, de 11-6-1994.
▶ Art. 12 do Dec. nº 2.181, de 20-3-1997, que dispõe sobre a organização do Sistema Nacional de Defesa do Consumidor – SNDC, e estabelece normas gerais de aplicação das sanções administrativas previstas nesta Lei.
▶ Port. da SDE nº 49, de 12-3-2009, considera abusiva, no âmbito dos serviços regulados pelo Poder Público Federal, recusar ou dificultar a entrega da gravação das chamadas efetuadas para o SAC, no prazo de dez dias.

I – condicionar o fornecimento de produto ou de serviço ao fornecimento de outro produto ou serviço, bem como, sem justa causa, a limites quantitativos;
II – recusar atendimento às demandas dos consumidores, na exata medida de suas disponibilidades de estoque, e, ainda, de conformidade com os usos e costumes;

▶ Art. 2º, I, da Lei nº 1.521, de 26-12-1951 (Lei dos Crimes Contra a Economia Popular).

III – enviar ou entregar ao consumidor, sem solicitação prévia, qualquer produto ou fornecer qualquer serviço;
IV – prevalecer-se da fraqueza ou ignorância do consumidor, tendo em vista sua idade, saúde, conhecimento ou condição social, para impingir-lhe seus produtos ou serviços;
V – exigir do consumidor vantagem manifestamente excessiva;

▶ Portaria da SDE nº 7, de 3-9-2003, considera abusiva, nos termos deste inciso V, para efeitos de fiscalização pelos órgãos públicos de defesa do consumidor, a interrupção da internação hospitalar em leito clínico, cirúrgico ou em centro de terapia intensiva ou similar, por motivos alheios às prescrições médicas.

VI – executar serviços sem a prévia elaboração de orçamento e autorização expressa do consumidor, ressalvadas as decorrentes de práticas anteriores entre as partes;

▶ Art. 40 deste Código.

VII – repassar informação depreciativa, referente a ato praticado pelo consumidor no exercício de seus direitos;
VIII – colocar, no mercado de consumo, qualquer produto ou serviço em desacordo com as normas expedidas pelos órgãos oficiais competentes ou, se normas específicas não existirem, pela Associação Brasileira de Normas Técnicas ou outra entidade credenciada pelo Conselho Nacional de Metrologia, Normalização e Qualidade Industrial — CONMETRO;

▶ Art. 2º, III, da Lei nº 1.521, de 26-12-1951 (Lei dos Crimes Contra a Economia Popular).

IX – recusar a venda de bens ou a prestação de serviços, diretamente a quem se disponha a adquiri-los mediante pronto pagamento, ressalvados os casos de intermediação regulados em leis especiais;

▶ Inciso IX com a redação dada pela Lei nº 8.884, de 11-6-1994.
▶ Art. 122 do CC.
▶ Art. 2º, I, da Lei nº 1.521, de 26-12-1951 (Lei dos Crimes Contra a Economia Popular).
▶ Art. 13, XXIII, do Dec. nº 2.181, de 20-3-1997, que dispõe sobre a organização do Sistema Nacional de Defesa do Consumidor – SNDC, e estabelece normas gerais de aplicação das sanções administrativas previstas nesta Lei.

X – elevar sem justa causa o preço de produtos ou serviços;

▶ Inciso X acrescido pela Lei nº 8.884, de 11-6-1994.

XI – aplicar fórmula ou índice de reajuste diverso do legal ou contratualmente estabelecido;

▶ Este inciso foi acrescido pela MP nº 1.890-67, de 22-10-1999, que foi convertida na Lei nº 9.870, de 23-11-1999, que dispõe sobre o valor total das anuidades escolares. Todavia, certamente por um lapso, a referida Lei, ao invés de convalidar o inciso XI deste artigo, terminou acrescentando o inciso XIII, exatamente com a mesma redação. Como até o encerramento desta edição a falha ainda não havia sido corrigida, transcrevemos ambos os incisos, muito embora sejam idênticos.

▶ Art. 6º da Lei nº 8.137, de 27-12-1990 (Lei dos Crimes Contra a Ordem Tributária, Econômica e Contra as Relações de Consumo).
▶ Art. 2º da Lei nº 10.192, de 14-2-2000, que dispõe sobre medidas complementares ao Plano Real.
▶ Art. 13, XXII, do Dec. nº 2.181, de 20-3-1997, que dispõe sobre a organização do Sistema Nacional de Defesa do Consumidor – SNDC, e estabelece normas gerais de aplicação das sanções administrativas previstas nesta Lei.

XII – deixar de estipular prazo para o cumprimento de sua obrigação ou deixar a fixação de seu termo inicial a seu exclusivo critério;

▶ Inciso XII acrescido pela Lei nº 9.008, de 21-3-1995.

XIII – aplicar fórmula ou índice de reajuste diverso do valor legal ou contratualmente estabelecido.

▶ Inciso XIII acrescido pela Lei nº 9.870, de 23-11-1999.

Parágrafo único. Os serviços prestados e os produtos remetidos ou entregues ao consumidor, na hipótese prevista no inciso III, equiparam-se às amostras grátis, inexistindo obrigação de pagamento.

▶ Art. 23 do Dec. nº 2.181, de 20-3-1997, que dispõe sobre a organização do Sistema Nacional de Defesa do Consumidor – SNDC, e estabelece normas gerais de aplicação das sanções administrativas previstas nesta Lei.

Art. 40. O fornecedor de serviço será obrigado a entregar ao consumidor orçamento prévio discriminando o valor da mão de obra, dos materiais e equipamentos a serem empregados, as condições de pagamento, bem como as datas de início e término dos serviços.

▶ Art. 39, VI, deste Código.
▶ Art. 427 do CC.

§ 1º Salvo estipulação em contrário, o valor orçado terá validade pelo prazo de dez dias, contado de seu recebimento pelo consumidor.

§ 2º Uma vez aprovado pelo consumidor, o orçamento obriga os contraentes e somente pode ser alterado mediante livre negociação das partes.

§ 3º O consumidor não responde por quaisquer ônus ou acréscimos decorrentes da contratação de serviços de terceiros, não previstos no orçamento prévio.

Art. 41. No caso de fornecimento de produtos ou de serviços sujeitos ao regime de controle ou de tabelamento de preços, os fornecedores deverão respeitar os limites oficiais sob pena de, não o fazendo, responderem pela restituição da quantia recebida em excesso, monetariamente atualizada, podendo o consumidor exigir, à sua escolha, o desfazimento do negócio, sem prejuízo de outras sanções cabíveis.

▶ Art. 2º, VI, da Lei nº 1.521, de 26-12-1951 (Lei dos Crimes Contra a Economia Popular).
▶ Art. 6º da Lei nº 8.137, de 27-12-1990 (Lei dos Crimes Contra a Ordem Tributária, Econômica e Contra as Relações de Consumo).
▶ Art. 13, VIII, do Dec. nº 2.181, de 20-3-1997, que dispõe sobre a organização do Sistema Nacional de Defesa do Consumidor – SNDC, e estabelece normas

gerais de aplicação das sanções administrativas previstas nesta Lei.

Seção V
DA COBRANÇA DE DÍVIDAS

Art. 42. Na cobrança de débitos, o consumidor inadimplente não será exposto a ridículo, nem será submetido a qualquer tipo de constrangimento ou ameaça.

▶ Art. 71 deste Código.
▶ Art. 13, IX, do Dec. nº 2.181, de 20-3-1997, que dispõe sobre a organização do Sistema Nacional de Defesa do Consumidor – SNDC, e estabelece normas gerais de aplicação das sanções administrativas previstas nesta Lei.

Parágrafo único. O consumidor cobrado em quantia indevida tem direito à repetição do indébito, por valor igual ao dobro do que pagou em excesso, acrescido de correção monetária e juros legais, salvo hipótese de engano justificável.

Art. 42-A. Em todos os documentos de cobrança de débitos apresentados ao consumidor, deverão constar o nome, o endereço e o número de inscrição no Cadastro de Pessoas Físicas – CPF ou no Cadastro Nacional de Pessoa Jurídica – CNPJ do fornecedor do produto ou serviço correspondente.

▶ Artigo acrescido pela Lei nº 12.039, de 1º-10-2009.

Seção VI
DOS BANCOS DE DADOS E CADASTROS DE CONSUMIDORES

Art. 43. O consumidor, sem prejuízo do disposto no artigo 86, terá acesso às informações existentes em cadastros, fichas, registros e dados pessoais e de consumo arquivados sobre ele, bem como sobre as suas respectivas fontes.

▶ O referido art. 86 foi vetado.
▶ Art. 72 deste Código.
▶ Art. 13, X, do Dec. nº 2.181, de 20-3-1997, que dispõe sobre a organização do Sistema Nacional de Defesa do Consumidor – SNDC, e estabelece normas gerais de aplicação das sanções administrativas previstas nesta Lei.

§ 1º Os cadastros e dados de consumidores devem ser objetivos, claros, verdadeiros e em linguagem de fácil compreensão, não podendo conter informações negativas referentes a período superior a cinco anos.

▶ Súm. nº 323 do STJ.

§ 2º A abertura de cadastro, ficha, registro e dados pessoais e de consumo deverá ser comunicada por escrito ao consumidor, quando não solicitada por ele.

▶ Art. 13, XIII, do Dec. nº 2.181, de 20-3-1997, que dispõe sobre a organização do Sistema Nacional de Defesa do Consumidor – SNDC, e estabelece normas gerais de aplicação das sanções administrativas previstas nesta Lei.
▶ Súmulas nºs 359, 385 e 404 do STJ.

§ 3º O consumidor, sempre que encontrar inexatidão nos seus dados e cadastros, poderá exigir sua imediata correção, devendo o arquivista, no prazo de cinco dias úteis, comunicar a alteração aos eventuais destinatários das informações incorretas.

▶ Art. 73 deste Código.
▶ Art. 13, XIV e XV, do Dec. nº 2.181, de 20-3-1997, que dispõe sobre a organização do Sistema Nacional de

Defesa do Consumidor – SNDC, e estabelece normas gerais de aplicação das sanções administrativas previstas nesta Lei.

§ 4º Os bancos de dados e cadastros relativos a consumidores, os serviços de proteção ao crédito e congêneres são considerados entidades de caráter público.

§ 5º Consumada a prescrição relativa à cobrança de débitos do consumidor, não serão fornecidas, pelos respectivos Sistemas de Proteção ao Crédito, quaisquer informações que possam impedir ou dificultar novo acesso ao crédito junto aos fornecedores.

▶ Art. 5º, LXXII, da CF.
▶ Lei nº 9.507, de 12-11-1997 (Lei do *Habeas Data*).
▶ Súm. nº 323 do STJ.

Art. 44. Os órgãos públicos de defesa do consumidor manterão cadastros atualizados de reclamações fundamentadas contra fornecedores de produtos e serviços, devendo divulgá-lo pública e anualmente. A divulgação indicará se a reclamação foi atendida ou não pelo fornecedor.

▶ Arts. 3º, XIII, 4º, V, e 57 a 61 do Dec. nº 2.181, de 20-3-1997, que dispõe sobre a organização do Sistema Nacional de Defesa do Consumidor – SNDC, e estabelece normas gerais de aplicação das sanções administrativas previstas nesta Lei.

§ 1º É facultado o acesso às informações lá constantes para orientação e consulta por qualquer interessado.

§ 2º Aplicam-se a este artigo, no que couber, as mesmas regras enunciadas no artigo anterior e as do parágrafo único do artigo 22 deste Código.

Art. 45. VETADO.

Capítulo VI
DA PROTEÇÃO CONTRATUAL

Seção I
DISPOSIÇÕES GERAIS

Art. 46. Os contratos que regulam as relações de consumo não obrigarão os consumidores, se não lhes for dada a oportunidade de tomar conhecimento prévio de seu conteúdo, ou se os respectivos instrumentos forem redigidos de modo a dificultar a compreensão de seu sentido e alcance.

Art. 47. As cláusulas contratuais serão interpretadas de maneira mais favorável ao consumidor.

▶ Art. 423 do CC.
▶ Súm. nº 181 do STJ.

Art. 48. As declarações de vontade constantes de escritos particulares, recibos e pré-contratos relativos às relações de consumo vinculam o fornecedor, ensejando inclusive execução específica, nos termos do artigo 84 e parágrafos.

▶ Art. 35, I, deste Código.
▶ Art. 13, XVI, do Dec. nº 2.181, de 20-3-1997, que dispõe sobre a organização do Sistema Nacional de Defesa do Consumidor – SNDC, e estabelece normas gerais de aplicação das sanções administrativas previstas nesta Lei.

Art. 49. O consumidor pode desistir do contrato, no prazo de sete dias a contar de sua assinatura ou do ato de recebimento do produto ou serviço, sempre que a contratação de fornecimento de produtos e serviços ocorrer fora do estabelecimento comercial, especialmente por telefone ou a domicílio.

► Art. 33 deste Código.

Parágrafo único. Se o consumidor exercitar o direito de arrependimento previsto neste artigo, os valores eventualmente pagos, a qualquer título, durante o prazo de reflexão, serão devolvidos, de imediato, monetariamente atualizados.

► Art. 13, XVII e XVIII, do Dec. nº 2.181, de 20-3-1997, que dispõe sobre a organização do Sistema Nacional de Defesa do Consumidor – SNDC, e estabelece normas gerais de aplicação das sanções administrativas previstas nesta Lei.

Art. 50. A garantia contratual é complementar à legal e será conferida mediante termo escrito.

► Arts. 24, 66 e 74 deste Código.

Parágrafo único. O termo de garantia ou equivalente deve ser padronizado e esclarecer, de maneira adequada, em que consiste a mesma garantia, bem como a forma, o prazo e o lugar em que pode ser exercitada e os ônus a cargo do consumidor, devendo ser-lhe entregue, devidamente preenchido pelo fornecedor, no ato do fornecimento, acompanhado de manual de instrução, de instalação e uso de produto em linguagem didática, com ilustrações.

► Art. 13, XIX, do Dec. nº 2.181, de 20-3-1997, que dispõe sobre a organização do Sistema Nacional de Defesa do Consumidor – SNDC, e estabelece normas gerais de aplicação das sanções administrativas previstas nesta Lei.

SEÇÃO II

DAS CLÁUSULAS ABUSIVAS

Art. 51. São nulas de pleno direito, entre outras, as cláusulas contratuais relativas ao fornecimento de produtos e serviços que:

► Art. 6º, IV, deste Código.
► Art. 166 do CC.
► MP nº 2.172-32, de 23-8-2001, estabelece a nulidade das disposições contratuais que menciona e inverte, nas hipóteses que prevê, o ônus da prova nas ações intentadas para sua declaração.
► Arts. 22 e 56 do Dec. nº 2.181, de 20-3-1997, que dispõe sobre a organização do Sistema Nacional de Defesa do Consumidor – SNDC, e estabelece normas gerais de aplicação das sanções administrativas previstas nesta Lei.
► Este elenco de cláusulas consideradas abusivas foi complementado pelas Portarias da SDE nº 4, de 13-3-1998, nº 3, de 19-3-1999, nº 3, de 15-3-2001, e nº 5, de 27-8-2002.
► Súm. nº 381 do STJ.

I – impossibilitem, exonerem ou atenuem a responsabilidade do fornecedor por vícios de qualquer natureza dos produtos e serviços ou impliquem renúncia ou disposição de direitos. Nas relações de consumo entre o fornecedor e o consumidor-pessoa jurídica, a indenização poderá ser limitada, em situações justificáveis;
II – subtraiam ao consumidor a opção de reembolso da quantia já paga, nos casos previstos neste Código;

► Arts. 18, § 1º, II, 19, IV, 20, II, e 49, parágrafo único, deste Código.

III – transfiram responsabilidades a terceiros;

IV – estabeleçam obrigações consideradas iníquas, abusivas, que coloquem o consumidor em desvantagem exagerada, ou sejam incompatíveis com a boa-fé ou a equidade;

► Arts. 4º, III, e 53 deste Código.
► Arts. 22, IV, e 56 do Dec. nº 2.181, de 20-3-1997, que dispõe sobre a organização do Sistema Nacional de Defesa do Consumidor – SNDC, e estabelece normas gerais de aplicação das sanções administrativas previstas nesta Lei.
► Súmulas nºs 302 e 383 do STJ.

V – VETADO;
VI – estabeleçam inversão do ônus da prova em prejuízo do consumidor;

► Arts. 6º, VIII, e 38, deste Código.

VII – determinem a utilização compulsória de arbitragem;

► Lei nº 9.307, de 23-9-1996 (Lei da Arbitragem).

VIII – imponham representante para concluir ou realizar outro negócio jurídico pelo consumidor;

► Súm. nº 60 do STJ.

IX – deixem ao fornecedor a opção de concluir ou não o contrato, embora obrigando o consumidor;

► Art. 122 do CC.

X – permitam ao fornecedor, direta ou indiretamente, variação do preço de maneira unilateral;
XI – autorizem o fornecedor a cancelar o contrato unilateralmente, sem que igual direito seja conferido ao consumidor;
XII – obriguem o consumidor a ressarcir os custos de cobrança de sua obrigação, sem que igual direito lhe seja conferido contra o fornecedor;
XIII – autorizem o fornecedor a modificar unilateralmente o conteúdo ou a qualidade do contrato, após sua celebração;
XIV – infrinjam ou possibilitem a violação de normas ambientais;
XV – estejam em desacordo com o sistema de proteção ao consumidor;
XVI – possibilitem a renúncia do direito de indenização por benfeitorias necessárias.

§ 1º Presume-se exagerada, entre outros casos, a vantagem que:
I – ofende os princípios fundamentais do sistema jurídico a que pertence;
II – restringe direitos ou obrigações fundamentais inerentes à natureza do contrato, de tal modo a ameaçar seu objeto ou o equilíbrio contratual;
III – se mostra excessivamente onerosa para o consumidor, considerando-se a natureza e conteúdo do contrato, o interesse das partes e outras circunstâncias peculiares ao caso.

§ 2º A nulidade de uma cláusula contratual abusiva não invalida o contrato, exceto quando de sua ausência, apesar dos esforços de integração, decorrer ônus excessivo a qualquer das partes.

► Art. 184 do CC.

§ 3º VETADO.
§ 4º É facultado a qualquer consumidor ou entidade que o represente requerer ao Ministério Público

que ajuíze a competente ação para ser declarada a nulidade de cláusula contratual que contrarie o disposto neste Código ou de qualquer forma não assegure o justo equilíbrio entre direitos e obrigações das partes.
▶ Art. 82, I, deste Código.
▶ Art. 3º, VI, do Dec. nº 2.181, de 20-3-1997, que dispõe sobre a organização do Sistema Nacional de Defesa do Consumidor – SNDC, e estabelece normas gerais de aplicação das sanções administrativas previstas nesta Lei.

Art. 52. No fornecimento de produtos ou serviços que envolva outorga de crédito ou concessão de financiamento ao consumidor, o fornecedor deverá, entre outros requisitos, informá-lo prévia e adequadamente sobre:
▶ Art. 66 deste Código.
▶ Lei nº 10.962, de 11-10-2004, dispõe sobre a oferta e as formas de afixação de preços de produtos e serviços para o consumidor.
▶ Art. 3º do Dec. nº 5.903, de 20-9-2006, que regulamenta a Lei nº 10.962, de 11-10-2004, e dispõe sobre as práticas infracionais que atentam contra o direito básico do consumidor de obter informação clara e adequada sobre produtos e serviços.

I – preço do produto ou serviço em moeda corrente nacional;
II – montante dos juros de mora e da taxa efetiva anual de juros;
III – acréscimos legalmente previstos;
IV – número e periodicidade das prestações;
V – soma total a pagar, com e sem financiamento.
▶ Art. 13, XX, do Dec. nº 2.181, de 20-3-1997, que dispõe sobre a organização do Sistema Nacional de Defesa do Consumidor – SNDC, e estabelece normas gerais de aplicação das sanções administrativas previstas nesta Lei.

§ 1º As multas de mora decorrentes do inadimplemento de obrigações no seu termo não poderão ser superiores a dois por cento do valor da prestação.
▶ § 1º com a redação dada pela Lei nº 9.298, de 1º-8-1996.
▶ Art. 22, XIX, do Dec. nº 2.181, de 20-3-1997, que dispõe sobre a organização do Sistema Nacional de Defesa do Consumidor – SNDC, e estabelece normas gerais de aplicação das sanções administrativas previstas nesta Lei.
▶ Súm. nº 285 do STJ.

§ 2º É assegurada ao consumidor a liquidação antecipada do débito, total ou parcialmente, mediante redução proporcional dos juros e demais acréscimos.
▶ Art. 7º do Dec. nº 22.626, de 7-4-1933 (Lei da Usura).
▶ Art. 22, XX, do Dec. nº 2.181, de 20-3-1997, que dispõe sobre a organização do Sistema Nacional de Defesa do Consumidor – SNDC, e estabelece normas gerais de aplicação das sanções administrativas previstas nesta Lei.

§ 3º VETADO.

Art. 53. Nos contratos de compra e venda de móveis ou imóveis mediante pagamento em prestações, bem como nas alienações fiduciárias em garantia, consideram-se nulas de pleno direito as cláusulas que estabeleçam a perda total das prestações pagas em benefício do credor que, em razão do inadimplemento, pleitear a resolução do contrato e a retomada do produto alienado.
▶ Art. 51, IV, deste Código.
▶ Art. 22, XVII, do Dec. nº 2.181, de 20-3-1997, que dispõe sobre a organização do Sistema Nacional de Defesa do Consumidor – SNDC, e estabelece normas gerais de aplicação das sanções administrativas previstas nesta Lei.
▶ Súm. nº 284 do STJ.

§ 1º VETADO.

§ 2º Nos contratos do sistema de consórcio de produtos duráveis, a compensação ou a restituição das parcelas quitadas, na forma deste artigo, terá descontada, além da vantagem econômica auferida com a fruição, os prejuízos que o desistente ou inadimplente causar ao grupo.
▶ Art. 54, § 2º, deste Código.
▶ Lei nº 11.795, de 8-10-2008 (Lei do Sistema de Consórcios).
▶ Súm. nº 35 do STJ.

§ 3º Os contratos de que trata o *caput* deste artigo serão expressos em moeda corrente nacional.
▶ Art. 1º da Lei nº 10.192, de 14-2-2001, que dispõe sobre medidas complementares ao Plano Real.

Seção III

DOS CONTRATOS DE ADESÃO

Art. 54. Contrato de adesão é aquele cujas cláusulas tenham sido aprovadas pela autoridade competente ou estabelecidas unilateralmente pelo fornecedor de produtos ou serviços, sem que o consumidor possa discutir ou modificar substancialmente seu conteúdo.
▶ Arts. 423 e 424 do CC.
▶ Art. 22, XXII, do Dec. nº 2.181, de 20-3-1997, que dispõe sobre a organização do Sistema Nacional de Defesa do Consumidor – SNDC, e estabelece normas gerais de aplicação das sanções administrativas previstas nesta Lei.

§ 1º A inserção de cláusula no formulário não desfigura a natureza de adesão do contrato.

§ 2º Nos contratos de adesão admite-se cláusula resolutória, desde que alternativa, cabendo a escolha ao consumidor, ressalvando-se o disposto no § 2º do artigo anterior.
▶ Lei nº 11.795, de 8-10-2008 (Lei do Sistema de Consórcios).

§ 3º Os contratos de adesão escritos serão redigidos em termos claros e com caracteres ostensivos e legíveis, cujo tamanho da fonte não será inferior ao corpo doze, de modo a facilitar sua compreensão pelo consumidor.
▶ § 3º com a redação dada pela Lei nº 11.785, de 22-9-2008.
▶ Art. 46 deste Código.

§ 4º As cláusulas que implicarem limitação de direito do consumidor deverão ser redigidas com destaque, permitindo sua imediata e fácil compreensão.

§ 5º VETADO.

CAPÍTULO VII
DAS SANÇÕES ADMINISTRATIVAS

▶ Dec. nº 2.181, de 20-3-1997, dispõe sobre a organização do Sistema Nacional de Defesa do Consumidor – SNDC, e estabelece normas gerais de aplicação das sanções administrativas previstas nesta Lei.

Art. 55. A União, os Estados e o Distrito Federal, em caráter concorrente e nas suas respectivas áreas de atuação administrativa, baixarão normas relativas à produção, industrialização, distribuição e consumo de produtos e serviços.

§ 1º A União, os Estados, o Distrito Federal e os Municípios fiscalizarão e controlarão a produção, industrialização, distribuição, a publicidade de produtos e serviços e o mercado de consumo, no interesse da preservação da vida, da saúde, da segurança, da informação e do bem-estar do consumidor, baixando as normas que se fizerem necessárias.

§ 2º VETADO.

§ 3º Os órgãos federais, estaduais, do Distrito Federal e municipais com atribuições para fiscalizar e controlar o mercado de consumo manterão comissões permanentes para elaboração, revisão e atualização das normas referidas no § 1º, sendo obrigatória a participação dos consumidores e fornecedores.

§ 4º Os órgãos oficiais poderão expedir notificações aos fornecedores para que, sob pena de desobediência, prestem informações sobre questões de interesse do consumidor, resguardado o segredo industrial.

▶ Art. 33, § 1º, do Dec. nº 2.181, de 20-3-1997, que dispõe sobre a organização do Sistema Nacional de Defesa do Consumidor – SNDC, e estabelece normas gerais de aplicação das sanções administrativas previstas nesta Lei.

Art. 56. As infrações das normas de defesa do consumidor ficam sujeitas, conforme o caso, às seguintes sanções administrativas, sem prejuízo das de natureza civil, penal e das definidas em normas específicas:

I – multa;
II – apreensão do produto;
III – inutilização do produto;
IV – cassação do registro do produto junto ao órgão competente;
V – proibição de fabricação do produto;
VI – suspensão de fornecimento de produtos ou serviço;
VII – suspensão temporária de atividade;
VIII – revogação de concessão ou permissão de uso;
IX – cassação de licença do estabelecimento ou de atividade;
X – interdição, total ou parcial, de estabelecimento, de obra ou de atividade;
XI – intervenção administrativa;
XII – imposição de contrapropaganda.

▶ Arts. 18 e 21 do Dec. nº 2.181, de 20-3-1997, que dispõe sobre a organização do Sistema Nacional de Defesa do Consumidor – SNDC, e estabelece normas gerais de aplicação das sanções administrativas previstas nesta Lei.

Parágrafo único. As sanções previstas neste artigo serão aplicadas pela autoridade administrativa, no âmbito de sua atribuição, podendo ser aplicadas cumulativamente, inclusive por medida cautelar antecedente ou incidente de procedimento administrativo.

Art. 57. A pena de multa, graduada de acordo com a gravidade da infração, a vantagem auferida e a condição econômica do fornecedor, será aplicada mediante procedimento administrativo, revertendo para o Fundo de que trata a Lei nº 7.347, de 24 de julho de 1985, os valores cabíveis à União, ou para os fundos estaduais ou municipais de proteção ao consumidor nos demais casos.

▶ Caput com a redação dada pela Lei nº 8.656, de 21-5-1993.
▶ Arts. 28 e 29 do Dec. nº 2.181, de 20-3-1997, que dispõe sobre a organização do Sistema Nacional de Defesa do Consumidor – SNDC, e estabelece normas gerais de aplicação das sanções administrativas previstas nesta Lei.

Parágrafo único. A multa será em montante nunca inferior a duzentas e não superior a três milhões de vezes o valor da Unidade Fiscal de Referência (UFIR), ou índice equivalente que venha substituí-lo.

▶ Parágrafo único acrescido pela Lei nº 8.703, de 6-9-1993.
▶ Art. 29, § 3º, da Lei nº 10.522, de 19-7-2002, que dispõe sobre o Cadastro Informativo dos créditos não quitados de órgãos e entidades federais, extinguiu a UFIR.
▶ Art. 2º, III, do Dec. nº 1.306, de 9-11-1994, que regulamenta o Fundo de Defesa de Direitos Difusos.

Art. 58. As penas de apreensão, de inutilização de produtos, de proibição de fabricação de produtos, de suspensão do fornecimento de produto ou serviço, de cassação do registro do produto e revogação da concessão ou permissão de uso serão aplicadas pela administração, mediante procedimento administrativo, assegurada ampla defesa, quando forem constatados vícios de quantidade ou de qualidade por inadequação ou insegurança do produto ou serviço.

Art. 59. As penas de cassação de alvará de licença, de interdição e de suspensão temporária da atividade, bem como a de intervenção administrativa serão aplicadas mediante procedimento administrativo, assegurada ampla defesa, quando o fornecedor reincidir na prática das infrações de maior gravidade previstas neste Código e na legislação de consumo.

§ 1º A pena de cassação da concessão será aplicada à concessionária de serviço público, quando violar obrigação legal ou contratual.

§ 2º A pena de intervenção administrativa será aplicada sempre que as circunstâncias de fato desaconselharem a cassação de licença, a interdição ou suspensão da atividade.

§ 3º Pendendo ação judicial na qual se discuta a imposição de penalidade administrativa, não haverá reincidência até o trânsito em julgado da sentença.

Art. 60. A imposição de contrapropaganda será cominada quando o fornecedor incorrer na prática de publicidade enganosa ou abusiva, nos termos do artigo 36 e seus parágrafos, sempre às expensas do infrator.

▶ A referência deste dispositivo ao art. 36 deve ser entendida como feita ao art. 37 e seus parágrafos, que tratam exatamente da publicidade enganosa, da publicidade abusiva e da publicidade enganosa por omissão, enquanto o art. 36 e seu parágrafo único tratam, respectivamente, da veiculação da publicidade e da disponibilidade dos dados que sustentam a mensagem publicitária.

§ 1º A contrapropaganda será divulgada pelo responsável da mesma forma, frequência e dimensão e, preferencialmente no mesmo veículo, local, espaço e horário, de forma capaz de desfazer o malefício da publicidade enganosa ou abusiva.

▶ Art. 47 do Dec. nº 2.181, de 20-3-1997, que dispõe sobre a organização do Sistema Nacional de Defesa do Consumidor – SNDC, e estabelece normas gerais de aplicação das sanções administrativas previstas nesta Lei.

§§ 2º e 3º VETADOS.

TÍTULO II – DAS INFRAÇÕES PENAIS

Art. 61. Constituem crimes contra as relações de consumo previstas neste Código, sem prejuízo do disposto no Código Penal e leis especiais, as condutas tipificadas nos artigos seguintes.

▶ Art. 7º da Lei nº 8.137, de 27-12-1990 (Lei dos Crimes Contra a Ordem Tributária, Econômica e Contra as Relações de Consumo).

Art. 62. VETADO.

Art. 63. Omitir dizeres ou sinais ostensivos sobre a nocividade ou periculosidade de produtos, nas embalagens, nos invólucros, recipientes ou publicidade:

Pena – Detenção de seis meses a dois anos e multa.

▶ Art. 9º deste Código.

§ 1º Incorrerá nas mesmas penas quem deixar de alertar, mediante recomendações escritas ostensivas, sobre a periculosidade do serviço a ser prestado.

§ 2º Se o crime é culposo:

Pena – Detenção de um a seis meses ou multa.

Art. 64. Deixar de comunicar à autoridade competente e aos consumidores a nocividade ou periculosidade de produtos cujo conhecimento seja posterior à sua colocação no mercado:

Pena – Detenção de seis meses a dois anos e multa.

▶ Art. 10, § 1º, deste Código.
▶ Art. 13, II e III, do Dec. nº 2.181, de 20-3-1997, que dispõe sobre a organização do Sistema Nacional de Defesa do Consumidor – SNDC, e estabelece normas gerais de aplicação das sanções administrativas previstas nesta Lei.

Parágrafo único. Incorrerá nas mesmas penas quem deixar de retirar do mercado, imediatamente quando determinado pela autoridade competente, os produtos nocivos ou perigosos, na forma deste artigo.

Art. 65. Executar serviço de alto grau de periculosidade, contrariando determinação de autoridade competente:

Pena – Detenção de seis meses a dois anos e multa.

▶ Art. 10 deste Código.

Parágrafo único. As penas deste artigo são aplicáveis sem prejuízo das correspondentes à lesão corporal e à morte.

Art. 66. Fazer afirmação falsa ou enganosa, ou omitir informação relevante sobre a natureza, característica, qualidade, quantidade, segurança, desempenho, durabilidade, preço ou garantia de produtos ou serviços:

Pena – Detenção de três meses a um ano e multa.

▶ Arts. 31, 37 e 52 deste Código.
▶ Art. 13, I, do Dec. nº 2.181, de 20-3-1997, que dispõe sobre a organização do Sistema Nacional de Defesa do Consumidor – SNDC, e estabelece normas gerais de aplicação das sanções administrativas previstas nesta Lei.

§ 1º Incorrerá nas mesmas penas quem patrocinar a oferta.

§ 2º Se o crime é culposo:

Pena – Detenção de um a seis meses ou multa.

Art. 67. Fazer ou promover publicidade que sabe ou deveria saber ser enganosa ou abusiva:

Pena – Detenção de três meses a um ano e multa.

▶ Arts. 6º, IV, e 37 deste Código.
▶ Arts. 14 e 19 do Dec. nº 2.181, de 20-3-1997, que dispõe sobre a organização do Sistema Nacional de Defesa do Consumidor – SNDC, e estabelece normas gerais de aplicação das sanções administrativas previstas nesta Lei.

Parágrafo único. VETADO.

Art. 68. Fazer ou promover publicidade que sabe ou deveria saber ser capaz de induzir o consumidor a se comportar de forma prejudicial ou perigosa a sua saúde ou segurança:

Pena – Detenção de seis meses a dois anos e multa.

▶ Art. 37, § 2º, deste Código.
▶ Arts. 14 e 19 do Dec. nº 2.181, de 20-3-1997, que dispõe sobre a organização do Sistema Nacional de Defesa do Consumidor – SNDC, e estabelece normas gerais de aplicação das sanções administrativas previstas nesta Lei.

Parágrafo único. VETADO.

Art. 69. Deixar de organizar dados fáticos, técnicos e científicos que dão base à publicidade:

Pena – Detenção de um a seis meses ou multa.

▶ Arts. 36, parágrafo único, e 38 deste Código.

Art. 70. Empregar, na reparação de produtos, peças ou componentes de reposição usados, sem autorização do consumidor:

Pena – Detenção de três meses a um ano e multa.

▶ Arts. 21 e 32 deste Código.

Art. 71. Utilizar, na cobrança de dívidas, de ameaça, coação, constrangimento físico ou moral, afirmações falsas, incorretas ou enganosas ou de qualquer outro procedimento que exponha o consumidor, injustificadamente, a ridículo ou interfira com seu trabalho, descanso ou lazer:

Pena – Detenção de três meses a um ano e multa.

▶ Art. 42 deste Código.

Art. 72. Impedir ou dificultar o acesso do consumidor às informações que sobre ele constem em cadastros, banco de dados, fichas e registros:

Pena – Detenção de seis meses a um ano ou multa.
▶ Art. 43 deste Código.

Art. 73. Deixar de corrigir imediatamente informação sobre consumidor constante de cadastro, banco de dados, fichas ou registros que sabe ou deveria saber ser inexata:
Pena – Detenção de um a seis meses ou multa.

Art. 74. Deixar de entregar ao consumidor o termo de garantia adequadamente preenchido e com especificação clara de seu conteúdo:
Pena – Detenção de um a seis meses ou multa.
▶ Arts. 24 e 50 deste Código.

Art. 75. Quem, de qualquer forma, concorrer para os crimes referidos neste Código incide nas penas a esses cominadas na medida de sua culpabilidade, bem como o diretor, administrador ou gerente da pessoa jurídica que promover, permitir ou por qualquer modo aprovar o fornecimento, oferta, exposição à venda ou manutenção em depósito de produtos ou a oferta e prestação de serviços nas condições por ele proibidas.
▶ Art. 29 do CP.

Art. 76. São circunstâncias agravantes dos crimes tipificados neste Código:
▶ Art. 61 do CP.

I – serem cometidos em época de grave crise econômica ou por ocasião de calamidade;
II – ocasionarem grave dano individual ou coletivo;
III – dissimular-se a natureza ilícita do procedimento;
IV – quando cometidos:
a) por servidor público, ou por pessoa cuja condição econômico-social seja manifestamente superior à da vítima;
b) em detrimento de operário ou rurícola; de menor de dezoito ou maior de sessenta anos ou de pessoas portadoras de deficiência mental, interditadas ou não;
V – serem praticados em operações que envolvam alimentos, medicamentos ou quaisquer outros produtos ou serviços essenciais.

Art. 77. A pena pecuniária prevista nesta Seção será fixada em dias-multa, correspondente ao mínimo e ao máximo de dias de duração da pena privativa da liberdade cominada ao crime. Na individualização desta multa, o juiz observará o disposto no artigo 60, § 1º, do Código Penal.

Art. 78. Além das penas privativas de liberdade e de multa, podem ser impostas, cumulativa ou alternadamente, observado o disposto nos artigos 44 a 47, do Código Penal:
I – a interdição temporária de direitos;
II – a publicação em órgãos de comunicação de grande circulação ou audiência, às expensas do condenado, de notícia sobre os fatos e a condenação;
III – a prestação de serviços à comunidade.

Art. 79. O valor da fiança, nas infrações de que trata este Código, será fixado pelo juiz, ou pela autoridade que presidir o inquérito, entre cem e duzentas mil vezes o valor do Bônus do Tesouro Nacional – BTN, ou índice equivalente que venha substituí-lo.

Parágrafo único. Se assim recomendar a situação econômica do indiciado ou réu, a fiança poderá ser:
a) reduzida até a metade de seu valor mínimo;
b) aumentada pelo juiz até vinte vezes.

Art. 80. No processo penal atinente aos crimes previstos neste Código, bem como a outros crimes e contravenções que envolvam relações de consumo, poderão intervir, como assistentes do Ministério Público, os legitimados indicados no artigo 82, incisos III e IV, aos quais também é facultado propor ação penal subsidiária, se a denúncia não for oferecida no prazo legal.
▶ Art. 5º, LIX, da CF.

TÍTULO III – DA DEFESA DO CONSUMIDOR EM JUÍZO

CAPÍTULO I

DISPOSIÇÕES GERAIS

▶ Lei nº 7.347, de 24-7-1985 (Lei da Ação Civil Pública).

Art. 81. A defesa dos interesses e direitos dos consumidores e das vítimas poderá ser exercida em juízo individualmente, ou a título coletivo.

Parágrafo único. A defesa coletiva será exercida quando se tratar de:
I – interesses ou direitos difusos, assim entendidos, para efeitos deste Código, os transindividuais, de natureza indivisível, de que sejam titulares pessoas indeterminadas e ligadas por circunstâncias de fato;
▶ Arts. 103, I, § 1º, e 104 deste Código.

II – interesses ou direitos coletivos, assim entendidos, para efeitos deste Código, os transindividuais de natureza indivisível de que seja titular grupo, categoria ou classe de pessoas ligadas entre si ou com a parte contrária por uma relação jurídica base;
▶ Arts. 103, II, § 1º, e 104 deste Código.

III – interesses ou direitos individuais homogêneos, assim entendidos os decorrentes de origem comum.
▶ Art. 103, III, e § 2º, deste Código.

Art. 82. Para os fins do artigo 81, parágrafo único, são legitimados concorrentemente:
▶ *Caput* com a redação dada pela Lei nº 9.008, de 21-3-1995.
▶ Arts. 91 e 98 deste Código.

I – o Ministério Público;
▶ Art. 129, III, da CF.
▶ Arts. 51, § 4º, 80 e 92 deste Código.
▶ Arts. 3º, VI, e 56, § 3º, do Dec. nº 2.181, de 20-3-1997, que dispõe sobre a organização do Sistema Nacional de Defesa do Consumidor – SNDC e estabelece normas gerais de aplicação das sanções administrativas previstas nesta Lei.

II – a União, os Estados, os Municípios e o Distrito Federal;
III – as entidades e órgãos da administração pública, direta ou indireta, ainda que sem personalidade jurídica, especificamente destinados à defesa dos interesses e direitos protegidos por este Código;
▶ Art. 80 deste Código.

IV – as associações legalmente constituídas há pelo menos um ano e que incluam entre seus fins institu-

cionais a defesa dos interesses e direitos protegidos por este Código, dispensada a autorização assemblear.
▶ Art. 5º, XXI e LXX, da CF.
▶ Art. 80 deste Código.
▶ Arts. 45 e 53 do CC.
▶ Art. 5º da Lei nº 7.347, de 24-7-1985 (Lei da Ação Civil Pública).
▶ Art. 7º da Lei nº 9.870, de 23-11-1999, que dispõe sobre o valor total das anuidades escolares.
▶ Art. 8º do Dec. nº 2.181, de 20-3-1997, que dispõe sobre a organização do Sistema Nacional de Defesa do Consumidor – SNDC, e estabelece normas gerais de aplicação das sanções administrativas previstas nesta Lei.

§ 1º O requisito da pré-constituição pode ser dispensado pelo juiz, nas ações previstas no artigo 91 e seguintes, quando haja manifesto interesse social evidenciado pela dimensão ou característica do dano, ou pela relevância do bem jurídico a ser protegido.

§§ 2º e 3º VETADOS.

Art. 83. Para a defesa dos direitos e interesses protegidos por este Código são admissíveis todas as espécies de ações capazes de propiciar sua adequada e efetiva tutela.

Parágrafo único. VETADO.

Art. 84. Na ação que tenha por objeto o cumprimento da obrigação de fazer ou não fazer, o juiz concederá a tutela específica da obrigação ou determinará providências que assegurem o resultado prático equivalente ao do adimplemento.
▶ Arts 35, I, e 48 deste Código.
▶ Art. 461 do CPC.

§ 1º A conversão da obrigação em perdas e danos somente será admissível se por elas optar o autor ou se impossível a tutela específica ou a obtenção do resultado prático correspondente.

§ 2º A indenização por perdas e danos se fará sem prejuízo da multa (artigo 287 do Código de Processo Civil).

§ 3º Sendo relevante o fundamento da demanda e havendo justificado receio de ineficácia do provimento final, é lícito ao juiz conceder a tutela liminarmente ou após justificação prévia, citado o réu.

§ 4º O juiz poderá, na hipótese do § 3º ou na sentença, impor multa diária ao réu, independentemente de pedido do autor, se for suficiente ou compatível com a obrigação, fixando prazo razoável para o cumprimento do preceito.

§ 5º Para a tutela específica ou para a obtenção do resultado prático equivalente, poderá o juiz determinar as medidas necessárias, tais como busca e apreensão, remoção de coisas e pessoas, desfazimento de obra, impedimento de atividade nociva, além de requisição de força policial.

Arts. 85 e 86. VETADOS.

Art. 87. Nas ações coletivas de que trata este Código não haverá adiantamento de custas, emolumentos, honorários periciais e quaisquer outras despesas, nem condenação da associação autora, salvo comprovada má-fé, em honorários de advogados, custas e despesas processuais.
▶ Art. 18 da Lei nº 7.347, de 24-7-1985 (Lei da Ação Civil Pública).

Parágrafo único. Em caso de litigância de má-fé, a associação autora e os diretores responsáveis pela propositura da ação serão solidariamente condenados em honorários advocatícios e ao décuplo das custas, sem prejuízo da responsabilidade por perdas e danos.
▶ Arts. 402 a 405 do CC.
▶ Arts. 16 a 18 e 20 do CPC.

Art. 88. Na hipótese do artigo 13, parágrafo único deste Código, a ação de regresso poderá ser ajuizada em processo autônomo, facultada a possibilidade de prosseguir-se nos mesmos autos, vedada a denunciação da lide.
▶ Arts. 70 a 76 do CPC.

Art. 89. VETADO.

Art. 90. Aplicam-se às ações previstas neste Título as normas do Código de Processo Civil e da Lei nº 7.347, de 24 de julho de 1985, inclusive no que respeita ao inquérito civil, naquilo que não contrariar suas disposições.
▶ Art. 26, § 2º, III, deste Código.
▶ Arts. 8º, § 1º, e 9º, da Lei nº 7.347, de 24-7-1985 (Lei da Ação Civil Pública).

Capítulo II

DAS AÇÕES COLETIVAS PARA A DEFESA DE INTERESSES INDIVIDUAIS HOMOGÊNEOS

Art. 91. Os legitimados de que trata o artigo 82 poderão propor, em nome próprio e no interesse das vítimas ou seus sucessores, ação civil coletiva de responsabilidade pelos danos individualmente sofridos, de acordo com o disposto nos artigos seguintes.
▶ Artigo com a redação dada pela Lei nº 9.008, de 21-3-1995.
▶ Art. 82, § 1º, deste Código.

Art. 92. O Ministério Público, se não ajuizar a ação, atuará sempre como fiscal da lei.
▶ Art. 82, I, deste Código.
▶ Art. 82, III, do CPC.

Parágrafo único. VETADO.

Art. 93. Ressalvada a competência da justiça federal, é competente para a causa a justiça local:
▶ Art. 109, I, e § 2º, da CF.
▶ Art. 99 do CPC.

I – no foro do lugar onde ocorreu ou deva ocorrer o dano, quando de âmbito local;
▶ Art. 100, V, a, do CPC.

II – no foro da Capital do Estado ou no do Distrito Federal, para os danos de âmbito nacional ou regional, aplicando-se as regras do Código de Processo Civil aos casos de competência concorrente.
▶ Arts. 105 e 106 do CPC.
▶ Art. 2º da Lei nº 7.347, de 24-7-1985 (Lei da Ação Civil Pública).

Art. 94. Proposta a ação, será publicado edital no órgão oficial, a fim de que os interessados possam intervir no processo como litisconsortes, sem prejuízo de ampla divulgação pelos meios de comunicação social por parte dos órgãos de defesa do consumidor.
▶ Arts. 46 a 49 do CPC.
▶ Art. 5º, § 2º, da Lei nº 7.347, de 24-7-1985 (Lei da Ação Civil Pública).

Art. 95. Em caso de procedência do pedido, a condenação será genérica, fixando a responsabilidade do réu pelos danos causados.
▶ Art. 475-A do CPC.

Art. 96. VETADO.

Art. 97. A liquidação e a execução de sentença poderão ser promovidas pela vítima e seus sucessores, assim como pelos legitimados de que trata o artigo 82.
▶ Art. 103, § 3º, deste Código.
▶ Arts. 475-A a 475-R do CPC.

Parágrafo único. VETADO.

Art. 98. A execução poderá ser coletiva, sendo promovida pelos legitimados de que trata o artigo 82, abrangendo as vítimas cujas indenizações já tiverem sido fixadas em sentença de liquidação, sem prejuízo do ajuizamento de outras execuções.
▶ *Caput* com a redação dada pela Lei nº 9.008, de 21-3-1995.
▶ Art. 103, § 3º, deste Código.

§ 1º A execução coletiva far-se-á com base em certidão das sentenças de liquidação, da qual deverá constar a ocorrência ou não do trânsito em julgado.

§ 2º É competente para a execução o juízo:
I – da liquidação da sentença ou da ação condenatória, no caso de execução individual;
II – da ação condenatória, quando coletiva a execução.

Art. 99. Em caso de concurso de créditos decorrentes de condenação prevista na Lei nº 7.347, de 24 de julho de 1985, e de indenizações pelos prejuízos individuais resultantes do mesmo evento danoso, estas terão preferência no pagamento.
▶ Art. 103, § 3º, deste Código.
▶ Lei nº 7.347, de 24-7-1985 (Lei da Ação Civil Pública).

Parágrafo único. Para efeito do disposto neste artigo, a destinação da importância recolhida ao Fundo criado pela Lei nº 7.347, de 24 de julho de 1985, ficará sustada enquanto pendentes de decisão de segundo grau as ações de indenização pelos danos individuais, salvo na hipótese de o patrimônio do devedor se manifestamente suficiente para responder pela integralidade das dívidas.
▶ Art. 13 da Lei nº 7.347, de 24-7-1985 (Lei da Ação Civil Pública), regulamentada pelo Dec. nº 1.306, de 9-11-1994.

Art. 100. Decorrido o prazo de um ano sem habilitação de interessados em número compatível com a gravidade do dano, poderão os legitimados do artigo 82 promover a liquidação e execução da indenização devida.

Parágrafo único. O produto da indenização devida reverterá para o Fundo criado pela Lei nº 7.347, de 24 de julho de 1985.
▶ Art. 13 da Lei nº 7.347, de 24-7-1985 (Lei da Ação Civil Pública), regulamentada pelo Dec. nº 1.306, de 9-11-1994.
▶ Art. 2º, III, do Dec. nº 1.306, de 9-11-1994, que regulamenta o Fundo de Defesa de Direitos Difusos.

CAPÍTULO III

DAS AÇÕES DE RESPONSABILIDADE DO FORNECEDOR DE PRODUTOS E SERVIÇOS

Art. 101. Na ação de responsabilidade civil do fornecedor de produtos e serviços, sem prejuízo do disposto nos Capítulos I e II deste Título, serão observadas as seguintes normas:
▶ Arts. 27 e 81 a 100 deste Código.

I – a ação pode ser proposta no domicílio do autor;
II – o réu que houver contratado seguro de responsabilidade poderá chamar ao processo o segurador, vedada a integração do contraditório pelo Instituto de Resseguros do Brasil. Nesta hipótese, a sentença que julgar procedente o pedido condenará o réu nos termos do artigo 80 do Código de Processo Civil. Se o réu houver sido declarado falido, o síndico será intimado a informar a existência de seguro de responsabilidade, facultando-se, em caso afirmativo, o ajuizamento de ação de indenização diretamente contra o segurador, vedada a denunciação da lide ao Instituto de Resseguros do Brasil e dispensado o litisconsórcio obrigatório com este.
▶ Arts. 77 a 80 do CPC.
▶ Arts. 21 a 25 da Lei nº 11.101, de 9-2-2005 (Lei de Recuperação de Empresas e Falências).

Art. 102. Os legitimados a agir na forma deste Código poderão propor ação visando compelir o Poder Público competente a proibir, em todo o território nacional, a produção, divulgação, distribuição ou venda, ou a determinar alteração na composição, estrutura, fórmula ou acondicionamento de produto, cujo uso ou consumo regular se revele nocivo ou perigoso à saúde pública e à incolumidade pessoal.
▶ Art. 82 deste Código.

§§ 1º e 2º VETADOS.

CAPÍTULO IV

DA COISA JULGADA

Art. 103. Nas ações coletivas de que trata este Código, a sentença fará coisa julgada:
▶ Arts. 467 a 475 do CPC.

I – *erga omnes*, exceto se o pedido for julgado improcedente por insuficiência de provas, hipótese em que qualquer legitimado poderá intentar outra ação, com idêntico fundamento, valendo-se de nova prova, na hipótese do inciso I do parágrafo único do artigo 81;
II – *ultra partes*, mas limitadamente ao grupo, categoria ou classe, salvo improcedência por insuficiência de provas, nos termos do inciso anterior, quando se tratar da hipótese prevista no inciso II do parágrafo único do artigo 81;
▶ Art. 104 deste Código.

III – *erga omnes*, apenas no caso de procedência do pedido, para beneficiar todas as vítimas e seus sucessores, na hipótese do inciso III do parágrafo único do artigo 81.
▶ Art. 104 deste Código.

§ 1º Os efeitos da coisa julgada previstos nos incisos I e II não prejudicarão interesses e direitos individuais dos integrantes da coletividade, do grupo, categoria ou classe.

§ 2º Na hipótese prevista no inciso III, em caso de improcedência do pedido, os interessados que não tiverem intervindo no processo como litisconsortes poderão propor ação de indenização a título individual.

§ 3º Os efeitos da coisa julgada de que cuida o artigo 16, combinado com o artigo 13 da Lei nº 7.347, de 24 de julho de 1985, não prejudicarão as ações de indenização por danos pessoalmente sofridos, propostas individualmente ou na forma prevista neste Código, mas, se procedente o pedido, beneficiarão as vítimas e seus sucessores, que poderão proceder à liquidação e à execução, nos termos dos artigos 96 a 99.

▶ O referido art. 96 foi vetado.
▶ Lei nº 7.347, de 24-7-1985 (Lei da Ação Civil Pública).

§ 4º Aplica-se o disposto no parágrafo anterior à sentença penal condenatória.

Art. 104. As ações coletivas, previstas nos incisos I e II do parágrafo único do artigo 81, não induzem litispendência para as ações individuais, mas os efeitos da coisa julgada *erga omnes* ou *ultra partes* a que aludem os incisos II e III do artigo anterior não beneficiarão os autores das ações individuais, se não for requerida sua suspensão no prazo de 30 (trinta) dias, a contar da ciência nos autos do ajuizamento da ação coletiva.

▶ Art. 301, §§ 1º a 3º, do CPC.

TÍTULO IV – DO SISTEMA NACIONAL DE DEFESA DO CONSUMIDOR

Art. 105. Integram o Sistema Nacional de Defesa do Consumidor – SNDC os órgãos federais, estaduais, do Distrito Federal e municipais e as entidades privadas de defesa do consumidor.

▶ Art. 2º do Dec. nº 2.181, de 20-3-1997, que dispõe sobre a organização do Sistema Nacional de Defesa do Consumidor – SNDC, e estabelece normas gerais de aplicação das sanções administrativas previstas nesta Lei.

Art. 106. O Departamento Nacional de Defesa do Consumidor, da Secretaria Nacional de Direito Econômico-MJ, ou órgão federal que venha substituí-lo, é organismo de coordenação da política do Sistema Nacional de Defesa do Consumidor, cabendo-lhe:

▶ Art. 3º do Dec. nº 2.181, de 20-3-1997, que dispõe sobre a organização do Sistema Nacional de Defesa do Consumidor – SNDC, e estabelece normas gerais de aplicação das sanções administrativas previstas nesta Lei.

I – planejar, elaborar, propor, coordenar e executar a política nacional de proteção ao consumidor;
II – receber, analisar, avaliar e encaminhar consultas, denúncias ou sugestões apresentadas por entidades representativas ou pessoas jurídicas de direito público ou privado;
III – prestar aos consumidores orientação permanente sobre seus direitos e garantias;
IV – informar, conscientizar e motivar o consumidor através dos diferentes meios de comunicação;
V – solicitar à polícia judiciária a instauração de inquérito policial para a apreciação de delito contra os consumidores, nos termos da legislação vigente;
VI – representar ao Ministério Público competente para fins de adoção de medidas processuais no âmbito de suas atribuições;
VII – levar ao conhecimento dos órgãos competentes as infrações de ordem administrativa que violarem os interesses difusos, coletivos, ou individuais dos consumidores;
VIII – solicitar o concurso de órgãos e entidades da União, Estados, do Distrito Federal e Municípios, bem como auxiliar a fiscalização de preços, abastecimento, quantidade e segurança de bens e serviços;
IX – incentivar, inclusive com recursos financeiros e outros programas especiais, a formação de entidades de defesa do consumidor pela população e pelos órgãos públicos estaduais e municipais;
X a XII – VETADOS;
XIII – desenvolver outras atividades compatíveis com suas finalidades.

Parágrafo único. Para a consecução de seus objetivos, o Departamento Nacional de Defesa do Consumidor poderá solicitar o concurso de órgãos e entidades de notória especialização técnico-científica.

TÍTULO V – DA CONVENÇÃO COLETIVA DE CONSUMO

Art. 107. As entidades civis de consumidores e as associações de fornecedores ou sindicatos de categoria econômica podem regular, por convenção escrita, relações de consumo que tenham por objeto estabelecer condições relativas ao preço, à qualidade, à quantidade, à garantia e características de produtos e serviços, bem como à reclamação e composição do conflito de consumo.

§ 1º A convenção tornar-se-á obrigatória a partir do registro do instrumento no cartório de títulos e documentos.

§ 2º A convenção somente obrigará os filiados às entidades signatárias.

§ 3º Não se exime de cumprir a convenção o fornecedor que se desligar da entidade em data posterior ao registro do instrumento.

Art. 108. VETADO.

TÍTULO VI – DISPOSIÇÕES FINAIS

Art. 109. VETADO.

Art. 110. Acrescente-se o seguinte inciso IV ao artigo 1º da Lei nº 7.347, de 24 de julho de 1985:

"IV – a qualquer outro interesse difuso ou coletivo;"

Art. 111. O inciso II do artigo 5º da Lei nº 7.347, de 24 de julho de 1985, passa a ter a seguinte redação:

"II – inclua, entre suas finalidades institucionais, a proteção ao meio ambiente, ao consumidor, ao patrimônio artístico, estético, histórico, turístico e paisagístico, ou a qualquer outro interesse difuso ou coletivo".

▶ Inciso II com nova redação dada pela Lei nº 11.448, de 15-1-2007.

Art. 112. O § 3º do artigo 5º da Lei nº 7.347, de 24 de julho de 1985, passa a ter a seguinte redação:

"§ 3º Em caso de desistência infundada ou abandono da ação por associação legitimada, o Ministério Público ou outro legitimado assumirá a titularidade ativa."

Art. 113. Acrescente-se os seguintes §§ 4º, 5º e 6º ao artigo 5º da Lei nº 7.347, de 24 de julho de 1985:

"§ 4º O requisito da pré-constituição poderá ser dispensado pelo juiz, quando haja manifesto interesse social evidenciado pela dimensão ou característica do dano, ou pela relevância do bem jurídico a ser protegido.

§ 5º Admitir-se-á o litisconsórcio facultativo entre os Ministérios Públicos da União, do Distrito Federal e dos Estados na defesa dos interesses e direitos de que cuida esta Lei.

§ 6º Os órgãos públicos legitimados poderão tomar dos interessados compromisso de ajustamento de sua conduta às exigências legais, mediante cominações, que terá eficácia de título executivo extrajudicial."

Art. 114. O artigo 15 da Lei nº 7.347, de 24 de julho de 1985, passa a ter a seguinte redação:

"Art. 15. Decorridos sessenta dias do trânsito em julgado da sentença condenatória, sem que a associação autora lhe promova a execução, deverá fazê-lo o Ministério Público, facultada igual iniciativa aos demais legitimados."

Art. 115. Suprima-se o *caput* do artigo 17 da Lei nº 7.347, de 24 de julho de 1985, passando o parágrafo único a constituir o *caput*, com a seguinte redação:

"Art. 17. Em caso de litigância de má-fé, a associação autora e os diretores responsáveis pela propositura da ação serão solidariamente condenados em honorários advocatícios e ao décuplo das custas, sem prejuízo da responsabilidade por perdas e danos."

► Artigo com a redação retificada no *DOU* de 10-1-2007.

Art. 116. Dê-se a seguinte redação ao artigo 18 da Lei nº 7.347, de 24 de julho de 1985:

"Art. 18. Nas ações de que trata esta Lei, não haverá adiantamento de custas, emolumentos, honorários periciais e quaisquer outras despesas, nem condenação da associação autora, salvo comprovada má-fé, em honorários de advogado, custas e despesas processuais."

Art. 117. Acrescente-se à Lei nº 7.347, de 24 de julho de 1985, o seguinte dispositivo, renumerando-se os seguintes:

"Art. 21. Aplicam-se à defesa dos direitos e interesses difusos, coletivos e individuais, no que for cabível, os dispositivos do Título III da Lei que instituiu o Código de Defesa do Consumidor."

Art. 118. Este Código entrará em vigor dentro de cento e oitenta dias a contar de sua publicação.

Art. 119. Revogam-se as disposições em contrário.

Brasília, 11 de setembro de 1990;
169º da Independência e
102º da República.

Fernando Collor

Índice Alfabético-Remissivo do Código de Defesa do Consumidor

A

ABUSO DE DIREITO: art. 28

AÇÃO
- cumprimento da obrigação de fazer ou de não fazer: art. 84
- defesa do consumidor: art. 83
- regresso; ajuizamento: art. 88

AÇÃO CIVIL COLETIVA: arts. 81 e 82

AÇÃO CIVIL COLETIVA DE RESPONSABILIDADE
- ajuizamento pelo Ministério Público: art. 92
- proposição: art. 91

AÇÃO COLETIVA
- coisa julgada: art. 103
- concurso de créditos: art. 99
- custas e emolumentos: art. 87
- defesa de interesses individuais homogêneos: arts. 91 a 100
- defesa de interesses individuais homogêneos; justiça competente: art. 93
- disposições: art. 104
- litigância de má-fé; condenação solidária: art. 87, par. ún.
- procedência do pedido; condenação genérica: art. 95
- sentença: art. 103
- sentença; liquidação e execução: arts. 97 e 98

AÇÃO CONDENATÓRIA: art. 98, § 2º, I e II

AÇÃO DE INDENIZAÇÃO: art. 103, § 2º

AÇÃO DE REGRESSO: art. 88

AÇÃO DE RESPONSABILIDADE CIVIL DO FORNECEDOR DE PRODUTOS E SERVIÇOS
- foro competente: art. 101, I
- ingresso no feito: art. 102, § 2º
- legitimados: art. 102
- normas de procedimento: art. 101
- réu; chamamento à lide do segurador: art. 101, II
- réu falido: art. 101, II

AÇÃO PENAL SUBSIDIÁRIA: art. 80

ADMINISTRAÇÃO PÚBLICA: art. 82, III

AFIRMAÇÕES ENGANOSAS E/OU FALSAS
- cobrança de dívidas: art. 71
- crime: art. 66

AGRAVANTES: art. 76

ALIENAÇÃO FIDUCIÁRIA: art. 53

ALVARÁ: art. 59

AMEAÇA: art. 71

AMOSTRAS GRÁTIS: art. 39, par. ún.

APREENSÃO DE PRODUTOS: arts. 56, II, e 58

ARREPENDIMENTO: art. 49

ASSISTÊNCIA JURÍDICA: arts. 5º, I, e 6º, VII

ASSOCIAÇÕES DE DEFESA DO CONSUMIDOR
- estímulos à criação: art. 5º, V
- legitimação: art. 82, IV

ATOS ABUSIVOS OU ILEGAIS: art. 28

B

BANCO DE DADOS E CADASTROS DE CONSUMIDORES
- acesso às informações: art. 43
- correção de informação sobre consumidor: art. 73

BUSCA E APREENSÃO: art. 84, § 5º

C

CADASTRO DE CONSUMIDORES
- vide BANCO DE DADOS E CADASTROS DE CONSUMIDORES

CLÁUSULAS CONTRATUAIS
- abusivas: art. 51, § 2º
- contratos de adesão: art. 54, § 2º
- limitação ao direito do consumidor: art. 54, § 4º
- nulidade; ajuizamento de ação pelo Ministério Público: art. 51, § 4º
- nulidade; casos: art. 53
- resolutórias: art. 54, § 2º

COBRANÇA DE DÍVIDAS
- disposições: art. 42
- infração penal: art. 71

CÓDIGO DE PROCESSO CIVIL: art. 90

COISA JULGADA: arts. 103 e 104

COLETIVIDADE DE PESSOAS: art. 2º, par. ún.

COMERCIANTE: art. 13

COMPRA E VENDA DE IMÓVEIS: art. 53

CONCURSO DE AGENTES: art. 75

CONCURSO DE CRÉDITOS: art. 99

CONSERTOS (SERVIÇOS): art. 21

CONSÓRCIO DE BENS DURÁVEIS: art. 53, § 2º

CONSTRUTOR: art. 12

CONSUMIDOR
- acesso às suas informações existentes nos cadastros e bancos de dados: art. 43
- atendimento de suas necessidades: art. 4º
- carente: art. 5º, I
- cobrança de dívidas: art. 42
- concessão de financiamento: art. 52, I a V
- débitos e prescrição: art. 43, § 5º
- defesa em juízo: arts. 81 a 104
- definição: art. 2º
- delegacias de polícia especializadas: art. 5º, III
- desfazimento de negócio: art. 41
- desistência do contrato; devolução dos valores pagos: art. 49, par. ún.
- desistência do contrato; requisitos: art. 49, caput
- direito à repetição do indébito: art. 42, par. ún.
- direitos básicos: art. 6º
- entidades civis: art. 107
- equiparação: arts. 2º, par. ún., 17 e 29
- exigências; direito: art. 18
- recusa de cumprimento à oferta: art. 35

CONTRAPROPAGANDA: art. 60

CONTRATOS
- adesão: art. 54
- alcance da nulidade de cláusula: art. 51, § 2º
- alienação fiduciária em garantia: art. 51, § 2º
- arrependimento pelo consumidor: art. 49, par. ún.
- atuação do Ministério Público: art. 51, § 4º
- caso de rescisão: art. 35, III
- cláusulas abusivas: arts. 51 a 53
- compra e venda de móveis ou imóveis: art. 53
- consórcios de produtos duráveis: art. 53, § 2º
- construção: art. 12
- declarações de vontade: art. 48
- desistência pelo consumidor: art. 49
- disposições gerais: art. 46

- empreitada: art. 40
- exoneração contratual: art. 25
- garantia: art. 50
- inadimplemento da obrigação: art. 52, § 1º
- interpretação das cláusulas contratuais: art. 47
- liquidação antecipada do débito: art. 52, § 2º
- não obrigarão o consumidor: art. 46
- nulidade de cláusulas contratuais: art. 51
- outorga de crédito ou concessão de financiamento: art. 52

CONTROLE DE QUALIDADE: art. 4º, V

CONVENÇÃO COLETIVA DE CONSUMO: art. 107

CRIMES
- circunstâncias agravantes: art. 76
- contra as relações de consumo: arts. 61 a 74
- disposições: arts. 61 a 80

CUSTAS E EMOLUMENTOS: art. 87

D

DANOS
- ação de indenização: art. 103, § 3º
- habilitação de interessados: art. 100
- prevenção e reparação: arts. 8º a 25
- reparação: art. 12
- reparação; sujeição passiva: art. 12
- responsabilidade; direito de regresso: art. 13, par. ún.

DECADÊNCIA E PRESCRIÇÃO: arts. 26 e 27

DEFESA COLETIVA: art. 81, par. ún.

DEFESA DO CONSUMIDOR EM JUÍZO: arts. 81 a 104
- ação para cumprimento de obrigação de fazer ou não fazer: art. 84
- ação para defesa; admissibilidade: art. 83
- ações; aplicam-se as normas do CPC: art. 90
- ações coletivas para a defesa de interesses individuais homogêneos: arts. 91 a 100
- ações de responsabilidade do fornecedor de produtos e serviços: arts. 101 e 102
- defesa coletiva; exercício: art. 81, par. ún.
- defesa coletiva; legitimação concorrente: art. 82
- normas gerais: arts. 81 a 90

DENUNCIAÇÃO À LIDE: art. 88

DESCONSIDERAÇÃO DA PERSONALIDADE JURÍDICA: art. 28

DEVOLUÇÃO DO PAGAMENTO: arts. 18, § 1º, II, 19, IV, e 20, II

DIREITOS DO CONSUMIDOR: arts. 6º e 7º
- tratados e convenções internacionais: art. 5º

E

EXCESSO DE PODER: art. 28

EXECUÇÃO ESPECÍFICA: art. 84

F

FABRICANTE
- disponibilidade de peças de reposição: art. 32
- exclusão de responsabilidade: art. 12, § 3º
- reparação de danos: art. 12

FALÊNCIA DA SOCIEDADE: art. 28

FATO ILÍCITO: art. 28

FIANÇA: art. 79

FORNECEDORES
- ações de sua responsabilidade: arts. 101 e 102
- cadastro de reclamações: art. 44
- concessão de financiamento ao consumidor: art. 52, I a V
- declarações de vontade: art. 48
- definição: art. 3º

- ignorância dos vícios: art. 23
- obrigação de cumprir a convenção coletiva de consumo: art. 107, § 3º
- obrigação de entregar ao consumidor orçamento prévio: art. 40
- obrigação de prestar informações sobre o produto: art. 8º
- oferta: art. 30
- produtos e serviços potencialmente nocivos ou perigosos: art. 9º
- produtos sujeitos ao regime de controle ou tabelamento de preços: art. 41
- proibição de colocar no mercado produtos de alto grau de nocividade ou periculosidade: art. 10
- recusa de cumprimento à apresentação ou publicidade; efeitos: art. 35
- recusa de cumprimento à oferta: art. 35
- responsabilidade em caso de pesagem ou medição: art. 19, § 2º
- responsabilidade por vício de qualidade: art. 20
- responsabilidade por vício do produto e do serviço: art. 18
- responsabilidade solidária: arts. 19 e 34
- serviço; obrigatoriedade: art. 40
- serviços; reexecução: art. 20, § 1º
- serviços; responsabilidade: arts. 14 e 20

G

GARANTIA
- contratual: art. 50, *caput*
- termo: art. 50, par. ún.
- vedada a exoneração contratual do fornecedor: art. 24

GRUPOS SOCIETÁRIOS: art. 28, § 2º

H

HABEAS DATA: art. 43, § 5º

I

IMPORTADOR: art. 12

INDENIZAÇÃO: arts. 6º, VI, 12 a 25
- liquidação e execução; promoção: art. 100, *caput*

INFRAÇÕES
- lei: art. 28
- penais: arts. 61 a 80
- sanções: art. 56

INQUÉRITO CIVIL
- disposições: art. 90

INTERESSES COLETIVOS
- direitos: art. 81, II

INTERESSES DIFUSOS
- direitos: art. 81, I

INTERESSES INDIVIDUAIS: art. 81, III

INVERSÃO DO ÔNUS DA PROVA: art. 6º, VIII

J

JUIZ: art. 28

JUIZADOS ESPECIAIS DE PEQUENAS CAUSAS E VARAS ESPECIALIZADAS: art. 5º, IV

L

LEGITIMADOS
- ação penal subsidiária: art. 80
- concorrentemente: art. 82

LITIGÂNCIA DE MÁ-FÉ: art. 87, par. ún.

LITISCONSORTES
- intervenção: art. 94

LITISPENDÊNCIA: art. 104

M

MINISTÉRIO PÚBLICO
- ajuizamento de ação principal e cautelar: art. 51, § 4º
- atuação: art. 92
- instituição de Promotorias de Justiça de Defesa do Consumidor: art. 5º, II
- intervenção como assistente: art. 80
- legitimação: art. 82, I

MULTAS: arts. 56, I, e 57
- diárias; hipótese: art. 86, § 4º
- mora: art. 52, § 1º
- pena de: art. 57
- penal: art. 77

N

NOCIVIDADE DOS PRODUTOS: arts. 63 e 65

NULIDADE
- cláusulas contratuais: art. 53
- cláusulas contratuais abusivas: art. 51, § 2º

O

OFERTA
- disposições gerais: arts. 30 a 35
- garantia: art. 32
- obrigação do fornecedor: art. 30
- patrocínio: art. 66, § 1º
- recusa de cumprimento: art. 35
- telefone; chamada onerosa: art. 33, par. ún.
- telefone; obrigações: art. 33

ÔNUS DA PROVA
- inversão, direito do consumidor: art. 6º, VIII
- publicidade: art. 38

ORÇAMENTO
- alteração depois de aprovado: art. 40, § 2º
- prévio: art. 40
- serviços de terceiros não previstos: art. 40, § 3º
- validade: art. 40, § 1º

ÓRGÃOS DA ADMINISTRAÇÃO PÚBLICA
- legitimação: art. 82, III
- obrigação de fornecer serviços adequados, eficientes, seguros e contínuos: art. 22

P

PAGAMENTO EM PRESTAÇÕES: art. 53

PEÇAS DE REPOSIÇÃO
- crime: art. 70
- disposições: arts. 21 e 32

PENAS
- apreensão: art. 58
- cassação de alvará de licença: art. 59
- cassação de concessão: art. 59, § 1º
- cumulativas; imposição: art. 78
- fixação em dias-multa: art. 77
- imposição de contrapropaganda: art. 60
- interdição: art. 59
- interdição temporária de direitos: art. 78, I
- intervenção administrativa: art. 59, § 2º
- multa: art. 57
- multa; aplicabilidade: art. 57
- pecuniária: art. 77
- prestação de serviços à comunidade: art. 78, III
- privativa de liberdade: art. 77
- publicação em órgãos de comunicação de grande circulação: art. 78, II
- suspensão temporária da atividade: art. 59

PERDAS E DANOS
- conversão da obrigação: art. 84, § 1º
- indenização: art. 84, § 2º

PERICULOSIDADE DO PRODUTO: arts. 63 a 65

PERICULOSIDADE DO SERVIÇO: arts. 63 a 65

PERMISSÃO DE USO: art. 58

PERSONALIDADE JURÍDICA: art. 28

PESSOA JURÍDICA: art. 28

POLÍTICA NACIONAL DE RELAÇÕES DE CONSUMO
- instrumentos de execução do Poder Público: art. 5º
- objetivo: art. 4º
- princípios: art. 4º, I a VIII

PRÁTICAS ABUSIVAS: arts. 39 a 41

PRÁTICAS COMERCIAIS: arts. 29 a 45

PRAZOS
- decadência e prescrição: arts. 26 e 27
- habilitação de interessados: art. 100
- sanar vícios de produto ou serviço: art. 18, §§ 1º a 4º

PRESCRIÇÃO
- efeitos relativos à cobrança de débitos: art. 43, § 5º
- interrupção do prazo: art. 27, par. ún.
- prazos: arts. 26 e 27

PRODUTOR: art. 12

PRODUTOS
- conceito: art. 3º, § 1º
- defeituosos; definição: art. 12, § 1º
- duráveis; consórcios: art. 53, § 2º
- garantia legal independe de termo expresso: art. 24
- impróprios para uso e consumo: art. 18, § 6º
- industriais; informações pelo fabricante: art. 8º, par. ún.
- informações a respeito pelos fornecedores: art. 8º
- in natura: art. 18, § 5º
- nocivos ou perigosos à saúde: art. 9º
- reparação de danos: art. 12
- responsabilidade por vício: arts. 18 a 25
- serviços; normas que serão baixadas sobre produção: art. 55
- sujeitos ao regime de controle ou tabelamento de preços: art. 41

PROFISSIONAIS LIBERAIS: art. 14, § 4º

PROTEÇÃO À SAÚDE E SEGURANÇA: art. 8º

PROTEÇÃO CONTRATUAL
- cláusulas abusivas: arts. 51 a 53
- contratos de adesão: art. 54
- disposições: arts. 46 a 54

PROVA
- inversão; direito do consumidor: art. 6º, VIII
- ônus em caso de informação ou comunicação publicitária: art. 38

PUBLICIDADE
- abusiva: art. 37
- difícil identificação; crime: art. 67
- disposições: arts. 36 a 38
- enganosa: art. 37, § 1º
- enganosa ou abusiva; contrapropaganda: art. 60
- enganosa ou abusiva; crime: art. 67
- enganosa por omissão: art. 37, § 3º
- enganosa; proibição: art. 37
- fiscalização pelos Poderes Públicos: art. 55, § 1º
- forma de veiculação: art. 36
- incapaz de atender a demanda; crime: art. 68
- informação ou comunicação; veracidade: art. 38
- ônus da prova: art. 38
- prejudicial ou perigosa; crime: art. 68

R

REPARAÇÃO POR DANOS PATRIMONIAIS E MORAIS
- direitos básicos do consumidor: art. 6º, VI
- sujeição passiva: art. 12

REPETIÇÃO DE INDÉBITO: art. 42, par. ún.

RESPONSABILIDADE
- direito de regresso: art. 13, par. ún.
- isenção do fornecedor; casos: art. 14, § 3º
- pelo fato do produto e do serviço: art. 12
- por vício de qualidade: art. 20
- por vício do produto e do serviço: art. 18
- profissionais liberais; apuração: art. 14, § 4º
- sociedades coligadas responderão por culpa: art. 28, § 4º
- subsidiária: art. 28, § 2º

RESPONSABILIDADE SOLIDÁRIA
- sociedades consorciadas: art. 28, § 3º
- sujeição passiva pela reparação dos danos: art. 7º, par. ún.
- vício do produto e do serviço: art. 25, §§ 1º e 2º

S

SANÇÕES ADMINISTRATIVAS
- disposições: art. 55, § 1º
- infrações das normas de defesa do consumidor: art. 56
- pena de multa: art. 57

SENTENÇA JUDICIAL
- competência para a execução: art. 98, § 2º
- execução coletiva: art. 98
- liquidação: art. 97
- penal condenatória: art. 103, § 4º

SERVIÇOS
- à comunidade; pena de prestação: art. 78, III
- alto grau de periculosidade; crime: art. 65
- considerados defeituosos: art. 14, § 1º
- considerados impróprios: art. 20, § 2º
- defeituosos; definição: art. 14, § 1º
- defeituosos; responsabilidade pela reparação de danos causados: art. 14
- definição: art. 3º, § 2º
- não considerados defeituosos: art. 14, § 2º
- procedência do pedido: art. 95
- qualidade: arts. 8º a 26
- reexecução: art. 20, I
- reposição original obrigatória: art. 21
- responsabilidade do fornecedor: art. 20
- responsabilidade por vício: arts. 18 a 25

SISTEMA NACIONAL DE DEFESA DO CONSUMIDOR: arts. 105 e 106

SOCIEDADE
- desconsideração da personalidade jurídica: art. 28
- responsabilidade: art. 28, § 2º
- responsabilidade das coligadas: art. 28, § 4º
- responsabilidade das consorciadas: art. 28, § 3º

T

TERMO DE GARANTIA: art. 74

U

USO E CONSUMO: art. 18, § 6º

V

VÍCIOS
- decadência do direito de reclamar: art. 26
- ignorância do fornecedor: art. 23
- oculto; início do prazo de decadência: art. 26, § 3º
- responsabilidade: arts. 18 a 25
- saneamento; prazo: art. 18, § 1º

Constituição Federal

Índice Sistemático da Constituição da República Federativa do Brasil

PREÂMBULO

TÍTULO I
DOS PRINCÍPIOS FUNDAMENTAIS

Arts. 1º a 4º 29

TÍTULO II
DOS DIREITOS E GARANTIAS FUNDAMENTAIS

Arts. 5º a 17 30
Capítulo I – Dos direitos e deveres individuais e coletivos – art. 5º 30
Capítulo II – Dos direitos sociais – arts. 6º a 11 36
Capítulo III – Da nacionalidade – arts. 12 e 13 40
Capítulo IV – Dos direitos políticos – arts. 14 a 16 40
Capítulo V – Dos partidos políticos – art. 17 41

TÍTULO III
DA ORGANIZAÇÃO DO ESTADO

Arts. 18 a 43 42
Capítulo I – Da organização político-administrativa – arts. 18 e 19 42
Capítulo II – Da União – arts. 20 a 24 42
Capítulo III – Dos Estados federados – arts. 25 a 28 48
Capítulo IV – Dos Municípios – arts. 29 a 31 49
Capítulo V – Do Distrito Federal e dos Territórios – arts. 32 e 33 51
  Seção I – Do Distrito Federal – art. 32 51
  Seção II – Dos Territórios – art. 33 52
Capítulo VI – Da intervenção – arts. 34 a 36 52
Capítulo VII – Da administração pública – arts. 37 a 43 53
  Seção I – Disposições gerais – arts. 37 e 38 53
  Seção II – Dos servidores públicos – arts. 39 a 41 56
  Seção III – Dos Militares dos Estados, do Distrito Federal e dos Territórios – art. 42 59
  Seção IV – Das regiões – art. 43 59

TÍTULO IV
DA ORGANIZAÇÃO DOS PODERES

Arts. 44 a 135 60
Capítulo I – Do Poder Legislativo – arts. 44 a 75 60
  Seção I – Do Congresso Nacional – arts. 44 a 47 60
  Seção II – Das atribuições do Congresso Nacional – arts. 48 a 50 60
  Seção III – Da Câmara dos Deputados – art. 51 61
  Seção IV – Do Senado Federal – art. 52 61
  Seção V – Dos Deputados e dos Senadores – arts. 53 a 56 62
  Seção VI – Das reuniões – art. 57 63
  Seção VII – Das comissões – art. 58 64
  Seção VIII – Do processo legislativo – arts. 59 a 69 64
    Subseção I – Disposição geral – art. 59 64
    Subseção II – Da Emenda à Constituição – art. 60 64
    Subseção III – Das leis – arts. 61 a 69 65
  Seção IX – Da fiscalização contábil, financeira e orçamentária – arts. 70 a 75 67
Capítulo II – Do Poder Executivo – arts. 76 a 91 68
  Seção I – Do Presidente e do Vice-Presidente da República – arts. 76 a 83 68
  Seção II – Das atribuições do Presidente da República – art. 84 69
  Seção III – Da responsabilidade do Presidente da República – arts. 85 e 86 70
  Seção IV – Dos Ministros de Estado – arts. 87 e 88 70
  Seção V – Do Conselho da República e do Conselho de Defesa Nacional – arts. 89 a 91 70

Índice Sistemático da CF 27

Subseção I – Do Conselho da República – arts. 89 e 90 70
Subseção II – Do Conselho de Defesa Nacional – art. 91 71
Capítulo III – Do Poder Judiciário – arts. 92 a 126.. 71
  Seção I – Disposições gerais – arts. 92 a 100.. 71
  Seção II – Do Supremo Tribunal Federal – arts. 101 a 103-B..................................... 75
  Seção III – Do Superior Tribunal de Justiça – arts. 104 e 105.................................... 77
  Seção IV – Dos Tribunais Regionais Federais e dos juízes federais – arts. 106 a 110.... 79
  Seção V – Dos Tribunais e Juízes do Trabalho – arts. 111 a 117................................ 80
  Seção VI – Dos Tribunais e Juízes Eleitorais – arts. 118 a 121 81
  Seção VII – Dos Tribunais e Juízes Militares – arts. 122 a 124.................................. 82
  Seção VIII – Dos Tribunais e Juízes dos Estados – arts. 125 e 126............................. 82
Capítulo IV – Das funções essenciais à justiça – arts. 127 a 135..................................... 83
  Seção I – Do Ministério Público – arts. 127 a 130-A.. 83
  Seção II – Da Advocacia Pública – arts. 131 e 132.. 85
  Seção III – Da Advocacia e da Defensoria Pública – arts. 133 a 135.......................... 86

TÍTULO V
DA DEFESA DO ESTADO E DAS INSTITUIÇÕES DEMOCRÁTICAS

Arts. 136 a 144 86
Capítulo I – Do estado de defesa e do estado de sítio – arts. 136 a 141........................... 86
  Seção I – Do estado de defesa – art. 136... 86
  Seção II – Do estado de sítio – arts. 137 a 139... 86
  Seção III – Disposições gerais – arts. 140 e 141.. 87
Capítulo II – Das Forças Armadas – arts. 142 e 143... 87
Capítulo III – Da segurança pública – art. 144.. 88

TÍTULO VI
DA TRIBUTAÇÃO E DO ORÇAMENTO

Arts. 145 a 169 89
Capítulo I – Do sistema tributário nacional – arts. 145 a 162... 89
  Seção I – Dos princípios gerais – arts. 145 a 149-A.. 89
  Seção II – Das limitações do poder de tributar – arts. 150 a 152.............................. 90
  Seção III – Dos impostos da União – arts. 153 e 154.. 91
  Seção IV – Dos impostos dos Estados e do Distrito Federal – art. 155...................... 92
  Seção V – Dos impostos dos Municípios – art. 156.. 94
  Seção VI – Da repartição das receitas tributárias – arts. 157 a 162........................... 95
Capítulo II – Das finanças públicas – arts. 163 a 169.. 97
  Seção I – Normas gerais – arts. 163 e 164.. 97
  Seção II – Dos orçamentos – arts. 165 a 169.. 97

TÍTULO VII
DA ORDEM ECONÔMICA E FINANCEIRA

Arts. 170 a 192 100
Capítulo I – Dos princípios gerais da atividade econômica – arts. 170 a 181................... 100
Capítulo II – Da política urbana – arts. 182 e 183 103
Capítulo III – Da política agrícola e fundiária e da reforma agrária – arts. 184 a 191..... 103
Capítulo IV – Do sistema financeiro nacional – art. 192... 105

TÍTULO VIII
DA ORDEM SOCIAL

Arts. 193 a 232 105
Capítulo I – Disposição geral – art. 193.. 105
Capítulo II – Da seguridade social – arts. 194 a 204... 105
  Seção I – Disposições gerais – arts. 194 e 195.. 105
  Seção II – Da saúde – arts. 196 a 200... 106
  Seção III – Da previdência social – arts. 201 e 202... 108
  Seção IV – Da assistência social – arts. 203 e 204.. 110
Capítulo III – Da educação, da cultura e do desporto – arts. 205 a 217 110
  Seção I – Da educação – arts. 205 a 214... 110
  Seção II – Da cultura – arts. 215 e 216.. 113
  Seção III – Do desporto – art. 217.. 114

Capítulo IV – Da ciência e tecnologia – arts. 218 e 219 114
Capítulo V – Da comunicação social – arts. 220 a 224 114
Capítulo VI – Do meio ambiente – art. 225 116
Capítulo VII – Da família, da criança, do adolescente, do jovem e do idoso – arts. 226 a 230 117
Capítulo VIII – Dos índios – arts. 231 e 232 119

TÍTULO IX
DAS DISPOSIÇÕES CONSTITUCIONAIS GERAIS

Arts. 233 a 250 120

ATO DAS DISPOSIÇÕES
CONSTITUCIONAIS TRANSITÓRIAS

Arts. 1º a 97 122

CONSTITUIÇÃO DA REPÚBLICA FEDERATIVA DO BRASIL

PREÂMBULO

Nós, representantes do povo brasileiro, reunidos em Assembleia Nacional Constituinte para instituir um Estado Democrático, destinado a assegurar o exercício dos direitos sociais e individuais, a liberdade, a segurança, o bem-estar, o desenvolvimento, a igualdade e a justiça como valores supremos de uma sociedade fraterna, pluralista e sem preconceitos, fundada na harmonia social e comprometida, na ordem interna e internacional, com a solução pacífica das controvérsias, promulgamos, sob a proteção de Deus, a seguinte CONSTITUIÇÃO DA REPÚBLICA FEDERATIVA DO BRASIL.

▶ Publicada no *DOU* de 5-10-1988.

TÍTULO I – DOS PRINCÍPIOS FUNDAMENTAIS

Art. 1º A República Federativa do Brasil, formada pela união indissolúvel dos Estados e Municípios e do Distrito Federal, constitui-se em Estado Democrático de Direito e tem como fundamentos:

▶ No plebiscito realizado em 21-4-1993, disciplinado na EC nº 2, de 25-8-1992, foram mantidos a república e o presidencialismo, como forma e sistema de governo, respectivamente.
▶ Art. 60, § 4º, I e II, desta Constituição.

I – a soberania;

▶ Arts. 20, VI, 21, I e III, 84, VII, VIII, XIX e XX, desta Constituição.
▶ Arts. 201, 202, 210 e 211 do CPC.
▶ Arts. 780 a 790 do CPP.
▶ Arts. 215 a 229 do RISTF.

II – a cidadania;

▶ Arts. 5º, XXXIV, LIV, LXXI, LXXIII e LXXVII, e 60, § 4º, desta Constituição.
▶ Lei nº 9.265, de 12-2-1996, estabelece a gratuidade dos atos necessários ao exercício da cidadania.
▶ Lei nº 10.835, de 8-1-2004, institui a renda básica da cidadania.

III – a dignidade da pessoa humana;

▶ Arts. 5º, XLII, XLIII, XLVIII, XLIX, L, 34, VII, *b*, 226, § 7º, 227 e 230 desta Constituição.
▶ Art. 8º, III, da Lei nº 11.340, de 7-8-2006 (Lei que Coíbe a Violência Doméstica e Familiar Contra a Mulher).
▶ Súmulas Vinculantes nºs 6, 11 e 14 do STF.

IV – os valores sociais do trabalho e da livre iniciativa;

▶ Arts. 6º a 11 e 170 desta Constituição.

V – o pluralismo político.

▶ Art. 17 desta Constituição.
▶ Lei nº 9.096, de 19-09-1995 (Lei dos Partidos Políticos).

Parágrafo único. Todo o poder emana do povo, que o exerce por meio de representantes eleitos ou diretamente, nos termos desta Constituição.

▶ Arts. 14, 27, § 4º, 29, XIII, 60, § 4º, II e 61, § 2º, desta Constituição.

▶ Art. 1º da Lei nº 9.709, de 19-11-1998, que regulamenta a execução do disposto nos incisos I, II e III do art. 14 desta Constituição.

Art. 2º São Poderes da União, independentes e harmônicos entre si, o Legislativo, o Executivo e o Judiciário.

▶ Art. 60, § 4º, III, desta Constituição.
▶ Súm. nº 649 do STF.

Art. 3º Constituem objetivos fundamentais da República Federativa do Brasil:

I – construir uma sociedade livre, justa e solidária;

▶ Art. 29, 1, *d*, do Dec. nº 99.710, de 21-11-1990, que promulga a convenção sobre os direitos das crianças.
▶ Art. 10, 1, do Dec. nº 591, de 6-7-1992, que promulga o Pacto Internacional Sobre Direitos Econômicos, Sociais e Culturais.

II – garantir o desenvolvimento nacional;

▶ Arts. 23, parágrafo único, e 174, § 1º, desta Constituição.

III – erradicar a pobreza e a marginalização e reduzir as desigualdades sociais e regionais;

▶ Arts. 23, X, e 214 desta Constituição.
▶ Arts. 79 a 81 do ADCT.
▶ LC nº 111, de 6-7-2001, dispõe sobre o Fundo de Combate e Erradicação da Pobreza.

IV – promover o bem de todos, sem preconceitos de origem, raça, sexo, cor, idade e quaisquer outras formas de discriminação.

▶ Art. 4º, VIII, desta Constituição.
▶ Lei nº 7.716, de 5-1-1989 (Lei do Racismo).
▶ Lei nº 8.081, de 21-9-1990, dispõe sobre os crimes e penas aplicáveis aos atos discriminatórios ou de preconceito de raça, cor, religião, etnia ou procedência nacional, praticados por meios de comunicação ou por publicação de qualquer natureza.
▶ Lei nº 11.340, de 7-8-2006 (Lei que Coíbe a Violência Doméstica e Familiar Contra a Mulher).
▶ Dec. nº 3.956, de 8-10-2001, promulga a Convenção Interamericana para Eliminação de Todas as Formas de Discriminação contra as Pessoas Portadoras de Deficiência.
▶ Dec. nº 4.377, de 13-9-2002, promulga a Convenção sobre a Eliminação de Todas as Formas de Discriminação contra a Mulher, de 1979.
▶ Dec. nº 4.886, de 20-11-2003, dispõe sobre a Política Nacional de Promoção de Igualdade Racial – PNPIR.
▶ Dec. nº 5.397, de 22-3-2005, dispõe sobre a composição, competência e funcionamento do Conselho Nacional de Combate à Discriminação – CNCD.

Art. 4º A República Federativa do Brasil rege-se nas suas relações internacionais pelos seguintes princípios:

▶ Arts. 21, I, e 84, VII e VIII, desta Constituição.
▶ Art. 39, V, da Lei nº 9.082 de 25-7-1995, que dispõe sobre a intensificação das relações internacionais do Brasil com os seus parceiros comerciais, em função de um maior apoio do Banco do Brasil S.A. ao financiamento dos setores exportador e importador.

I – independência nacional;

▶ Arts. 78, *caput*, e 91, § 1º, III e IV, desta Constituição.

► Lei nº 8.183, de 11-4-1991, dispõe sobre a organização e o funcionamento do Conselho de Defesa Nacional, regulamentada pelo Dec. nº 893, de 12-8-1993.

II – prevalência dos direitos humanos;

► Dec. nº 678, de 6-11-1992, promulga a Convenção Americana sobre Direitos Humanos – Pacto de São José da Costa Rica.
► Dec. nº 4.463, de 8-11-2002, dispõe sobre a declaração de reconhecimento da competência obrigatória da Corte Interamericana em todos os casos relativos à interpretação ou aplicação da Convenção Americana sobre Diretos Humanos.
► Dec. nº 6.980, de 13-10-2009, dispõe sobre a estrutura regimental da Secretaria Especial dos Direitos Humanos da Presidência da República, transformada em Secretaria de Direitos Humanos da Presidência da República pelo art. 3º, I, da MP nº 483, de 24-3-2010, que até o encerramento desta edição não havia sido convertida em lei.

III – autodeterminação dos povos;
IV – não intervenção;
V – igualdade entre os Estados;
VI – defesa da paz;
VII – solução pacífica dos conflitos;
VIII – repúdio ao terrorismo e ao racismo;

► Art. 5º, XLII e XLIII, desta Constituição.
► Lei nº 7.716, de 5-1-1989 (Lei do Racismo).
► Lei nº 8.072, de 25-7-1990 (Lei dos Crimes Hediondos).
► Dec. nº 5.639, de 26-12-2005, promulga a Convenção Interamericana contra o Terrorismo.

IX – cooperação entre os povos para o progresso da humanidade;
X – concessão de asilo político.

► Dec. nº 55.929, de 14-4-1965, promulgou a Convenção sobre Asilo Territorial.
► Art. 98, II, do Dec. nº 99.244, de 10-5-1990, que dispõe sobre a reorganização e o funcionamento dos órgãos da Presidência da República.

Parágrafo único. A República Federativa do Brasil buscará a integração econômica, política, social e cultural dos povos da América Latina, visando à formação de uma comunidade latino-americana de nações.

► Dec. nº 350, de 21-11-1991, promulgou o Tratado de Assunção que estabeleceu o Mercado Comum entre o Brasil, Paraguai, Argentina e Uruguai – MERCOSUL.
► Dec. nº 922, de 10-9-1993, promulga o Protocolo para Solução de Controvérsias no âmbito do Mercado Comum do Sul – MERCOSUL.

TÍTULO II – DOS DIREITOS E GARANTIAS FUNDAMENTAIS

Capítulo I

DOS DIREITOS E DEVERES INDIVIDUAIS E COLETIVOS

Art. 5º Todos são iguais perante a lei, sem distinção de qualquer natureza, garantindo-se aos brasileiros e aos estrangeiros residentes no País a inviolabilidade do direito à vida, à liberdade, à igualdade, à segurança e à propriedade, nos termos seguintes:

► Arts. 5º, §§ 1º e 2º, 14, *caput*, e 60, § 4º, IV, desta Constituição.

► Lei nº 1.542, de 5-1-1952, dispõe sobre o casamento dos funcionários da carreira de diplomata com pessoa de nacionalidade estrangeira.
► Lei nº 5.709, de 7-10-1971, regula a aquisição de imóvel rural por estrangeiro residente no país ou pessoa jurídica estrangeira autorizada a funcionar no Brasil.
► Lei nº 6.815, de 19-8-1980 (Estatuto do Estrangeiro), regulamentada pelo Dec. nº 86.715, de 10-12-1981.
► Súmulas Vinculantes. nºˢ 6 e 11 do STF.
► Súm. nº 683 do STF.

I – homens e mulheres são iguais em direitos e obrigações, nos termos desta Constituição;

► Arts. 143, § 2º, e 226, § 5º, desta Constituição.
► Art. 372 da CLT.
► Lei nº 9.029, de 13-4-1995, proíbe a exigência de atestado de gravidez e esterilização, e outras práticas discriminatórias, para efeitos admissionais ou de permanência da relação jurídica de trabalho.
► Dec. nº 4.377, de 13-9-2002, promulga a Convenção sobre a Eliminação de Todas as Formas de Discriminação contra a Mulher, de 1979.
► Port. do MTE nº 1.246, de 28-5-2010, orienta as empresas e os trabalhadores em relação à testagem relacionada ao vírus da imunodeficiência adquirida – HIV.

II – ninguém será obrigado a fazer ou deixar de fazer alguma coisa senão em virtude de lei;

► Arts. 14, § 1º, I, e 143 desta Constituição.
► Súmulas nºˢ 636 e 686 do STF.

III – ninguém será submetido a tortura nem a tratamento desumano ou degradante;

► Incisos XLIII, XLVII, e, XLIX, LXII, LXIII, LXV e LXVI deste artigo.
► Art. 4º, *b*, da Lei nº 4.898, de 9-12-1965 (Lei do Abuso de Autoridade).
► Arts. 2º e 8º da Lei nº 8.072, de 25-7-1990 (Lei dos Crimes Hediondos).
► Lei nº 9.455, de 7-4-1997 (Lei dos Crimes de Tortura).
► Dec. nº 40, de 15-2-1991, estabelece Convenção contra a Tortura e Outros Tratamentos ou Penas Cruéis, Desumanos ou Degradantes.
► Art. 5º do Anexo do Dec. nº 678, de 6-11-1992, promulga a Convenção Americana sobre Direitos Humanos – Pacto de São José da Costa Rica.
► Súm. Vinc. nº 11 do STF.

IV – é livre a manifestação do pensamento, sendo vedado o anonimato;

► Art. 220, § 1º, desta Constituição.
► Art. 6º, XIV, e, da LC nº 75, de 20-5-1993 (Lei Orgânica do Ministério Público da União).
► Art. 1º da Lei nº 7.524 de 17-7-1986, que dispõe sobre a manifestação, por militar inativo, de pensamento e opinião políticos e filosóficos.
► Art. 2º, a, da Lei nº 8.389, de 30-12-1991, que institui o Conselho Nacional de Comunicação Social.

V – é assegurado o direito de resposta, proporcional ao agravo, além da indenização por dano material, moral ou à imagem;

► Art. 220, § 1º, desta Constituição.
► Lei nº 7.524, de 17-7-1986, dispõe sobre a manifestação, por militar inativo, de pensamento e opinião políticos ou filosóficos.
► Art. 6º da Lei nº 8.159, de 8-1-1981, que dispõe sobre a Política Nacional de arquivos públicos e privados.

Constituição Federal – Art. 5º   31

▶ Dec. nº 1.171, de 22-6-1994, aprova o código de ética profissional do servidor público civil do Poder Executivo Federal.
▶ Súmulas nºs 37, 227, 362, 387, 388 e 403 do STJ.

VI – é inviolável a liberdade de consciência e de crença, sendo assegurado o livre exercício dos cultos religiosos e garantida, na forma da lei, a proteção aos locais de culto e a suas liturgias;

▶ Arts. 208 a 212 do CP.
▶ Art. 24 da LEP.
▶ Arts. 16, II, e 124, XIV, do ECA.
▶ Art. 3º, d, e e, da Lei nº 4.898, de 9-12-1965 (Lei do Abuso de Autoridade).
▶ Art. 39 da Lei nº 8.313, de 23-12-1991, que restabelece princípios da Lei nº 7.505, de 2-7-1986, institui o Programa Nacional de Apoio a Cultura – PRONAC.
▶ Art. 12, 1, do Anexo do Dec. nº 678, de 6-11-1992, que promulga a Convenção Americana sobre Direitos Humanos – Pacto de São José da Costa Rica.

VII – é assegurada, nos termos da lei, a prestação de assistência religiosa nas entidades civis e militares de internação coletiva;

▶ Art. 24 da LEP.
▶ Art. 24 do ECA.
▶ Lei nº 6.923, de 29-6-1981, dispõe sobre o serviço de assistência religiosa nas Forças Armadas.
▶ Lei nº 9.982, de 14-7-2000, dispõe sobre prestação de assistência religiosa nas entidades hospitalares públicas e privadas, bem como nos estabelecimentos prisionais civis e militares.

VIII – ninguém será privado de direitos por motivo de crença religiosa ou de convicção filosófica ou política, salvo se as invocar para eximir-se de obrigação legal a todos imposta e recusar-se a cumprir prestação alternativa, fixada em lei;

▶ Arts. 15, IV, e 143, §§ 1º e 2º, desta Constituição.
▶ Lei nº 7.210, de 11-7-1984 (Lei de Execução Penal).
▶ Lei nº 8.239, de 4-10-1991, dispõe sobre a prestação de serviço alternativo ao serviço militar obrigatório.
▶ Dec.-lei nº 1.002, de 21-10-1969 (Código de Processo Penal Militar).

IX – é livre a expressão da atividade intelectual, artística, científica e de comunicação, independentemente de censura ou licença;

▶ Art. 220, § 2º, desta Constituição.
▶ Art. 5º, d, da LC nº 75, de 20-5-1993 (Lei Orgânica do Ministério Público da União).
▶ Art. 39 da Lei nº 8.313, de 23-12-1991, que restabelece princípios da Lei nº 7.505, de 2-7-1986, institui o Programa Nacional de Apoio a Cultura – PRONAC.
▶ Lei nº 9.456, de 25-4-1997, institui a Lei de Proteção de Cultivares.
▶ Lei nº 9.609, de 19-2-1998, dispõe sobre a proteção da propriedade intelectual de programa de computador e sua comercialização no país.
▶ Lei nº 9.610, de 19-2-1998 (Lei de Direitos Autorais).

X – são invioláveis a intimidade, a vida privada, a honra e a imagem das pessoas, assegurado o direito à indenização pelo dano material ou moral decorrente de sua violação;

▶ Art. 37, § 3º, II, desta Constituição.

▶ Arts. 4º, 6º e 23, § 1º, da Lei nº 8.159, de 8-1-1981, que dispõe sobre a Política Nacional de arquivos públicos e privados.
▶ Art. 30, V, da Lei nº 8.935, de 18-11-1994 (Lei dos Serviços notariais e de registro).
▶ Art. 101, § 1º, da Lei nº 11.101, de 9-2-2005 (Lei de Recuperação de Empresas e Falências).
▶ Art. 11, 2, do Anexo do Dec. nº 678, de 6-11-1992, que promulga a Convenção Americana sobre Direitos Humanos – Pacto de São José da Costa Rica.
▶ Súm. Vinc. nº 11 do STF.
▶ Súm. nº 714 do STF.
▶ Súmulas nºs 227, 387, 388, 403 e 420 do STJ.

XI – a casa é asilo inviolável do indivíduo, ninguém nela podendo penetrar sem consentimento do morador, salvo em caso de flagrante delito ou desastre, ou para prestar socorro, ou, durante o dia, por determinação judicial;

▶ Arts. 172 a 176 do CPC.
▶ Art. 150, §§ 1º a 5º, do CP.
▶ Art. 301 do CPP.
▶ Art. 266, §§ 1º a 5º, do CPM.

XII – é inviolável o sigilo da correspondência e das comunicações telegráficas, de dados e das comunicações telefônicas, salvo, no último caso, por ordem judicial, nas hipóteses e na forma que a lei estabelecer para fins de investigação criminal ou instrução processual penal;

▶ Arts.136, § 1º, I, b e c, e 139, III, desta Constituição.
▶ Arts. 151 a 152 do CP.
▶ Art. 233 do CPP.
▶ Art. 227 do CPM.
▶ Art. 6º, XVIII, a, da LC nº 75, de 20-5-1993 (Lei Orgânica do Ministério Público da União).
▶ Arts. 55 a 57 da Lei nº 4.117, de 24-8-1962 (Código Brasileiro de Telecomunicações).
▶ Lei nº 6.538, de 22-6-1978, dispõe sobre os serviços postais.
▶ Art. 7º, II, da Lei nº 8.906, de 4-7-1994 (Estatuto da Advocacia e da OAB).
▶ Lei nº 9.296, de 24-7-1996 (Lei das Interceptações Telefônicas).
▶ Dec. nº 3.505, de 13-6-2000, institui a Política de Segurança da Informação nos órgãos e entidades da Administração Pública Federal.
▶ Res. do CNJ nº 59, de 9-9-2008, disciplina e uniformiza as rotinas visando ao aperfeiçoamento do procedimento de interceptação de comunicações telefônicas e de sistemas de informática e telemática nos órgãos jurisdicionais do Poder Judiciário.

XIII – é livre o exercício de qualquer trabalho, ofício ou profissão, atendidas as qualificações profissionais que a lei estabelecer;

▶ Arts. 170 a 220, § 1º, desta Constituição.

XIV – é assegurado a todos o acesso à informação e resguardado o sigilo da fonte, quando necessário ao exercício profissional;

▶ Art. 220, § 1º, desta Constituição.
▶ Art. 154 do CP.
▶ Art. 8º, § 2º, da LC nº 75, de 20-5-1993 (Lei Orgânica do Ministério Público da União).
▶ Art. 6º da Lei nº 8.394, de 30-12-1991, que dispõe sobre a preservação, organização e proteção dos acervos documentais privados dos Presidentes da República.

XV – é livre a locomoção no território nacional em tempo de paz, podendo qualquer pessoa, nos termos da lei, nele entrar, permanecer ou dele sair com seus bens;

- Arts. 109, X, e 139 desta Constituição.
- Art. 3º, a, da Lei nº 4.898, de 9-12-1965 (Lei do Abuso de Autoridade).
- Art. 2º, III, da Lei nº 7.685, de 2-12-1988, que dispõe sobre o registro provisório para o estrangeiro em situação ilegal em território nacional.

XVI – todos podem reunir-se pacificamente, sem armas, em locais abertos ao público, independentemente de autorização, desde que não frustrem outra reunião anteriormente convocada para o mesmo local, sendo apenas exigido prévio-aviso à autoridade competente;

- Arts. 109, X, 136, § 1º, I, a, e 139, IV, desta Constituição.
- Art. 3º, a, da Lei nº 4.898, de 9-12-1965 (Lei do Abuso de Autoridade).
- Art. 2º, III, da Lei nº 7.685, de 2-12-1988, que dispõe sobre o registro provisório para o estrangeiro em situação ilegal em território nacional.
- Art. 21 do Dec. nº 592, de 6-7-1992, que promulga o Pacto Internacional sobre Direitos Civis e Políticos.
- Art. 15 do Anexo do Dec. nº 678, de 6-11-1992, que promulga a Convenção Americana sobre Direitos Humanos – Pacto de São José da Costa Rica.

XVII – é plena a liberdade de associação para fins lícitos, vedada a de caráter paramilitar;

- Arts. 8º, 17, § 4º, e 37, VI, desta Constituição.
- Art. 199 do CP.
- Art. 3º, f, da Lei nº 4.898, de 9-12-1965 (Lei do Abuso de Autoridade).
- Art. 117, VII, da Lei nº 8.112, de 11-12-1990 (Estatuto dos Servidores Públicos Civis da União, Autarquias e Fundações Públicas Federais).

XVIII – a criação de associações e, na forma da lei, a de cooperativas independem de autorização, sendo vedada a interferência estatal em seu funcionamento;

- Arts. 8º, I, e 37, VI, desta Constituição.
- Lei nº 5.764, de 16-12-1971 (Lei das Cooperativas).
- Lei nº 9.867, de 10-11-1999, dispõe sobre a criação e o funcionamento de Cooperativas Sociais, visando à integração social dos cidadãos.

XIX – as associações só poderão ser compulsoriamente dissolvidas ou ter suas atividades suspensas por decisão judicial, exigindo-se, no primeiro caso, o trânsito em julgado;

XX – ninguém poderá ser compelido a associar-se ou a permanecer associado;

- Arts. 4º, II, a, e 5º, V, do CDC.
- Art. 117, VII, da Lei nº 8.112, de 11-12-1990 (Estatuto dos Servidores Públicos Civis da União, Autarquias e Fundações Públicas Federais).

XXI – as entidades associativas, quando expressamente autorizadas, têm legitimidade para representar seus filiados judicial ou extrajudicialmente;

- Art. 82, VI, do CDC.
- Art. 210, III, do ECA.
- Art. 5º da Lei nº 7.347, de 24-7-1985 (Lei da Ação Civil Pública).
- Art. 5º, I e III, da Lei nº 7.853, de 24-10-1989 (Lei de Apoio às Pessoas Portadoras de Deficiência), regulamentada pelo Dec. nº 3.298, de 20-12-1999.
- Súm. nº 629 do STF.

XXII – é garantido o direito de propriedade;

- Art. 243 desta Constituição.
- Arts. 1.228 a 1.368 do CC.
- Lei nº 4.504, de 30-10-1964 (Estatuto da Terra).
- Arts. 1º, 4º e 15 da Lei nº 8.257, de 26-10-1991, que dispõe sobre a expropriação das glebas nas quais se localizem culturas ilegais de plantas psicotrópicas.

XXIII – a propriedade atenderá a sua função social;

- Arts.156, § 1º, 170, III, 182, § 2º, e 186 desta Constituição.
- Art. 5º da LICC.
- Arts. 2º, 12, 18, a, e 47, I, da Lei nº 4.504, de 30-10-1964 (Estatuto da Terra).
- Art. 2º, I, da Lei nº 8.171, de 17-1-1991 (Lei da Política Agrícola).
- Arts. 2º, § 1º, 5º, § 2º, e 9º, da Lei nº 8.629, de 25-2-1993, que regula os dispositivos constitucionais relativos à reforma agrária.
- Art. 1º da Lei nº 8.884, de 11-6-1994 (Lei Antitruste).
- Arts. 27 a 37 da Lei nº 12.288, de 20-7-2010 (Estatuto da Igualdade Racial).

XXIV – a lei estabelecerá o procedimento para desapropriação por necessidade ou utilidade pública, ou por interesse social, mediante justa e prévia indenização em dinheiro, ressalvados os casos previstos nesta Constituição;

- Arts. 22, II, 182, § 4º, e 184, caput, e 185, I e II, desta Constituição.
- Art. 1.275, V, do CC.
- LC nº 76, de 6-7-1993 (Lei de Desapropriação de Imóvel Rural para fins de Reforma Agrária).
- Lei nº 4.132, de 10-9-1962 (Lei da Desapropriação por Interesse Social).
- Arts. 28, 29 e 32 da Lei nº 6.662, de 25-6-1979, que dispõe sobre a política nacional de irrigação.
- Arts. 2º, § 1º, 5º, § 2º, e 7º, IV, da Lei nº 8.629, de 25-2-1993, que regula os dispositivos constitucionais relativos à reforma agrária.
- Art. 10 da Lei nº 9.074, de 7-7-1995, que estabelece normas para outorga e prorrogações das concessões e permissões de serviços públicos.
- Dec.-lei nº 1.075, de 22-1-1970 (Lei da Imissão de Posse).
- Dec.-lei nº 3.365, de 21-6-1941 (Lei das Desapropriações).
- Súmulas nºs 23, 111, 157, 164, 218, 345, 378, 416, 561, 618 e 652 do STF.
- Súmulas nºs 56, 69, 70, 113, 114 e 119, do STJ.

XXV – no caso de iminente perigo público, a autoridade competente poderá usar de propriedade particular, assegurada ao proprietário indenização ulterior, se houver dano;

XXVI – a pequena propriedade rural, assim definida em lei, desde que trabalhada pela família, não será objeto de penhora para pagamento de débitos decorrentes de sua atividade produtiva, dispondo a lei sobre os meios de financiar o seu desenvolvimento;

- Art. 185 desta Constituição.
- Art. 4º, I, da LC nº 76, de 6-7-1993 (Lei de Desapropriação de Imóvel Rural para fins de Reforma Agrária).
- Lei nº 4.504, de 30-11-1964 (Estatuto da Terra).
- Art. 19, IX, da Lei nº 4.595, de 31-12-1964 (Lei do Sistema Financeiro Nacional).
- Art. 4º, a, da Lei nº 8.009, de 29-3-1990 (Lei da Impenhorabilidade do Bem de Família).

Constituição Federal – Art. 5º

- Art. 4º, II, e parágrafo único, da Lei nº 8.629, de 25-2-1993, que regula os dispositivos constitucionais relativos à reforma agrária.
- Súm. nº 364 do STJ.

XXVII – aos autores pertence o direito exclusivo de utilização, publicação ou reprodução de suas obras, transmissível aos herdeiros pelo tempo que a lei fixar;

- Art. 842, § 3º, do CPC.
- Art. 184 do CP.
- Art. 30 da Lei nº 8.977, de 6-1-1995, que dispõe sobre o serviço de TV a cabo, regulamentado pelo Dec. nº 2.206, de 8-4-1997.
- Lei nº 9.456, de 25-4-1997, institui a Lei de Proteção de Cultivares.
- Lei nº 9.609, de 19-2-1998, dispõe sobre a proteção da propriedade intelectual de programa de computador e sua comercialização no país.
- Lei nº 9.610, de 19-2-1998 (Lei de Direitos Autorais).
- Súm. nº 386 do STF.

XXVIII – são assegurados, nos termos da lei:

a) a proteção às participações individuais em obras coletivas e à reprodução da imagem e voz humanas, inclusive nas atividades desportivas;

- Lei nº 6.533 de 24-5-1978, dispõe sobre a regulamentação das profissões de Artista e de Técnico em Espetáculos de Diversões.
- Lei nº 9.610, de 19-2-1998 (Lei de Direitos Autorais).

b) o direito de fiscalização do aproveitamento econômico das obras que criarem ou de que participarem aos criadores, aos intérpretes e às respectivas representações sindicais e associativas;

XXIX – a lei assegurará aos autores de inventos industriais privilégio temporário para sua utilização, bem como proteção às criações industriais, à propriedade das marcas, aos nomes de empresas e a outros signos distintivos, tendo em vista o interesse social e o desenvolvimento tecnológico e econômico do País;

- Art. 4º, VI, do CDC.
- Lei nº 9.279, de 14-5-1996 (Lei da Propriedade Industrial).
- Lei nº 9.456, de 25-4-1997, institui a Lei de Proteção de Cultivares.
- Art. 48, IV, da Lei nº 11.101, de 9-2-2005 (Lei de Recuperação de Empresas e Falências).

XXX – é garantido o direito de herança;

- Arts. 1.784 a 2.027 do CC.
- Arts. 856, § 2º, 1.138 e 1.158 do CPC.
- Lei nº 8.971, de 29-12-1994, regula o direito dos companheiros a alimentos e sucessão.
- Lei nº 9.278, de 10-5-1996 (Lei da União Estável).

XXXI – a sucessão de bens de estrangeiros situados no País será regulada pela lei brasileira em benefício do cônjuge ou dos filhos brasileiros, sempre que não lhes seja mais favorável a lei pessoal do de cujus;

- Art. 10, §§ 1º e 2º, da LICC.

XXXII – o Estado promoverá, na forma da lei, a defesa do consumidor;

- Art. 48 do ADCT.
- Lei nº 8.078, de 11-9-1990 (Código de Defesa do Consumidor).
- Lei nº 8.884, de 11-6-1994 (Lei Antitruste).

- Art. 4º da Lei nº 8.137, de 27-12-1990 (Lei dos Crimes Contra a Ordem Tributária, Econômica e Contra as Relações de Consumo).

XXXIII – todos têm direito a receber dos órgãos públicos informações de seu interesse particular, ou de interesse coletivo ou geral, que serão prestadas no prazo da lei, sob pena de responsabilidade, ressalvadas aquelas cujo sigilo seja imprescindível à segurança da sociedade e do Estado;

- Arts. 5º, LXXII, e 37, § 3º, II, desta Constituição.
- Lei nº 11.111, de 5-5-2005, regulamenta a parte final deste inciso.
- Dec. nº 5.301, de 9-12-2004, regulamenta a Lei nº 11.111, de 5-5-2005.
- Súm. Vinc. nº 14 do STF.
- Súm. nº 202 do STJ.

XXXIV – são a todos assegurados, independentemente do pagamento de taxas:

a) o direito de petição aos Poderes Públicos em defesa de direitos ou contra ilegalidade ou abuso de poder;

- Súm. Vinc. nº 21 do STF.
- Súm. nº 373 do STJ.

b) a obtenção de certidões em repartições públicas, para defesa de direitos e esclarecimento de situações de interesse pessoal;

- Art. 6º da LICC.
- Lei nº 9.051, de 18-5-1995, dispõe sobre a expedição de certidões para defesa de direitos e esclarecimentos de situações.
- Lei nº 9.307, de 23-9-1996 (Lei da Arbitragem).
- Art. 40 da Lei nº 11.101, de 9-2-2005 (Lei de Recuperação de Empresas e Falências).

XXXV – a lei não excluirá da apreciação do Poder Judiciário lesão ou ameaça a direito;

- Súm. Vinc. nº 28 do STF.

XXXVI – a lei não prejudicará o direito adquirido, o ato jurídico perfeito e a coisa julgada;

- Art. 6º, caput, da LICC.
- Súmulas Vinculantes nºs 1 e 9 do STF.
- Súmulas nºs 654, 667, 678 e 684 do STF.
- Súm. nº 315 do TST.

XXXVII – não haverá juízo ou tribunal de exceção;
XXXVIII – é reconhecida a instituição do júri, com a organização que lhe der a lei, assegurados:

- Arts. 406 a 432 do CPP.
- Arts. 18 e 19 da Lei nº 11.697, de 13-6-2008 (Lei da Organização Judiciária do Distrito Federal e dos Territórios).

a) a plenitude de defesa;
b) o sigilo das votações;
c) a soberania dos veredictos;
d) a competência para o julgamento dos crimes dolosos contra a vida;

- Arts. 74, § 1º, e 406 a 502 do CPP.
- Súm. nº 721 do STF.

XXXIX – não há crime sem lei anterior que o defina, nem pena sem prévia cominação legal;

- Art. 1º do CP.
- Art. 1º do CPM.

XL – a lei penal não retroagirá, salvo para beneficiar o réu;
- Art. 2º, parágrafo único, do CP.
- Art. 2º, § 1º, do CPM.
- Art. 66, I, da LEP.

XLI – a lei punirá qualquer discriminação atentatória dos direitos e liberdades fundamentais;
- Lei nº 7.716, de 5-1-1989 (Lei do Racismo).
- Lei nº 8.081, de 21-9-1990, estabelece os crimes e as penas aplicáveis aos atos discriminatórios ou de preconceito de raça, cor, religião, etnia ou procedência de qualquer natureza.
- Dec. nº 3.956, de 8-10-2001, promulga a Convenção Interamericana para eliminação de todas as Formas de Discriminação contra as Pessoas Portadoras de Deficiência.
- Dec. nº 4.377, de 13-9-2002, promulga a Convenção Sobre a Eliminação de Todas as Formas de Discriminação Contra a Mulher, de 1979.
- Dec. nº 4.886, de 20-11-2003, institui a Política Nacional de Promoção da Igualdade Racial – PNPIR.
- Dec. nº 5.397, de 22-3-2005, dispõe sobre a composição, competência e funcionamento do Conselho Nacional de Combate à Discriminação – CNCD.

XLII – a prática do racismo constitui crime inafiançável e imprescritível, sujeito à pena de reclusão, nos termos da lei;
- Lei nº 7.716, de 5-1-1989 (Lei do Racismo).
- Lei nº 10.678, de 23-5-2003, cria a Secretaria Especial de Políticas de Promoção da Igualdade Racial, da Presidência da República.
- Lei nº 12.288, de 20-7-2010 (Estatuto da Igualdade Racial).

XLIII – a lei considerará crimes inafiançáveis e insuscetíveis de graça ou anistia a prática da tortura, o tráfico ilícito de entorpecentes e drogas afins, o terrorismo e os definidos como crimes hediondos, por eles respondendo os mandantes, os executores e os que, podendo evitá-los, se omitirem;
- Lei nº 8.072, de 25-7-1990 (Lei dos Crimes Hediondos).
- Lei nº 9.455, de 7-4-1997 (Lei dos Crimes de Tortura).
- Lei nº 11.343, de 23-8-2006 (Lei Antidrogas).
- Dec. nº 5.639, de 29-12-2005, promulga a Convenção Interamericana contra o Terrorismo.

XLIV – constitui crime inafiançável e imprescritível a ação de grupos armados, civis ou militares, contra a ordem constitucional e o Estado Democrático;
- Lei nº 9.034, de 3-5-1995 (Lei do Crime Organizado).

XLV – nenhuma pena passará da pessoa do condenado, podendo a obrigação de reparar o dano e a decretação do perdimento de bens ser, nos termos da lei, estendidas aos sucessores e contra eles executadas, até o limite do valor do patrimônio transferido;
- Arts. 932 e 935 do CC.
- Arts. 32 a 52 do CP.

XLVI – a lei regulará a individualização da pena e adotará, entre outras, as seguintes:
- Arts. 32 a 52 do CP.
- Súm. Vinc. nº 26 do STF.

a) privação ou restrição da liberdade;
- Arts. 33 a 42 do CP.

b) perda de bens;
- Art. 43, II, do CP.

c) multa;
- Art. 49 do CP.

d) prestação social alternativa;
- Arts. 44 e 46 do CP.

e) suspensão ou interdição de direitos;
- Art. 47 do CP.

XLVII – não haverá penas:
- Art. 60, § 4º, IV, desta Constituição.
- Arts. 32 a 52 do CP.
- Súm. Vinc. nº 26 do STF.

a) de morte, salvo em caso de guerra declarada, nos termos do artigo 84, XIX;
- Arts. 55 a 57 do CPM.
- Arts. 707 e 708 do CPPM.

b) de caráter perpétuo;
c) de trabalhos forçados;
d) de banimento;
e) cruéis;

XLVIII – a pena será cumprida em estabelecimentos distintos, de acordo com a natureza do delito, a idade e o sexo do apenado;
- Arts. 32 a 52 do CP.
- Arts. 82 a 104 da LEP.

XLIX – é assegurado aos presos o respeito à integridade física e moral;
- Art. 5º, III, desta Constituição.
- Art. 38 do CP.
- Art. 40 da LEP.
- Lei nº 8.653, de 10-5-1993, dispõe sobre o transporte de presos.
- Súm. Vinc. nº 11 do STF.

L – às presidiárias serão asseguradas condições para que possam permanecer com seus filhos durante o período de amamentação;
- Art. 89 da LEP.

LI – nenhum brasileiro será extraditado, salvo o naturalizado, em caso de crime comum, praticado antes da naturalização, ou de comprovado envolvimento em tráfico ilícito de entorpecentes e drogas afins, na forma da lei;
- Art. 12, II, desta Constituição.
- Arts. 76 a 94 da Lei nº 6.815, de 19-8-1980 (Estatuto do Estrangeiro).
- Lei nº 11.343, de 23-8-2006 (Lei Antidrogas).
- Art. 110 do Dec. nº 86.715, de 10-12-1981, que regulamenta a Lei nº 6.815, de 19-8-1980 (Estatuto do Estrangeiro).

LII – não será concedida extradição de estrangeiro por crime político ou de opinião;
- Arts. 76 a 94 da Lei nº 6.815, de 19-8-1980 (Estatuto do Estrangeiro).
- Art. 100 do Dec. nº 86.715, de 10-12-1981, que regulamenta a Lei nº 6.815, de 19-8-1980 (Estatuto do Estrangeiro).

LIII – ninguém será processado nem sentenciado senão pela autoridade competente;
- Súm. nº 704 do STF.

LIV – ninguém será privado da liberdade ou de seus bens sem o devido processo legal;
▶ Súmulas Vinculantes nºˢ 3 e 14 do STF.
▶ Súm. nº 704 do STF.
▶ Súmulas nºˢ 255 e 347 do STJ.

LV – aos litigantes, em processo judicial ou administrativo, e aos acusados em geral são assegurados o contraditório e ampla defesa, com os meios e recursos a ela inerentes;
▶ Lei nº 8.112, de 11-12-1990 (Estatuto dos Servidores Públicos Civis da União, Autarquias e Fundações Públicas Federais).
▶ Lei nº 9.784, de 29-1-1999 (Lei do Processo Administrativo Federal).
▶ Súmulas Vinculantes nºˢ 3, 5, 14, 21, 24 e 28 do STF.
▶ Súmulas nºˢ 701, 704, 705, 707 e 712 do STF.
▶ Súmulas nºˢ 196, 255, 312 e 373 do STJ.

LVI – são inadmissíveis, no processo, as provas obtidas por meios ilícitos;
▶ Arts. 332 a 443 do CPC.
▶ Art. 157 do CPP.
▶ Lei nº 9.296, de 24-7-1996 (Lei das Interceptações Telefônicas).

LVII – ninguém será considerado culpado até o trânsito em julgado de sentença penal condenatória;
▶ Súm. nº 9 do STJ.

LVIII – o civilmente identificado não será submetido à identificação criminal, salvo nas hipóteses previstas em lei;
▶ Lei nº 12.037, de 1º-10-2009, regulamenta este inciso.
▶ Art. 6º, VIII, do CPP.
▶ Súm. nº 568 do STF.

LIX – será admitida ação privada nos crimes de ação pública, se esta não for intentada no prazo legal;
▶ Art. 100, § 3º, do CP.
▶ Art. 29 do CPP.

LX – a lei só poderá restringir a publicidade dos atos processuais quando a defesa da intimidade ou o interesse social o exigirem;
▶ Art. 93, IX, desta Constituição.
▶ Arts. 155, caput, I e II, e 444 do CPC.
▶ Art. 20 do CPP.
▶ Lei nº 9.800, de 26-5-1999, dispõe sobre sistemas de transmissão de dados para a prática de atos processuais.
▶ Súm. nº 708 do STF.

LXI – ninguém será preso senão em flagrante delito ou por ordem escrita e fundamentada de autoridade judiciária competente, salvo nos casos de transgressão militar ou crime propriamente militar, definidos em lei;
▶ Art. 93, IX, desta Constituição.
▶ Art. 302 do CPP.
▶ Dec.-lei nº 1.001, de 21-10-1969 (Código Penal Militar).
▶ Art. 244 do CPPM.
▶ Lei nº 6.880, de 9-12-1980 (Estatuto dos Militares).
▶ Súmulas nºˢ 9 e 280 do STJ.

LXII – a prisão de qualquer pessoa e o local em que se encontre serão comunicados imediatamente ao juiz competente e à família do preso ou à pessoa por ele indicada;
▶ Art. 136, § 3º, IV, desta Constituição.

LXIII – o preso será informado de seus direitos, entre os quais o de permanecer calado, sendo-lhe assegurada a assistência da família e de advogado;

LXIV – o preso tem direito à identificação dos responsáveis por sua prisão ou por seu interrogatório policial;

LXV – a prisão ilegal será imediatamente relaxada pela autoridade judiciária;
▶ Arts. 307 a 310 do CPP.
▶ Súm. nº 697 do STF.

LXVI – ninguém será levado à prisão ou nela mantido, quando a lei admitir a liberdade provisória, com ou sem fiança;
▶ Arts. 321 a 350 do CPP.
▶ Arts. 270 e 271 do CPPM.

LXVII – não haverá prisão civil por dívida, salvo a do responsável pelo inadimplemento voluntário e inescusável de obrigação alimentícia e a do depositário infiel;
▶ Art. 652 do CC.
▶ Art. 733, § 1º, do CPC.
▶ Arts. 466 a 480 do CPPM.
▶ Arts. 19 e 22 da Lei nº 5.478, de 25-7-1968 (Lei da Ação de Alimentos).
▶ Lei nº 8.866, de 11-4-1994 (Lei do Depositário Infiel).
▶ Dec.-lei nº 911, de 1-10-1969 (Lei das Alienações Fiduciárias).
▶ Art. 7º, 7, do anexo do Dec. nº 678, de 6-11-1992, que promulga a Convenção Americana sobre Direitos Humanos – Pacto de São José da Costa Rica.
▶ Súm. Vinc. nº 25 do STF.
▶ Súmulas nºˢ 280, 309 e 419 do STJ.

LXVIII – conceder-se-á habeas corpus sempre que alguém sofrer ou se achar ameaçado de sofrer violência ou coação em sua liberdade de locomoção, por ilegalidade ou abuso de poder;
▶ Art. 142, § 2º, desta Constituição.
▶ Arts. 647 a 667 do CPP.
▶ Arts. 466 a 480 do CPPM.
▶ Art. 5º da Lei nº 9.289, de 4-7-1996 (Regimento de Custas da Justiça Federal).
▶ Súmulas nºˢ 693 a 695 do STF.

LXIX – conceder-se-á mandado de segurança para proteger direito líquido e certo, não amparado por habeas corpus ou habeas data, quando o responsável pela ilegalidade ou abuso de poder for autoridade pública ou agente de pessoa jurídica no exercício de atribuições do Poder Público;
▶ Lei nº 9.507, de 12-11-1997 (Lei do Habeas Data).
▶ Lei nº 12.016, de 7-8-2009 (Lei do Mandado de Segurança Individual e Coletivo).
▶ Súm. nº 632 do STF.

LXX – o mandado de segurança coletivo pode ser impetrado por:
▶ Súm. nº 630 do STF.

a) partido político com representação no Congresso Nacional;
b) organização sindical, entidade de classe ou associação legalmente constituída e em funcionamento

há pelo menos um ano, em defesa dos interesses de seus membros ou associados;
- Art. 5º da Lei nº 7.347, de 24-7-1985 (Lei da Ação Civil Pública).
- Súm. nº 629 do STF.

LXXI – conceder-se-á mandado de injunção sempre que a falta de norma regulamentadora torne inviável o exercício dos direitos e liberdades constitucionais e das prerrogativas inerentes à nacionalidade, à soberania e à cidadania;
- Lei nº 9.265, de 12-2-1996, estabelece a gratuidade dos atos necessários ao exercício da cidadania.

LXXII – conceder-se-á *habeas data*:
- Art. 5º da Lei nº 9.289, de 4-7-1996 (Regimento de Custas da Justiça Federal).
- Lei nº 9.507, de 12-11-1997 (Lei do *Habeas Data*).
- Súm. nº 368 do STJ.

a) para assegurar o conhecimento de informações relativas à pessoa do impetrante, constantes de registros ou bancos de dados de entidades governamentais ou de caráter público;
- Súm. nº 2 do STJ.

b) para a retificação de dados, quando não se prefira fazê-lo por processo sigiloso, judicial ou administrativo;
- Súm. nº 368 do STJ.

LXXIII – qualquer cidadão é parte legítima para propor ação popular que vise a anular ato lesivo ao patrimônio público ou de entidade de que o Estado participe, à moralidade administrativa, ao meio ambiente e ao patrimônio histórico e cultural, ficando o autor, salvo comprovada má-fé, isento de custas judiciais e do ônus da sucumbência;
- Lei nº 4.717, de 29-6-1965 (Lei da Ação Popular).
- Lei nº 6.938, de 31-8-1981 (Lei da Política Nacional do Meio Ambiente).

LXXIV – o Estado prestará assistência jurídica integral e gratuita aos que comprovarem insuficiência de recursos;
- Art. 134 desta Constituição.
- LC nº 80, de 12-1-1994 (Lei da Defensoria Pública).
- Lei nº 1.060, de 5-2-1950 (Lei de Assistência Judiciária).
- Súm. nº 102 do STJ.

LXXV – o Estado indenizará o condenado por erro judiciário, assim como o que ficar preso além do tempo fixado na sentença;
LXXVI – são gratuitos para os reconhecidamente pobres, na forma da lei:
- Art. 30 da Lei nº 6.015, de 31-12-1973 (Lei dos Registros Públicos).
- Art. 45 da Lei nº 8.935 (Lei dos Serviços Notariais e de Registro).
- Lei nº 9.265, de 12-2-1996, estabelece a gratuidade dos atos necessários ao exercício da cidadania.
- Dec. nº 6.190, de 20-8-2007, regulamenta o disposto no art. 1º do Decreto-Lei nº 1.876, de 15-7-1981, para dispor sobre a isenção do pagamento de foros, taxas de ocupação e laudêmios, referentes a imóveis de propriedade da União, para as pessoas consideradas carentes ou de baixa renda.

a) o registro civil de nascimento;
- Art. 46 da Lei nº 6.015, de 31-12-1973 (Lei dos Registros Públicos).

b) a certidão de óbito;
- Arts. 77 a 88 da Lei nº 6.015, de 31-12-1973 (Lei dos Registros Públicos).

LXXVII – são gratuitas as ações de *habeas corpus* e *habeas data* e, na forma da lei, os atos necessários ao exercício da cidadania;
- Lei nº 9.265, de 12-2-1996, estabelece a gratuidade dos atos necessários ao exercício da cidadania.
- Lei nº 9.507, de 12-11-1997 (Lei do *Habeas Data*).

LXXVIII – a todos, no âmbito judicial e administrativo, são assegurados a razoável duração do processo e os meios que garantam a celeridade de sua tramitação.
- Inciso LXXVIII acrescido pela EC nº 45, de 8-12-2004.
- Art. 75, parágrafo único, da Lei nº 11.101, de 9-2-2005 (Lei de Recuperação de Empresas e Falências).

§ 1º As normas definidoras dos direitos e garantias fundamentais têm aplicação imediata.

§ 2º Os direitos e garantias expressos nesta Constituição não excluem outros decorrentes do regime e dos princípios por ela adotados, ou dos tratados internacionais em que a República Federativa do Brasil seja parte.
- Súm. Vinc. nº 25 do STF.

§ 3º Os tratados e convenções internacionais sobre direitos humanos que forem aprovados, em cada Casa do Congresso Nacional, em dois turnos, por três quintos dos votos dos respectivos membros, serão equivalentes às emendas constitucionais.

§ 4º O Brasil se submete à jurisdição de Tribunal Penal Internacional a cuja criação tenha manifestado adesão.
- §§ 3º e 4º acrescidos pela EC nº 45, de 8-12-2004.
- Dec. nº 4.388, de 25-9-2002, promulga o Estatuto de Roma do Tribunal Penal Internacional.

Capítulo II

DOS DIREITOS SOCIAIS

Art. 6º São direitos sociais a educação, a saúde, a alimentação, o trabalho, a moradia, o lazer, a segurança, a previdência social, a proteção à maternidade e à infância, a assistência aos desamparados, na forma desta Constituição.
- Artigo com a redação dada pela EC nº 64, de 4-2-2010.
- Arts. 208, 212, § 4º, e 227 desta Constituição.
- Lei nº 10.689, de 13-6-2003, cria o Programa Nacional de Acesso à Alimentação – PNAA.
- Lei nº 10.836, de 9-1-2004, cria o programa "Bolsa-Família", que tem por finalidade a unificação dos procedimentos da gestão e execução das ações de transferência de renda do Governo Federal, incluindo o "Bolsa-Alimentação".
- Art. 6º da Lei nº 12.288, de 20-7-2010 (Estatuto da Igualdade Racial).
- MP nº 2.206-1, de 6-9-2001, que até o encerramento desta edição não havia sido convertida em Lei, cria o Programa Nacional de Renda Mínima vinculado à saúde: "Bolsa-Alimentação", regulamentada pelo Dec. nº 3.934, de 30-9-2001.
- Dec. nº 3.964, de 10-10-2001, dispõe sobre o Fundo Nacional de Saúde.

Art. 7º São direitos dos trabalhadores urbanos e rurais, além de outros que visem à melhoria de sua condição social:

▶ Lei nº 9.799, de 26-5-1999, insere na CLT regras de acesso da mulher ao mercado de trabalho.

I – relação de emprego protegida contra despedida arbitrária ou sem justa causa, nos termos de lei complementar, que preverá indenização compensatória, dentre outros direitos;

▶ Art. 10 do ADCT.

II – seguro-desemprego, em caso de desemprego involuntário;

▶ Art. 201, IV, desta Constituição.
▶ Art. 12 da CLT.
▶ Leis nᵒˢ 7.998, de 11-1-1990; 8.019, de 11-4-1990; 8.178, de 1º-3-1991; e 8.900, de 30-6-1994, dispõem sobre seguro-desemprego.
▶ Lei nº 10.779, de 25-11-2003, dispõe sobre a concessão do benefício de seguro-desemprego, durante o período de defeso, ao pescador profissional que exerce a atividade pesqueira de forma artesanal.
▶ Dec. nº 3.361, de 10-2-2000, regulamenta dispositivos da Lei nº 5.859, de 11-12-1972 (Lei do Empregado Doméstico).

III – Fundo de Garantia do Tempo de Serviço;

▶ Arts. 7º, 477, 478 e 492 da CLT.
▶ LC nº 110, de 29-6-2001, institui contribuições sociais, autoriza créditos de complementos de atualização monetária em contas vinculadas do FGTS, regulamentado pelos Decretos nᵒˢ 3.913, de 11-9-2001, e 3.914, de 11-9-2001.
▶ Lei nº 8.036, de 11-5-1990, Dec. nº 99.684, de 8-11-1990 (Regulamento), e Lei nº 8.844, de 20-1-1994, dispõem sobre o FGTS.
▶ Dec. nº 3.361, de 10-2-2000, regulamenta dispositivos da Lei nº 5.859, de 11-12-1972 (Lei do Empregado Doméstico).
▶ Súm. nº 353 do STJ.

IV – salário-mínimo, fixado em lei, nacionalmente unificado, capaz de atender a suas necessidades vitais básicas e às de sua família com moradia, alimentação, educação, saúde, lazer, vestuário, higiene, transporte e previdência social, com reajustes periódicos que lhe preservem o poder aquisitivo, sendo vedada sua vinculação para qualquer fim;

▶ Art. 39, § 3º, desta Constituição.
▶ Lei nº 6.205, de 29-4-1975, estabelece a descaracterização do salário-mínimo como fator de correção monetária.
▶ Súmulas Vinculantes nᵒˢ 4, 6, 15 e 16 do STF.
▶ Súm. nº 201 do STJ.

V – piso salarial proporcional à extensão e à complexidade do trabalho;

▶ LC nº 103, de 14-7-2000, autoriza os Estados e o Distrito Federal a instituir o piso salarial a que se refere este inciso.
▶ OJ da SBDI-I do TST nº 358.

VI – irredutibilidade do salário, salvo o disposto em convenção ou acordo coletivo;

▶ Súm. nº 391 do TST.
▶ Orientações Jurisprudenciais da SBDI-I do TST nᵒˢ 358 e 396.

VII – garantia de salário, nunca inferior ao mínimo, para os que percebem remuneração variável;

▶ Art. 39, § 3º, desta Constituição.
▶ Lei nº 8.716, de 11-10-1993, dispõe sobre a garantia do salário-mínimo.
▶ Lei nº 9.032, de 28-4-1995, dispõe sobre o valor do salário-mínimo.

VIII – décimo terceiro salário com base na remuneração integral ou no valor da aposentadoria;

▶ Arts. 39, § 3º, e 142, § 3º, VIII, desta Constituição.
▶ Leis nᵒˢ 4.090, de 13-7-1962; 4.749, de 12-8-1965; Decretos nᵒˢ 57.155, de 3-11-1965; e 63.912, de 26-12-1968, dispõem sobre o 13º salário.
▶ OJ da SBDI-I do TST nº 358.
▶ Súm. nº 349 do STJ.

IX – remuneração do trabalho noturno superior à do diurno;

▶ Art. 39, § 3º, desta Constituição.
▶ Art. 73, §§ 1º a 5º, da CLT.

X – proteção do salário na forma da lei, constituindo crime sua retenção dolosa;

XI – participação nos lucros, ou resultados, desvinculada da remuneração, e, excepcionalmente, participação na gestão da empresa, conforme definido em lei;

▶ Arts. 543 e 621 da CLT.
▶ Lei nº 10.101, de 19-12-2000 (Lei da Participação nos Lucros e Resultados).
▶ OJ da SBDI-I do TST nº 390.
▶ OJ da SBDI-I Transitória do TST nº 73.

XII – salário-família pago em razão do dependente do trabalhador de baixa renda nos termos da lei;

▶ Inciso XII com a redação dada pela EC nº 20, de 15-12-1998.
▶ Arts. 39, § 3º, e 142, § 3º, VIII, desta Constituição.
▶ Art. 12 da CLT.
▶ Leis nᵒˢ 4.266, de 3-10-1963; 5.559, de 11-12-1968; e Dec. nº 53.153, de 10-12-1963, dispõem sobre salário-família.
▶ Arts. 18, 26, 28, 65 a 70 da Lei nº 8.213, de 24-7-1991 (Lei dos Planos de Benefícios da Previdência Social).
▶ Arts. 5º, 25, 30 a 32, 42, 81 a 92, 173, 217, § 6º, 218, 225 e 255 do Dec. nº 3.048, de 6-5-1999 (Regulamento da Previdência Social).
▶ OJ da SBDI-I do TST nº 358.

XIII – duração do trabalho normal não superior a oito horas diárias e quarenta e quatro semanais, facultada a compensação de horários e a redução da jornada, mediante acordo ou convenção coletiva de trabalho;

▶ Art. 39, § 3º, desta Constituição.
▶ Arts. 57 a 75 e 224 a 350 da CLT.
▶ Súm. nº 349 do TST.
▶ OJ da SBDI-I do TST nº 393.

XIV – jornada de seis horas para o trabalho realizado em turnos ininterruptos de revezamento, salvo negociação coletiva;

▶ Art. 58 da CLT.
▶ Súm. nº 675 do STF.
▶ Súm. nº 360 do TST.
▶ Orientações Jurisprudenciais da SBDI-I do TST nᵒˢ 360 e 395.

XV – repouso semanal remunerado, preferencialmente aos domingos;
► Art. 39, §§ 2º e 3º, desta Constituição.
► Art. 67 da CLT.
► Lei nº 605, de 5-1-1949 (Lei do Repouso Semanal Remunerado).
► Dec. nº 27.048, de 12-8-1949, regulamenta a Lei nº 605, de 5-1-1949 (Lei do Repouso Semanal Remunerado).
► OJ da SBDI-I do TST nº 394.

XVI – remuneração do serviço extraordinário superior, no mínimo, em cinquenta por cento à do normal;
► Art. 39, §§ 2º e 3º, desta Constituição.
► Art. 59 da CLT.

XVII – gozo de férias anuais remuneradas com, pelo menos, um terço a mais do que o salário normal;
► O STF, por unanimidade, julgou parcialmente procedente a ADIN nº 1.946 para dar ao art. 14 da EC nº 20, de 15-12-1998, sem redução do texto, interpretação conforme a CF, para excluir sua aplicação ao salário da licença à gestação a que se refere este inciso.
► Art. 39, §§ 2º e 3º, desta Constituição.
► Art. 10, II, b, do ADCT.
► Arts. 391 e 392 da CLT.
► Arts. 71 a 73 da Lei nº 8.213, de 24-7-1991 (Lei dos Planos de Benefícios da Previdência Social).
► Lei nº 10.421, de 15-4-2002, estende à mãe adotiva o direito à licença-maternidade e ao salário-maternidade.
► Lei nº 11.770, de 9-9-2008 (Lei do Programa Empresa Cidadã), regulamentada pelo Dec. nº 7.052, de 23-12-2009.
► Dec. nº 4.377, de 13-9-2002, promulga a Convenção Sobre a Eliminação de Todas as Formas de Discriminação Contra a Mulher, de 1979.

XVIII – licença à gestante, sem prejuízo do emprego e do salário, com a duração de cento e vinte dias;
► O STF, por unanimidade de votos, julgou parcialmente procedente a ADIN nº 1.946-5, para dar ao art. 14 da ECnº 20, de 15-12-1998, interpretação conforme a CF, excluindo-se sua aplicação ao salário da licença gestante, a que se refere este inciso.
► Art. 39, §§ 2º e 3º, desta Constituição.
► Art. 10, II, b, do ADCT.
► Arts. 391 e 392 da CLT.
► Arts. 71 a 73 da Lei nº 8.213, de 24-7-1991 (Lei dos Planos de Benefícios da Previdência Social).
► Lei nº 10.421, de 15-4-2002, estende à mãe adotiva o direito à licença-maternidade e ao salário-maternidade.
► Lei nº 11.770, de 9-9-2008 (Lei do Programa Empresa Cidadã).
► Dec. nº 4.377, de 13-9-2002, promulga a Convenção Sobre a Eliminação de Todas as Formas de Discriminação Contra a Mulher, de 1979.

XIX – licença-paternidade, nos termos fixados em lei;
► Art. 39, §§ 2º e 3º, desta Constituição.
► Art. 10, § 1º, do ADCT.

XX – proteção do mercado de trabalho da mulher, mediante incentivos específicos, nos termos da lei;
► Art. 39, §§ 2º e 3º, desta Constituição.
► Arts. 372 a 401 da CLT.
► Dec. nº 4.377, de 13-9-2002, promulga a Convenção sobre a Eliminação de Todas as Formas de Discriminação contra a Mulher, de 1979.

XXI – aviso-prévio proporcional ao tempo de serviço, sendo no mínimo de trinta dias, nos termos da lei;
► Arts. 7º e 487 a 491 da CLT.

XXII – redução dos riscos inerentes ao trabalho, por meio de normas de saúde, higiene e segurança;
► Art. 39, §§ 2º e 3º, desta Constituição.
► Arts. 154 a 159 e 192 da CLT.

XXIII – adicional de remuneração para as atividades penosas, insalubres ou perigosas, na forma da lei;
► Art. 39, § 2º, desta Constituição.
► Arts. 189 a 197 da CLT.
► Súm. Vinc. nº 4 do STF.
► OJ da SBDI-I do TST nº 385.

XXIV – aposentadoria;
► Art. 154 da CLT.
► Arts. 42 a 58 da Lei nº 8.213, de 24-7-1991 (Lei dos Planos de Benefícios da Previdência Social).
► Lei nº 9.477, de 24-7-1997, institui o Fundo de Aposentadoria Programa Individual – FAPI e o Plano de Incentivo à Aposentadoria Programa Individual.
► Arts. 25, 29, 30, 43 a 70, 120, 135, 167, 168, 173, 180, 181-A, 181-B, 183, 184, 187, 188, 188-A, 189, parágrafo único, e 202 do Dec. nº 3.048, de 6-5-1999 (Regulamento da Previdência Social).

XXV – assistência gratuita aos filhos e dependentes desde o nascimento até 5 (cinco) anos de idade em creches e pré-escolas;
► Inciso XXV com a redação dada pela EC nº 53, de 19-12-2006.
► Art. 142, § 3º, desta Constituição.

XXVI – reconhecimento das convenções e acordos coletivos de trabalho;
► Arts. 611 a 625 da CLT.
► Orientações Jurisprudenciais da SBDI-I Transitória do TST nºs 61 e 73.

XXVII – proteção em face da automação, na forma da lei;

XXVIII – seguro contra acidentes de trabalho, a cargo do empregador, sem excluir a indenização a que este está obrigado, quando incorrer em dolo ou culpa;
► Art. 114, VI, desta Constituição.
► Arts. 15 e 154 da CLT.
► Lei nº 8.212, de 24-7-1991 (Lei Orgânica da Seguridade Social).
► Lei nº 8.213, de 24-7-1991 (Lei dos Planos de Benefícios da Previdência Social).
► Dec. nº 3.048, de 6-5-1999 (Regulamento da Previdência Social).
► Súm. Vinc. nº 22 do STF.

XXIX – ação, quanto aos créditos resultantes das relações de trabalho, com prazo prescricional de cinco anos para os trabalhadores urbanos e rurais, até o limite de dois anos após a extinção do contrato de trabalho;
► Inciso XXIX com a redação dada pela EC nº 28, de 25-5-2000.
► Art. 11, I e II, da CLT.
► Art. 10 da Lei nº 5.889, de 8-6-1973 (Lei do Trabalho Rural).
► Súmulas nºs 308 e 409 do TST.
► Orientações Jurisprudenciais da SBDI-I do TST nºs 359 e 384.

a e *b*) Revogadas. EC nº 28, de 25-5-2000.

XXX – proibição de diferença de salários, de exercício de funções e de critério de admissão por motivo de sexo, idade, cor ou estado civil;

▶ Art. 39, § 3º, desta Constituição.
▶ Lei nº 9.029, de 13-4-1995, proíbe a exigência de atestados de gravidez e esterilização, e outras praticas discriminatórias, para efeitos admissionais ou de permanência da relação jurídica de trabalho.
▶ Arts. 38 e 39 da Lei nº 12.288, de 20-7-2010 (Estatuto da Igualdade Racial).
▶ Dec. nº 4.377, de 13-9-2002, promulga a Convenção sobre a Eliminação de Todas as Formas de Discriminação contra a Mulher, de 1979.
▶ Súm. nº 683 do STF.
▶ Port. do MTE nº 1.246, de 28-5- 2010, orienta as empresas e os trabalhadores em relação à testagem relacionada ao vírus da imunodeficiência adquirida – HIV.

XXXI – proibição de qualquer discriminação no tocante a salário e critérios de admissão do trabalhador portador de deficiência;

▶ Dec. nº 3.298, de 20-12-1999, dispõe sobre a Política Nacional para Integração da Pessoa Portadora de Deficiência e consolida as normas de proteção.

XXXII – proibição de distinção entre trabalho manual, técnico e intelectual ou entre os profissionais respectivos;

▶ Súm. nº 84 do TST.

XXXIII – proibição de trabalho noturno, perigoso ou insalubre a menores de dezoito e de qualquer trabalho a menores de dezesseis anos, salvo na condição de aprendiz, a partir de quatorze anos;

▶ Inciso XXXIII com a redação dada pela EC nº 20, de 15-12-1998.
▶ Art. 227 desta Constituição.
▶ Arts. 192, 402 a 410 e 792 da CLT.
▶ Arts. 60 a 69 do ECA.
▶ Arts. 27, V, e 78, XVIII, da Lei nº 8.666, de 21-6-1993 (Lei de Licitações e Contratos Administrativos).
▶ Art. 13 da Lei nº 11.685, de 2-6-2008 (Estatuto do Garimpeiro).
▶ Dec. nº 4.134, de 15-2-2002, promulga a Convenção nº 138 e a Recomendação nº 146 da OIT sobre Idade Mínima de Admissão ao Emprego.

XXXIV – igualdade de direitos entre o trabalhador com vínculo empregatício permanente e o trabalhador avulso.

Parágrafo único. São assegurados à categoria dos trabalhadores domésticos os direitos previstos nos incisos IV, VI, VIII, XV, XVII, XVIII, XIX, XXI e XXIV, bem como a sua integração à previdência social.

▶ Art. 7º da CLT.
▶ Leis nºs 5.859, de 11-12-1972, e 7.195, de 12-6-1984; Decretos nºs 71.885, de 9-3-1973, e 1.197, de 14-7-1994, dispõem sobre empregado doméstico.
▶ Arts. 93 a 103 do Dec. nº 3.048, de 6-5-1999 (Regulamento da Previdência Social).
▶ Dec. nº 3.361, de 10-2-2000, regulamenta dispositivos da Lei nº 5.859, de 11-12-1972 (Lei do Empregado Doméstico).

Art. 8º É livre a associação profissional ou sindical, observado o seguinte:

▶ Arts. 511 a 515, 524, 537, 543, 553, 558 e 570 da CLT.
▶ Súm. nº 4 do STJ.

I – a lei não poderá exigir autorização do Estado para a fundação de sindicato, ressalvado o registro no órgão competente, vedadas ao Poder Público a interferência e a intervenção na organização sindical;

▶ Súm. nº 677 do STF.

II – é vedada a criação de mais de uma organização sindical, em qualquer grau, representativa de categoria profissional ou econômica, na mesma base territorial, que será definida pelos trabalhadores ou empregadores interessados, não podendo ser inferior à área de um município;

▶ Súm. nº 677 do STF.

III – ao sindicato cabe a defesa dos direitos e interesses coletivos ou individuais da categoria, inclusive em questões judiciais ou administrativas;

▶ Orientações Jurisprudenciais da SBDI-I do TST nºs 359 e 365.

IV – a assembleia-geral fixará a contribuição que, em se tratando de categoria profissional, será descontada em folha, para custeio do sistema confederativo da representação sindical respectiva, independentemente da contribuição prevista em lei;

▶ Súm. nº 666 do STF.
▶ Súm. nº 396 do STJ.

V – ninguém será obrigado a filiar-se ou manter-se filiado a sindicato;

▶ Art. 199 do CP.

VI – é obrigatória a participação dos sindicatos nas negociações coletivas de trabalho;
VII – o aposentado filiado tem direito a votar e ser votado nas organizações sindicais;
VIII – é vedada a dispensa do empregado sindicalizado, a partir do registro da candidatura a cargo de direção ou representação sindical e, se eleito, ainda que suplente, até um ano após o final do mandato, salvo se cometer falta grave nos termos da lei.

▶ Art. 543 da CLT.

Parágrafo único. As disposições deste artigo aplicam-se à organização de sindicatos rurais e de colônias de pescadores, atendidas as condições que a lei estabelecer.

▶ Lei nº 11.699, de 13-6-2008, dispõe sobre as Colônias, Federações e Confederação Nacional dos Pescadores, regulamentando este parágrafo.

Art. 9º É assegurado o direito de greve, competindo aos trabalhadores decidir sobre a oportunidade de exercê-lo e sobre os interesses que devam por meio dele defender.

▶ Arts. 37, VII, 114, II, e 142, § 3º, IV, desta Constituição.
▶ Lei nº 7.783, de 28-6-1989 (Lei de Greve).

§ 1º A lei definirá os serviços ou atividades essenciais e disporá sobre o atendimento das necessidades inadiáveis da comunidade.

§ 2º Os abusos cometidos sujeitam os responsáveis às penas da lei.

Art. 10. É assegurada a participação dos trabalhadores e empregadores nos colegiados dos órgãos públicos em que seus interesses profissionais ou previdenciários sejam objeto de discussão e deliberação.

Art. 11. Nas empresas de mais de duzentos empregados, é assegurada a eleição de um representante destes com a finalidade exclusiva de promover-lhes o entendimento direto com os empregadores.
► Art. 543 da CLT.

CAPÍTULO III
DA NACIONALIDADE

► Art. 5º, LXXI, desta Constituição.
► Dec. nº 4.246, de 22-5-2002, promulga a Convenção sobre o Estatuto dos Apátridas.

Art. 12. São brasileiros:

I – natos:
a) os nascidos na República Federativa do Brasil, ainda que de pais estrangeiros, desde que estes não estejam a serviço de seu país;
b) os nascidos no estrangeiro, de pai brasileiro ou mãe brasileira, desde que qualquer deles esteja a serviço da República Federativa do Brasil;
c) os nascidos no estrangeiro de pai brasileiro ou de mãe brasileira, desde que sejam registrados em repartição brasileira competente ou venham a residir na República Federativa do Brasil e optem, em qualquer tempo, depois de atingida a maioridade, pela nacionalidade brasileira;

► Alínea c com a redação dada pela EC nº 54, de 20-9-2007.
► Art. 95 do ADCT.

II – naturalizados:
► Lei nº 818, de 18-9-1949 (Lei da Nacionalidade Brasileira).
► Arts. 111 a 121 da Lei nº 6.815, de 19-8-1980 (Estatuto do Estrangeiro).
► Arts. 119 a 134 do Dec. nº 86.715, de 10-12-1981, que regulamenta a Lei nº 6.815, de 19-8-1980 (Estatuto do Estrangeiro).
► Dec. nº 3.453, de 9-5-2000, delega competência ao Ministro de Estado da Justiça para declarar a perda e a reaquisição da nacionalidade Brasileira.

a) os que, na forma da lei, adquiram a nacionalidade brasileira, exigidas aos originários de países de língua portuguesa apenas residência por um ano ininterrupto e idoneidade moral;
b) os estrangeiros de qualquer nacionalidade, residentes na República Federativa do Brasil há mais de quinze anos ininterruptos e sem condenação penal, desde que requeiram a nacionalidade brasileira.

► Alínea b com a redação dada pela ECR nº 3, de 7-6-1994.

§ 1º Aos portugueses com residência permanente no País, se houver reciprocidade em favor de brasileiros, serão atribuídos os direitos inerentes ao brasileiro, salvo os casos previstos nesta Constituição.

► § 1º com a redação dada pela ECR nº 3, de 7-6-1994.

§ 2º A lei não poderá estabelecer distinção entre brasileiros natos e naturalizados, salvo nos casos previstos nesta Constituição.

§ 3º São privativos de brasileiro nato os cargos:
I – de Presidente e Vice-Presidente da República;
II – de Presidente da Câmara dos Deputados;
III – de Presidente do Senado Federal;

IV – de Ministro do Supremo Tribunal Federal;
V – da carreira diplomática;
VI – de oficial das Forças Armadas;

► LC nº 97, de 9-6-1999, dispõe sobre as normas gerais para a organização, o preparo e o emprego das Forças Armadas.

VII – de Ministro de Estado da Defesa.
► Inciso VII acrescido pela EC nº 23, de 2-9-1999.
► LC nº 97, de 9-6-1999, dispõe sobre as normas gerais para a organização, o preparo e o emprego das Forças Armadas.

§ 4º Será declarada a perda da nacionalidade do brasileiro que:

I – tiver cancelada sua naturalização, por sentença judicial, em virtude de atividade nociva ao interesse nacional;

II – adquirir outra nacionalidade, salvo nos casos:
a) de reconhecimento de nacionalidade originária pela lei estrangeira;
b) de imposição de naturalização, pela norma estrangeira, ao brasileiro residente em Estado estrangeiro, como condição para permanência em seu território ou para o exercício de direitos civis.

► Inciso II, alíneas a e b, com a redação dada pela ECR nº 3, de 7-6-1994.
► Lei nº 818, de 18-9-1949 (Lei da Nacionalidade Brasileira).
► Dec. nº 3.453, de 9-5-2000, delega competência ao Ministro de Estado da Justiça para declarar a perda e a reaquisição da nacionalidade brasileira.

Art. 13. A língua portuguesa é o idioma oficial da República Federativa do Brasil.

► Dec. nº 5.002, de 3-3-2004, promulga a Declaração Constitutiva e os Estatutos da Comunidade dos Países de Língua Portuguesa.

§ 1º São símbolos da República Federativa do Brasil a bandeira, o hino, as armas e o selo nacionais.
► Lei nº 5.700, de 1º-9-1971, dispõe sobre a forma e a apresentação dos Símbolos Nacionais.
► Dec. nº 98.068, de 18-8-1989, dispõe sobre o hasteamento da bandeira nacional nas repartições públicas federais e nos estabelecimentos de ensino.

§ 2º Os Estados, o Distrito Federal e os Municípios poderão ter símbolos próprios.

CAPÍTULO IV
DOS DIREITOS POLÍTICOS

► Art. 5º, LXXI, desta Constituição.

Art. 14. A soberania popular será exercida pelo sufrágio universal e pelo voto direto e secreto, com valor igual para todos, e, nos termos da lei, mediante:

► Lei nº 4.737, de 15-7-1965 (Código Eleitoral).
► Lei nº 9.709, de 18-11-1998, regulamenta a execução do disposto nos incisos I, II e III do artigo supratranscrito.

I – plebiscito;
► Arts. 18, §§ 3º e 4º, e 49, XV, desta Constituição.
► Art. 2º do ADCT.

II – referendo;
III – iniciativa popular.
► Art. 61, § 2º, desta Constituição.

§ 1º O alistamento eleitoral e o voto são:
▶ Arts. 42 a 81 e 133 a 157 do CE.

I – obrigatórios para os maiores de dezoito anos;
▶ Lei nº 9.274, de 7-5-1996, dispõe sobre anistia relativamente às eleições de 3 de outubro e de 15 de novembro dos anos de 1992 e 1994.

II – facultativos para:
a) os analfabetos;
b) os maiores de setenta anos;
c) os maiores de dezesseis e menores de dezoito anos.

§ 2º Não podem alistar-se como eleitores os estrangeiros e, durante o período do serviço militar obrigatório, os conscritos.

§ 3º São condições de elegibilidade, na forma da lei:
I – a nacionalidade brasileira;
II – o pleno exercício dos direitos políticos;
▶ Art. 47, I, do CP.

III – o alistamento eleitoral;
IV – o domicílio eleitoral na circunscrição;
V – a filiação partidária;
▶ Lei nº 9.096, de 19-9-1995 (Lei dos Partidos Políticos).

VI – a idade mínima de:
a) trinta e cinco anos para Presidente e Vice-Presidente da República e Senador;
b) trinta anos para Governador e Vice-Governador de Estado e do Distrito Federal;
c) vinte e um anos para Deputado Federal, Deputado Estadual ou Distrital, Prefeito, Vice-Prefeito e juiz de paz;
▶ Dec.-lei nº 201, de 27-2-1967 (Lei de Responsabilidade dos Prefeitos e Vereadores).

d) dezoito anos para Vereador.
▶ Dec.-lei nº 201, de 27-2-1967 (Lei de Responsabilidade dos Prefeitos e Vereadores).

§ 4º São inelegíveis os inalistáveis e os analfabetos.

§ 5º O Presidente da República, os Governadores de Estado e do Distrito Federal, os Prefeitos e quem os houver sucedido ou substituído no curso dos mandatos poderão ser reeleitos para um único período subsequente.
▶ § 5º com a redação dada pela EC nº 16, de 4-6-1997.
▶ Súm. nº 8 do TSE.

§ 6º Para concorrerem a outros cargos, o Presidente da República, os Governadores de Estado e do Distrito Federal e os Prefeitos devem renunciar aos respectivos mandatos até seis meses antes do pleito.

§ 7º São inelegíveis, no território de jurisdição do titular, o cônjuge e os parentes consanguíneos ou afins, até o segundo grau ou por adoção, do Presidente da República, de Governador de Estado ou Território, do Distrito Federal, de Prefeito ou de quem o haja substituído dentro dos seis meses anteriores ao pleito, salvo se já titular de mandato eletivo e candidato à reeleição.
▶ Súm. Vinc. nº 18 do STF.

§ 8º O militar alistável é elegível, atendidas as seguintes condições:
I – se contar menos de dez anos de serviço, deverá afastar-se da atividade;

II – se contar mais de dez anos de serviço, será agregado pela autoridade superior e, se eleito, passará automaticamente, no ato da diplomação, para a inatividade.
▶ Art. 42, § 1º, desta Constituição.

§ 9º Lei complementar estabelecerá outros casos de inelegibilidade e os prazos de sua cessação, a fim de proteger a probidade administrativa, a moralidade para o exercício do mandato, considerada a vida pregressa do candidato, e a normalidade e legitimidade das eleições contra a influência do poder econômico ou o abuso do exercício de função, cargo ou emprego na administração direta ou indireta.
▶ § 9º com a redação dada pela ECR nº 4, de 7-6-1994.
▶ Art. 37, § 4º, desta Constituição.
▶ LC nº 64, de 18-5-1990 (Lei dos Casos de Inelegibilidade).
▶ Súm. nº 13 do TSE.

§ 10. O mandato eletivo poderá ser impugnado ante a Justiça Eleitoral no prazo de quinze dias contados da diplomação, instruída a ação com provas de abuso do poder econômico, corrupção ou fraude.

§ 11. A ação de impugnação de mandato tramitará em segredo de justiça, respondendo o autor, na forma da lei, se temerária ou de manifesta má-fé.

Art. 15. É vedada a cassação de direitos políticos, cuja perda ou suspensão só se dará nos casos de:
▶ Lei nº 9.096, de 19-9-1995 (Lei dos Partidos Políticos).

I – cancelamento da naturalização por sentença transitada em julgado;
II – incapacidade civil absoluta;
III – condenação criminal transitada em julgado, enquanto durarem seus efeitos;
▶ Art. 92, I e parágrafo único, do CP.
▶ Súm. nº 9 do TSE.

IV – recusa de cumprir obrigação a todos imposta ou prestação alternativa, nos termos do artigo 5º, VIII;
▶ Art. 143 desta Constituição.
▶ Lei nº 8.239, de 4-10-1991, dispõe sobre a prestação de serviço alternativo ao Serviço Militar Obrigatório.

V – improbidade administrativa, nos termos do artigo 37, § 4º.

Art. 16. A lei que alterar o processo eleitoral entrará em vigor na data de sua publicação, não se aplicando à eleição que ocorra até um ano da data de sua vigência.
▶ Artigo com a redação dada pela EC nº 4, de 14-9-1993.
▶ Lei nº 9.504, de 30-9-1997 (Lei das Eleições).

CAPÍTULO V

DOS PARTIDOS POLÍTICOS

Art. 17. É livre a criação, fusão, incorporação e extinção de partidos políticos, resguardados a soberania nacional, o regime democrático, o pluripartidarismo, os direitos fundamentais da pessoa humana e observados os seguintes preceitos:
▶ Lei nº 9.096, de 19-9-1995 (Lei dos Partidos Políticos).
▶ Lei nº 9.504, de 30-9-1997 (Lei das Eleições).

I – caráter nacional;

II – proibição de recebimento de recursos financeiros de entidade ou governo estrangeiros ou de subordinação a estes;

III – prestação de contas à Justiça Eleitoral;

▶ Lei nº 9.096, de 19-9-1995 (Lei dos Partidos Políticos).

IV – funcionamento parlamentar de acordo com a lei.

§ 1º É assegurada aos partidos políticos autonomia para definir sua estrutura interna, organização e funcionamento e para adotar os critérios de escolha e o regime de suas coligações eleitorais, sem obrigatoriedade de vinculação entre as candidaturas em âmbito nacional, estadual, distrital ou municipal, devendo seus estatutos estabelecer normas de disciplina e fidelidade partidária.

▶ § 1º com a redação dada pela EC nº 52, de 8-3-2006.

▶ O STF, por maioria de votos, julgou procedente a ADIN nº 3.685-8, para fixar que este parágrafo, com a redação dada pela EC nº 52, de 8-3-2006, não se aplica às eleições de 2006, remanescendo aplicável a tal eleição a redação original (DOU de 31-3-2006 e DJU de 10-8-2006).

§ 2º Os partidos políticos, após adquirirem personalidade jurídica, na forma da lei civil, registrarão seus estatutos no Tribunal Superior Eleitoral.

§ 3º Os partidos políticos têm direito a recursos do fundo partidário e acesso gratuito ao rádio e à televisão, na forma da lei.

▶ Art. 241 do CE.

§ 4º É vedada a utilização pelos partidos políticos de organização paramilitar.

TÍTULO III – DA ORGANIZAÇÃO DO ESTADO

CAPÍTULO I

DA ORGANIZAÇÃO POLÍTICO-ADMINISTRATIVA

Art. 18. A organização político-administrativa da República Federativa do Brasil compreende a União, os Estados, o Distrito Federal e os Municípios, todos autônomos, nos termos desta Constituição.

§ 1º Brasília é a Capital Federal.

§ 2º Os Territórios Federais integram a União, e sua criação, transformação em Estado ou reintegração ao Estado de origem serão reguladas em lei complementar.

§ 3º Os Estados podem incorporar-se entre si, subdividir-se ou desmembrar-se para se anexarem a outros, ou formarem novos Estados ou Territórios Federais, mediante aprovação da população diretamente interessada, através de plebiscito, e do Congresso Nacional, por lei complementar.

▶ Arts. 3º e 4º da Lei nº 9.709, de 18-11-1998, que dispõe sobre a convocação do plebiscito e o referendo nas questões de relevância nacional, de competência do Poder Legislativo ou do Poder Executivo.

§ 4º A criação, a incorporação, a fusão e o desmembramento de Municípios, far-se-ão por lei estadual, dentro do período determinado por lei complementar federal, e dependerão de consulta prévia, mediante plebiscito, às populações dos Municípios envolvidos, após divulgação dos Estudos de Viabilidade Municipal, apresentados e publicados na forma da lei.

▶ § 4º com a redação dada pela EC nº 15, de 12-9-1996.

▶ Art. 5º da Lei nº 9.709, de 18-11-1998, que dispõe sobre o plebiscito destinado à criação, à incorporação, à fusão e ao desmembramento de Municípios.

▶ Lei nº 10.521, de 18-7-2002, assegura a instalação de Municípios criados por lei estadual.

Art. 19. É vedado à União, aos Estados, ao Distrito Federal e aos Municípios:

I – estabelecer cultos religiosos ou igrejas, subvencioná-los, embaraçar-lhes o funcionamento ou manter com eles ou seus representantes relações de dependência ou aliança, ressalvada, na forma da lei, a colaboração de interesse público;

II – recusar fé aos documentos públicos;

III – criar distinções entre brasileiros ou preferências entre si.

▶ Art. 325 da CLT.

CAPÍTULO II

DA UNIÃO

Art. 20. São bens da União:

▶ Art. 176, §§ 1º a 4º, desta Constituição.

▶ Art. 99 do CC.

▶ Dec.-lei nº 9.760, de 5-9-1946 (Lei dos Bens Imóveis da União).

I – os que atualmente lhe pertencem e os que lhe vierem a ser atribuídos;

▶ Súm. nº 650 do STF.

II – as terras devolutas indispensáveis à defesa das fronteiras, das fortificações e construções militares, das vias federais de comunicação e à preservação ambiental, definidas em lei;

▶ Lei nº 4.504, de 30-11-1964 (Estatuto da Terra).

▶ Lei nº 6.383, de 7-12-1976 (Lei das Ações Discriminatórias).

▶ Lei nº 6.431, de 11-7-1977, autoriza a doação de porções de terras devolutas a Municípios incluídos na região da Amazônia Legal, para os fins que especifica.

▶ Lei nº 6.634, de 2-5-1979, dispõe sobre a faixa de fronteira.

▶ Lei nº 6.938, de 31-8-1981 (Lei da Política Nacional do Meio Ambiente).

▶ Dec.-lei nº 227, de 28-2-1967 (Código de Mineração).

▶ Dec.-lei nº 1.135, de 3-12-1970, dispõe sobre a organização, a competência e o funcionamento do Conselho de Segurança Nacional.

▶ Dec.-lei nº 1.414, de 18-8-1975, dispõe sobre o processo de ratificação das concessões e alterações de terras devolutas na faixa de fronteiras.

▶ Súm. nº 477 do STF.

III – os lagos, rios e quaisquer correntes de água em terrenos de seu domínio, ou que banhem mais de um Estado, sirvam de limites com outros países, ou se estendam a território estrangeiro ou dele provenham, bem como os terrenos marginais e as praias fluviais;

▶ Dec. nº 1.265, de 11-10-1994, aprova a Política Marítima Nacional – PMN.

IV – as ilhas fluviais e lacustres nas zonas limítrofes com outros países; as praias marítimas; as ilhas oceânicas e as costeiras, excluídas, destas, as que contenham

a sede de Municípios, exceto aquelas áreas afetadas ao serviço público e a unidade ambiental federal, e as referidas no art. 26, II;
▶ Inciso IV com a redação dada pela EC nº 46, de 5-5-2005.
▶ Dec. nº 1.265, de 11-10-1994, aprova a Política Marítima Nacional – PMN.

V – os recursos naturais da plataforma continental e da zona econômica exclusiva;
▶ Lei nº 8.617, de 4-1-1993, dispõe sobre o mar territorial, a zona contígua, a zona econômica exclusiva e a plataforma continental brasileiros.
▶ Dec. nº 1.265, de 11-10-1994, aprova a Política Marítima Nacional – PMN.

VI – o mar territorial;
▶ Lei nº 8.617, de 4-1-1993, dispõe sobre o mar territorial, a zona contígua, a zona econômica exclusiva e a plataforma continental brasileira.
▶ Dec. nº 1.265, de 11-10-1994, aprova a Política Marítima Nacional – PMN.

VII – os terrenos de marinha e seus acrescidos;
VIII – os potenciais de energia hidráulica;
IX – os recursos minerais, inclusive os do subsolo;
X – as cavidades naturais subterrâneas e os sítios arqueológicos e pré-históricos;
XI – as terras tradicionalmente ocupadas pelos índios.
▶ Súm. nº 650 do STF.

§ 1º É assegurada, nos termos da lei, aos Estados, ao Distrito Federal e aos Municípios, bem como a órgãos da administração direta da União, participação no resultado da exploração de petróleo ou gás natural, de recursos hídricos para fins de geração de energia elétrica e de outros recursos minerais no respectivo território, plataforma continental, mar territorial ou zona econômica exclusiva, ou compensação financeira por essa exploração.
▶ Art. 177 desta Constituição.
▶ Lei nº 7.990, de 28-12-1989, institui, para os Estados, Distrito Federal e Municípios, compensação financeira pelo resultado da exploração de petróleo ou gás natural, de recursos hídricos para fins de geração de energia elétrica, e de recursos minerais em seus respectivos territórios, plataforma continental, mar territorial ou zona econômica exclusiva.
▶ Lei nº 8.001, de 13-3-1990, define os percentuais da distribuição da compensação financeira instituída pela Lei nº 7.990, de 28-12-1989.
▶ Lei nº 9.427, de 26-12-1996, institui a Agência Nacional de Energia Elétrica (ANEEL), e disciplina o regime de concessões de serviços públicos de energia elétrica.
▶ Lei nº 9.478, de 6-8-1997, dispõe sobre a Política Energética Nacional, as atividades relativas a o monopólio do petróleo, institui o Conselho Nacional de Política Energética e a Agência Nacional de Petróleo – ANP.
▶ Lei nº 9.984, de 17-7-2000, dispõe sobre a Agência Nacional de Águas – ANA.
▶ Dec. nº 1, de 11-1-1991, regulamenta o pagamento da compensação financeira instituída pela Lei nº 7.990, de 28-12-1989.

§ 2º A faixa de até cento e cinquenta quilômetros de largura, ao longo das fronteiras terrestres, designada como faixa de fronteira, é considerada fundamental para defesa do território nacional, e sua ocupação e utilização serão reguladas em lei.
▶ Art. 10, § 3º, da Lei nº 11.284, de 2-3-2006 (Lei de Gestão de Florestas Públicas).
▶ Dec.-lei nº 1.135, de 3-12-1970, dispõe sobre a organização, a competência e o funcionamento do Conselho de Segurança Nacional.

Art. 21. Compete à União:

I – manter relações com Estados estrangeiros e participar de organizações internacionais;
II – declarar a guerra e celebrar a paz;
III – assegurar a defesa nacional;
IV – permitir, nos casos previstos em lei complementar, que forças estrangeiras transitem pelo território nacional ou nele permaneçam temporariamente;
▶ LC nº 90, de 1º-10-1997, regulamenta este inciso e determina os casos em que forças estrangeiras possam transitar pelo território nacional ou nele permanecer temporariamente.
▶ Dec. nº 97.464, de 20-1-1989, estabelece procedimentos para a entrada no Brasil e o sobrevoo de seu território por aeronaves civis estrangeiras, que não estejam em serviço aéreo internacional regular.

V – decretar o estado de sítio, o estado de defesa e a intervenção federal;
VI – autorizar e fiscalizar a produção e o comércio de material bélico;
VII – emitir moeda;
VIII – administrar as reservas cambiais do País e fiscalizar as operações de natureza financeira, especialmente as de crédito, câmbio e capitalização, bem como as de seguros e de previdência privada;
▶ LC nº 108, de 29-5-2001, dispõe sobre a relação entre União, os Estados o Distrito Federal e os Municípios, suas autarquias, fundações, sociedades de economia mista e outras entidades públicas e suas respectivas entidades fechadas de previdência complementar.
▶ LC nº 109, de 29-5-2001 (Lei do Regime de Previdência Complementar).
▶ Lei nº 4.595, de 31-12-1964 (Lei do Sistema Financeiro Nacional).
▶ Lei nº 4.728, de 14-7-1965 (Lei do Mercado de Capitais).
▶ Dec. nº 73, de 21-11-1966, regulamentado pelo Dec. nº 60.459, de 13-3-1967, dispõe sobre o sistema nacional de seguros privados e regula as operações de seguros e resseguros.

IX – elaborar e executar planos nacionais e regionais de ordenação do território e de desenvolvimento econômico e social;
▶ Lei nº 9.491, de 9-9-1997, altera procedimentos relativos ao programa nacional de desestatização.

X – manter o serviço postal e o correio aéreo nacional;
▶ Lei nº 6.538, de 22-6-1978, dispõe sobre os serviços postais.

XI – explorar, diretamente ou mediante autorização, concessão ou permissão, os serviços de telecomunicações, nos termos da lei, que disporá sobre a organização dos serviços, a criação de um órgão regulador e outros aspectos institucionais;
▶ Inciso XI com a redação dada pela EC nº 8, de 15-8-1995.
▶ Art. 246 desta Constituição.

▶ Lei nº 8.987, de 13-2-1995 (Lei da Concessão e Permissão da Prestação de Serviços Públicos).

▶ Lei nº 9.295, de 19-7-1996, dispõe sobre serviços de telecomunicações, organizações e órgão regulador.

▶ Lei nº 9.472, de 16-7-1997, dispõe sobre a organização dos serviços de telecomunicações, a criação e funcionamento de um Órgão Regulador e outros aspectos institucionais.

▶ Lei nº 10.052, de 28-11-2000, institui o Fundo para o Desenvolvimento Tecnológico das Telecomunicações – FUNTTEL.

▶ Dec. nº 3.896, de 23-8-2001, dispõe sobre a regência dos serviços de telecomunicações.

XII – explorar, diretamente ou mediante autorização, concessão ou permissão:

▶ Lei nº 4.117, de 24-8-1962 (Código Brasileiro de Telecomunicações).

▶ Dec. nº 2.196, de 8-4-1997, aprova o Regulamento de Serviços Especiais.

▶ Dec. nº 2.197, de 8-4-1997, aprova o Regulamento de Serviços Limitados.

▶ Dec. nº 2.198, de 8-4-1997, aprova o Regulamento de Serviços Público-Restritos.

a) os serviços de radiodifusão sonora e de sons e imagens;

▶ Alínea a com a redação dada pela EC nº 8, de 15-8-1995.

▶ Art. 246 desta Constituição.

▶ Lei nº 9.472, de 16-7-1997, dispõe sobre a organização dos serviços de telecomunicações, a criação e funcionamento de um Órgão Regulador e outros aspectos institucionais.

▶ Lei nº 10.052, de 28-11-2000, institui o Fundo para o Desenvolvimento Tecnológico das Telecomunicações – FUNTTEL.

b) os serviços e instalações de energia elétrica e o aproveitamento energético dos cursos de água, em articulação com os Estados onde se situam os potenciais hidroenergéticos;

▶ Lei nº 9.427, de 26-12-1996, institui a Agência Nacional de Energia Elétrica – ANEEL e disciplina o regime de concessão de serviços públicos de energia elétrica.

▶ Lei nº 9.648, de 27-5-1998, regulamentada pelo Dec. nº 2.655, de 2-7-1998, autoriza o Poder Executivo a promover a reestruturação da Centrais Elétricas Brasileiras – ELETROBRÁS e de suas subsidiárias.

▶ Lei nº 12.111, de 9-12-2009, dispõe sobre os serviços de energia elétrica nos Sistemas Isolados.

c) a navegação aérea, aeroespacial e a infraestrutura aeroportuária;

▶ Lei nº 7.565, de 19-12-1986 (Código Brasileiro de Aeronáutica).

▶ Lei nº 8.630, de 25-2-1993, dispõe sobre o Regime Jurídico da Exploração dos Portos Organizados e das Instalações Portuárias, regulamentado pelos Decretos nºs 1.886, de 29-4-1996, e 4.391, de 26-9-2002.

d) os serviços de transporte ferroviário e aquaviário entre portos brasileiros e fronteiras nacionais, ou que transponham os limites de Estado ou Território;

▶ Lei nº 9.277, de 10-5-1996, autoriza a União a delegar aos Municípios, Estados da Federação e ao Distrito Federal a Administração e Exploração de Rodovias e Portos Federais.

e) os serviços de transporte rodoviário interestadual e internacional de passageiros;

f) os portos marítimos, fluviais e lacustres;

▶ Lei nº 10.233, de 5-6-2001, dispõe sobre a reestruturação dos transportes aquaviário e terrestre, cria o Conselho Nacional de Integração de Políticas de Transporte, a Agência Nacional de Transportes Terrestres, a Agência Nacional de Transportes Aquaviários e o Departamento Nacional de Infraestrutura de Transportes.

▶ Dec. nº 1.265, de 11-10-1994, aprova a Política Marítima Nacional – PMN.

XIII – organizar e manter o Poder Judiciário, o Ministério Público e a Defensoria Pública do Distrito Federal e dos Territórios;

XIV – organizar e manter a polícia civil, a polícia militar e o corpo de bombeiros militar do Distrito Federal, bem como prestar assistência financeira ao Distrito Federal para a execução de serviços públicos, por meio de fundo próprio;

▶ Inciso XIV com a redação dada pela EC nº 19, de 4-6-1998.

▶ Art. 25 da EC nº 19, de 4-6-1998 (Reforma Administrativa).

▶ Lei nº 10.633, de 27-12-2002, institui o Fundo Constitucional do Distrito Federal – FCDF, para atender o disposto neste inciso.

▶ Dec. nº 3.169, de 14-9-1999, institui Comissão de Estudo para criação do fundo de que trata este inciso.

▶ Súm. nº 647 do STF.

XV – organizar e manter os serviços oficiais de estatística, geografia, geologia e cartografia de âmbito nacional;

▶ Art. 71, § 3º, da Lei nº 11.355, de 19-10-2006, que dispõe sobre plano de carreiras e cargos do Instituto Brasileiro de Geografia e Estatística – IBGE.

▶ Dec. nº 243, de 28-2-1967, fixa as diretrizes e bases da Cartografia Brasileira.

XVI – exercer a classificação, para efeito indicativo, de diversões públicas e de programas de rádio e televisão;

▶ Art. 23 do ADCT.

XVII – conceder anistia;

XVIII – planejar e promover a defesa permanente contra as calamidades públicas, especialmente as secas e as inundações;

XIX – instituir sistema nacional de gerenciamento de recursos hídricos e definir critérios de outorga de direitos de seu uso;

▶ Lei nº 9.433, de 8-1-1997, institui a Política Nacional de Recursos Hídricos, cria o Sistema Nacional de Gerenciamento de Recursos Hídricos e regulamenta o inciso acima transcrito.

XX – instituir diretrizes para o desenvolvimento urbano, inclusive habitação, saneamento básico e transportes urbanos;

▶ Lei nº 5.318, de 26-9-1967, institui a Política Nacional de Saneamento e cria o Conselho Nacional de Saneamento.

▶ Lei nº 7.196, de 13-6-1984, institui o Plano Nacional de Moradia – PLAMO.

▶ Lei nº 10.188, de 12-2-2001, cria o Programa de Arrendamento Residencial e institui o arrendamento residencial com opção de compra.

▶ Lei nº 10.233, de 5-6-2001, dispõe sobre a reestruturação dos transportes aquaviário e terrestre, cria o

Conselho Nacional de Integração de Políticas de Transporte, a Agência Nacional de Transportes Terrestres, a Agência Nacional de Transportes Aquaviários e o Departamento Nacional de Infraestrutura de Transportes.
► Lei nº 11.445, de 5-1-2007, estabelece diretrizes nacionais para o saneamento básico, regulamentada pelo Dec. nº 7.217, de 21-6-2010.

XXI – estabelecer princípios e diretrizes para o sistema nacional de viação;

► Lei nº 10.233, de 5-6-2001, dispõe sobre a reestruturação dos transportes aquaviário e terrestre, cria o Conselho Nacional de Integração de Políticas de Transporte, a Agência Nacional de Transportes Terrestres, a Agência Nacional de Transportes Aquaviários e o Departamento Nacional de Infraestrutura de Transportes.

XXII – executar os serviços de polícia marítima, aeroportuária e de fronteiras;

► Inciso XXII com a redação dada pela EC nº 19, de 4-6-1998.

XXIII – explorar os serviços e instalações nucleares de qualquer natureza e exercer monopólio estatal sobre a pesquisa, a lavra, o enriquecimento e reprocessamento, a industrialização e o comércio de minérios nucleares e seus derivados, atendidos os seguintes princípios e condições:

► Lei nº 10.308, de 20-11-2001, estabelece normas para o destino final dos rejeitos radioativos produzidos em território nacional, incluídos a seleção de locais, a construção, o licenciamento, a operação, a fiscalização, os custos, a indenização e a responsabilidade civil.

► Dec.-lei nº 1.982, de 28-12-1982, dispõe sobre o exercício das atividades nucleares incluídas no monopólio da União e o controle do desenvolvimento de pesquisas no campo da energia nuclear.

a) toda atividade nuclear em Território Nacional somente será admitida para fins pacíficos e mediante aprovação do Congresso Nacional;

► Dec.-lei nº 1.809, de 7-10-1980, regulamentada pelo Dec. nº 2.210, de 22-4-1997, instituiu o Sistema de Proteção ao Programa Nuclear Brasileiro – SIPRON.

b) sob regime de permissão, são autorizadas a comercialização e a utilização de radioisótopos para a pesquisa e usos médicos, agrícolas e industriais;

c) sob regime de permissão, são autorizadas a produção, comercialização e utilização de radioisótopos de meia-vida igual ou inferior a duas horas;

► Alíneas b e c com a redação dada pela EC nº 49, de 8-2-2006.

► Lei nº 10.308, de 20-11-2001, dispõe sobre a seleção de locais, a construção, o licenciamento, a operação, a fiscalização, os custos, a indenização, a responsabilidade civil e as garantias referentes aos depósitos de rejeitos radioativos.

d) a responsabilidade civil por danos nucleares independe da existência de culpa;

► Alínea d acrescida pela EC nº 49, de 8-2-2006.

► Lei nº 6.453, de 17-10-1977, dispõe sobre a responsabilidade civil por danos nucleares e responsabilidade criminal por atos relacionados a atividades nucleares.

► Lei nº 9.425, de 24-12-1996, dispõe sobre a concessão de pensão especial às vítimas do acidente nuclear ocorrido em Goiânia, Goiás.

► Lei nº 10.308, de 20-11-2001, estabelece normas para o destino final dos rejeitos radioativos produzidos e território nacional, incluídos a seleção de locais, a construção, o licenciamento, a operação, a fiscalização, os custos, a indenização, a responsabilidade civil.

XXIV – organizar, manter e executar a inspeção do trabalho;

► Art. 174 desta Constituição.

XXV – estabelecer as áreas e as condições para o exercício da atividade de garimpagem, em forma associativa.

► Lei nº 7.805, de 18-7-1989, regulamentada pelo Dec. nº 98.812, de 9-1-1990, disciplina o regime de permissão de lavra garimpeira.

Art. 22. Compete privativamente à União legislar sobre:

I – direito civil, comercial, penal, processual, eleitoral, agrário, marítimo, aeronáutico, espacial e do trabalho;

► Lei nº 556, de 25-6-1850 (Código Comercial).
► Lei nº 4.504, de 30-11-1964 (Estatuto da Terra).
► Lei nº 4.737, de 15-7-1965 (Código Eleitoral).
► Lei nº 4.947, de 6-4-1966, fixa normas de direito agrário, dispõe sobre o sistema de organização e funcionamento do Instituto Brasileiro de Reforma Agrária – IBRA.
► Lei nº 5.869, de 11-1-1973 (Código de Processo Civil).
► Lei nº 7.565, de 19-12-1986 (Código Brasileiro de Aeronáutica).
► Lei nº 10.406, de 10-1-2002 (Código Civil).
► Dec.-lei nº 2.848, de 7-12-1940 (Código Penal).
► Dec.-lei nº 3.689, de 3-10-1941 (Código de Processo Penal).
► Dec.-lei nº 5.452, de 1-5-1943 (Consolidação das Leis do Trabalho).
► Dec.-lei nº 1.001, de 21-10-1969 (Código Penal Militar).
► Dec.-lei nº 1.002, de 21-10-1969 (Código de Processo Penal Militar).
► Dec. nº 1.265, de 11-10-1994, aprova a Política Marítima Nacional – PMN.
► Súm. nº 722 do STF.

II – desapropriação;

► Arts. 184 e 185, I e II, desta Constituição.
► Arts. 1.228, § 3º, e 1.275, V, do CC.
► LC nº 76, de 6-7-1993 (Lei de Desapropriação de Imóvel Rural para fins de Reforma Agrária).
► Leis nºs 4.132, de 10-9-1962, 8.257, de 26-11-1991, e 8.629, de 25-2-1993, dispõem sobre desapropriação por interesse social.
► Dec.-lei nº 3.365, de 21-6-1941 (Lei das Desapropriações).
► Dec.-lei nº 1.075, de 22-1-1970 (Lei da Imissão de Posse).

III – requisições civis e militares, em caso de iminente perigo e em tempo de guerra;

IV – águas, energia, informática, telecomunicações e radiodifusão;

► Lei nº 4.117, de 24-8-1962 (Código Brasileiro de Telecomunicações).
► Lei nº 9.472, de 16-7-1997, dispõe sobre a organização dos serviços de telecomunicações, a criação e funcionamento de um Órgão Regulador e outros aspectos institucionais.
► Lei nº 9.984, de 17-7-2000, dispõe sobre a criação da Agência Nacional de Águas – ANA.

▶ Dec. nº 2.196, de 8-4-1997, aprova o Regulamento de Serviços Especiais.
▶ Dec. nº 2.197, de 8-4-1997, aprova o Regulamento de Serviços Limitados.
▶ Dec. nº 2.198, de 8-4-1997, aprova o regulamento de Serviços Público-Restritos.

V – serviço postal;

▶ Lei nº 6.538, de 22-6-1978, dispõe sobre serviços postais.

VI – sistema monetário e de medidas, títulos e garantias dos metais;

▶ Leis nºs 9.069, de 26-9-1995, e 10.192, de 14-2-2001, dispõem sobre o Plano Real.

VII – política de crédito, câmbio, seguros e transferência de valores;
VIII – comércio exterior e interestadual;
IX – diretrizes da política nacional de transportes;

▶ Decretos nºs 4.122, de 13-2-2002, e 4.130, de 13-2-2002, dispõem sobre o Conselho Nacional de Integração de Políticas de Transportes.

X – regime dos portos, navegação lacustre, fluvial, marítima, aérea e aeroespacial;

▶ Lei nº 8.630, de 25-2-1993, dispõe sobre o Regime Jurídico da Exploração dos Portos Organizados e das Instalações Portuárias, regulamentado pelos Decretos nºs 1.886, de 29-4-1996, e 4.391, de 26-9-2002.
▶ Lei nº 9.277, de 10-5-1996, autoriza a União a delegar aos Municípios, Estados da Federação e ao Distrito Federal a Administração e Exploração de Rodovias e Portos Federais.
▶ Lei nº 9.994, de 24-7-2000, instituí o Programa de Desenvolvimento Científico e Tecnológico do Setor Espacial.

XI – trânsito e transporte;

▶ Lei nº 9.503, de 23-9-1997 (Código de Trânsito Brasileiro).

XII – jazidas, minas, outros recursos minerais e metalurgia;

▶ Dec.-lei nº 227, de 28-2-1967 (Código de Mineração).

XIII – nacionalidade, cidadania e naturalização;

▶ Lei nº 6.815, de 19-8-1980 (Estatuto do Estrangeiro).
▶ Dec. nº 86.715, de 10-12-1981, cria o Conselho Nacional de Imigração.

XIV – populações indígenas;

▶ Art. 231 desta Constituição.
▶ Lei nº 6.001, de 19-12-1973 (Estatuto do Índio).

XV – emigração e imigração, entrada, extradição e expulsão de estrangeiros;

▶ Lei nº 6.815, de 19-8-1980 (Estatuto do Estrangeiro).
▶ Dec. nº 840, de 22-6-1993, dispõe sobre a organização e o funcionamento do Conselho Nacional de Imigração.

XVI – organização do sistema nacional de emprego e condições para o exercício de profissões;
XVII – organização judiciária, do Ministério Público e da Defensoria Pública do Distrito Federal e dos Territórios, bem como organização administrativa destes;

▶ LC nº 75, de 20-5-1993 (Lei Orgânica do Ministério Público da União).
▶ LC nº 80, de 12-1-1994 (Lei da Defensoria Pública).

XVIII – sistema estatístico, sistema cartográfico e de geologia nacionais;

▶ Art. 71, § 3º, da Lei nº 11.355, de 19-10-2006, que dispõe sobre plano de carreiras e cargos do Instituto Brasileiro de Geografia e Estatística – IBGE.

XIX – sistemas de poupança, captação e garantia da poupança popular;

▶ Leis nºs 8.177, de 1º-3-1991, 9.069, de 29-6-1995, e 10.192, de 14-2-2001, dispõem sobre regras para a remuneração das cadernetas de poupança.
▶ Dec.-lei nº 70, de 21-11-1966 (Lei de Execução de Cédula Hipotecária).

XX – sistemas de consórcios e sorteios;

▶ Lei nº 5.768, de 20-12-1971, regulamentada pelo Dec. nº 70.951, de 9-8-1972, dispõe sobre a distribuição gratuita de prêmios, mediante sorteio, vale-brinde ou concurso, a título de propaganda, e estabelece normas de proteção à poupança popular.
▶ Súm. Vinc. nº 2 do STF.

XXI – normas gerais de organização, efetivos, material bélico, garantias, convocação e mobilização das Polícias Militares e Corpos de Bombeiros Militares;
XXII – competência da Polícia Federal e das Polícias Rodoviária e Ferroviária Federais;

▶ Lei nº 9.654, de 2-6-1998, cria a carreira de Policial Rodoviário Federal.

XXIII – seguridade social;

▶ Lei nº 8.212, de 24-7-1991 (Lei Orgânica da Seguridade Social).

XXIV – diretrizes e bases da educação nacional;

▶ Lei nº 9.394, de 20-12-1996 (Lei das Diretrizes e Bases da Educação Nacional).

XXV – registros públicos;

▶ Lei nº 6.015, de 31-12-1973 (Lei dos Registros Públicos).

XXVI – atividades nucleares de qualquer natureza;

▶ Lei nº 10.308, de 20-11-2001, dispõe sobre a seleção de locais, a construção, o licenciamento, a operação, a fiscalização, os custos, a indenização, a responsabilidade civil e as garantias referentes aos depósitos de rejeitos radioativos.

XXVII – normas gerais de licitação e contratação, em todas as modalidades, para as administrações públicas diretas, autárquicas e fundacionais da União, Estados, Distrito Federal e Municípios, obedecido o disposto no artigo 37, XXI, e para as empresas públicas e sociedades de economia mista, nos termos do artigo 173, § 1º, III;

▶ Inciso XXVII com a redação dada pela EC nº 19, de 4-6-1998.
▶ Art. 37, XXI, desta Constituição.
▶ Lei nº 8.666, de 21-6-1993 (Lei de Licitações e Contratos Administrativos).
▶ Lei nº 10.520, de 17-7-2002 (Lei do Pregão), regulamentada pelo Dec. nº 3.555, de 8-8-2000.

XXVIII – defesa territorial, defesa aeroespacial, defesa marítima, defesa civil e mobilização nacional;

▶ Dec. nº 5.376, de 17-2-2005, dispõe sobre o Sistema Nacional de Defesa Civil – SINDEC e o Conselho Nacional de Defesa Civil.

XXIX – propaganda comercial.

▶ Lei nº 8.078, de 11-9-1990 (Código de Defesa do Consumidor).

Parágrafo único. Lei complementar poderá autorizar os Estados a legislar sobre questões específicas das matérias relacionadas neste artigo.

▶ LC nº 103, de 14-7-2000, autoriza os Estados e o Distrito Federal a instituir o piso salarial a que se refere o inciso V do art. 7º desta Constituição.

Art. 23. É competência comum da União, dos Estados, do Distrito Federal e dos Municípios:

I – zelar pela guarda da Constituição, das leis e das instituições democráticas e conservar o patrimônio público;

II – cuidar da saúde e assistência pública, da proteção e garantia das pessoas portadoras de deficiência;

▶ Art. 203, V, desta Constituição.

▶ Lei nº 10.436, de 24-4-2002, dispõe sobre a Língua Brasileira de Sinais – LIBRA.

▶ Dec. nº 3.956, de 8-10-2001, promulga a Convenção Interamericana para eliminação de todas as Formas de Discriminação contra as Pessoas Portadoras de Deficiência.

▶ Dec. nº 3.964, de 10-10-2001, dispõe sobre o Fundo Nacional de Saúde.

III – proteger os documentos, as obras e outros bens de valor histórico, artístico e cultural, os monumentos, as paisagens naturais notáveis e os sítios arqueológicos;

▶ Dec.-lei nº 25, de 30-11-1937, organiza a Proteção do Patrimônio Histórico e Artístico Nacional.

IV – impedir a evasão, a destruição e a descaracterização de obras de arte e de outros bens de valor histórico, artístico ou cultural;

V – proporcionar os meios de acesso à cultura, à educação e à ciência;

VI – proteger o meio ambiente e combater a poluição em qualquer de suas formas;

▶ Lei nº 6.938, de 31-8-1981 (Lei da Política Nacional do Meio Ambiente).

▶ Lei nº 9.605, de 12-2-1998 (Lei dos Crimes Ambientais).

▶ Lei nº 9.966, de 28-4-2000, dispõe sobre a prevenção, o controle e a fiscalização da poluição causada por lançamento de óleo e outras substâncias nocivas ou perigosas em águas sob jurisdição nacional.

▶ Lei nº 11.284, de 2-3-2006 (Lei de Gestão de Florestas Públicas).

▶ Dec. nº 4.297, de 10-7-2002, regulamenta o inciso II do art. 9º da Lei nº 6.938, de 31-8-1981 (Lei da Política Nacional do Meio Ambiente), estabelecendo critério para o Zoneamento Ecológico-Econômico do Brasil – ZEE.

▶ Dec. nº 6.514, de 22-7-2008, dispõe sobre infrações e sanções administrativas ao meio ambiente e estabelece o processo administrativo federal para apuração destas infrações.

VII – preservar as florestas, a fauna e a flora;

▶ Lei nº 4.771, de 15-9-1965 (Código Florestal).

▶ Lei nº 5.197, de 3-1-1967 (Lei de Proteção à Fauna).

▶ Lei nº 11.284, de 2-3-2006 (Lei de Gestão de Florestas Públicas).

▶ Dec.-lei nº 221, de 28-2-1967 (Lei de Proteção e Estímulos à Pesca).

▶ Dec. nº 3.420, de 20-4-2000, cria o Programa Nacional de Florestas.

VIII – fomentar a produção agropecuária e organizar o abastecimento alimentar;

▶ Lei nº 10.836, de 9-1-2004, cria o programa "Bolsa-Família", que tem por finalidade a unificação do procedimentos da gestão e execução das ações de transferência de renda do Governo Federal, incluindo o "Bolsa-Alimentação".

▶ MP nº 2.206-1, de 6-9-2001, que até o encerramento desta edição não havia sido convertida em Lei, cria o programa Nacional de Renda Mínima vinculado a saúde: "bolsa-alimentação", regulamentada pelo Dec. nº 3.934, de 30-9-2001.

IX – promover programas de construção de moradias e a melhoria das condições habitacionais e de saneamento básico;

▶ Lei nº 10.188, de 12-2-2001, cria o Programa de Arrendamento Residencial e institui o arrendamento residencial com opção de compra.

▶ Lei nº 11.445, de 5-1-2007, estabelece diretrizes nacionais para o saneamento básico, regulamentado pelo Dec. nº 7.217, de 21-6-2010.

X – combater as causas da pobreza e os fatores de marginalização, promovendo a integração social dos setores desfavorecidos;

▶ LC nº 111, de 6-7-2001, dispõe sobre o Fundo de Combate e Erradicação da Pobreza, na forma prevista nos arts. 19, 80 e 81 do ADCT.

XI – registrar, acompanhar e fiscalizar as concessões de direitos de pesquisa e exploração de recursos hídricos e minerais em seus territórios;

▶ Lei nº 9.433, de 8-1-1997, institui a Política Nacional de Recursos Hídricos, e cria o Sistema Nacional de Gerenciamento de Recursos Hídricos.

XII – estabelecer e implantar política de educação para a segurança do trânsito.

Parágrafo único. Leis complementares fixarão normas para a cooperação entre a União e os Estados, o Distrito Federal e os Municípios, tendo em vista o equilíbrio do desenvolvimento e do bem-estar em âmbito nacional.

▶ Parágrafo único com a redação dada pela EC nº 53, de 19-12-2006.

Art. 24. Compete à União, aos Estados e ao Distrito Federal legislar concorrentemente sobre:

I – direito tributário, financeiro, penitenciário, econômico e urbanístico;

▶ Lei nº 4.320, de 17-3-1964, estatui normas gerais de direito financeiro para elaboração e controle dos orçamentos e balanços da União, dos Estados, dos Municípios e do Distrito Federal.

▶ Lei nº 5.172, de 25-10-1966 (Código Tributário Nacional).

▶ Lei nº 7.210, de 11-7-1984 (Lei de Execução Penal).

▶ Lei nº 8.884, de 11-6-1994 (Lei Antitruste).

II – orçamento;

III – juntas comerciais;

▶ Lei nº 8.934, de 18-11-1994 (Lei do Registro Público de Empresas Mercantis), regulamentado pelo Dec. nº 1.800, de 30-1-1996.

IV – custas dos serviços forenses;

▶ Lei nº 9.289, de 4-7-1996 (Regimento de Custas da Justiça Federal).

▶ Súm. nº 178 do STJ.

V – produção e consumo;
VI – florestas, caça, pesca, fauna, conservação da natureza, defesa do solo e dos recursos naturais, proteção do meio ambiente e controle da poluição;
► Lei nº 4.771, de 15-9-1965 (Código Florestal).
► Lei nº 5.197, de 3-1-1967 (Lei de Proteção à Fauna).
► Lei nº 9.605, de 12-2-1998 (Lei dos Crimes Ambientais).
► Lei nº 9.795, de 27-4-1999, dispõe sobre a educação ambiental e institui a Política Nacional de Educação Ambiental.
► Lei nº 9.966, de 24-4-2000, dispõe sobre a prevenção, o controle e a fiscalização da poluição causada por lançamentos de óleo e outras substâncias nocivas ou perigosas em águas sob jurisdição nacional.
► Dec.-lei nº 221, de 28-2-1967 (Lei de Proteção e Estímulos à Pesca).
► Dec. nº 3.420, de 20-4-2000, cria o Programa Nacional de Florestas.
► Dec. nº 6.514, de 22-7-2008, dispõe sobre as infrações e sanções administrativas ao meio ambiente e estabelece o processo administrativo federal para apuração destas infrações.

VII – proteção ao patrimônio histórico, cultural, artístico, turístico e paisagístico;
► Lei nº 4.771, de 15-9-1965 (Código Florestal).
► Lei nº 5.197, de 3-1-1967 (Lei de Proteção à Fauna).
► Dec.-lei nº 221, de 28-2-1967 (Lei de Proteção e Estímulos à Pesca).

VIII – responsabilidade por dano ao meio ambiente, ao consumidor, a bens e direitos de valor artístico, estético, histórico, turístico e paisagístico;
► Arts. 6º, VII, b, e 37, II, da LC nº 75, de 20-5-1993 (Lei Orgânica do Ministério Público da União).
► Lei nº 7.347, de 24-7-1985 (Lei da Ação Civil Pública).
► Art. 25, VI, a, da Lei nº 8.625, de 12-2-1993 (Lei Orgânica Nacional do Ministério Público).
► Lei nº 9.605, de 12-2-1998 (Lei de Crimes Ambientais).
► Dec. nº 1.306, de 9-11-1994, regulamenta o Fundo de Defesa de Direitos Difusos, e seu conselho gestor.
► Dec nº 2.181, de 20-3-1997, dispõe sobre a organização do Sistema Nacional de Defesa do Consumidor – SNDC, e estabelece as normas gerais de aplicação das sanções administrativas previstas no CDC.

IX – educação, cultura, ensino e desporto;
► Lei nº 9.394, de 20-12-1996 (Lei das Diretrizes e Bases da Educação Nacional).
► Lei nº 9.615, de 24-3-1998, institui normas gerais sobre desporto.

X – criação, funcionamento e processo do juizado de pequenas causas;
► Art. 98, I, desta Constituição.
► Lei nº 9.099, de 26-9-1995 (Lei dos Juizados Especiais).
► Lei nº 10.259, de 12-7-2001 (Lei dos Juizados Especiais Federais).

XI – procedimentos em matéria processual;
► Art. 98, I, desta Constituição.
► Lei nº 9.099, de 26-9-1995 (Lei dos Juizados Especiais).
► Lei nº 10.259, de 12-7-2001 (Lei dos Juizados Especiais Federais).

XII – previdência social, proteção e defesa da saúde;
► Lei nº 8.080, de 19-9-1990, dispõe sobre as condições para a promoção, proteção e recuperação da saúde e a organização e o funcionamento dos serviços correspondentes.
► Lei nº 8.213, de 24-7-1991 (Lei dos Planos de Benefícios da Previdência Social).
► Lei nº 9.273, de 3-5-1996, torna obrigatória a inclusão de dispositivo de segurança que impeça a reutilização das seringas descartáveis.
► Dec. nº 3.048, de 6-5-1999 (Regulamento da Previdência Social).

XIII – assistência jurídica e defensoria pública;
► LC nº 80, de 12-1-1994 (Lei da Defensoria Pública).
► Lei nº 1.060, de 5-2-1950 (Lei de Assistência Judiciária).

XIV – proteção e integração social das pessoas portadoras de deficiência;
► Art. 203, V, desta Constituição.
► Lei nº 7.853, de 24-10-1989 (Lei de Apoio às Pessoas Portadoras de Deficiência), regulamentada pelo Dec. nº 3.298, de 20-12-1999.
► Dec. nº 6.949, de 25-8-2009, promulga a Convenção Internacional sobre os Direitos das Pessoas com Deficiência.

XV – proteção à infância e à juventude;
► Lei nº 8.069, de 13-7-1990 (Estatuto da Criança e do Adolescente).
► Lei nº 10.515, de 11-7-2002, que instituiu o 12 de agosto como Dia Nacional da Juventude.

XVI – organização, garantias, direitos e deveres das polícias civis.

§ 1º No âmbito da legislação concorrente, a competência da União limitar-se-á a estabelecer normas gerais.

§ 2º A competência da União para legislar sobre normas gerais não exclui a competência suplementar dos Estados.

§ 3º Inexistindo lei federal sobre normas gerais, os Estados exercerão a competência legislativa plena, para atender a suas peculiaridades.

§ 4º A superveniência de lei federal sobre normas gerais suspende a eficácia da lei estadual, no que lhe for contrário.

CAPÍTULO III

DOS ESTADOS FEDERADOS

Art. 25. Os Estados organizam-se e regem-se pelas Constituições e leis que adotarem, observados os princípios desta Constituição.
► Súm. nº 681 do STF.

§ 1º São reservadas aos Estados as competências que não lhes sejam vedadas por esta Constituição.
► Art. 19 desta Constituição.

§ 2º Cabe aos Estados explorar diretamente, ou mediante concessão, os serviços locais de gás canalizado, na forma da lei, vedada a edição de medida provisória para a sua regulamentação.
► § 2º com a redação dada pela EC nº 5, de 15-8-1995.
► Art. 246 desta Constituição.
► Lei nº 9.478, de 6-8-1997, dispõe sobre a Política Nacional, as atividades relativas ao monopólio do petróleo, institui o Conselho Nacional de Política Energética e a Agência Nacional do Petróleo – ANP.

§ 3º Os Estados poderão, mediante lei complementar, instituir regiões metropolitanas, aglomerações urbanas e microrregiões, constituídas por agrupamentos de municípios limítrofes, para integrar a organização, o planejamento e a execução de funções públicas de interesse comum.

Art. 26. Incluem-se entre os bens dos Estados:

I – as águas superficiais ou subterrâneas, fluentes, emergentes e em depósito, ressalvadas, neste caso, na forma da lei, as decorrentes de obras da União;

▶ Lei nº 9.984, de 17-7-2000, dispõe sobre a criação da Agência Nacional de Águas – ANA.

▶ Art. 29 do Dec. nº 24.643, de 10-7-1934 (Código de Águas).

II – as áreas, nas ilhas oceânicas e costeiras, que estiverem no seu domínio, excluídas aquelas sob domínio da União, Municípios ou terceiros;

▶ Art. 20, IV, desta Constituição.

III – as ilhas fluviais e lacustres não pertencentes à União;

IV – as terras devolutas não compreendidas entre as da União.

Art. 27. O número de Deputados à Assembleia Legislativa corresponderá ao triplo da representação do Estado na Câmara dos Deputados e, atingido o número de trinta e seis, será acrescido de tantos quantos forem os Deputados Federais acima de doze.

▶ Art. 32 desta Constituição.

§ 1º Será de quatro anos o mandato dos Deputados Estaduais, aplicando-se-lhes as regras desta Constituição sobre sistema eleitoral, inviolabilidade, imunidades, remuneração, perda de mandato, licença, impedimentos e incorporação às Forças Armadas.

§ 2º O subsídio dos Deputados Estaduais será fixado por lei de iniciativa da Assembleia Legislativa, na razão de, no máximo, setenta e cinco por cento daquele estabelecido, em espécie, para os Deputados Federais, observado o que dispõem os artigos 39, § 4º, 57, § 7º, 150, II, 153, III, e 153, § 2º, I.

▶ § 2º com a redação dada pela EC nº 19, de 4-6-1998.

§ 3º Compete às Assembleias Legislativas dispor sobre seu regimento interno, polícia e serviços administrativos de sua Secretaria, e prover os respectivos cargos.

▶ Art. 6º da Lei nº 9.709, de 18-11-1998, que dispõe sobre a convocação de plebiscitos e referendos pelos Estados, Distrito Federal e Municípios.

§ 4º A lei disporá sobre a iniciativa popular no processo legislativo estadual.

Art. 28. A eleição do Governador e do Vice-Governador de Estado, para mandato de quatro anos, realizar-se-á no primeiro domingo de outubro, em primeiro turno, e no último domingo de outubro, em segundo turno, se houver, do ano anterior ao do término do mandato de seus antecessores, e a posse ocorrerá no dia 1º de janeiro do ano subsequente, observado, quanto ao mais, o disposto no artigo 77.

▶ *Caput* com a redação dada pela EC nº 16, de 4-6-1997.

▶ Lei nº 9.504, de 30-9-1997 (Lei das Eleições).

§ 1º Perderá o mandato o Governador que assumir outro cargo ou função na administração pública direta ou indireta, ressalvada a posse em virtude de concurso público e observado o disposto no artigo 38, I, IV e V.

▶ Parágrafo único transformado em § 1º pela EC nº 19, de 4-6-1998.

▶ Art. 29, XIV, desta Constituição.

§ 2º Os subsídios do Governador, do Vice-Governador e dos Secretários de Estado serão fixados por lei de iniciativa da Assembleia Legislativa, observado o que dispõem os artigos 37, XI, 39, § 4º, 150, II, 153, III, e 153, § 2º, I.

▶ § 2º acrescido pela EC nº 19, de 4-6-1998.

CAPÍTULO IV

DOS MUNICÍPIOS

Art. 29. O Município reger-se-á por lei orgânica, votada em dois turnos, com o interstício mínimo de dez dias, e aprovada por dois terços dos membros da Câmara Municipal, que a promulgará, atendidos os princípios estabelecidos nesta Constituição, na Constituição do respectivo Estado e os seguintes preceitos:

I – eleição do Prefeito, do Vice-Prefeito e dos Vereadores, para mandato de quatro anos, mediante pleito direto e simultâneo realizado em todo o País;

▶ Lei nº 9.504, de 30-9-1997 (Lei das Eleições).

II – eleição do Prefeito e do Vice-Prefeito realizada no primeiro domingo de outubro do ano anterior ao término do mandato dos que devam suceder, aplicadas as regras do artigo 77 no caso de Municípios com mais de duzentos mil eleitores;

▶ Inciso II com a redação dada pela EC nº 16, de 4-6-1997.

III – posse do Prefeito e do Vice-Prefeito no dia 1º de janeiro do ano subsequente ao da eleição;

IV – para a composição das Câmaras Municipais, será observado o limite máximo de:

▶ *Caput* do inciso IV com a redação dada pela EC nº 58, de 23-9-2009 (*DOU* de 24-9-2009), produzindo efeitos a partir do processo eleitoral de 2008.

▶ O STF, por maioria de votos, referendou as medidas cautelares concedidas nas Ações Diretas de Inconstitucionalidade nºs 4.307 e 4.310, com eficácia *ex tunc*, para sustar os efeitos do art. 3º, I, da EC nº 58, de 23-9-2009, que altera este inciso IV (*DJE* de 8-10-2009).

a) 9 (nove) Vereadores, nos Municípios de até 15.000 (quinze mil) habitantes;

b) 11 (onze) Vereadores, nos Municípios de mais de 15.000 (quinze mil) habitantes e de até 30.000 (trinta mil) habitantes;

c) 13 (treze) Vereadores, nos Municípios com mais de 30.000 (trinta mil) habitantes e de até 50.000 (cinquenta mil) habitantes;

▶ Alíneas *a* a *c* com a redação dada pela EC nº 58, de 23-9-2009 (*DOU* de 24-9-2009), produzindo efeitos a partir do processo eleitoral de 2008.

d) 15 (quinze) Vereadores, nos Municípios de mais de 50.000 (cinquenta mil) habitantes e de até 80.000 (oitenta mil) habitantes;

e) 17 (dezessete) Vereadores, nos Municípios de mais de 80.000 (oitenta mil) habitantes e de até 120.000 (cento e vinte mil) habitantes;

f) 19 (dezenove) Vereadores, nos Municípios de mais de 120.000 (cento e vinte mil) habitantes e de até 160.000 (cento e sessenta mil) habitantes;

g) 21 (vinte e um) Vereadores, nos Municípios de mais de 160.000 (cento e sessenta mil) habitantes e de até 300.000 (trezentos mil) habitantes;
h) 23 (vinte e três) Vereadores, nos Municípios de mais de 300.000 (trezentos mil) habitantes e de até 450.000 (quatrocentos e cinquenta mil) habitantes;
i) 25 (vinte e cinco) Vereadores, nos Municípios de mais de 450.000 (quatrocentos e cinquenta mil) habitantes e de até 600.000 (seiscentos mil) habitantes;
j) 27 (vinte e sete) Vereadores, nos Municípios de mais de 600.000 (seiscentos mil) habitantes e de até 750.000 (setecentos e cinquenta mil) habitantes;
k) 29 (vinte e nove) Vereadores, nos Municípios de mais de 750.000 (setecentos e cinquenta mil) habitantes e de até 900.000 (novecentos mil) habitantes;
l) 31 (trinta e um) Vereadores, nos Municípios de mais de 900.000 (novecentos mil) habitantes e de até 1.050.000 (um milhão e cinquenta mil) habitantes;
m) 33 (trinta e três) Vereadores, nos Municípios de mais de 1.050.000 (um milhão e cinquenta mil) habitantes e de até 1.200.000 (um milhão e duzentos mil) habitantes;
n) 35 (trinta e cinco) Vereadores, nos Municípios de mais de 1.200.000 (um milhão e duzentos mil) habitantes e de até 1.350.000 (um milhão e trezentos e cinquenta mil) habitantes;
o) 37 (trinta e sete) Vereadores, nos Municípios de 1.350.000 (um milhão e trezentos e cinquenta mil) habitantes e de até 1.500.000 (um milhão e quinhentos mil) habitantes;
p) 39 (trinta e nove) Vereadores, nos Municípios de mais de 1.500.000 (um milhão e quinhentos mil) habitantes e de até 1.800.000 (um milhão e oitocentos mil) habitantes;
q) 41 (quarenta e um) Vereadores, nos Municípios de mais de 1.800.000 (um milhão e oitocentos mil) habitantes e de até 2.400.000 (dois milhões e quatrocentos mil) habitantes;
r) 43 (quarenta e três) Vereadores, nos Municípios de mais de 2.400.000 (dois milhões e quatrocentos mil) habitantes e de até 3.000.000 (três milhões) de habitantes;
s) 45 (quarenta e cinco) Vereadores, nos Municípios de mais de 3.000.000 (três milhões) de habitantes e de até 4.000.000 (quatro milhões) de habitantes;
t) 47 (quarenta e sete) Vereadores, nos Municípios de mais de 4.000.000 (quatro milhões) de habitantes e de até 5.000.000 (cinco milhões) de habitantes;
u) 49 (quarenta e nove) Vereadores, nos Municípios de mais de 5.000.000 (cinco milhões) de habitantes e de até 6.000.000 (seis milhões) de habitantes;
v) 51 (cinquenta e um) Vereadores, nos Municípios de mais de 6.000.000 (seis milhões) de habitantes e de até 7.000.000 (sete milhões) de habitantes;
w) 53 (cinquenta e três) Vereadores, nos Municípios de mais de 7.000.000 (sete milhões) de habitantes e de até 8.000.000 (oito milhões) de habitantes; e
x) 55 (cinquenta e cinco) Vereadores, nos Municípios de mais de 8.000.000 (oito milhões) de habitantes;

▶ Alíneas d a x acrescidas pela EC nº 58, de 23-9-2009 (DOU de 24-9-2009), produzindo efeitos a partir do processo eleitoral de 2008.

V – subsídios do Prefeito, do Vice-Prefeito e dos Secretários municipais fixados por lei de iniciativa da Câmara Municipal, observado o que dispõem os artigos 37, XI, 39, § 4º, 150, II, 153, III, e 153, § 2º, I;

▶ Inciso V com a redação dada pela EC nº 19, de 4-6-1998.

VI – o subsídio dos Vereadores será fixado pelas respectivas Câmaras Municipais em cada legislatura para a subsequente, observado o que dispõe esta Constituição, observados os critérios estabelecidos na respectiva Lei Orgânica e os seguintes limites máximos:

a) em Municípios de até dez mil habitantes, o subsídio máximo dos Vereadores corresponderá a vinte por cento do subsídio dos Deputados Estaduais;
b) em Municípios de dez mil e um a cinquenta mil habitantes, o subsídio máximo dos Vereadores corresponderá a trinta por cento do subsídio dos Deputados Estaduais;
c) em Municípios de cinquenta mil e um a cem mil habitantes, o subsídio máximo dos Vereadores corresponderá a quarenta por cento do subsídio dos Deputados Estaduais;
d) em Municípios de cem mil e um a trezentos mil habitantes, o subsídio máximo dos Vereadores corresponderá a cinquenta por cento do subsídio dos Deputados Estaduais;
e) em Municípios de trezentos mil e um a quinhentos mil habitantes, o subsídio máximo dos Vereadores corresponderá a sessenta por cento do subsídio dos Deputados Estaduais;
f) em Municípios de mais de quinhentos mil habitantes, o subsídio máximo dos Vereadores corresponderá a setenta e cinco por cento do subsídio dos Deputados Estaduais;

▶ Inciso VI com a redação dada pela EC nº 25, de 14-2-2000.

VII – o total da despesa com a remuneração dos Vereadores não poderá ultrapassar o montante de cinco por cento da receita do Município;

▶ Inciso VII acrescido pela EC nº 1, de 31-3-1992, renumerando os demais.

VIII – inviolabilidade dos Vereadores por suas opiniões, palavras e votos no exercício do mandato e na circunscrição do Município;

▶ Inciso VIII renumerado pela EC nº 1, de 31-3-1992.

IX – proibições e incompatibilidades, no exercício da vereança, similares, no que couber, ao disposto nesta Constituição para os membros do Congresso Nacional e, na Constituição do respectivo Estado, para os membros da Assembleia Legislativa;

▶ Inciso IX renumerado pela EC nº 1, de 31-3-1992.

X – julgamento do Prefeito perante o Tribunal de Justiça;

▶ Inciso X renumerado pela EC nº 1, de 31-3-1992.
▶ Dec.-lei nº 201, de 27-2-1967 (Lei de Responsabilidade dos Prefeitos e Vereadores).
▶ Súmulas nºˢ 702 e 703 do STF.
▶ Súm. nº 209 do STJ.

XI – organização das funções legislativas e fiscalizadoras da Câmara Municipal;

▶ Inciso XI renumerado pela EC nº 1, de 31-3-1992.
▶ Lei nº 9.452, de 20-3-1997, determina que as Câmaras Municipais sejam obrigatoriamente notificadas

da liberação de recursos federais para os respectivos Municípios.

XII – cooperação das associações representativas no planejamento municipal;
▶ Inciso XII renumerado pela EC nº 1, de 31-3-1992.

XIII – iniciativa popular de projetos de lei de interesse específico do Município, da cidade ou de bairros, através de manifestação de, pelo menos, cinco por cento do eleitorado;
▶ Inciso XIII renumerado pela EC nº 1, de 31-3-1992.

XIV – perda do mandato do Prefeito, nos termos do artigo 28, parágrafo único.
▶ Inciso XIV renumerado pela EC nº 1, de 31-3-1992.

Art. 29-A. O total da despesa do Poder Legislativo Municipal, incluídos os subsídios dos Vereadores e excluídos os gastos com inativos, não poderá ultrapassar os seguintes percentuais, relativos ao somatório da receita tributária e das transferências previstas no § 5º do artigo 153 e nos artigos 158 e 159, efetivamente realizado no exercício anterior:
▶ Artigo acrescido pela EC nº 25, de 14-2-2000.

I – 7% (sete por cento) para Municípios com população de até 100.000 (cem mil) habitantes;
II – 6% (seis por cento) para Municípios com população entre 100.000 (cem mil) e 300.000 (trezentos mil) habitantes;
III – 5% (cinco por cento) para Municípios com população entre 300.001 (trezentos mil e um) e 500.000 (quinhentos mil) habitantes;
IV – 4,5% (quatro inteiros e cinco décimos por cento) para Municípios com população entre 500.001 (quinhentos mil e um) e 3.000.000 (três milhões) de habitantes;
▶ Incisos I a IV com a redação dada pela EC nº 58, de 23-9-2009 (DOU de 24-9-2009), para vigorar na data de sua promulgação, produzindo efeitos a partir de 1º de janeiro do ano subsequente ao da promulgação desta Emenda.

V – 4% (quatro por cento) para Municípios com população entre 3.000.001 (três milhões e um) e 8.000.000 (oito milhões) de habitantes;
VI – 3,5% (três inteiros e cinco décimos por cento) para Municípios com população acima de 8.000.001 (oito milhões e um) habitantes.
▶ Incisos V e VI acrescidos pela EC nº 58, de 23-9-2009 (DOU de 24-9-2009), para vigorar na data de sua promulgação, produzindo efeitos a partir de 1º de janeiro do ano subsequente ao da promulgação desta Emenda.

§ 1º A Câmara Municipal não gastará mais de setenta por cento de sua receita com folha de pagamento, incluído o gasto com o subsídio de seus Vereadores.

§ 2º Constitui crime de responsabilidade do Prefeito Municipal:
I – efetuar repasse que supere os limites definidos neste artigo;
II – não enviar o repasse até o dia vinte de cada mês; ou
III – enviá-lo a menor em relação à proporção fixada na Lei Orçamentária.

§ 3º Constitui crime de responsabilidade do Presidente da Câmara Municipal o desrespeito ao § 1º deste artigo.

Art. 30. Compete aos Municípios:
I – legislar sobre assuntos de interesse local;
▶ Súm. nº 645 do STF.

II – suplementar a legislação federal e a estadual no que couber;
III – instituir e arrecadar os tributos de sua competência, bem como aplicar suas rendas, sem prejuízo da obrigatoriedade de prestar contas e publicar balancetes nos prazos fixados em lei;
▶ Art. 156 desta Constituição.

IV – criar, organizar e suprimir distritos, observada a legislação estadual;
V – organizar e prestar, diretamente ou sob regime de concessão ou permissão, os serviços públicos de interesse local, incluído o de transporte coletivo, que tem caráter essencial;
VI – manter, com a cooperação técnica e financeira da União e do Estado, programas de educação infantil e de ensino fundamental;
▶ Inciso VI com a redação dada pela EC nº 53, de 19-12-2006.

VII – prestar, com a cooperação técnica e financeira da União e do Estado, serviços de atendimento à saúde da população;
▶ Dec. nº 3.964, de 10-10-2001, dispõe sobre o Fundo Nacional de Saúde.

VIII – promover, no que couber, adequado ordenamento territorial, mediante planejamento e controle do uso, do parcelamento e da ocupação do solo urbano;
▶ Art. 182 desta Constituição.

IX – promover a proteção do patrimônio histórico-cultural local, observada a legislação e a ação fiscalizadora federal e estadual.

Art. 31. A fiscalização do Município será exercida pelo Poder Legislativo Municipal, mediante controle externo, e pelos sistemas de controle interno do Poder Executivo Municipal, na forma da lei.

§ 1º O controle externo da Câmara Municipal será exercido com o auxílio dos Tribunais de Contas dos Estados ou do Município ou dos Conselhos ou Tribunais de Contas dos Municípios, onde houver.

§ 2º O parecer prévio, emitido pelo órgão competente sobre as contas que o Prefeito deve anualmente prestar, só deixará de prevalecer por decisão de dois terços dos membros da Câmara Municipal.

§ 3º As contas dos Municípios ficarão, durante sessenta dias, anualmente, à disposição de qualquer contribuinte, para exame e apreciação, o qual poderá questionar-lhes a legitimidade, nos termos da lei.

§ 4º É vedada a criação de Tribunais, Conselhos ou órgãos de Contas Municipais.

CAPÍTULO V

DO DISTRITO FEDERAL E DOS TERRITÓRIOS

SEÇÃO I

DO DISTRITO FEDERAL

Art. 32. O Distrito Federal, vedada sua divisão em Municípios, reger-se-á por lei orgânica, votada em dois turnos com interstício mínimo de dez dias, e aprovada por dois terços da Câmara Legislativa, que a promulgará, atendidos os princípios estabelecidos nesta Constituição.

§ 1º Ao Distrito Federal são atribuídas as competências legislativas reservadas aos Estados e Municípios.
► Súm. nº 642 do STF.

§ 2º A eleição do Governador e do Vice-Governador, observadas as regras do artigo 77, e dos Deputados Distritais coincidirá com a dos Governadores e Deputados Estaduais, para mandato de igual duração.

§ 3º Aos Deputados Distritais e à Câmara Legislativa aplica-se o disposto no artigo 27.

§ 4º Lei federal disporá sobre a utilização, pelo Governo do Distrito Federal, das Polícias Civil e Militar e do Corpo de Bombeiros Militar.

► Lei nº 6.450, de 14-10-1977, dispõe sobre a organização básica da Polícia Militar do Distrito Federal.
► Lei nº 7.289, de 18-12-1984, dispõe sobre o Estatuto dos Policiais Militares da Polícia Militar do Distrito Federal.
► Lei nº 7.479, de 2-6-1986, aprova o Estatuto dos Bombeiros Militares do Corpo de Bombeiros do Distrito Federal.
► Lei nº 12.086, de 6-11-2009, dispõe sobre os militares da Polícia Militar do Distrito Federal e do Corpo de Bombeiros Militar do Distrito Federal.
► Dec.-lei nº 667, de 2-7-1969, reorganiza as Polícias Militares e os Corpos de Bombeiros Militares dos Estados, dos Territórios e do Distrito Federal.

SEÇÃO II

DOS TERRITÓRIOS

Art. 33. A lei disporá sobre a organização administrativa e judiciária dos Territórios.

► Lei nº 8.185, de 14-5-1991 (Lei de Organização Judiciária do Distrito Federal).

§ 1º Os Territórios poderão ser divididos em Municípios, aos quais se aplicará, no que couber, o disposto no Capítulo IV deste Título.

§ 2º As contas do Governo do Território serão submetidas ao Congresso Nacional, com parecer prévio do Tribunal de Contas da União.

§ 3º Nos Territórios Federais com mais de cem mil habitantes, além do Governador nomeado na forma desta Constituição, haverá órgãos judiciários de primeira e segunda instância, membros do Ministério Público e defensores públicos federais; a lei disporá sobre as eleições para a Câmara Territorial e sua competência deliberativa.

CAPÍTULO VI

DA INTERVENÇÃO

Art. 34. A União não intervirá nos Estados nem no Distrito Federal, exceto para:

I – manter a integridade nacional;
► Art. 1º desta Constituição.

II – repelir invasão estrangeira ou de uma Unidade da Federação em outra;

III – pôr termo a grave comprometimento da ordem pública;

IV – garantir o livre exercício de qualquer dos Poderes nas Unidades da Federação;
► Art. 36, I, desta Constituição.

V – reorganizar as finanças da Unidade da Federação que:

a) suspender o pagamento da dívida fundada por mais de dois anos consecutivos, salvo motivo de força maior;
b) deixar de entregar aos Municípios receitas tributárias fixadas nesta Constituição, dentro dos prazos estabelecidos em lei;

► Art. 10 da LC nº 63, de 11-1-1990, que dispõe sobre critérios e prazos de crédito das parcelas do produto da arrecadação de impostos de competência dos Estados e de transferências por estes recebidas, pertencentes aos Municípios.

VI – prover a execução de lei federal, ordem ou decisão judicial;
► Art. 36, § 3º, desta Constituição.
► Súm. nº 637 do STF.

VII – assegurar a observância dos seguintes princípios constitucionais:
► Art. 36, III, e § 3º, desta Constituição.

a) forma republicana, sistema representativo e regime democrático;
b) direitos da pessoa humana;
c) autonomia municipal;
d) prestação de contas da administração pública, direta e indireta;
e) aplicação do mínimo exigido da receita resultante de impostos estaduais, compreendida a proveniente de transferências, na manutenção e desenvolvimento do ensino e nas ações e serviços públicos de saúde.

► Alínea e com a redação dada pela EC nº 29, de 13-9-2000.
► Art. 212 desta Constituição.

Art. 35. O Estado não intervirá em seus Municípios, nem a União nos Municípios localizados em Território Federal, exceto quando:

I – deixar de ser paga, sem motivo de força maior, por dois anos consecutivos, a dívida fundada;

II – não forem prestadas contas devidas, na forma da lei;

III – não tiver sido aplicado o mínimo exigido da receita municipal na manutenção e desenvolvimento do ensino e nas ações e serviços públicos de saúde;

► Inciso III com a redação dada pela EC nº 29, de 13-9-2000.
► Art. 212 desta Constituição.

IV – o Tribunal de Justiça der provimento a representação para assegurar a observância de princípios indicados na Constituição Estadual, ou para prover a execução de lei, de ordem ou de decisão judicial.

Art. 36. A decretação da intervenção dependerá:

I – no caso do artigo 34, IV, de solicitação do Poder Legislativo ou do Poder Executivo coacto ou impedido, ou de requisição do Supremo Tribunal Federal, se a coação for exercida contra o Poder Judiciário;

Constituição Federal – Art. 37

II – no caso de desobediência a ordem ou decisão judiciária, de requisição do Supremo Tribunal Federal, do Superior Tribunal de Justiça ou do Tribunal Superior Eleitoral;

▶ Arts. 19 a 22 da Lei nº 8.038, de 28-5-1990, que institui normas procedimentais para os processos que especifica, perante o STJ e o STF.

III – de provimento, pelo Supremo Tribunal Federal, de representação do Procurador-Geral da República, na hipótese do art. 34, VII, e no caso de recusa à execução de lei federal.

▶ Inciso III com a redação dada pela EC nº 45, de 8-12-2004.

IV – Revogado. EC nº 45, de 8-12-2004.

§ 1º O decreto de intervenção, que especificará a amplitude, o prazo e as condições de execução e que, se couber, nomeará o interventor, será submetido à apreciação do Congresso Nacional ou da Assembleia Legislativa do Estado, no prazo de vinte e quatro horas.

§ 2º Se não estiver funcionando o Congresso Nacional ou a Assembleia Legislativa, far-se-á convocação extraordinária, no mesmo prazo de vinte e quatro horas.

§ 3º Nos casos do artigo 34, VI e VII, ou do artigo 35, IV, dispensada a apreciação pelo Congresso Nacional ou pela Assembleia Legislativa, o decreto limitar-se-á a suspender a execução do ato impugnado, se essa medida bastar ao restabelecimento da normalidade.

§ 4º Cessados os motivos da intervenção, as autoridades afastadas de seus cargos a estes voltarão, salvo impedimento legal.

CAPÍTULO VII

DA ADMINISTRAÇÃO PÚBLICA

▶ Lei nº 8.112, de 11-12-1990 (Estatuto dos Servidores Públicos Civis da União, Autarquias e Fundações Públicas Federais).
▶ Lei nº 8.727, de 5-11-1993, estabelece diretrizes para consolidação e o reescalonamento pela União, de dívidas internas das administrações direta e indireta dos Estados, do Distrito Federal e dos Municípios.
▶ Lei nº 9.784, de 29-1-1999 (Lei do Processo Administrativo Federal).

SEÇÃO I

DISPOSIÇÕES GERAIS

Art. 37. A administração pública direta e indireta de qualquer dos Poderes da União, dos Estados, do Distrito Federal e dos Municípios obedecerá aos princípios de legalidade, impessoalidade, moralidade, publicidade e eficiência e, também, ao seguinte:

▶ Caput com a redação dada pela EC nº 19, de 4-6-1998.
▶ Art. 19 do ADCT.
▶ Lei nº 8.112, de 11-12-1990 (Estatuto dos Servidores Públicos Civis da União, Autarquias e Fundações Públicas Federais).
▶ Lei nº 8.727, de 5-11-1993, estabelece diretrizes para a consolidação e o reescalonamento, pela União, de dívidas internas das administrações direta e indireta dos Estados, do Distrito Federal e dos Municípios.
▶ Lei nº 8.730, de 10-11-1993, estabelece a obrigatoriedade da declaração de bens e rendas para o exercício de cargos, empregos, e funções nos Poderes Executivo, Legislativo e Judiciário.
▶ Súm. Vinc. nº 13 do STF.

I – os cargos, empregos e funções públicas são acessíveis aos brasileiros que preencham os requisitos estabelecidos em lei, assim como aos estrangeiros, na forma da lei;

▶ Inciso I com a redação dada pela EC nº 19, de 4-6-1998.
▶ Art. 7º da CLT.
▶ Art. 5º, I a VI, §§ 1º e 2º, da Lei nº 8.112, de 11-12-1990 (Estatuto dos Servidores Públicos Civis da União, Autarquias e Fundações Públicas Federais).
▶ Lei nº 8.730, de 10-11-1993, estabelece a obrigatoriedade da declaração de bens e rendas para o exercício de cargos, empregos e funções nos Poderes Executivo, Legislativo e Judiciário.
▶ Súm. nº 686 do STF.
▶ Súm. nº 266 do STJ.

II – a investidura em cargo ou emprego público depende de aprovação prévia em concurso público de provas ou de provas e títulos, de acordo com a natureza e a complexidade do cargo ou emprego, na forma prevista em lei, ressalvadas as nomeações para cargo em comissão declarado em lei de livre nomeação e exoneração;

▶ Inciso II com a redação dada pela EC nº 19, de 4-6-1998.
▶ Art. 7º da CLT.
▶ Arts. 3º a 5º da Lei nº 8.112, de 11-12-1990 (Estatuto dos Servidores Públicos Civis da União, Autarquias e Fundações Públicas Federais).
▶ Lei nº 9.962, de 22-2-2000, disciplina o regime de emprego público do pessoal da administração federal direta, autárquica e fundacional.
▶ Dec. nº 7.203, de 4-6-2010, dispõe sobre a vedação do nepotismo no âmbito da administração pública federal.
▶ Súm. nº 685 do STF.
▶ Súmulas nºs 331 e 363 do TST.
▶ OJ da SBDI-I do TST nº 366.

III – o prazo de validade do concurso público será de até dois anos, prorrogável uma vez, por igual período;

▶ Art. 12 da Lei nº 8.112, de 11-12-1990 (Estatuto dos Servidores Públicos Civis da União, Autarquias e Fundações Públicas Federais).

IV – durante o prazo improrrogável previsto no edital de convocação, aquele aprovado em concurso público de provas ou de provas e títulos será convocado com prioridade sobre novos concursados para assumir cargo ou emprego, na carreira;

▶ Art. 7º da CLT.

V – as funções de confiança, exercidas exclusivamente por servidores ocupantes de cargo efetivo, e os cargos em comissão, a serem preenchidos por servidores de carreira nos casos, condições e percentuais mínimos previstos em lei, destinam-se apenas às atribuições de direção, chefia e assessoramento;

▶ Inciso V com a redação dada pela EC nº 19, de 4-6-1998.

VI – é garantido ao servidor público civil o direito à livre associação sindical;

VII – o direito de greve será exercido nos termos e nos limites definidos em lei específica;

▶ Inciso VII com a redação dada pela EC nº 19, de 4-6-1998.
▶ Dec. nº 1.480, de 3-5-1995, dispõe sobre os procedimentos a serem adotados em casos de paralisações dos serviços públicos federais.

VIII – a lei reservará percentual dos cargos e empregos públicos para as pessoas portadoras de deficiência e definirá os critérios de sua admissão;

▶ Lei nº 7.853, de 24-10-1989 (Lei de Apoio às Pessoas Portadoras de Deficiência), regulamentada pelo Dec. nº 3.298, de 20-12-1999.
▶ Art. 5º, § 2º, da Lei nº 8.112, de 11-12-1990 (Estatuto dos Servidores Públicos Civis da União, Autarquias e Fundações Públicas Federais).
▶ Dec. nº 6.949, de 25-8-2009, promulga a Convenção Internacional sobre os Direitos das Pessoas com Deficiência.
▶ Súm. nº 377 do STJ.

IX – a lei estabelecerá os casos de contratação por tempo determinado para atender a necessidade temporária de excepcional interesse público;

▶ Lei nº 8.745, de 9-12-1993, dispõe sobre a contratação de servidor público por tempo determinado, para atender a necessidade temporária de excepcional interesse público.
▶ Art. 30 da Lei nº 10.871, de 20-5-2004, dispõe sobre a criação de carreiras e organização de cargos efetivos das autarquias especiais denominadas Agências Reguladoras.
▶ MP nº 2.165-36, de 23-8-2001, que até o encerramento desta edição não havia sido convertida em Lei, institui o auxílio-transporte.

X – a remuneração dos servidores públicos e o subsídio de que trata o § 4º do artigo 39 somente poderão ser fixados ou alterados por lei específica, observada a iniciativa privativa em cada caso, assegurada revisão geral anual, sempre na mesma data e sem distinção de índices;

▶ Inciso X com a redação dada pela EC nº 19, de 4-6-1998.
▶ Arts. 39, § 4º, 95, III, e 128, § 5º, I, c, desta Constituição.
▶ Lei nº 7.706, de 21-12-1988, dispõe sobre a revisão dos vencimentos, salários, soldos e proventos dos servidores, civis e militares, da Administração Federal Direta, das Autarquias, dos extintos Territórios Federais e das Fundações Públicas.
▶ Lei nº 10.331, de 18-12-2001, regulamenta este inciso.
▶ Súm. nº 672 do STF.

XI – a remuneração e o subsídio dos ocupantes de cargos, funções e empregos públicos da administração direta, autárquica e fundacional, dos membros de qualquer dos Poderes da União, dos Estados, do Distrito Federal e dos Municípios, dos detentores de mandato eletivo e dos demais agentes políticos e os proventos, pensões ou outra espécie remuneratória, percebidos cumulativamente ou não, incluídas as vantagens pessoais ou de qualquer outra natureza, não poderão exceder o subsídio mensal, em espécie, dos Ministros do Supremo Tribunal Federal, aplicando-se como limite, nos Municípios, o subsídio do Prefeito, e nos Estados e no Distrito Federal, o subsídio mensal do Governador no âmbito do Poder Executivo, o subsídio dos Deputados Estaduais e Distritais no âmbito do Poder Legislativo e o subsídio dos Desembargadores do Tribunal de Justiça, limitado a noventa inteiros e vinte e cinco centésimos por cento do subsídio mensal, em espécie, dos Ministros do Supremo Tribunal Federal, no âmbito do Poder Judiciário, aplicável este limite aos membros do Ministério Público, aos Procuradores e aos Defensores Públicos;

▶ Inciso XI com a redação dada pela EC nº 41, de 19-12-2003.
▶ O STF, por maioria de votos, concedeu a liminar na ADIN nº 3.854-1, para dar interpretação conforme à CF ao art. 37, inciso XI, e § 12, o primeiro dispositivo com a redação dada pela EC nº 41, de 19-12-2003, e o segundo introduzido pela EC nº 47, de 5-7-2005, excluindo a submissão dos membros da magistratura estadual ao subteto de remuneração (DOU de 8-3-2007).
▶ Arts. 27, § 2º, 28, § 2º, 29, V e VI, 39, §§ 4º e 5º, 49, VII, e VIII, 93, V, 95, III, 128, § 5º, I, c, e 142, § 3º, VIII, desta Constituição.
▶ Art. 3º, § 3º, da EC nº 20, de 15-12-1998 (Reforma Previdenciária).
▶ Arts. 7º e 8º da EC nº 41, de 19-12-2003.
▶ Art. 4º da EC nº 47, de 5-7-2005.
▶ Lei nº 8.112, de 11-12-1990 (Estatuto dos Servidores Públicos Civis da União, Autarquias e Fundações Públicas Federais).
▶ Leis nºs 8.448, de 21-7-1992, e 8.852, de 4-2-1994, dispõem sobre este inciso.
▶ Art. 3º da Lei nº 10.887, de 18-6-2004, que dispõe sobre a aplicação de disposições da EC nº 41, de 19-12-2003.
▶ Lei nº 12.042, de 8-10-2009, dispõe sobre a revisão do subsídio do Procurador-Geral da República.
▶ Lei Delegada nº 13, de 27-8-1982, institui Gratificações de Atividade para os servidores civis do Poder Executivo, revê vantagens.

XII – os vencimentos dos cargos do Poder Legislativo e do Poder Judiciário não poderão ser superiores aos pagos pelo Poder Executivo;

▶ Art. 135 desta Constituição.
▶ Art. 42 da Lei nº 8.112, de 11-12-1990 (Estatuto dos Servidores Públicos Civis da União, Autarquias e Fundações Públicas Federais).
▶ Lei nº 8.852, de 4-2-1994, dispõe sobre a aplicação deste inciso.

XIII – é vedada a vinculação ou equiparação de quaisquer espécies remuneratórias para o efeito de remuneração de pessoal do serviço público;

▶ Inciso XIII com a redação dada pela EC nº 19, de 4-6-1998.
▶ Art. 142, § 3º, VIII, desta Constituição.
▶ Súm. nº 353 do TST.

XIV – os acréscimos pecuniários percebidos por servidor público não serão computados nem acumulados para fins de concessão de acréscimos ulteriores;

▶ Inciso XIV com a redação dada pela EC nº 19, de 4-6-1998.
▶ Art. 142, § 3º, VIII, desta Constituição.

XV – o subsídio e os vencimentos dos ocupantes de cargos e empregos públicos são irredutíveis, ressalvado o disposto nos incisos XI e XIV deste artigo e nos artigos 39, § 4º, 150, II, 153, III, e 153, § 2º, I;

▶ Inciso XV com a redação dada pela EC nº 19, de 4-6-1998.
▶ Art. 142, § 3º, VIII, desta Constituição.

XVI – é vedada a acumulação remunerada de cargos públicos, exceto, quando houver compatibilidade de horários, observado em qualquer caso o disposto no inciso XI:

▶ Inciso XVI com a redação dada pela EC nº 19, de 4-6-1998.

a) a de dois cargos de professor;
b) a de um cargo de professor com outro, técnico ou científico;

▶ Alíneas a e b com a redação dada pela EC nº 19, de 4-6-1998.

c) a de dois cargos ou empregos privativos de profissionais de saúde, com profissões regulamentadas;

▶ Alínea c com a redação dada pela EC nº 34, de 13-12-2001.
▶ Arts. 118 a 120 da Lei nº 8.112, de 11-12-1990 (Estatuto dos Servidores Públicos Civis da União, Autarquias e Fundações Públicas Federais).

XVII – a proibição de acumular estende-se a empregos e funções e abrange autarquias, fundações, empresas públicas, sociedades de economia mista, suas subsidiárias, e sociedades controladas, direta ou indiretamente, pelo Poder Público;

▶ Inciso XVII com a redação dada pela EC nº 19, de 4-6-1998.
▶ Art. 118, § 1º, da Lei nº 8.112, de 11-12-1990 (Estatuto dos Servidores Públicos Civis da União, Autarquias e Fundações Públicas Federais).

XVIII – a administração fazendária e seus servidores fiscais terão, dentro de suas áreas de competência e jurisdição, precedência sobre os demais setores administrativos, na forma da lei;

XIX – somente por lei específica poderá ser criada autarquia e autorizada a instituição de empresa pública, de sociedade de economia mista e de fundação, cabendo à lei complementar, neste último caso, definir as áreas de sua atuação;

▶ Inciso XIX com a redação dada pela EC nº 19, de 4-6-1998.

XX – depende de autorização legislativa, em cada caso, a criação de subsidiárias das entidades mencionadas no inciso anterior, assim como a participação de qualquer delas em empresa privada;

XXI – ressalvados os casos especificados na legislação, as obras, serviços, compras e alienações serão contratados mediante processo de licitação pública que assegure igualdade de condições a todos os concorrentes, com cláusulas que estabeleçam obrigações de pagamento, mantidas as condições efetivas da proposta, nos termos da lei, o qual somente permitirá as exigências de qualificação técnica e econômica indispensáveis à garantia do cumprimento das obrigações;

▶ Art. 22, XXVII, desta Constituição.
▶ Lei nº 8.666, de 21-6-1993 (Lei de Licitações e Contratos Administrativos).
▶ Lei nº 10.520, de 17-7-2002 (Lei do Pregão).
▶ Dec. nº 3.555, de 8-8-2000, regulamenta a modalidade de licitação denominada pregão.
▶ Súm. nº 333 do STJ.

XXII – as administrações tributárias da União, dos Estados, do Distrito Federal e dos Municípios, atividades essenciais ao funcionamento do Estado, exercidas por servidores de carreiras específicas, terão recursos prioritários para a realização de suas atividades e atuarão de forma integrada, inclusive com o compartilhamento de cadastros e de informações fiscais, na forma da lei ou convênio.

▶ Inciso XXII acrescido pela EC nº 42, de 19-12-2003.
▶ Art. 137, IV, desta Constituição.

§ 1º A publicidade dos atos, programas, obras, serviços e campanhas dos órgãos públicos deverá ter caráter educativo, informativo ou de orientação social, dela não podendo constar nomes, símbolos ou imagens que caracterizem promoção pessoal de autoridades ou servidores públicos.

▶ Lei nº 8.389, de 30-12-1991, institui o Conselho de Comunicação Social.

§ 2º A não observância do disposto nos incisos II e III implicará a nulidade do ato e a punição da autoridade responsável, nos termos da lei.

▶ Arts. 116 a 142 da Lei nº 8.112, de 11-12-1990 (Estatuto dos Servidores Públicos Civis da União, Autarquias e Fundações Públicas Federais).
▶ Lei nº 8.429, de 2-6-1992 (Lei da Improbidade Administrativa).
▶ Súm. nº 363 do TST.

§ 3º A lei disciplinará as formas de participação do usuário na administração pública direta e indireta, regulando especialmente:

I – as reclamações relativas à prestação dos serviços públicos em geral, asseguradas a manutenção de serviços de atendimento ao usuário e a avaliação periódica, externa e interna, da qualidade dos serviços;

II – o acesso dos usuários a registros administrativos e a informações sobre atos de governo, observado o disposto no artigo 5º, X e XXXIII;

III – a disciplina da representação contra o exercício negligente ou abusivo de cargo, emprego ou função na administração pública.

▶ § 3º e incisos I a III com a redação dada pela EC nº 19, de 4-6-1998.

§ 4º Os atos de improbidade administrativa importarão a suspensão dos direitos políticos, a perda da função pública, a indisponibilidade dos bens e o ressarcimento ao erário, na forma e gradação previstas em lei, sem prejuízo da ação penal cabível.

▶ Art. 15, V, desta Constituição.
▶ Arts. 312 a 327 do CP.
▶ Lei nº 8.026, de 12-4-1990, dispõe sobre a aplicação de pena de demissão a funcionário público.
▶ Lei nº 8.027, de 12-4-1990, dispõe sobre normas de conduta dos servidores públicos civis da União, das Autarquias e das Fundações Públicas.
▶ Lei nº 8.112, de 11-12-1990 (Estatuto dos Servidores Públicos Civis da União, Autarquias e Fundações Públicas Federais).
▶ Art. 3º da Lei nº 8.137, de 27-12-1990 (Lei dos Crimes Contra a Ordem Tributária, Econômica e Contra as Relações de Consumo).
▶ Lei nº 8.429, de 2-6-1992 (Lei da Improbidade Administrativa).
▶ Dec.-lei nº 3.240, de 8-5-1941 sujeita a sequestro os bens de pessoas indiciadas por crimes de que resulta prejuízo para a Fazenda Pública.
▶ Dec. nº 4.410, de 7-10-2002, promulga a Convenção Interamericana contra a Corrupção.

§ 5º A lei estabelecerá os prazos de prescrição para ilícitos praticados por qualquer agente, servidor ou não, que causem prejuízos ao erário, ressalvadas as respectivas ações de ressarcimento.
▶ Lei nº 8.112, de 11-12-1990 (Estatuto dos Servidores Públicos Civis da União, Autarquias e Fundações Públicas Federais).
▶ Lei nº 8.429, de 2-6-1992 (Lei da Improbidade Administrativa).

§ 6º As pessoas jurídicas de direito público e as de direito privado prestadoras de serviços públicos responderão pelos danos que seus agentes, nessa qualidade, causarem a terceiros, assegurado o direito de regresso contra o responsável nos casos de dolo ou culpa.
▶ Art. 43 do CC.
▶ Lei nº 6.453, de 17-10-1977, dispõe sobre a responsabilidade civil por danos nucleares e a responsabilidade criminal por atos relacionados com atividades nucleares.

§ 7º A lei disporá sobre os requisitos e as restrições ao ocupante de cargo ou emprego da administração direta e indireta que possibilite o acesso a informações privilegiadas.

§ 8º A autonomia gerencial, orçamentária e financeira dos órgãos e entidades da administração direta e indireta poderá ser ampliada mediante contrato, a ser firmado entre seus administradores e o poder público, que tenha por objeto a fixação de metas de desempenho para o órgão ou entidade, cabendo à lei dispor sobre:

I – o prazo de duração do contrato;
II – os controles e critérios de avaliação de desempenho, direitos, obrigações e responsabilidade dos dirigentes;
III – a remuneração do pessoal.

§ 9º O disposto no inciso XI aplica-se às empresas públicas e às sociedades de economia mista, e suas subsidiárias, que receberem recursos da União, dos Estados, do Distrito Federal ou dos Municípios para pagamento de despesas de pessoal ou de custeio em geral.
▶ §§ 7º a 9º acrescidos pela EC nº 19, de 4-6-1998.

§ 10. É vedada a percepção simultânea de proventos de aposentadoria decorrentes do artigo 40 ou dos artigos 42 e 142 com a remuneração de cargo, emprego ou função pública, ressalvados os cargos acumuláveis na forma desta Constituição, os cargos eletivos e os cargos em comissão declarados em lei de livre nomeação e exoneração.
▶ § 10 acrescido pela EC nº 20, de 15-12-1998.

§ 11. Não serão computadas, para efeito dos limites remuneratórios de que trata o inciso XI do caput deste artigo, as parcelas de caráter indenizatório previstas em lei.
▶ Art. 4º da EC nº 47, de 5-7-2005.

§ 12. Para os fins do disposto no inciso XI do caput deste artigo, fica facultado aos Estados e ao Distrito Federal fixar, em seu âmbito, mediante emenda às respectivas Constituições e Lei Orgânica, como limite único, o subsídio mensal dos Desembargadores do respectivo Tribunal de Justiça, limitado a noventa inteiros e vinte e cinco centésimos por cento do subsídio mensal dos Ministros do Supremo Tribunal Federal, não se aplicando o disposto neste parágrafo aos subsídios dos Deputados Estaduais e Distritais e dos Vereadores.
▶ §§ 11 e 12 acrescidos pela EC nº 47, de 5-7-2005.
▶ O STF, por maioria de votos, concedeu a liminar na ADIN nº 3.854-1, para dar interpretação conforme a CF ao art. 37, inciso XI, e § 12, o primeiro dispositivo com a redação dada pela EC nº 41, de 19-12-2003, e o segundo introduzido pela EC nº 47, de 5-7-2005, excluindo a submissão dos membros da magistratura estadual ao subteto de remuneração (DOU de 8-3-2007).

Art. 38. Ao servidor público da administração direta, autárquica e fundacional, no exercício de mandato eletivo, aplicam-se as seguintes disposições:
▶ Caput com a redação dada pela EC nº 19, de 4-6-1998.
▶ Art. 28 desta Constituição.
▶ Lei nº 8.112, de 11-12-1990 (Estatuto dos Servidores Públicos Civis da União, Autarquias e Fundações Públicas Federais).

I – tratando-se de mandato eletivo federal, estadual ou distrital, ficará afastado de seu cargo, emprego ou função;
▶ Art. 28, § 1º, desta Constituição.

II – investido no mandato de Prefeito, será afastado do cargo, emprego ou função, sendo-lhe facultado optar pela sua remuneração;
III – investido no mandato de Vereador, havendo compatibilidade de horários, perceberá as vantagens de seu cargo, emprego ou função, sem prejuízo da remuneração do cargo eletivo, e, não havendo compatibilidade, será aplicada a norma do inciso anterior;
IV – em qualquer caso que exija o afastamento para o exercício de mandato eletivo, seu tempo de serviço será contado para todos os efeitos legais, exceto para promoção por merecimento;
▶ Art. 28, § 1º, desta Constituição.

V – para efeito de benefício previdenciário, no caso de afastamento, os valores serão determinados como se no exercício estivesse.
▶ Art. 28, § 1º, desta Constituição.

Seção II

DOS SERVIDORES PÚBLICOS
▶ Denominação desta Seção dada pela EC nº 18, de 5-2-1998.
▶ Lei nº 8.026, de 12-4-1990, dispõe sobre a aplicação de pena de demissão a funcionário público.
▶ Lei nº 8.027, de 12-4-1990, dispõe sobre normas de conduta dos servidores públicos civis da União, das autarquias e das fundações públicas.
▶ Lei nº 8.112, de 11-12-1990 (Estatuto dos Servidores Públicos Civis da União, Autarquias e Fundações Públicas Federais).

Art. 39. A União, os Estados, o Distrito Federal e os Municípios instituirão conselho de política de administração e remuneração de pessoal, integrado por servidores designados pelos respectivos Poderes.
▶ Caput com a redação dada pela EC nº 19, de 4-6-1998.
▶ O STF, por maioria de votos, deferiu parcialmente a medida cautelar na ADIN nº 2.135-4, para suspender, com efeitos ex nunc, a eficácia do caput deste artigo, razão pela qual continuará em vigor a redação original: "Art. 39. A União, os Estados, o Distrito Federal e os Municípios instituirão, no âmbito de sua competência,

regime jurídico único e planos de carreira para os servidores da administração pública direta, das autarquias e das fundações públicas" (DOU de 14-8-2007).
▶ Art. 24 do ADCT.
▶ Lei nº 8.026, de 12-4-1990, dispõe sobre a aplicação de pena de demissão a funcionário publico.
▶ Lei nº 8.027, de 12-4-1990, dispõe sobre normas de conduta dos servidores públicos civis da União, das Autarquias e das Fundações Públicas.
▶ Lei nº 8.112, de 11-12-1990 (Estatuto dos Servidores Públicos Civis da União, Autarquias e Fundações Públicas Federais).
▶ Súm. Vinc. nº 4 do STF.
▶ Súm. nº 97 do STJ.

§ 1º A fixação dos padrões de vencimento e dos demais componentes do sistema remuneratório observará:

I – a natureza, o grau de responsabilidade e a complexidade dos cargos componentes de cada carreira;
II – os requisitos para a investidura;
III – as peculiaridades dos cargos.

▶ Art. 41, § 4º, da Lei nº 8.112, de 11-12-1990 (Estatuto dos Servidores Públicos Civis da União, Autarquias e Fundações Públicas Federais).
▶ Lei nº 8.448, de 21-7-1992, regulamenta este parágrafo.
▶ Lei nº 8.852, de 4-2-1994, dispõe sobre a aplicação deste parágrafo.
▶ Lei nº 9.367, de 16-12-1996, fixa critérios para a progressiva unificação das tabelas de vencimentos dos servidores.
▶ Súm. Vinc. nº 4 do STF.

§ 2º A União, os Estados e o Distrito Federal manterão escolas de governo para a formação e o aperfeiçoamento dos servidores públicos, constituindo-se a participação nos cursos um dos requisitos para a promoção na carreira, facultada, para isso, a celebração de convênios ou contratos entre os entes federados.

▶ §§ 1º e 2º com a redação dada pela EC nº 19, de 4-6-1998.

§ 3º Aplica-se aos servidores ocupantes de cargo público o disposto no artigo 7º, IV, VII, VIII, IX, XII, XIII, XV, XVI, XVII, XVIII, XIX, XX, XXII e XXX, podendo a lei estabelecer requisitos diferenciados de admissão quando a natureza do cargo o exigir.

▶ Dec.-lei nº 5.452, de 1º-5-1943 (Consolidação das Leis do Trabalho).
▶ Súmulas Vinculantes nºs 4 e 16 do STF.
▶ Súmulas nºs 683 e 684 do STF.

§ 4º O membro de Poder, o detentor de mandato eletivo, os Ministros de Estado e os Secretários Estaduais e Municipais serão remunerados exclusivamente por subsídio fixado em parcela única, vedado o acréscimo de qualquer gratificação, adicional, abono, prêmio, verba de representação ou outra espécie remuneratória, obedecido, em qualquer caso, o disposto no artigo 37, X e XI.

▶ Arts. 27, § 2º, 28, § 2º, 29, V, VI, 37, XV, 48, XV, 49, VII e VIII, 93, V, 95, III, 128, § 5º, I, c, e 135 desta Constituição.
▶ Lei nº 11.144, de 26-7-2005, dispõe sobre o subsídio do Procurador-Geral da República.
▶ Lei nº 12.042, de 8-10-2009, dispõe sobre a revisão do subsídio do Procurador-Geral da República.

§ 5º Lei da União, dos Estados, do Distrito Federal e dos Municípios poderá estabelecer a relação entre a maior e a menor remuneração dos servidores públicos, obedecido, em qualquer caso, o disposto no artigo 37, XI.

§ 6º Os Poderes Executivo, Legislativo e Judiciário publicarão anualmente os valores do subsídio e da remuneração dos cargos e empregos públicos.

§ 7º Lei da União, dos Estados, do Distrito Federal e dos Municípios disciplinará a aplicação de recursos orçamentários provenientes da economia com despesas correntes em cada órgão, autarquia e fundação, para aplicação no desenvolvimento de programas de qualidade e produtividade, treinamento e desenvolvimento, modernização, reaparelhamento e racionalização do serviço público, inclusive sob a forma de adicional ou prêmio de produtividade.

§ 8º A remuneração dos servidores públicos organizados em carreira poderá ser fixada nos termos do § 4º.

▶ §§ 3º a 8º acrescidos pela EC nº 19, de 4-6-1998.

Art. 40. Aos servidores titulares de cargos efetivos da União, dos Estados, do Distrito Federal e dos Municípios, incluídas suas autarquias e fundações, é assegurado regime de previdência de caráter contributivo e solidário, mediante contribuição do respectivo ente público, dos servidores ativos e inativos e dos pensionistas, observados critérios que preservem o equilíbrio financeiro e atuarial e o disposto neste artigo.

▶ *Caput* com a redação dada pela EC nº 41, de 19-12-2003.
▶ Arts. 37, § 10, 73, § 3º, e 93, VI, desta Constituição.
▶ Arts. 4º e 6º da EC nº 41, de 19-12-2003.
▶ Art. 3º da EC nº 47, de 5-7-2005.

§ 1º Os servidores abrangidos pelo regime de previdência de que trata este artigo serão aposentados, calculados os seus proventos a partir dos valores fixados na forma dos §§ 3º e 17:

▶ § 1º com a redação dada pela EC nº 41, de 19-12-2003.
▶ Art. 2º, § 5º, da EC nº 41, de 19-12-2003.
▶ Súm. nº 726 do STF.

I – por invalidez permanente, sendo os proventos proporcionais ao tempo de contribuição, exceto se decorrente de acidente em serviço, moléstia profissional ou doença grave, contagiosa ou incurável, na forma da lei;

▶ Inciso I com a redação dada pela EC nº 41, de 19-12-2003.

II – compulsoriamente, aos setenta anos de idade, com proventos proporcionais ao tempo de contribuição;

▶ Arts. 2º, § 5º, e 3º, § 1º, da EC nº 41, de 19-12-2003.

III – voluntariamente, desde que cumprido tempo mínimo de dez anos de efetivo exercício no serviço público e cinco anos no cargo efetivo em que se dará a aposentadoria, observadas as seguintes condições:

▶ Incisos II e III acrescidos pela EC nº 20, de 15-12-1998.
▶ Art. 2º, § 1º, da EC nº 41, de 19-12-2003.

a) sessenta anos de idade e trinta e cinco de contribuição, se homem, e cinquenta e cinco anos de idade e trinta de contribuição, se mulher;

▶ Art. 3º, III, da EC nº 47, de 5-7-2005.

b) sessenta e cinco anos de idade, se homem, e sessenta anos de idade, se mulher, com proventos proporcionais ao tempo de contribuição.

▶ Alíneas *a* e *b* acrescidas pela EC nº 20, de 15-12-1998.

§ 2º Os proventos de aposentadoria e as pensões, por ocasião de sua concessão, não poderão exceder a remuneração do respectivo servidor, no cargo efetivo em que se deu a aposentadoria ou que serviu de referência para a concessão da pensão.

▶ § 2º com a redação dada pela EC nº 20, de 15-12-1998.

§ 3º Para o cálculo dos proventos de aposentadoria, por ocasião da sua concessão, serão consideradas as remunerações utilizadas como base para as contribuições do servidor aos regimes de previdência de que tratam este artigo e o art. 201, na forma da lei.

▶ § 3º com a redação dada pela EC nº 41, de 19-12-2003.
▶ Art. 2º da EC nº 41, de 19-12-2003.
▶ Art. 1º da Lei nº 10.887, de 18-6-2004, que dispõe sobre a aplicação de disposições da EC nº 41, de 19-12-2003.

§ 4º É vedada a adoção de requisitos e critérios diferenciados para a concessão de aposentadoria aos abrangidos pelo regime de que trata este artigo, ressalvados, nos termos definidos em leis complementares, os casos de servidores:

▶ *Caput* do § 4º com a redação dada pela EC nº 47, de 5-7-2005.
▶ Súm. nº 680 do STF.

I – portadores de deficiência;
II – que exerçam atividades de risco;
III – cujas atividades sejam exercidas sob condições especiais que prejudiquem a saúde ou integridade física.

▶ Incisos I a III acrescidos pela EC nº 47, de 5-7-2005.

§ 5º Os requisitos de idade e de tempo de contribuição serão reduzidos em cinco anos, em relação ao disposto no § 1º, III, *a*, para o professor que comprove exclusivamente tempo de efetivo exercício das funções de magistério na educação infantil e no ensino fundamental e médio.

▶ Arts. 2º, § 1º, e 6º, *caput*, da EC nº 41, de 19-12-2003.
▶ Art. 67, § 2º, da Lei nº 9.394, de 20-12-1996 (Lei das Diretrizes e Bases da Educação Nacional).
▶ Súm. nº 726 do STF.

§ 6º Ressalvadas as aposentadorias decorrentes dos cargos acumuláveis na forma desta Constituição, é vedada a percepção de mais de uma aposentadoria à conta do regime de previdência previsto neste artigo.

▶ §§ 5º e 6º com a redação dada pela EC nº 20, de 15-12-1998.

§ 7º Lei disporá sobre a concessão do benefício de pensão por morte, que será igual:

▶ Art. 42, § 2º, desta Constituição.

I – ao valor da totalidade dos proventos do servidor falecido, até o limite máximo estabelecido para os benefícios do regime geral de previdência social de que trata o art. 201, acrescido de setenta por cento da parcela excedente a este limite, caso aposentado à data do óbito; ou
II – ao valor da totalidade da remuneração do servidor no cargo efetivo em que se deu o falecimento, até o limite máximo estabelecido para os benefícios do regime geral de previdência social de que trata o art. 201, acrescido de setenta por cento da parcela excedente a este limite, caso em atividade na data do óbito.

§ 8º É assegurado o reajustamento dos benefícios para preservar-lhes, em caráter permanente, o valor real, conforme critérios estabelecidos em lei.

▶ §§ 7º e 8º com a redação dada pela EC nº 41, de 19-12-2003.
▶ Art. 2º, § 6º, da EC nº 41, de 19-12-2003.
▶ Súm. Vinc. nº 20 do STF.

§ 9º O tempo de contribuição federal, estadual ou municipal será contado para efeito de aposentadoria e o tempo de serviço correspondente para efeito de disponibilidade.

▶ Art. 42, § 1º, desta Constituição.

§ 10. A lei não poderá estabelecer qualquer forma de contagem de tempo de contribuição fictício.

▶ Art. 4º da EC nº 20, de 15-12-1998 (Reforma Previdenciária).

§ 11. Aplica-se o limite fixado no artigo 37, XI, à soma total dos proventos de inatividade, inclusive quando decorrentes da acumulação de cargos ou empregos públicos, bem como de outras atividades sujeitas a contribuição para o regime geral de previdência social, e ao montante resultante da adição de proventos de inatividade com remuneração de cargo acumulável na forma desta Constituição, cargo em comissão declarado em lei de livre nomeação e exoneração, e de cargo eletivo.

§ 12. Além do disposto neste artigo, o regime de previdência dos servidores públicos titulares de cargo efetivo observará, no que couber, os requisitos e critérios fixados para o regime geral de previdência social.

§ 13. Ao servidor ocupante, exclusivamente, de cargo em comissão declarado em lei de livre nomeação e exoneração bem como de outro cargo temporário ou de emprego público, aplica-se o regime geral de previdência social.

▶ Lei nº 9.962, de 22-2-2000, disciplina o regime de emprego público do pessoal da administração federal direta, autárquica e fundacional.

§ 14. A União, os Estados, o Distrito Federal e os Municípios, desde que instituam regime de previdência complementar para os seus respectivos servidores titulares de cargo efetivo, poderão fixar, para o valor das aposentadorias e pensões a serem concedidas pelo regime de que trata este artigo, o limite máximo estabelecido para os benefícios do regime geral de previdência social de que trata o artigo 201.

▶ §§ 9º a 14 acrescidos pela EC nº 20, de 15-12-1998.
▶ LC nº 108, de 29-5-2001, dispõe sobre a relação entre a União, e os Estados, o Distrito Federal e os Municípios, suas autarquias, fundações, sociedades de economia mista e outras entidades públicas e suas respectivas entidades fechadas de previdência complementar.

§ 15. O regime de previdência complementar de que trata o § 14 será instituído por lei de iniciativa do respectivo Poder Executivo, observado o disposto no art. 202 e seus parágrafos, no que couber, por intermédio de entidades fechadas de previdência complementar, de natureza pública, que oferecerão aos respectivos participantes planos de benefícios somente na modalidade de contribuição definida.

▸ § 15 com a redação dada pela EC nº 41, de 19-12-2003.

§ 16. Somente mediante sua prévia e expressa opção, o disposto nos §§ 14 e 15 poderá ser aplicado ao servidor que tiver ingressado no serviço público até a data da publicação do ato de instituição do correspondente regime de previdência complementar.

▸ § 16 acrescido pela EC nº 20, de 15-12-1998.
▸ Lei nº 9.717, de 27-11-1998, dispõe sobre regras gerais para a organização e o funcionamento dos regimes próprios de previdência social dos servidores públicos da União, dos Estados, do Distrito Federal e dos Municípios, bem como dos militares dos Estados e do Distrito Federal.
▸ Lei nº 9.783, de 28-1-1999, dispõe sobre contribuição para o custeio da previdência social dos servidores públicos ativos, inativos e pensionistas dos três Poderes da União.

§ 17. Todos os valores de remuneração considerados para o cálculo do benefício previsto no § 3º serão devidamente atualizados, na forma da lei.

▸ Art. 2º da EC nº 41, de 19-12-2003.

§ 18. Incidirá contribuição sobre os proventos de aposentadorias e pensões concedidas pelo regime de que trata este artigo que superem o limite máximo estabelecido para os benefícios do regime geral de previdência social de que trata o art. 201, com percentual igual ao estabelecido para os servidores titulares de cargos efetivos.

▸ Art. 4º, I e II, da EC nº 41, de 19-12-2003.

§ 19. O servidor de que trata este artigo que tenha completado as exigências para aposentadoria voluntária estabelecidas no § 1º, III, a, e que opte por permanecer em atividade fará jus a um abono de permanência equivalente ao valor da sua contribuição previdenciária até completar as exigências para aposentadoria compulsória contidas no § 1º, II.

§ 20. Fica vedada a existência de mais de um regime próprio de previdência social para os servidores titulares de cargos efetivos, e de mais de uma unidade gestora do respectivo regime em cada ente estatal, ressalvado o disposto no art. 142, § 3º, X.

▸ §§ 17 a 20 acrescidos pela EC nº 41, de 19-12-2003.
▸ Art. 28 da EC nº 19, de 4-6-1998 (Reforma Administrativa).

§ 21. A contribuição prevista no § 18 deste artigo incidirá apenas sobre as parcelas de proventos de aposentadoria e de pensão que superem o dobro do limite máximo estabelecido para os benefícios do regime geral de previdência social de que trata o artigo 201 desta Constituição, quando o beneficiário, na forma da lei, for portador de doença incapacitante.

▸ § 21 acrescido pela EC nº 47, de 5-7-2005.

Art. 41. São estáveis após três anos de efetivo exercício os servidores nomeados para cargo de provimento efetivo em virtude de concurso público.

▸ Súm. nº 390 do TST.

§ 1º O servidor público estável só perderá o cargo:

I – em virtude de sentença judicial transitada em julgado;

II – mediante processo administrativo em que lhe seja assegurada ampla defesa;

III – mediante procedimento de avaliação periódica de desempenho, na forma de lei complementar, assegurada ampla defesa.

▸ Art. 247 desta Constituição.

§ 2º Invalidada por sentença judicial a demissão do servidor estável, será ele reintegrado, e o eventual ocupante da vaga, se estável, reconduzido ao cargo de origem, sem direito a indenização, aproveitado em outro cargo ou posto em disponibilidade com remuneração proporcional ao tempo de serviço.

§ 3º Extinto o cargo ou declarada a sua desnecessidade, o servidor estável ficará em disponibilidade, com remuneração proporcional ao tempo de serviço, até seu adequado aproveitamento em outro cargo.

§ 4º Como condição para a aquisição da estabilidade, é obrigatória a avaliação especial de desempenho por comissão instituída para essa finalidade.

▸ Art. 41 com a redação dada pela EC nº 19, de 4-6-1998.
▸ Art. 28 da EC nº 19, de 4-6-1998 (Reforma Administrativa).

Seção III

DOS MILITARES DOS ESTADOS, DO DISTRITO FEDERAL E DOS TERRITÓRIOS

▸ Denominação desta Seção dada pela EC nº 18, de 5-2-1998.

Art. 42. Os membros das Polícias Militares e Corpos de Bombeiros Militares, instituições organizadas com base na hierarquia e disciplina, são militares dos Estados, do Distrito Federal e dos Territórios.

▸ *Caput* com a redação dada pela EC nº 18, de 5-2-1998.
▸ Art. 89 do ADCT.
▸ Art. 37, § 10, desta Constituição.

§ 1º Aplicam-se aos militares dos Estados, do Distrito Federal e dos Territórios, além do que vier a ser fixado em lei, as disposições do artigo 14, § 8º; do artigo 40, § 9º; e do artigo 142, §§ 2º e 3º, cabendo a lei estadual específica dispor sobre as matérias do artigo 142, § 3º, X, sendo as patentes dos oficiais conferidas pelos respectivos governadores.

▸ § 1º com a redação dada pela EC nº 20, de 15-12-1998.
▸ Súm. Vinc. nº 4 do STF.

§ 2º Aos pensionistas dos militares dos Estados, do Distrito Federal e dos Territórios aplica-se o que for fixado em lei específica do respectivo ente estatal.

▸ § 2º com a redação dada pela EC nº 41, de 19-12-2003.

Seção IV

DAS REGIÕES

Art. 43. Para efeitos administrativos, a União poderá articular sua ação em um mesmo complexo geoeconômico e social, visando a seu desenvolvimento e à redução das desigualdades regionais.

§ 1º Lei complementar disporá sobre:

I – as condições para integração de regiões em desenvolvimento;

II – a composição dos organismos regionais que executarão, na forma da lei, os planos regionais, integrantes dos planos nacionais de desenvolvimento econômico e social, aprovados juntamente com estes.

▶ LC nº 124, de 3-1-2007, institui a Superintendência do Desenvolvimento da Amazônia – SUDAM.
▶ LC nº 125, de 3-1-2007, institui a Superintendência do Desenvolvimento do Nordeste – SUDENE.
▶ LC nº 134, de 14-1-2010, dispõe sobre a composição do Conselho de Administração da Superintendência da Zona Franca de Manaus – SUFRAMA.

§ 2º Os incentivos regionais compreenderão, além de outros, na forma da lei:

I – igualdade de tarifas, fretes, seguros e outros itens de custos e preços de responsabilidade do Poder Público;
II – juros favorecidos para financiamento de atividades prioritárias;
III – isenções, reduções ou diferimento temporário de tributos federais devidos por pessoas físicas ou jurídicas;
IV – prioridade para o aproveitamento econômico e social dos rios e das massas de água represadas ou represáveis nas regiões de baixa renda, sujeitas a secas periódicas.

§ 3º Nas áreas a que se refere o § 2º, IV, a União incentivará a recuperação de terras áridas e cooperará com os pequenos e médios proprietários rurais para o estabelecimento, em suas glebas, de fontes de água e de pequena irrigação.

TÍTULO IV – DA ORGANIZAÇÃO DOS PODERES

CAPÍTULO I

DO PODER LEGISLATIVO

SEÇÃO I

DO CONGRESSO NACIONAL

Art. 44. O Poder Legislativo é exercido pelo Congresso Nacional, que se compõe da Câmara dos Deputados e do Senado Federal.

Parágrafo único. Cada legislatura terá a duração de quatro anos.

Art. 45. A Câmara dos Deputados compõe-se de representantes do povo, eleitos, pelo sistema proporcional, em cada Estado, em cada Território e no Distrito Federal.

§ 1º O número total de Deputados, bem como a representação por Estado e pelo Distrito Federal, será estabelecido por lei complementar, proporcionalmente à população, procedendo-se aos ajustes necessários, no ano anterior às eleições, para que nenhuma daquelas Unidades da Federação tenha menos de oito ou mais de setenta Deputados.

▶ Arts. 1º a 3º da LC nº 78, de 30-12-1993, que disciplina a fixação do número de Deputados, nos termos deste parágrafo.

§ 2º Cada Território elegerá quatro Deputados.

Art. 46. O Senado Federal compõe-se de representantes dos Estados e do Distrito Federal, eleitos segundo o princípio majoritário.

§ 1º Cada Estado e o Distrito Federal elegerão três Senadores, com mandato de oito anos.

§ 2º A representação de cada Estado e do Distrito Federal será renovada de quatro em quatro anos, alternadamente, por um e dois terços.

§ 3º Cada Senador será eleito com dois suplentes.

Art. 47. Salvo disposição constitucional em contrário, as deliberações de cada Casa e de suas Comissões serão tomadas por maioria dos votos, presente a maioria absoluta de seus membros.

SEÇÃO II

DAS ATRIBUIÇÕES DO CONGRESSO NACIONAL

Art. 48. Cabe ao Congresso Nacional, com a sanção do Presidente da República, não exigida esta para o especificado nos artigos 49, 51 e 52, dispor sobre todas as matérias de competência da União, especialmente sobre:

I – sistema tributário, arrecadação e distribuição de rendas;
II – plano plurianual, diretrizes orçamentárias, orçamento anual, operações de crédito, dívida pública e emissões de curso forçado;
III – fixação e modificação do efetivo das Forças Armadas;
IV – planos e programas nacionais, regionais e setoriais de desenvolvimento;
V – limites do território nacional, espaço aéreo e marítimo e bens do domínio da União;
VI – incorporação, subdivisão ou desmembramento de áreas de Territórios ou Estados, ouvidas as respectivas Assembleias Legislativas;

▶ Art. 4º da Lei nº 9.709, de 18-11-1998, que regulamenta o art. 14 desta Constituição.

VII – transferência temporária da sede do Governo Federal;
VIII – concessão de anistia;

▶ Art. 187 da LEP.

IX – organização administrativa, judiciária, do Ministério Público e da Defensoria Pública da União e dos Territórios e organização judiciária, do Ministério Público e da Defensoria Pública do Distrito Federal;
X – criação, transformação e extinção de cargos, empregos e funções públicas, observado o que estabelece o art. 84, VI, b;
XI – criação e extinção de Ministérios e órgãos da administração pública;

▶ Incisos X e XI com a redação dada pela EC nº 32, de 11-9-2001.

XII – telecomunicações e radiodifusão;

▶ Lei nº 9.295, de 19-7-1996, dispõe sobre serviços de telecomunicações, organizações e órgão regulador.
▶ Lei nº 9.472, de 16-7-1997, dispõe sobre a organização dos serviços de telecomunicações, a criação e funcionamento de um órgão regulador e outros aspectos institucionais.
▶ Lei nº 9.612, de 19-2-1998, institui o serviço de radiodifusão comunitária.

XIII – matéria financeira, cambial e monetária, instituições financeiras e suas operações;
XIV – moeda, seus limites de emissão, e montante da dívida mobiliária federal;

XV – fixação do subsídio dos Ministros do Supremo Tribunal Federal, observado o que dispõem os arts. 39, § 4º; 150, II; 153, III; e 153, § 2º, I.
▶ Inciso XV com a redação dada pela EC nº 41, de 19-12-2003.
▶ Lei nº 10.474, de 27-6-2002, dispõe sobre remuneração da Magistratura da União.
▶ Lei nº 11.143, de 26-7-2005, dispõe sobre o subsídio de Ministro do STF.
▶ Lei nº 12.041, de 8-10-2009, dispõe sobre a revisão do subsídio de Ministro do STF.

Art. 49. É da competência exclusiva do Congresso Nacional:
▶ Art. 48 desta Constituição.

I – resolver definitivamente sobre tratados, acordos ou atos internacionais que acarretem encargos ou compromissos gravosos ao patrimônio nacional;
II – autorizar o Presidente da República a declarar guerra, a celebrar a paz, a permitir que forças estrangeiras transitem pelo território nacional ou nele permaneçam temporariamente, ressalvados os casos previstos em lei complementar;
III – autorizar o Presidente e o Vice-Presidente da República a se ausentarem do País, quando a ausência exceder a quinze dias;
IV – aprovar o estado de defesa e a intervenção federal, autorizar o estado de sítio, ou suspender qualquer uma dessas medidas;
V – sustar os atos normativos do Poder Executivo que exorbitem do poder regulamentar ou dos limites de delegação legislativa;
VI – mudar temporariamente sua sede;
VII – fixar idêntico subsídio para os Deputados Federais e os Senadores, observado o que dispõem os artigos 37, XI, 39, § 4º, 150, II, 153, III, e 153, § 2º, I;
VIII – fixar os subsídios do Presidente e do Vice-Presidente da República e dos Ministros de Estado, observado o que dispõem os artigos 37, XI, 39, § 4º, 150, II, 153, III, e 153, § 2º, I;
▶ Incisos VII e VIII com a redação dada pela EC nº 19, de 4-6-1998.

IX – julgar anualmente as contas prestadas pelo Presidente da República e apreciar os relatórios sobre a execução dos planos de governo;
X – fiscalizar e controlar, diretamente, ou por qualquer de suas Casas, os atos do Poder Executivo, incluídos os da administração indireta;
XI – zelar pela preservação de sua competência legislativa em face da atribuição normativa dos outros Poderes;
XII – apreciar os atos de concessão e renovação de concessão de emissoras de rádio e televisão;
XIII – escolher dois terços dos membros do Tribunal de Contas da União;
▶ Dec. Legislativo nº 6, de 22-4-1993, regulamenta a escolha de Ministro do Tribunal de Contas da União pelo Congresso Nacional.

XIV – aprovar iniciativas do Poder Executivo referentes a atividades nucleares;
XV – autorizar referendo e convocar plebiscito;
▶ Arts. 1º a 12 da Lei nº 9.709, de 18-11-1998, que regulamenta o art. 14 desta Constituição.

XVI – autorizar, em terras indígenas, a exploração e o aproveitamento de recursos hídricos e a pesquisa e lavra de riquezas minerais;
XVII – aprovar, previamente, a alienação ou concessão de terras públicas com área superior a dois mil e quinhentos hectares.

Art. 50. A Câmara dos Deputados e o Senado Federal, ou qualquer de suas Comissões, poderão convocar Ministro de Estado ou quaisquer titulares de órgãos diretamente subordinados à Presidência da República para prestarem, pessoalmente, informações sobre assunto previamente determinado, importando em crime de responsabilidade a ausência sem justificação adequada.
▶ *Caput* com a redação dada pela ECR nº 2, de 7-6-1994.

§ 1º Os Ministros de Estado poderão comparecer ao Senado Federal, à Câmara dos Deputados, ou a qualquer de suas Comissões, por sua iniciativa e mediante entendimentos com a Mesa respectiva, para expor assunto de relevância de seu Ministério.

§ 2º As Mesas da Câmara dos Deputados e do Senado Federal poderão encaminhar pedidos escritos de informação a Ministros de Estado ou a qualquer das pessoas referidas no *caput* deste artigo, importando em crime de responsabilidade a recusa, ou o não atendimento, no prazo de trinta dias, bem como a prestação de informações falsas.
▶ § 2º com a redação dada pela ECR nº 2, de 7-6-1994.

Seção III

DA CÂMARA DOS DEPUTADOS

Art. 51. Compete privativamente à Câmara dos Deputados:
▶ Art. 48 desta Constituição.

I – autorizar, por dois terços de seus membros, a instauração de processo contra o Presidente e o Vice-Presidente da República e os Ministros de Estado;
II – proceder à tomada de contas do Presidente da República, quando não apresentadas ao Congresso Nacional dentro de sessenta dias após a abertura da sessão legislativa;
III – elaborar seu regimento interno;
IV – dispor sobre sua organização, funcionamento, polícia, criação, transformação ou extinção dos cargos, empregos e funções de seus serviços, e a iniciativa de lei para fixação da respectiva remuneração, observados os parâmetros estabelecidos na lei de diretrizes orçamentárias;
▶ Inciso IV com a redação dada pela EC nº 19, de 4-6-1998.

V – eleger membros do Conselho da República, nos termos do artigo 89, VII.

Seção IV

DO SENADO FEDERAL

Art. 52. Compete privativamente ao Senado Federal:
▶ Art. 48 desta Constituição.

I – processar e julgar o Presidente e o Vice-Presidente da República nos crimes de responsabilidade, bem como os Ministros de Estado e os Comandantes da

Marinha, do Exército e da Aeronáutica nos crimes da mesma natureza conexos com aqueles;

▶ Inciso I com a redação dada pela EC nº 23, de 2-9-1999.
▶ Art. 102, I, c, desta Constituição.
▶ Lei nº 1.079, de 10-4-1950 (Lei dos Crimes de Responsabilidade).

II – processar e julgar os Ministros do Supremo Tribunal Federal, os membros do Conselho Nacional de Justiça e do Conselho Nacional do Ministério Público, o Procurador-Geral da República e o Advogado-Geral da União nos crimes de responsabilidade;

▶ Inciso II com a redação dada pela EC nº 45, de 8-12-2004.
▶ Arts. 131 e 132 desta Constituição.
▶ Art. 5º da EC nº 45, de 8-12-2004 (Reforma do Judiciário.

III – aprovar previamente, por voto secreto, após arguição pública, a escolha de:

a) magistrados, nos casos estabelecidos nesta Constituição;
b) Ministros do Tribunal de Contas da União indicados pelo Presidente da República;
c) Governador de Território;
d) presidente e diretores do Banco Central;
e) Procurador-Geral da República;
f) titulares de outros cargos que a lei determinar;

IV – aprovar previamente, por voto secreto, após arguição em sessão secreta, a escolha dos chefes de missão diplomática de caráter permanente;
V – autorizar operações externas de natureza financeira, de interesse da União, dos Estados, do Distrito Federal, dos Territórios e dos Municípios;
VI – fixar, por proposta do Presidente da República, limites globais para o montante da dívida consolidada da União, dos Estados, do Distrito Federal e dos Municípios;
VII – dispor sobre limites globais e condições para as operações de crédito externo e interno da União, dos Estados, do Distrito Federal e dos Municípios, de suas autarquias e demais entidades controladas pelo Poder Público Federal;
VIII – dispor sobre limites e condições para a concessão de garantia da União em operações de crédito externo e interno;
IX – estabelecer limites globais e condições para o montante da dívida mobiliária dos Estados, do Distrito Federal e dos Municípios;
X – suspender a execução, no todo ou em parte, de lei declarada inconstitucional por decisão definitiva do Supremo Tribunal Federal;
XI – aprovar, por maioria absoluta e por voto secreto, a exoneração, de ofício, do Procurador-Geral da República antes do término de seu mandato;
XII – elaborar seu regimento interno;
XIII – dispor sobre sua organização, funcionamento, polícia, criação, transformação ou extinção dos cargos, empregos e funções de seus serviços, e a iniciativa de lei para fixação da respectiva remuneração, observados os parâmetros estabelecidos na lei de diretrizes orçamentárias;

▶ Inciso XIII com a redação dada pela EC nº 19, de 4-6-1998.

XIV – eleger membros do Conselho da República, nos termos do artigo 89, VII;
XV – avaliar periodicamente a funcionalidade do Sistema Tributário Nacional, em sua estrutura e seus componentes, e o desempenho das administrações tributárias da União, dos Estados e do Distrito Federal e dos Municípios.

▶ Inciso XV acrescido pela EC nº 42, de 19-12-2003.

Parágrafo único. Nos casos previstos nos incisos I e II, funcionará como Presidente o do Supremo Tribunal Federal, limitando-se a condenação, que somente será proferida por dois terços dos votos do Senado Federal, à perda do cargo, com inabilitação, por oito anos, para o exercício de função pública, sem prejuízo das demais sanções judiciais cabíveis.

SEÇÃO V

DOS DEPUTADOS E DOS SENADORES

▶ Lei nº 9.504, de 30-9-1997 (Lei das Eleições).

Art. 53. Os Deputados e Senadores são invioláveis, civil e penalmente, por quaisquer de suas opiniões, palavras e votos.

▶ Caput com a redação dada pela EC nº 35, de 20-12-2001.

§ 1º Os Deputados e Senadores, desde a expedição do diploma, serão submetidos a julgamento perante o Supremo Tribunal Federal.

▶ Art. 102, I, b, desta Constituição.

§ 2º Desde a expedição do diploma, os membros do Congresso Nacional não poderão ser presos, salvo em flagrante de crime inafiançável. Nesse caso, os autos serão remetidos dentro de vinte e quatro horas à Casa respectiva, para que, pelo voto da maioria de seus membros, resolva sobre a prisão.

▶ Arts. 43, III, e 301 do CPP.

§ 3º Recebida a denúncia contra o Senador ou Deputado, por crime ocorrido após a diplomação, o Supremo Tribunal Federal dará ciência à Casa respectiva, que, por iniciativa de partido político nela representado e pelo voto da maioria de seus membros, poderá, até a decisão final, sustar o andamento da ação.

§ 4º O pedido de sustação será apreciado pela Casa respectiva no prazo improrrogável de quarenta e cinco dias do seu recebimento pela Mesa Diretora.

§ 5º A sustação do processo suspende a prescrição, enquanto durar o mandato.

§ 6º Os Deputados e Senadores não serão obrigados a testemunhar sobre informações recebidas ou prestadas em razão do exercício do mandato, nem sobre as pessoas que lhes confiaram ou deles receberam informações.

§ 7º A incorporação às Forças Armadas de Deputados e Senadores, embora militares e ainda que em tempo de guerra, dependerá de prévia licença da Casa respectiva.

▶ §§ 1º a 7º com a redação dada pela EC nº 35, de 20-12-2001.

§ 8º As imunidades de Deputados ou Senadores subsistirão durante o estado de sítio, só podendo ser suspensas mediante o voto de dois terços dos membros da Casa respectiva, nos casos de atos praticados fora do

recinto do Congresso Nacional, que sejam incompatíveis com a execução da medida.
- § 8º acrescido pela EC nº 35, de 20-12-2001.
- Arts. 137 a 141 desta Constituição.
- Arts. 138 a 145 do CP.

Art. 54. Os Deputados e Senadores não poderão:

I – desde a expedição do diploma:

a) firmar ou manter contrato com pessoa jurídica de direito público, autarquia, empresa pública, sociedade de economia mista ou empresa concessionária de serviço público, salvo quando o contrato obedecer a cláusulas uniformes;

b) aceitar ou exercer cargo, função ou emprego remunerado, inclusive os de que sejam demissíveis *ad nutum*, nas entidades constantes da alínea anterior;

II – desde a posse:

a) ser proprietários, controladores ou diretores de empresa que goze de favor decorrente de contrato com pessoa jurídica de direito público, ou nela exercer função remunerada;

b) ocupar cargo ou função de que sejam demissíveis *ad nutum*, nas entidades referidas no inciso I, a;

c) patrocinar causa em que seja interessada qualquer das entidades a que se refere o inciso I, a;

d) ser titulares de mais de um cargo ou mandato público eletivo.

Art. 55. Perderá o mandato o Deputado ou Senador:

I – que infringir qualquer das proibições estabelecidas no artigo anterior;
- Art. 1º do Dec. Legislativo nº 16, de 24-3-1994, que submete à condição suspensiva a renúncia de parlamentar contra o qual pende procedimento fundado nos termos deste inciso.

II – cujo procedimento for declarado incompatível com o decoro parlamentar;
- Art. 1º do Dec. Legislativo nº 16, de 24-3-1994, que submete à condição suspensiva a renúncia de parlamentar contra o qual pende procedimento fundado nos termos deste inciso.

III – que deixar de comparecer, em cada sessão legislativa, à terça parte das sessões ordinárias da Casa a que pertencer, salvo licença ou missão por esta autorizada;

IV – que perder ou tiver suspensos os direitos políticos;

V – quando o decretar a Justiça Eleitoral, nos casos previstos nesta Constituição;

VI – que sofrer condenação criminal em sentença transitada em julgado.
- Art. 92, I, do CP.

§ 1º É incompatível com o decoro parlamentar, além dos casos definidos no regimento interno, o abuso das prerrogativas asseguradas a membro do Congresso Nacional ou a percepção de vantagens indevidas.

§ 2º Nos casos dos incisos I, II e VI, a perda do mandato será decidida pela Câmara dos Deputados ou pelo Senado Federal, por voto secreto e maioria absoluta, mediante provocação da respectiva Mesa ou de partido político representado no Congresso Nacional, assegurada ampla defesa.

§ 3º Nos casos previstos nos incisos III a V, a perda será declarada pela Mesa da Casa respectiva, de ofício ou mediante provocação de qualquer de seus membros, ou de partido político representado no Congresso Nacional, assegurada ampla defesa.

§ 4º A renúncia de parlamentar submetido a processo que vise ou possa levar à perda do mandato, nos termos deste artigo, terá seus efeitos suspensos até as deliberações finais de que tratam os §§ 2º e 3º.
- § 4º acrescido pela ECR nº 6, de 7-6-1994.

Art. 56. Não perderá o mandato o Deputado ou Senador:

I – investido no cargo de Ministro de Estado, Governador de Território, Secretário de Estado, do Distrito Federal, de Território, de Prefeitura de Capital ou chefe de missão diplomática temporária;

II – licenciado pela respectiva Casa por motivo de doença, ou para tratar, sem remuneração, de interesse particular, desde que, neste caso, o afastamento não ultrapasse cento e vinte dias por sessão legislativa.

§ 1º O suplente será convocado nos casos de vaga, de investidura em funções previstas neste artigo ou de licença superior a cento e vinte dias.

§ 2º Ocorrendo vaga e não havendo suplente, far-se-á eleição para preenchê-la se faltarem mais de quinze meses para o término do mandato.

§ 3º Na hipótese do inciso I, o Deputado ou Senador poderá optar pela remuneração do mandato.

Seção VI

DAS REUNIÕES

Art. 57. O Congresso Nacional reunir-se-á, anualmente, na Capital Federal, de 2 de fevereiro a 17 de julho e de 1º de agosto a 22 de dezembro.
- *Caput* com a redação dada pela EC nº 50, de 14-2-2006.

§ 1º As reuniões marcadas para essas datas serão transferidas para o primeiro dia útil subsequente, quando recaírem em sábados, domingos ou feriados.

§ 2º A sessão legislativa não será interrompida sem a aprovação do projeto de lei de diretrizes orçamentárias.

§ 3º Além de outros casos previstos nesta Constituição, a Câmara dos Deputados e o Senado Federal reunir-se-ão em sessão conjunta para:

I – inaugurar a sessão legislativa;

II – elaborar o regimento comum e regular a criação de serviços comuns às duas Casas;

III – receber o compromisso do Presidente e do Vice-Presidente da República;

IV – conhecer do veto e sobre ele deliberar.

§ 4º Cada uma das Casas reunir-se-á em sessões preparatórias, a partir de 1º de fevereiro, no primeiro ano da legislatura, para a posse de seus membros e eleição das respectivas Mesas, para mandato de 2 (dois) anos, vedada a recondução para o mesmo cargo na eleição imediatamente subsequente.
- § 4º com a redação dada pela EC nº 50, de 14-2-2006.

§ 5º A Mesa do Congresso Nacional será presidida pelo Presidente do Senado Federal, e os demais cargos serão exercidos, alternadamente, pelos ocupantes de cargos equivalentes na Câmara dos Deputados e no Senado Federal.

§ 6º A convocação extraordinária do Congresso Nacional far-se-á:

▶ § 6º com a redação dada pela EC nº 50, de 14-2-2006.

I – pelo Presidente do Senado Federal, em caso de decretação de estado de defesa ou de intervenção federal, de pedido de autorização para a decretação de estado de sítio e para o compromisso e a posse do Presidente e do Vice-Presidente da República;
II – pelo Presidente da República, pelos Presidentes da Câmara dos Deputados e do Senado Federal ou a requerimento da maioria dos membros de ambas as Casas, em caso de urgência ou interesse público relevante, em todas as hipóteses deste inciso com a aprovação da maioria absoluta de cada uma das Casas do Congresso Nacional.

▶ Inciso II com a redação dada pela EC nº 50, de 14-2-2006.

§ 7º Na sessão legislativa extraordinária, o Congresso Nacional somente deliberará sobre a matéria para a qual foi convocado, ressalvada a hipótese do § 8º deste artigo, vedado o pagamento de parcela indenizatória, em razão da convocação.

▶ § 7º com a redação dada pela EC nº 50, de 14-2-2006.

§ 8º Havendo medidas provisórias em vigor na data de convocação extraordinária do Congresso Nacional, serão elas automaticamente incluídas na pauta da convocação.

▶ § 8º acrescido pela EC nº 32, de 11-9-2001.

SEÇÃO VII

DAS COMISSÕES

Art. 58. O Congresso Nacional e suas Casas terão comissões permanentes e temporárias, constituídas na forma e com as atribuições previstas no respectivo regimento ou no ato de que resultar sua criação.

§ 1º Na constituição das Mesas e de cada Comissão, é assegurada, tanto quanto possível, a representação proporcional dos partidos ou dos blocos parlamentares que participam da respectiva Casa.

§ 2º Às comissões, em razão da matéria de sua competência, cabe:

I – discutir e votar projeto de lei que dispensar, na forma do regimento, a competência do Plenário, salvo se houver recurso de um décimo dos membros da Casa;
II – realizar audiências públicas com entidades da sociedade civil;
III – convocar Ministros de Estado para prestar informações sobre assuntos inerentes a suas atribuições;
IV – receber petições, reclamações, representações ou queixas de qualquer pessoa contra atos ou omissões das autoridades ou entidades públicas;
V – solicitar depoimento de qualquer autoridade ou cidadão;
VI – apreciar programas de obras, planos nacionais, regionais e setoriais de desenvolvimento e sobre eles emitir parecer.

§ 3º As comissões parlamentares de inquérito, que terão poderes de investigação próprios das autoridades judiciais, além de outros previstos nos regimentos das respectivas Casas, serão criadas pela Câmara dos Deputados e pelo Senado Federal, em conjunto ou separadamente, mediante requerimento de um terço de seus membros, para a apuração de fato determinado e por prazo certo, sendo suas conclusões, se for o caso, encaminhadas ao Ministério Público, para que promova a responsabilidade civil ou criminal dos infratores.

▶ Lei nº 1.579, de 18-3-1952 (Lei das Comissões Parlamentares de Inquérito).
▶ Lei nº 10.001, de 4-9-2000, dispõe sobre a prioridade nos procedimentos a serem adotados pelo Ministério Publico e por outros órgãos a respeito das conclusões das Comissões Parlamentares de Inquérito.

§ 4º Durante o recesso, haverá uma Comissão Representativa do Congresso Nacional, eleita por suas Casas na última sessão ordinária do período legislativo, com atribuições definidas no regimento comum, cuja composição reproduzirá, quanto possível, a proporcionalidade da representação partidária.

SEÇÃO VIII

DO PROCESSO LEGISLATIVO

SUBSEÇÃO I

DISPOSIÇÃO GERAL

Art. 59. O processo legislativo compreende a elaboração de:

I – emendas à Constituição;
II – leis complementares;
III – leis ordinárias;
IV – leis delegadas;
V – medidas provisórias;

▶ Arts. 70 e 73 do ADCT.

VI – decretos legislativos;

▶ Art. 3º da Lei nº 9.709, de 18-11-1998, que dispõe sobre a convocação do plebiscito e o referendo nas questões de relevância nacional, de competência do Poder Legislativo ou do Poder Executivo.

VII – resoluções.

Parágrafo único. Lei complementar disporá sobre a elaboração, redação, alteração e consolidação das leis.

▶ LC nº 95, de 26-2-1998, trata do disposto neste parágrafo único.
▶ Dec. nº 4.176, de 28-3-2002, estabelece normas e diretrizes para a elaboração, a redação, a alteração, a consolidação e o encaminhamento ao Presidente da República de projetos de atos normativos de competência dos órgãos do Poder Executivo Federal.

SUBSEÇÃO II

DA EMENDA À CONSTITUIÇÃO

Art. 60. A Constituição poderá ser emendada mediante proposta:

I – de um terço, no mínimo, dos membros da Câmara dos Deputados ou do Senado Federal;
II – do Presidente da República;
III – de mais da metade das Assembleias Legislativas das Unidades da Federação, manifestando-se, cada uma delas, pela maioria relativa de seus membros.

§ 1º A Constituição não poderá ser emendada na vigência de intervenção federal, de estado de defesa ou de estado de sítio.

▶ Arts. 34 a 36 e 136 a 141 desta Constituição.

§ 2º A proposta será discutida e votada em cada Casa do Congresso Nacional, em dois turnos, considerando-se aprovada se obtiver, em ambos, três quintos dos votos dos respectivos membros.

§ 3º A emenda à Constituição será promulgada pelas Mesas da Câmara dos Deputados e do Senado Federal, com o respectivo número de ordem.

§ 4º Não será objeto de deliberação a proposta de emenda tendente a abolir:

I – a forma federativa de Estado;

▶ Arts. 1º e 18 desta Constituição.

II – o voto direto, secreto, universal e periódico;

▶ Arts. 1º, 14 e 81, § 1º, desta Constituição.
▶ Lei nº 9.709, de 18-11-1998, regulamenta o art. 14 desta Constituição.

III – a separação dos Poderes;

▶ Art. 2º desta Constituição.

IV – os direitos e garantias individuais.

▶ Art. 5º desta Constituição.

§ 5º A matéria constante de proposta de emenda rejeitada ou havida por prejudicada não pode ser objeto de nova proposta na mesma sessão legislativa.

SUBSEÇÃO III

DAS LEIS

Art. 61. A iniciativa das leis complementares e ordinárias cabe a qualquer membro ou Comissão da Câmara dos Deputados, do Senado Federal ou do Congresso Nacional, ao Presidente da República, ao Supremo Tribunal Federal, aos Tribunais Superiores, ao Procurador-Geral da República e aos cidadãos, na forma e nos casos previstos nesta Constituição.

§ 1º São de iniciativa privativa do Presidente da República as leis que:

I – fixem ou modifiquem os efetivos das Forças Armadas;
II – disponham sobre:

▶ Súmulas nºs 679 e 681 do STF.

a) criação de cargos, funções ou empregos públicos na administração direta e autárquica ou aumento de sua remuneração;

▶ Súm. nº 679 do STF.

b) organização administrativa e judiciária, matéria tributária e orçamentária, serviços públicos e pessoal da administração dos Territórios;
c) servidores públicos da União e Territórios, seu regime jurídico, provimento de cargos, estabilidade e aposentadoria;

▶ Alínea c com a redação dada pela EC nº 18, de 5-2-1998.

d) organização do Ministério Público e da Defensoria Pública da União, bem como normas gerais para a organização do Ministério Público e da Defensoria Pública dos Estados, do Distrito Federal e dos Territórios;
e) criação e extinção de Ministérios e órgãos da administração pública, observado o disposto no artigo 84, VI;

▶ Alínea e com a redação dada pela EC nº 32, de 11-9-2001.

f) militares das Forças Armadas, seu regime jurídico, provimento de cargos, promoções, estabilidade, remuneração, reforma e transferência para a reserva.

▶ Alínea f acrescida pela EC nº 18, de 5-2-1998.

§ 2º A iniciativa popular pode ser exercida pela apresentação à Câmara dos Deputados de projeto de lei subscrito por, no mínimo, um por cento do eleitorado nacional, distribuído pelo menos por cinco Estados, com não menos de três décimos por cento dos eleitores de cada um deles.

▶ Arts.1º, III, 13 e 14 da Lei nº 9.709, de 18-11-1998, que regulamenta o art. 14 desta Constituição.

Art. 62. Em caso de relevância e urgência, o Presidente da República poderá adotar medidas provisórias, com força de lei, devendo submetê-las de imediato ao Congresso Nacional.

▶ Caput com a redação dada pela EC nº 32, de 11-9-2001.
▶ Arts. 167, § 3º, e 246 desta Constituição.
▶ Art. 2º da EC nº 32, de 11-9-2001.
▶ Súm. nº 651 do STF.

§ 1º É vedada a edição de medidas provisórias sobre matéria:

I – relativa a:

a) nacionalidade, cidadania, direitos políticos, partidos políticos e direito eleitoral;
b) direito penal, processual penal e processual civil;
c) organização do Poder Judiciário e do Ministério Público, a carreira e a garantia de seus membros;
d) planos plurianuais, diretrizes orçamentárias, orçamento e créditos adicionais e suplementares, ressalvado o previsto no artigo 167, § 3º;

II – que vise a detenção ou sequestro de bens, de poupança popular ou qualquer outro ativo financeiro;
III – reservada a lei complementar;
IV – já disciplinada em projeto de lei aprovado pelo Congresso Nacional e pendente de sanção ou veto do Presidente da República.

§ 2º Medida provisória que implique instituição ou majoração de impostos, exceto os previstos nos artigos 153, I, II, IV, V, e 154, II, só produzirá efeitos no exercício financeiro seguinte se houver sido convertida em lei até o último dia daquele em que foi editada.

§ 3º As medidas provisórias, ressalvado o disposto nos §§ 11 e 12 perderão eficácia, desde a edição, se não forem convertidas em lei no prazo de sessenta dias, prorrogável, nos termos do § 7º, uma vez por igual período, devendo o Congresso Nacional disciplinar, por decreto legislativo, as relações jurídicas delas decorrentes.

§ 4º O prazo a que se refere o § 3º contar-se-á da publicação da medida provisória, suspendendo-se durante os períodos de recesso do Congresso Nacional.

§ 5º A deliberação de cada uma das Casas do Congresso Nacional sobre o mérito das medidas provisórias dependerá de juízo prévio sobre o atendimento de seus pressupostos constitucionais.

§ 6º Se a medida provisória não for apreciada em até quarenta e cinco dias contados de sua publicação, entrará em regime de urgência, subsequentemente, em cada uma das Casas do Congresso Nacional, ficando sobrestadas, até que se ultime a votação, todas as demais deliberações legislativas da Casa em que estiver tramitando.

§ 7º Prorrogar-se-á uma única vez por igual período a vigência de medida provisória que, no prazo de sessenta dias, contado de sua publicação, não tiver a sua votação encerrada nas duas Casas do Congresso Nacional.

§ 8º As medidas provisórias terão sua votação iniciada na Câmara dos Deputados.

§ 9º Caberá à comissão mista de Deputados e Senadores examinar as medidas provisórias e sobre elas emitir parecer, antes de serem apreciadas, em sessão separada, pelo plenário de cada uma das Casas do Congresso Nacional.

§ 10. É vedada a reedição, na mesma sessão legislativa, de medida provisória que tenha sido rejeitada ou que tenha perdido sua eficácia por decurso de prazo.

§ 11. Não editado o decreto legislativo a que se refere o § 3º até sessenta dias após a rejeição ou perda de eficácia de medida provisória, as relações jurídicas constituídas e decorrentes de atos praticados durante sua vigência conservar-se-ão por ela regidas.

§ 12. Aprovado projeto de lei de conversão alterando o texto original da medida provisória, esta manter-se-á integralmente em vigor até que seja sancionado ou vetado o projeto.

▶ §§ 1º a 12 acrescidos pela EC nº 32, de 11-9-2001.

Art. 63. Não será admitido aumento da despesa prevista:

I – nos projetos de iniciativa exclusiva do Presidente da República, ressalvado o disposto no artigo 166, §§ 3º e 4º;

II – nos projetos sobre organização dos serviços administrativos da Câmara dos Deputados, do Senado Federal, dos Tribunais Federais e do Ministério Público.

Art. 64. A discussão e votação dos projetos de lei de iniciativa do Presidente da República, do Supremo Tribunal Federal e dos Tribunais Superiores terão início na Câmara dos Deputados.

§ 1º O Presidente da República poderá solicitar urgência para apreciação de projetos de sua iniciativa.

§ 2º Se, no caso do § 1º, a Câmara dos Deputados e o Senado Federal não se manifestarem sobre a proposição, cada qual sucessivamente, em até quarenta e cinco dias, sobrestar-se-ão todas as demais deliberações legislativas da respectiva Casa, com exceção das que tenham prazo constitucional determinado, até que se ultime a votação.

▶ § 2º com a redação dada pela EC nº 32, de 11-9-2001.

§ 3º A apreciação das emendas do Senado Federal pela Câmara dos Deputados far-se-á no prazo de dez dias, observado quanto ao mais o disposto no parágrafo anterior.

§ 4º Os prazos do § 2º não correm nos períodos de recesso do Congresso Nacional, nem se aplicam aos projetos de código.

Art. 65. O projeto de lei aprovado por uma Casa será revisto pela outra, em um só turno de discussão e votação, e enviado à sanção ou promulgação, se a Casa revisora o aprovar, ou arquivado, se o rejeitar.

Parágrafo único. Sendo o projeto emendado, voltará à Casa iniciadora.

Art. 66. A Casa na qual tenha sido concluída a votação enviará o projeto de lei ao Presidente da República, que, aquiescendo, o sancionará.

§ 1º Se o Presidente da República considerar o projeto, no todo ou em parte, inconstitucional ou contrário ao interesse público, vetá-lo-á total ou parcialmente, no prazo de quinze dias úteis, contados da data do recebimento, e comunicará, dentro de quarenta e oito horas, ao Presidente do Senado Federal os motivos do veto.

§ 2º O veto parcial somente abrangerá texto integral de artigo, de parágrafo, de inciso ou de alínea.

§ 3º Decorrido o prazo de quinze dias, o silêncio do Presidente da República importará sanção.

§ 4º O veto será apreciado em sessão conjunta, dentro de trinta dias a contar de seu recebimento, só podendo ser rejeitado pelo voto da maioria absoluta dos Deputados e Senadores, em escrutínio secreto.

§ 5º Se o veto não for mantido, será o projeto enviado, para promulgação, ao Presidente da República.

§ 6º Esgotado sem deliberação o prazo estabelecido no § 4º, o veto será colocado na ordem do dia da sessão imediata, sobrestadas as demais proposições, até sua votação final.

▶ § 6º com a redação dada pela EC nº 32, de 11-9-2001.

§ 7º Se a lei não for promulgada dentro de quarenta e oito horas pelo Presidente da República, nos casos dos §§ 3º e 5º, o Presidente do Senado a promulgará, e, se este não o fizer em igual prazo, caberá ao Vice-Presidente do Senado fazê-lo.

Art. 67. A matéria constante de projeto de lei rejeitado somente poderá constituir objeto de novo projeto, na mesma sessão legislativa, mediante proposta da maioria absoluta dos membros de qualquer das Casas do Congresso Nacional.

Art. 68. As leis delegadas serão elaboradas pelo Presidente da República, que deverá solicitar a delegação ao Congresso Nacional.

§ 1º Não serão objeto de delegação os atos de competência exclusiva do Congresso Nacional, os de competência privativa da Câmara dos Deputados ou do Senado Federal, a matéria reservada a lei complementar, nem a legislação sobre:

I – organização do Poder Judiciário e do Ministério Público, a carreira e a garantia de seus membros;

II – nacionalidade, cidadania, direitos individuais, políticos e eleitorais;

III – planos plurianuais, diretrizes orçamentárias e orçamentos.

§ 2º A delegação ao Presidente da República terá a forma de resolução do Congresso Nacional, que especificará seu conteúdo e os termos de seu exercício.

§ 3º Se a resolução determinar a apreciação do projeto pelo Congresso Nacional, este a fará em votação única, vedada qualquer emenda.

Art. 69. As leis complementares serão aprovadas por maioria absoluta.

SEÇÃO IX

DA FISCALIZAÇÃO CONTÁBIL, FINANCEIRA E ORÇAMENTÁRIA

▶ Dec. nº 3.590, de 6-9-2000, dispõe sobre o Sistema de Administração Financeira Federal.
▶ Dec. nº 3.591, de 6-9-2000, dispõe sobre o Sistema de Controle Interno do Poder Executivo Federal.
▶ Dec. nº 6.976, de 7-10-2009, dispõe sobre o Sistema de Contabilidade Federal.

Art. 70. A fiscalização contábil, financeira, orçamentária, operacional e patrimonial da União e das entidades da administração direta e indireta, quanto à legalidade, legitimidade, economicidade, aplicação das subvenções e renúncia de receitas, será exercida pelo Congresso Nacional, mediante controle externo, e pelo sistema de controle interno de cada Poder.

Parágrafo único. Prestará contas qualquer pessoa física ou jurídica, pública ou privada, que utilize, arrecade, guarde, gerencie ou administre dinheiros, bens e valores públicos ou pelos quais a União responda, ou que, em nome desta, assuma obrigações de natureza pecuniária.

▶ Parágrafo único com a redação dada pela EC nº 19, de 4-6-1998.

Art. 71. O controle externo, a cargo do Congresso Nacional, será exercido com o auxílio do Tribunal de Contas da União, ao qual compete:

▶ Lei nº 8.443, de 16-7-1992, dispõe sobre a Lei Orgânica do Tribunal de Contas da União – TCU.

I – apreciar as contas prestadas anualmente pelo Presidente da República, mediante parecer prévio que deverá ser elaborado em sessenta dias a contar de seu recebimento;
II – julgar as contas dos administradores e demais responsáveis por dinheiros, bens e valores públicos da administração direta e indireta, incluídas as fundações e sociedades instituídas e mantidas pelo Poder Público federal, e as contas daqueles que derem causa a perda, extravio ou outra irregularidade de que resulte prejuízo ao erário público;
III – apreciar, para fins de registro, a legalidade dos atos de admissão de pessoal, a qualquer título, na administração direta e indireta, incluídas as fundações instituídas e mantidas pelo Poder Público, excetuadas as nomeações para cargo de provimento em comissão, bem como a das concessões de aposentadorias, reformas e pensões, ressalvadas as melhorias posteriores que não alterem o fundamento legal do ato concessório;

▶ Súm. Vinc. nº 3 do STF.

IV – realizar, por iniciativa própria, da Câmara dos Deputados, do Senado Federal, de Comissão técnica ou de inquérito, inspeções e auditorias de natureza contábil, financeira, orçamentária, operacional e patrimonial, nas unidades administrativas dos Poderes Legislativo, Executivo e Judiciário, e demais entidades referidas no inciso II;
V – fiscalizar as contas nacionais das empresas supranacionais de cujo capital social a União participe, de forma direta ou indireta, nos termos do tratado constitutivo;
VI – fiscalizar a aplicação de quaisquer recursos repassados pela União mediante convênio, acordo, ajuste ou outros instrumentos congêneres, a Estado, ao Distrito Federal ou a Município;
VII – prestar as informações solicitadas pelo Congresso Nacional, por qualquer de suas Casas, ou por qualquer das respectivas Comissões, sobre a fiscalização contábil, financeira, orçamentária, operacional e patrimonial e sobre resultados de auditorias e inspeções realizadas;
VIII – aplicar aos responsáveis, em caso de ilegalidade de despesa ou irregularidade de contas, as sanções previstas em lei, que estabelecerá, entre outras cominações, multa proporcional ao dano causado ao erário;
IX – assinar prazo para que o órgão ou entidade adote as providências necessárias ao exato cumprimento da lei, se verificada ilegalidade;
X – sustar, se não atendido, a execução do ato impugnado, comunicando a decisão à Câmara dos Deputados e ao Senado Federal;
XI – representar ao Poder competente sobre irregularidades ou abusos apurados.

§ 1º No caso de contrato, o ato de sustação será adotado diretamente pelo Congresso Nacional, que solicitará, de imediato, ao Poder Executivo as medidas cabíveis.

§ 2º Se o Congresso Nacional ou o Poder Executivo, no prazo de noventa dias, não efetivar as medidas previstas no parágrafo anterior, o Tribunal decidirá a respeito.

§ 3º As decisões do Tribunal de que resulte imputação de débito ou multa terão eficácia de título executivo.

§ 4º O Tribunal encaminhará ao Congresso Nacional, trimestral e anualmente, relatório de suas atividades.

Art. 72. A Comissão mista permanente a que se refere o artigo 166, § 1º, diante de indícios de despesas não autorizadas, ainda que sob a forma de investimentos não programados ou de subsídios não aprovados, poderá solicitar à autoridade governamental responsável que, no prazo de cinco dias, preste os esclarecimentos necessários.

▶ Art. 16, § 2º, do ADCT.

§ 1º Não prestados os esclarecimentos, ou considerados estes insuficientes, a Comissão solicitará ao Tribunal pronunciamento conclusivo sobre a matéria, no prazo de trinta dias.

§ 2º Entendendo o Tribunal irregular a despesa, a Comissão, se julgar que o gasto possa causar dano irreparável ou grave lesão à economia pública, proporá ao Congresso Nacional sua sustação.

Art. 73. O Tribunal de Contas da União, integrado por nove Ministros, tem sede no Distrito Federal, quadro próprio de pessoal e jurisdição em todo o Território Nacional, exercendo, no que couber, as atribuições previstas no artigo 96.

▶ Art. 84, XV, desta Constituição.
▶ Lei nº 8.443, de 16-7-1992, dispõe sobre a Lei Orgânica do Tribunal de Contas da União – TCU.

§ 1º Os Ministros do Tribunal de Contas da União serão nomeados dentre brasileiros que satisfaçam os seguintes requisitos:

I – mais de trinta e cinco e menos de sessenta e cinco anos de idade;
II – idoneidade moral e reputação ilibada;
III – notórios conhecimentos jurídicos, contábeis, econômicos e financeiros ou de administração pública;
IV – mais de dez anos de exercício de função ou de efetiva atividade profissional que exija os conhecimentos mencionados no inciso anterior.

▶ Dec. Legislativo nº 6, de 22-4-1993, dispõe sobre a escolha de Ministro do Tribunal de Contas da União.

§ 2º Os Ministros do Tribunal de Contas da União serão escolhidos:

▶ Súm. nº 653 do STF.

I – um terço pelo Presidente da República, com aprovação do Senado Federal, sendo dois alternadamente dentre auditores e membros do Ministério Público junto ao Tribunal, indicados em lista tríplice pelo Tribunal, segundo os critérios de antiguidade e merecimento;
II – dois terços pelo Congresso Nacional.

▶ Dec. Legislativo nº 6, de 22-4-1993, dispõe sobre a escolha de Ministro do Tribunal de Contas da União.

§ 3º Os Ministros do Tribunal de Contas da União terão as mesmas garantias, prerrogativas, impedimentos, vencimentos e vantagens dos Ministros do Superior Tribunal de Justiça, aplicando-se-lhes, quanto à aposentadoria e pensão, as normas constantes do art. 40.

▶ § 3º com a redação dada pela EC nº 20, de 15-12-1998.

§ 4º O auditor, quando em substituição a Ministro, terá as mesmas garantias e impedimentos do titular e, quando no exercício das demais atribuições da judicatura, as de juiz de Tribunal Regional Federal.

Art. 74. Os Poderes Legislativo, Executivo e Judiciário manterão, de forma integrada, sistema de controle interno com a finalidade de:

I – avaliar o cumprimento das metas previstas no plano plurianual, a execução dos programas de governo e dos orçamentos da União;
II – comprovar a legalidade e avaliar os resultados, quanto à eficácia e eficiência, da gestão orçamentária, financeira e patrimonial nos órgãos e entidades da administração federal, bem como da aplicação de recursos públicos por entidades de direito privado;
III – exercer o controle das operações de crédito, avais e garantias, bem como dos direitos e haveres da União;
IV – apoiar o controle externo no exercício de sua missão institucional.

§ 1º Os responsáveis pelo controle interno, ao tomarem conhecimento de qualquer irregularidade ou ilegalidade, dela darão ciência ao Tribunal de Contas da União, sob pena de responsabilidade solidária.

§ 2º Qualquer cidadão, partido político, associação ou sindicato é parte legítima para, na forma da lei, denunciar irregularidades ou ilegalidades perante o Tribunal de Contas da União.

▶ Arts. 1º, XVI, e 53, da Lei nº 8.443, de 16-7-1992, que dispõe sobre a Lei Orgânica do Tribunal de Contas da União – TCU.

Art. 75. As normas estabelecidas nesta seção aplicam-se, no que couber, à organização, composição e fiscalização dos Tribunais de Contas dos Estados e do Distrito Federal, bem como dos Tribunais e Conselhos de Contas dos Municípios.

▶ Súm. nº 653 do STF.

Parágrafo único. As Constituições estaduais disporão sobre os Tribunais de Contas respectivos, que serão integrados por sete Conselheiros.

Capítulo II

DO PODER EXECUTIVO

Seção I

DO PRESIDENTE E DO VICE-PRESIDENTE DA REPÚBLICA

▶ Lei nº 10.683, de 28-5-2003, dispõe sobre a organização da Presidência da República e dos Ministérios, regulamentada pelo Dec. nº 4.118, de 7-2-2002.

Art. 76. O Poder Executivo é exercido pelo Presidente da República, auxiliado pelos Ministros de Estado.

Art. 77. A eleição do Presidente e do Vice-Presidente da República realizar-se-á, simultaneamente, no primeiro domingo de outubro, em primeiro turno, e no último domingo de outubro, em segundo turno, se houver, do ano anterior ao do término do mandato presidencial vigente.

▶ *Caput* com a redação dada pela EC nº 16, de 4-6-1997.
▶ Arts. 28, 29, II, 32, § 2º, desta Constituição.
▶ Lei nº 9.504, de 30-9-1997 (Lei das Eleições).

§ 1º A eleição do Presidente da República importará a do Vice-Presidente com ele registrado.

§ 2º Será considerado eleito Presidente o candidato que, registrado por partido político, obtiver a maioria absoluta de votos, não computados os em branco e os nulos.

§ 3º Se nenhum candidato alcançar maioria absoluta na primeira votação, far-se-á nova eleição em até vinte dias após a proclamação do resultado, concorrendo os dois candidatos mais votados e considerando-se eleito aquele que obtiver a maioria dos votos válidos.

§ 4º Se, antes de realizado o segundo turno, ocorrer morte, desistência ou impedimento legal de candidato, convocar-se-á, dentre os remanescentes, o de maior votação.

§ 5º Se, na hipótese dos parágrafos anteriores, remanescer, em segundo lugar, mais de um candidato com a mesma votação, qualificar-se-á o mais idoso.

Art. 78. O Presidente e o Vice-Presidente da República tomarão posse em sessão do Congresso Nacional, prestando o compromisso de manter, defender e cumprir a Constituição, observar as leis, promover o bem geral do povo brasileiro, sustentar a união, a integridade e a independência do Brasil.

Parágrafo único. Se, decorridos dez dias da data fixada para a posse, o Presidente ou o Vice-Presidente, salvo motivo de força maior, não tiver assumido o cargo, este será declarado vago.

Art. 79. Substituirá o Presidente, no caso de impedimento, e suceder-lhe-á, no de vaga, o Vice-Presidente.

Parágrafo único. O Vice-Presidente da República, além de outras atribuições que lhe forem conferidas por lei complementar, auxiliará o Presidente, sempre que por ele convocado para missões especiais.

Art. 80. Em caso de impedimento do Presidente e do Vice-Presidente, ou vacância dos respectivos cargos, serão sucessivamente chamados ao exercício da Presidência o Presidente da Câmara dos Deputados, o do Senado Federal e o do Supremo Tribunal Federal.

Art. 81. Vagando os cargos de Presidente e Vice-Presidente da República, far-se-á eleição noventa dias depois de aberta a última vaga.

§ 1º Ocorrendo a vacância nos últimos dois anos do período presidencial, a eleição para ambos os cargos será feita trinta dias depois da última vaga, pelo Congresso Nacional, na forma da lei.

§ 2º Em qualquer dos casos, os eleitos deverão completar o período de seus antecessores.

Art. 82. O mandato do Presidente da República é de quatro anos e terá início em primeiro de janeiro do ano subsequente ao da sua eleição.

▶ Artigo com a redação dada pela EC nº 16, de 4-6-1997.

Art. 83. O Presidente e o Vice-Presidente da República não poderão, sem licença do Congresso Nacional, ausentar-se do País por período superior a quinze dias, sob pena de perda do cargo.

SEÇÃO II

DAS ATRIBUIÇÕES DO PRESIDENTE DA REPÚBLICA

Art. 84. Compete privativamente ao Presidente da República:

▶ Arts. 55 a 57 do CPM.
▶ Arts. 466 a 480 do CPPM.

I – nomear e exonerar os Ministros de Estado;
II – exercer, com o auxílio dos Ministros de Estado, a direção superior da administração federal;
III – iniciar o processo legislativo, na forma e nos casos previstos nesta Constituição;
IV – sancionar, promulgar e fazer publicar as leis, bem como expedir decretos e regulamentos para sua fiel execução;
V – vetar projetos de lei, total ou parcialmente;

▶ Art. 66, §§ 1º a 7º, desta Constituição.

VI – dispor, mediante decreto, sobre:

▶ Art. 61, § 1º, II, e, desta Constituição.

a) organização e funcionamento da administração federal, quando não implicar aumento de despesa nem criação ou extinção de órgãos públicos;
b) extinção de funções ou cargos públicos, quando vagos;

▶ Inciso VI com a redação dada pela EC nº 32, de 11-9-2001.
▶ Art. 48, X, desta Constituição.

VII – manter relações com Estados estrangeiros e acreditar seus representantes diplomáticos;
VIII – celebrar tratados, convenções e atos internacionais, sujeitos a referendo do Congresso Nacional;
IX – decretar o estado de defesa e o estado de sítio;
X – decretar e executar a intervenção federal;
XI – remeter mensagem e plano de governo ao Congresso Nacional por ocasião da abertura da sessão legislativa, expondo a situação do País e solicitando as providências que julgar necessárias;

XII – conceder indulto e comutar penas, com audiência, se necessário, dos órgãos instituídos em lei;

▶ Dec. nº 1.860, de 11-4-1996, concede indulto especial e condicional.
▶ Dec. nº 2.002, de 9-9-1996, concede indulto e comuta penas.

XIII – exercer o comando supremo das Forças Armadas, nomear os Comandantes da Marinha, do Exército e da Aeronáutica, promover seus oficiais-generais e nomeá-los para os cargos que lhes são privativos;

▶ Inciso XIII com a redação dada pela EC nº 23, de 2-9-1999.
▶ Art. 49, I, desta Constituição.
▶ LC nº 97, de 9-6-1999, dispõe sobre as normas gerais para a organização, o preparo e o emprego das Forças Armadas.

XIV – nomear, após aprovação pelo Senado Federal, os Ministros do Supremo Tribunal Federal e dos Tribunais Superiores, os Governadores de Territórios, o Procurador-Geral da República, o presidente e os diretores do Banco Central e outros servidores, quando determinado em lei;
XV – nomear, observado o disposto no artigo 73, os Ministros do Tribunal de Contas da União;
XVI – nomear os magistrados, nos casos previstos nesta Constituição, e o Advogado-Geral da União;

▶ Arts. 131 e 132 desta Constituição.

XVII – nomear membros do Conselho da República, nos termos do artigo 89, VII;
XVIII – convocar e presidir o Conselho da República e o Conselho de Defesa Nacional;
XIX – declarar guerra, no caso de agressão estrangeira, autorizado pelo Congresso Nacional ou referendado por ele, quando ocorrida no intervalo das sessões legislativas, e, nas mesmas condições, decretar, total ou parcialmente, a mobilização nacional;

▶ Art. 5º, XLVII, a, desta Constituição.

XX – celebrar a paz, autorizado ou com o referendo do Congresso Nacional;
XXI – conferir condecorações e distinções honoríficas;
XXII – permitir, nos casos previstos em lei complementar, que forças estrangeiras transitem pelo Território Nacional ou nele permaneçam temporariamente;

▶ LC nº 90, de 1º-10-1997, regulamenta este inciso e determina os casos em que forças estrangeiras possam transitar pelo território nacional ou nele permanecer temporariamente.

XXIII – enviar ao Congresso Nacional o plano plurianual, o projeto de lei de diretrizes orçamentárias e as propostas de orçamento previstos nesta Constituição;
XXIV – prestar anualmente, ao Congresso Nacional, dentro de sessenta dias após a abertura da sessão legislativa, as contas referentes ao exercício anterior;
XXV – prover e extinguir os cargos públicos federais, na forma da lei;
XXVI – editar medidas provisórias com força de lei, nos termos do artigo 62;
XXVII – exercer outras atribuições previstas nesta Constituição.

Parágrafo único. O Presidente da República poderá delegar as atribuições mencionadas nos incisos VI, XII e XXV, primeira parte, aos Ministros de Estado, ao Procurador-Geral da República ou ao Advogado-Geral da União, que observarão os limites traçados nas respectivas delegações.

SEÇÃO III

DA RESPONSABILIDADE DO PRESIDENTE DA REPÚBLICA

Art. 85. São crimes de responsabilidade os atos do Presidente da República que atentem contra a Constituição Federal e, especialmente, contra:

► Lei nº 1.079, de 10-4-1950 (Lei dos Crimes de Responsabilidade).
► Lei nº 8.429, de 2-6-1992 (Lei da Improbidade Administrativa).

I – a existência da União;
II – o livre exercício do Poder Legislativo, do Poder Judiciário, do Ministério Público e dos Poderes Constitucionais das Unidades da Federação;
III – o exercício dos direitos políticos, individuais e sociais;
IV – a segurança interna do País;

► LC nº 90, de 1º-10-1997, determina os casos em que forças estrangeiras possam transitar pelo território nacional ou nele permanecer temporariamente.

V – a probidade na administração;
► Art. 37, § 4º, desta Constituição.

VI – a lei orçamentária;
VII – o cumprimento das leis e das decisões judiciais.

Parágrafo único. Estes crimes serão definidos em lei especial, que estabelecerá as normas de processo e julgamento.

► Lei nº 1.079, de 10-4-1950 (Lei dos Crimes de Responsabilidade).
► Súm. nº 722 do STF.

Art. 86. Admitida a acusação contra o Presidente da República, por dois terços da Câmara dos Deputados, será ele submetido a julgamento perante o Supremo Tribunal Federal, nas infrações penais comuns, ou perante o Senado Federal, nos crimes de responsabilidade.

§ 1º O Presidente ficará suspenso de suas funções:

I – nas infrações penais comuns, se recebida a denúncia ou queixa-crime pelo Supremo Tribunal Federal;
II – nos crimes de responsabilidade, após a instauração do processo pelo Senado Federal.

§ 2º Se, decorrido o prazo de cento e oitenta dias, o julgamento não estiver concluído, cessará o afastamento do Presidente, sem prejuízo do regular prosseguimento do processo.

§ 3º Enquanto não sobrevier sentença condenatória, nas infrações comuns, o Presidente da República não estará sujeito à prisão.

§ 4º O Presidente da República, na vigência de seu mandato, não pode ser responsabilizado por atos estranhos ao exercício de suas funções.

SEÇÃO IV

DOS MINISTROS DE ESTADO

► Lei nº 10.683, de 28-5-2003, e Dec. nº 4.118, de 7-2-2002, dispõem sobre a organização da Presidência da República e dos Ministérios.

Art. 87. Os Ministros de Estado serão escolhidos dentre brasileiros maiores de vinte e um anos e no exercício dos direitos políticos.

Parágrafo único. Compete ao Ministro de Estado, além de outras atribuições estabelecidas nesta Constituição e na lei:

I – exercer a orientação, coordenação e supervisão dos órgãos e entidades da administração federal na área de sua competência e referendar os atos e decretos assinados pelo Presidente da República;
II – expedir instruções para a execução das leis, decretos e regulamentos;
III – apresentar ao Presidente da República relatório anual de sua gestão no Ministério;
IV – praticar os atos pertinentes às atribuições que lhe forem outorgadas ou delegadas pelo Presidente da República.

Art. 88. A lei disporá sobre a criação e extinção de Ministérios e órgãos da administração pública.

► Artigo com a redação dada pela EC nº 32, de 11-9-2001.

SEÇÃO V

DO CONSELHO DA REPÚBLICA E DO CONSELHO DE DEFESA NACIONAL

SUBSEÇÃO I

DO CONSELHO DA REPÚBLICA

► Lei nº 8.041, de 5-6-1990, dispõe sobre a organização e o funcionamento do Conselho da República.
► Art. 14 do Dec. nº 4.118, de 7-2-2002, que dispõe sobre a organização da Presidência da República e dos Ministérios.

Art. 89. O Conselho da República é órgão superior de consulta do Presidente da República, e dele participam:

► Lei nº 8.041, de 5-6-1990, dispõe sobre a organização e o funcionamento do Conselho da República.

I – o Vice-Presidente da República;
II – o Presidente da Câmara dos Deputados;
III – o Presidente do Senado Federal;
IV – os líderes da maioria e da minoria na Câmara dos Deputados;
V – os líderes da maioria e da minoria no Senado Federal;
VI – o Ministro da Justiça;
VII – seis cidadãos brasileiros natos, com mais de trinta e cinco anos de idade, sendo dois nomeados pelo Presidente da República, dois eleitos pelo Senado Federal e dois eleitos pela Câmara dos Deputados, todos com mandato de três anos, vedada a recondução.

► Arts. 51, V, 52, XIV, e 84, XVII, desta Constituição.

Art. 90. Compete ao Conselho da República pronunciar-se sobre:

I – intervenção federal, estado de defesa e estado de sítio;
II – as questões relevantes para a estabilidade das instituições democráticas.

§ 1º O Presidente da República poderá convocar Ministro de Estado para participar da reunião do Conselho, quando constar da pauta questão relacionada com o respectivo Ministério.

§ 2º A lei regulará a organização e o funcionamento do Conselho da República.

► Lei nº 8.041, de 5-6-1990, dispõe sobre a organização e o funcionamento do Conselho da República.

SUBSEÇÃO II

DO CONSELHO DE DEFESA NACIONAL

▶ Lei nº 8.183, de 11-4-1991, dispõe sobre a organização e o funcionamento do Conselho de Defesa Nacional.
▶ Dec. nº 893, de 12-8-1993, aprova o regulamento do Conselho de Defesa Nacional.
▶ Art. 15 do Dec. nº 4.118, de 7-2-2002, que dispõe sobre o Conselho de Defesa Nacional.

Art. 91. O Conselho de Defesa Nacional é órgão de consulta do Presidente da República nos assuntos relacionados com a soberania nacional e a defesa do Estado democrático, e dele participam como membros natos:

▶ Lei nº 8.183, de 11-4-1991, dispõe sobre a organização e funcionamento do Conselho de Defesa Nacional.
▶ Dec. nº 893, de 12-8-1993, aprova o regulamento do Conselho de Defesa Nacional.

I – o Vice-Presidente da República;
II – o Presidente da Câmara dos Deputados;
III – o Presidente do Senado Federal;
IV – o Ministro da Justiça;
V – o Ministro de Estado da Defesa;

▶ Inciso V com a redação dada pela EC nº 23, de 2-9-1999.

VI – o Ministro das Relações Exteriores;
VII – o Ministro do Planejamento;
VIII – os Comandantes da Marinha, do Exército e da Aeronáutica.

▶ Inciso VIII acrescido pela EC nº 23, de 2-9-1999.

§ 1º Compete ao Conselho de Defesa Nacional:

I – opinar nas hipóteses de declaração de guerra e de celebração da paz, nos termos desta Constituição;
II – opinar sobre a decretação do estado de defesa, do estado de sítio e da intervenção federal;
III – propor os critérios e condições de utilização de áreas indispensáveis à segurança do território nacional e opinar sobre seu efetivo uso, especialmente na faixa de fronteira e nas relacionadas com a preservação e a exploração dos recursos naturais de qualquer tipo;
IV – estudar, propor e acompanhar o desenvolvimento de iniciativas necessárias a garantir a independência nacional e a defesa do Estado democrático.

§ 2º A lei regulará a organização e o funcionamento do Conselho de Defesa Nacional.

▶ Lei nº 8.183, de 11-4-1991, dispõe sobre a organização e o funcionamento do Conselho de Defesa Nacional.
▶ Dec. nº 893, de 12-8-1993, aprova o Regulamento do Conselho de Defesa Nacional.

CAPÍTULO III
DO PODER JUDICIÁRIO

SEÇÃO I
DISPOSIÇÕES GERAIS

Art. 92. São órgãos do Poder Judiciário:

I – o Supremo Tribunal Federal;
I-A – O Conselho Nacional de Justiça;

▶ Inciso I-A acrescido pela EC nº 45, de 8-12-2004.
▶ Art. 103-B desta Constituição.
▶ Art. 5º da EC nº 45, de 8-12-2004 (Reforma do Judiciário).

II – o Superior Tribunal de Justiça;
III – os Tribunais Regionais Federais e Juízes Federais;
IV – os Tribunais e Juízes do Trabalho;
V – os Tribunais e Juízes Eleitorais;
VI – os Tribunais e Juízes Militares;
VII – os Tribunais e Juízes dos Estados e do Distrito Federal e Territórios.

§ 1º O Supremo Tribunal Federal, o Conselho Nacional de Justiça e os Tribunais Superiores têm sede na Capital Federal.

▶ Art. 103-B desta Constituição.

§ 2º O Supremo Tribunal Federal e os Tribunais Superiores têm jurisdição em todo o território nacional.

▶ §§ 1º e 2º acrescidos pela EC nº 45, de 8-12-2004.

Art. 93. Lei complementar, de iniciativa do Supremo Tribunal Federal, disporá sobre o Estatuto da Magistratura, observados os seguintes princípios:

▶ LC nº 35, de 14-3-1979 (Lei Orgânica da Magistratura Nacional).
▶ Lei nº 5.621, de 4-11-1970, dispõe sobre organização e divisão judiciária.

I – ingresso na carreira, cujo cargo inicial será o de juiz substituto, mediante concurso público de provas e títulos, com a participação da Ordem dos Advogados do Brasil em todas as fases, exigindo-se do bacharel em direito, no mínimo, três anos de atividade jurídica e obedecendo-se, nas nomeações, à ordem de classificação;

▶ Inciso I com a redação dada pela EC nº 45, de 8-12-2004.

II – promoção de entrância para entrância, alternadamente, por antiguidade e merecimento, atendidas as seguintes normas:

a) é obrigatória a promoção do juiz que figure por três vezes consecutivas ou cinco alternadas em lista de merecimento;
b) a promoção por merecimento pressupõe dois anos de exercício na respectiva entrância e integrar o juiz a primeira quinta parte da lista de antiguidade desta, salvo se não houver com tais requisitos quem aceite o lugar vago;
c) aferição do merecimento conforme o desempenho e pelos critérios objetivos de produtividade e presteza no exercício da jurisdição e pela frequência e aproveitamento em cursos oficiais ou reconhecidos de aperfeiçoamento;
d) na apuração de antiguidade, o tribunal somente poderá recusar o juiz mais antigo pelo voto fundamentado de dois terços de seus membros, conforme procedimento próprio, e assegurada ampla defesa, repetindo-se a votação até fixar-se a indicação;

▶ Alíneas c e d com a redação dada pela EC nº 45, de 8-12-2004.

e) não será promovido o juiz que, injustificadamente, retiver autos em seu poder além do prazo legal, não podendo devolvê-los ao cartório sem o devido despacho ou decisão;

▶ Alínea e acrescida pela EC nº 45, de 8-12-2004.

III – o acesso aos tribunais de segundo grau far-se-á por antiguidade e merecimento, alternadamente, apurados na última ou única entrância;

IV – previsão de cursos oficiais de preparação, aperfeiçoamento e promoção de magistrados, constituindo etapa obrigatória do processo de vitaliciamento a participação em curso oficial ou reconhecido por escola nacional de formação e aperfeiçoamento de magistrados;
► Incisos III e IV com a redação dada pela EC nº 45, de 8-12-2004.

V – o subsídio dos Ministros dos Tribunais Superiores corresponderá a noventa e cinco por cento do subsídio mensal fixado para os Ministros do Supremo Tribunal Federal e os subsídios dos demais magistrados serão fixados em lei e escalonados, em nível federal e estadual, conforme as respectivas categorias da estrutura judiciária nacional, não podendo a diferença entre uma e outra ser superior a dez por cento ou inferior a cinco por cento, nem exceder a noventa e cinco por cento do subsídio mensal dos Ministros dos Tribunais Superiores, obedecido, em qualquer caso, o disposto nos artigos 37, XI, e 39, § 4º;
► Inciso V com a redação dada pela EC nº 19, de 4-6-1998.
► Lei nº 9.655, de 2-6-1998, altera o percentual de diferença entre a remuneração dos cargos de Ministros do Superior Tribunal de Justiça e dos Juízes da Justiça Federal de Primeiro e Segundo Graus.

VI – a aposentadoria dos magistrados e a pensão de seus dependentes observarão o disposto no artigo 40;
► Inciso VI com a redação dada pela EC nº 20, de 15-12-1998.

VII – o juiz titular residirá na respectiva comarca, salvo autorização do tribunal;
VIII – o ato de remoção, disponibilidade e aposentadoria do magistrado, por interesse público, fundar-se-á em decisão por voto de maioria absoluta do respectivo tribunal ou do Conselho Nacional de Justiça, assegurada ampla defesa;
► Incisos VII e VIII com a redação dada pela EC nº 45, de 8-12-2004.
► Arts. 95, II, e 103-B desta Constituição.
► Art. 5º da EC nº 45, de 8-12-2004 (Reforma do Judiciário).

VIII-A – a remoção a pedido ou a permuta de magistrados de comarca de igual entrância atenderá, no que couber, ao disposto nas alíneas a, b, c e e do inciso II;
► Inciso VIII-A acrescido pela EC nº 45, de 8-12-2004.

IX – todos os julgamentos dos órgãos do Poder Judiciário serão públicos, e fundamentadas todas as decisões, sob pena de nulidade, podendo a lei limitar a presença, em determinados atos, às próprias partes e a seus advogados, ou somente a estes, em casos nos quais a preservação do direito à intimidade do interessado no sigilo não prejudique o interesse público à informação;
► Súm. nº 123 do STJ.

X – as decisões administrativas dos tribunais serão motivadas e em sessão pública, sendo as disciplinares tomadas pelo voto da maioria absoluta de seus membros;
XI – nos tribunais com número superior a vinte e cinco julgadores, poderá ser constituído órgão especial, com o mínimo de onze e o máximo de vinte e cinco membros, para o exercício das atribuições administrativas e jurisdicionais delegadas da competência do tribunal pleno, provendo-se metade das vagas por antiguidade e a outra metade por eleição pelo tribunal pleno;
► Incisos IX a XI com a redação dada pela EC nº 45, de 8-12-2004.

XII – a atividade jurisdicional será ininterrupta, sendo vedado férias coletivas nos juízos e tribunais de segundo grau, funcionando, nos dias em que não houver expediente forense normal, juízes em plantão permanente;
XIII – o número de juízes na unidade jurisdicional será proporcional à efetiva demanda judicial e à respectiva população;
XIV – os servidores receberão delegação para a prática de atos de administração e atos de mero expediente sem caráter decisório;
XV – a distribuição de processos será imediata, em todos os graus de jurisdição.
► Incisos XII a XV acrescidos pela EC nº 45, de 8-12-2004.

Art. 94. Um quinto dos lugares dos Tribunais Regionais Federais, dos Tribunais dos Estados, e do Distrito Federal e Territórios será composto de membros, do Ministério Público, com mais de dez anos de carreira, e de advogados de notório saber jurídico e de reputação ilibada, com mais de dez anos de efetiva atividade profissional, indicados em lista sêxtupla pelos órgãos de representação das respectivas classes.
► Arts. 104, II, e 115, II, desta Constituição.

Parágrafo único. Recebidas as indicações, o Tribunal formará lista tríplice, enviando-a ao Poder Executivo, que, nos vinte dias subsequentes, escolherá um de seus integrantes para nomeação.

Art. 95. Os juízes gozam das seguintes garantias:
I – vitaliciedade, que, no primeiro grau, só será adquirida após dois anos de exercício, dependendo a perda do cargo, nesse período, de deliberação do Tribunal a que o juiz estiver vinculado, e, nos demais casos, de sentença judicial transitada em julgado;
II – inamovibilidade, salvo por motivo de interesse público, na forma do artigo 93, VIII;
III – irredutibilidade de subsídio, ressalvado o disposto nos artigos 37, X e XI, 39, § 4º, 150, II, 153, III, e 153, § 2º, I.
► Inciso III com a redação dada pela EC nº 19, de 4-6-1998.

Parágrafo único. Aos juízes é vedado:
I – exercer, ainda que em disponibilidade, outro cargo ou função, salvo uma de magistério;
II – receber, a qualquer título ou pretexto, custas ou participação em processo;
III – dedicar-se à atividade político-partidária;
IV – receber, a qualquer título ou pretexto, auxílios ou contribuições de pessoas físicas, entidades públicas ou privadas, ressalvadas as exceções previstas em lei;
V – exercer a advocacia no juízo ou tribunal do qual se afastou, antes de decorridos três anos do afastamento do cargo por aposentadoria ou exoneração.
► Incisos IV e V acrescidos pela EC nº 45, de 8-12-2004.
► Art. 128, § 6º, desta Constituição.

Art. 96. Compete privativamente:
I – aos Tribunais:

a) eleger seus órgãos diretivos e elaborar seus regimentos internos, com observância das normas de processo e das garantias processuais das partes, dispondo sobre a competência e o funcionamento dos respectivos órgãos jurisdicionais e administrativos;
b) organizar suas secretarias e serviços auxiliares e os dos juízos que lhes forem vinculados, velando pelo exercício da atividade correicional respectiva;
c) prover, na forma prevista nesta Constituição, os cargos de juiz de carreira da respectiva jurisdição;
d) propor a criação de novas varas judiciárias;
e) prover, por concurso público de provas, ou de provas e títulos, obedecido o disposto no artigo 169, parágrafo único, os cargos necessários à administração da Justiça, exceto os de confiança assim definidos em lei;

▶ De acordo com a alteração processada pela EC nº 19, de 4-6-1998, a referência passa a ser ao art. 169, § 1º.

f) conceder licença, férias e outros afastamentos a seus membros e aos juízes e servidores que lhes forem imediatamente vinculados;

II – ao Supremo Tribunal Federal, aos Tribunais Superiores e aos Tribunais de Justiça propor ao Poder Legislativo respectivo, observado o disposto no artigo 169:
a) a alteração do número de membros dos Tribunais inferiores;
b) a criação e a extinção de cargos e a remuneração dos seus serviços auxiliares e dos juízos que lhes forem vinculados, bem como a fixação do subsídio de seus membros e dos juízes, inclusive dos tribunais inferiores, onde houver;

▶ Alínea b com a redação dada pela EC nº 41, de 19-12-2003.
▶ Lei nº 10.475 de 27-6-2002, reestrutura as carreiras dos servidores do Poder Judiciário da União.

c) a criação ou extinção dos Tribunais inferiores;
d) a alteração da organização e da divisão judiciárias;

III – aos Tribunais de Justiça julgar os juízes estaduais e do Distrito Federal e Territórios, bem como os membros do Ministério Público, nos crimes comuns e de responsabilidade, ressalvada a competência da Justiça Eleitoral.

Art. 97. Somente pelo voto da maioria absoluta de seus membros ou dos membros do respectivo órgão especial poderão os Tribunais declarar a inconstitucionalidade de lei ou ato normativo do Poder Público.

▶ Súm. Vinc. nº 10 do STF.

Art. 98. A União, no Distrito Federal e nos Territórios, e os Estados criarão:

I – juizados especiais, providos por juízes togados, ou togados e leigos, competentes para a conciliação, o julgamento e a execução de causas cíveis de menor complexidade e infrações penais de menor potencial ofensivo, mediante os procedimentos oral e sumaríssimo, permitidos, nas hipóteses previstas em lei, a transação e o julgamento de recursos por turmas de juízes de primeiro grau;

▶ Lei nº 9.099, de 26-9-1995 (Lei dos Juizados Especiais).
▶ Lei nº 10.259, de 12-7-2001 (Lei dos Juizados Especiais Federais).

▶ Lei nº 12.053, de 22-12-2009 (Lei dos Juizados Especiais da Fazenda Pública).
▶ Súm. Vinc. nº 27 do STF.
▶ Súm. nº 376 do STJ.

II – justiça de paz, remunerada, composta de cidadãos eleitos pelo voto direto, universal e secreto, com mandato de quatro anos e competência para, na forma da lei, celebrar casamentos, verificar, de ofício ou em face de impugnação apresentada, o processo de habilitação e exercer atribuições conciliatórias, sem caráter jurisdicional, além de outras previstas na legislação.

▶ Art. 30 do ADCT.

§ 1º Lei federal disporá sobre a criação de juizados especiais no âmbito da Justiça Federal.

▶ Antigo parágrafo único renumerado para § 1º pela EC nº 45, de 8-12-2004.
▶ Lei nº 10.259, de 12-7-2001 (Lei dos Juizados Especiais Federais).
▶ Súm. nº 428 do STJ.

§ 2º As custas e emolumentos serão destinados exclusivamente ao custeio dos serviços afetos às atividades específicas da Justiça.

▶ § 2º acrescido pela EC nº 45, de 8-12-2004.

Art. 99. Ao Poder Judiciário é assegurada autonomia administrativa e financeira.

§ 1º Os Tribunais elaborarão suas propostas orçamentárias dentro dos limites estipulados conjuntamente com os demais Poderes na lei de diretrizes orçamentárias.

▶ Art. 134, § 2º, desta Constituição.

§ 2º O encaminhamento da proposta, ouvidos os outros Tribunais interessados, compete:

I – no âmbito da União, aos Presidentes do Supremo Tribunal Federal e dos Tribunais Superiores, com a aprovação dos respectivos Tribunais;

II – no âmbito dos Estados e no do Distrito Federal e Territórios, aos Presidentes dos Tribunais de Justiça, com a aprovação dos respectivos Tribunais.

§ 3º Se os órgãos referidos no § 2º não encaminharem as respectivas propostas orçamentárias dentro do prazo estabelecido na lei de diretrizes orçamentárias, o Poder Executivo considerará, para fins de consolidação da proposta orçamentária anual, os valores aprovados na lei orçamentária vigente, ajustados de acordo com os limites estipulados na forma do § 1º deste artigo.

§ 4º Se as propostas orçamentárias de que trata este artigo forem encaminhadas em desacordo com os limites estipulados na forma do § 1º, o Poder Executivo procederá aos ajustes necessários para fins de consolidação da proposta orçamentária anual.

§ 5º Durante a execução orçamentária do exercício, não poderá haver a realização de despesas ou a assunção de obrigações que extrapolem os limites estabelecidos na lei de diretrizes orçamentárias, exceto se previamente autorizadas, mediante a abertura de créditos suplementares ou especiais.

▶ §§ 3º a 5º acrescidos pela EC nº 45, de 8-12-2004.

Art. 100. Os pagamentos devidos pelas Fazendas Públicas Federal, Estaduais, Distrital e Municipais, em virtude de sentença judiciária, far-se-ão exclusivamente na ordem cronológica de apresentação dos precatórios e à conta dos créditos respectivos, proibida a designação de casos ou de pessoas nas dotações orçamentárias e nos créditos adicionais abertos para este fim.

▶ *Caput* com a redação dada pela EC nº 62, de 9-12-2009.
▶ Arts. 33, 78, 86, 87 e 97 do ADCT.
▶ Art. 4º da EC nº 62, de 9-12-2009.
▶ Art. 6º da Lei nº 9.469, de 10-7-1997, que regula os pagamentos devidos pela Fazenda Pública em virtude de sentença judiciária.
▶ Res. do CNJ nº 92, de 13-10-2009, dispõe sobre a Gestão de Precatórios no âmbito do Poder Judiciário.
▶ Súm. nº 655 do STF.
▶ Súmulas nºs 144 e 339 do STJ.

§ 1º Os débitos de natureza alimentícia compreendem aqueles decorrentes de salários, vencimentos, proventos, pensões e suas complementações, benefícios previdenciários e indenizações por morte ou por invalidez, fundadas em responsabilidade civil, em virtude de sentença judicial transitada em julgado, e serão pagos com preferência sobre todos os demais débitos, exceto sobre aqueles referidos no § 2º deste artigo.

§ 2º Os débitos de natureza alimentícia cujos titulares tenham 60 (sessenta) anos de idade ou mais na data de expedição do precatório, ou sejam portadores de doença grave, definidos na forma da lei, serão pagos com preferência sobre todos os demais débitos, até o valor equivalente ao triplo do fixado em lei para os fins do disposto no § 3º deste artigo, admitido o fracionamento para essa finalidade, sendo que o restante será pago na ordem cronológica de apresentação do precatório.

▶ Art. 97, § 17, do ADCT.

§ 3º O disposto no *caput* deste artigo relativamente à expedição de precatórios não se aplica aos pagamentos de obrigações definidas em leis como de pequeno valor que as Fazendas referidas devam fazer em virtude de sentença judicial transitada em julgado.

▶ Art. 87 do ADCT.
▶ Lei nº 10.099, de 19-12-2000, regulamenta este parágrafo.
▶ Art. 17, § 1º, da Lei nº 10.259, de 12-7-2001 (Lei dos Juizados Especiais Federais).
▶ Art. 13 da Lei nº 12.153, de 22-12-2009 (Lei dos Juizados Especiais da Fazenda Pública).

§ 4º Para os fins do disposto no § 3º, poderão ser fixados, por leis próprias, valores distintos às entidades de direito público, segundo as diferentes capacidades econômicas, sendo o mínimo igual ao valor do maior benefício do regime geral de previdência social.

▶ Art. 97, § 12º, do ADCT.

§ 5º É obrigatória a inclusão, no orçamento das entidades de direito público, de verba necessária ao pagamento de seus débitos, oriundos de sentenças transitadas em julgado, constantes de precatórios judiciários apresentados até 1º de julho, fazendo-se o pagamento até o final do exercício seguinte, quando terão seus valores atualizados monetariamente.

▶ Súm. Vinc. nº 17 do STF.

§ 6º As dotações orçamentárias e os créditos abertos serão consignados diretamente ao Poder Judiciário, cabendo ao Presidente do Tribunal que proferir a decisão exequenda determinar o pagamento integral e autorizar, a requerimento do credor e exclusivamente para os casos de preterimento de seu direito de precedência ou de não alocação orçamentária do valor necessário à satisfação do seu débito, o sequestro da quantia respectiva.

▶ §§ 1º a 6º com a redação dada pela EC nº 62, de 9-12-2009.
▶ Súm. nº 733 do STF.

§ 7º O Presidente do Tribunal competente que, por ato comissivo ou omissivo, retardar ou tentar frustrar a liquidação regular de precatórios incorrerá em crime de responsabilidade e responderá, também, perante o Conselho Nacional de Justiça.

▶ Lei nº 1.079, de 10-4-1950 (Lei dos Crimes de Responsabilidade).

§ 8º É vedada a expedição de precatórios complementares ou suplementares de valor pago, bem como o fracionamento, repartição ou quebra do valor da execução para fins de enquadramento de parcela do total ao que dispõe o § 3º deste artigo.

▶ Art. 87 do ADCT.

§ 9º No momento da expedição dos precatórios, independentemente de regulamentação, deles deverá ser abatido, a título de compensação, valor correspondente aos débitos líquidos e certos, inscritos ou não em dívida ativa e constituídos contra o credor original pela Fazenda Pública devedora, incluídas parcelas vincendas de parcelamentos, ressalvados aqueles cuja execução esteja suspensa em virtude de contestação administrativa ou judicial.

▶ Orient. Norm. do CJF nº 4, de 8-6-2010, estabelece regra de transição para os procedimentos de compensação previstos neste inciso.

§ 10. Antes da expedição dos precatórios, o Tribunal solicitará à Fazenda Pública devedora, para resposta em até 30 (trinta) dias, sob pena de perda do direito de abatimento, informação sobre os débitos que preencham as condições estabelecidas no § 9º, para os fins nele previstos.

▶ Orient. Norm. do CJF nº 4, de 8-6-2010, estabelece regra de transição para os procedimentos de compensação previstos neste inciso.

§ 11. É facultada ao credor, conforme estabelecido em lei da entidade federativa devedora, a entrega de créditos em precatórios para compra de imóveis públicos do respectivo ente federado.

§ 12. A partir da promulgação desta Emenda Constitucional, a atualização de valores de requisitórios, após sua expedição, até o efetivo pagamento, independentemente de sua natureza, será feita pelo índice oficial de remuneração básica da caderneta de poupança, e, para fins de compensação da mora, incidirão juros simples no mesmo percentual de juros incidentes sobre a caderneta de poupança, ficando excluída a incidência de juros compensatórios.

§ 13. O credor poderá ceder, total ou parcialmente, seus créditos em precatórios a terceiros, independentemente da concordância do devedor, não se aplicando ao cessionário o disposto nos §§ 2º e 3º.

▶ Art. 5º da EC nº 62, de 9-12-2009, que convalida todas as cessões de precatórios efetuadas antes da sua promulgação, independentemente da concordância da entidade devedora.
▶ Arts. 286 a 298 do CC.

§ 14. A cessão de precatórios somente produzirá efeitos após comunicação, por meio de petição protocolizada, ao tribunal de origem e à entidade devedora.

§ 15. Sem prejuízo do disposto neste artigo, lei complementar a esta Constituição Federal poderá estabelecer regime especial para pagamento de crédito de precatórios de Estados, Distrito Federal e Municípios, dispondo sobre vinculações à receita corrente líquida e forma e prazo de liquidação.

▶ Art. 97, caput, do ADCT.

§ 16. A seu critério exclusivo e na forma de lei, a União poderá assumir débitos, oriundos de precatórios, de Estados, Distrito Federal e Municípios, refinanciando-os diretamente.

▶ §§ 7º a 16 acrescidos pela EC nº 62, de 9-12-2009.

SEÇÃO II

DO SUPREMO TRIBUNAL FEDERAL

Art. 101. O Supremo Tribunal Federal compõe-se de onze Ministros, escolhidos dentre cidadãos com mais de trinta e cinco anos e menos de sessenta e cinco anos de idade, de notável saber jurídico e reputação ilibada.

▶ Lei nº 8.038, de 28-5-1990, institui normas procedimentais para os processos que especifica, perante o STJ e o STF.

Parágrafo único. Os Ministros do Supremo Tribunal Federal serão nomeados pelo Presidente da República, depois de aprovada a escolha pela maioria absoluta do Senado Federal.

Art. 102. Compete ao Supremo Tribunal Federal, precipuamente, a guarda da Constituição, cabendo-lhe:

I – processar e julgar, originariamente:

▶ Res. do STF nº 427, de 20-4-2010, regulamenta o processo eletrônico no âmbito do Supremo Tribunal Federal.

a) a ação direta de inconstitucionalidade de lei ou ato normativo federal ou estadual e a ação declaratória de constitucionalidade de lei ou ato normativo federal;

▶ Alínea a com a redação dada pela EC nº 3, de 17-3-1993.
▶ Lei nº 9.868, de 10-11-1999 (Lei da ADIN e da ADECON).
▶ Dec. nº 2.346, de 10-10-1997, consolida as normas de procedimentos a serem observadas pela administração pública federal em razão de decisões judiciais.
▶ Súmulas nºs 642 e 735 do STF.

b) nas infrações penais comuns, o Presidente da República, o Vice-Presidente, os membros do Congresso Nacional, seus próprios Ministros e o Procurador-Geral da República;

c) nas infrações penais comuns e nos crimes de responsabilidade, os Ministros de Estado e os Comandantes da Marinha, do Exército e da Aeronáutica, ressalvado o disposto no artigo 52, I, os membros dos Tribunais Superiores, os do Tribunal de Contas da União e os chefes de missão diplomática de caráter permanente;

▶ Alínea c com a redação dada pela EC nº 23, de 2-9-1999.
▶ Lei nº 1.079, de 10-4-1950 (Lei dos Crimes de Responsabilidade).

d) o habeas corpus, sendo paciente qualquer das pessoas referidas nas alíneas anteriores; o mandado de segurança e o habeas data contra atos do Presidente da República, das Mesas da Câmara dos Deputados e do Senado Federal, do Tribunal de Contas da União, do Procurador-Geral da República e do próprio Supremo Tribunal Federal;

▶ Lei nº 9.507, de 12-11-1997 (Lei do Habeas Data).
▶ Lei nº 12.016, de 7-8-2009 (Lei do Mandado de Segurança Individual e Coletivo).
▶ Súm. nº 624 do STF.

e) o litígio entre Estado estrangeiro ou organismo internacional e a União, o Estado, o Distrito Federal ou o Território;

f) as causas e os conflitos entre a União e os Estados, a União e o Distrito Federal, ou entre uns e outros, inclusive as respectivas entidades da administração indireta;

g) a extradição solicitada por Estado estrangeiro;

h) Revogada. EC nº 45, de 8-12-2004;

i) o habeas corpus, quando o coator for Tribunal Superior ou quando o coator ou o paciente for autoridade ou funcionário cujos atos estejam sujeitos diretamente à jurisdição do Supremo Tribunal Federal, ou se trate de crime sujeito à mesma jurisdição em uma única instância;

▶ Alínea i com a redação dada pela EC nº 22, de 18-3-1999.
▶ Súmulas nºs 690 a 692 e 731 do STF.

j) a revisão criminal e a ação rescisória de seus julgados;

▶ Arts. 485 a 495 do CPC.
▶ Arts. 621 a 631 do CPP.

l) a reclamação para a preservação de sua competência e garantia da autoridade de suas decisões;

▶ Arts. 13 a 18 da Lei nº 8.038, de 28-5-1990, que institui normas procedimentais para os processos que especifica, perante o STJ e o STF.

m) a execução de sentença nas causas de sua competência originária, facultada a delegação de atribuições para a prática de atos processuais;

n) a ação em que todos os membros da magistratura sejam direta ou indiretamente interessados, e aquela em que mais da metade dos membros do Tribunal de origem estejam impedidos ou sejam direta ou indiretamente interessados;

▶ Súmulas nºs 623 e 731 do STF.

o) os conflitos de competência entre o Superior Tribunal de Justiça e quaisquer Tribunais, entre Tribunais Superiores, ou entre estes e qualquer outro Tribunal;

▶ Arts. 105, I, d, 108, I, e, e 114, V, desta Constituição.

p) o pedido de medida cautelar das ações diretas de inconstitucionalidade;

q) o mandado de injunção, quando a elaboração da norma regulamentadora for atribuição do Presidente da República, do Congresso Nacional, da Câmara dos Deputados, do Senado Federal, das Mesas de uma dessas Casas Legislativas, do Tribunal de Contas da União, de um dos Tribunais Superiores, ou do próprio Supremo Tribunal Federal;

r) as ações contra o Conselho Nacional de Justiça e contra o Conselho Nacional do Ministério Público;
▶ Alínea *r* acrescida pela EC nº 45, de 8-12-2004.
▶ Arts. 103-A e 130-B desta Constituição.

II – julgar, em recurso ordinário:

a) o *habeas corpus*, o mandado de segurança, o *habeas data* e o mandado de injunção decididos em única instância pelos Tribunais Superiores, se denegatória a decisão;
▶ Lei nº 9.507, de 12-11-1997 (Lei do *Habeas Data*).
▶ Lei nº 12.016, de 7-8-2009 (Lei do Mandado de Segurança Individual e Coletivo).

b) o crime político;

III – julgar, mediante recurso extraordinário, as causas decididas em única ou última instância, quando a decisão recorrida:
▶ Lei nº 8.658, de 26-5-1993, dispõe sobre a aplicação, nos Tribunais de Justiça e nos Tribunais Regionais Federais, das normas da Lei nº 8.038, de 28-5-1990.
▶ Súm. nº 640 do STF.

a) contrariar dispositivo desta Constituição;
▶ Súmulas nºs 400 e 735 do STF.

b) declarar a inconstitucionalidade de tratado ou lei federal;
c) julgar válida lei ou ato de governo local contestado em face desta Constituição;
d) julgar válida lei local contestada em face de lei federal.
▶ Alínea *d* acrescida pela EC nº 45, de 8-12-2004.

§ 1º A arguição de descumprimento de preceito fundamental decorrente desta Constituição será apreciada pelo Supremo Tribunal Federal, na forma da lei.
▶ Parágrafo único transformado em § 1º pela EC nº 3, de 17-3-1993.
▶ Lei nº 9.882, de 3-12-1999 (Lei da Ação de Descumprimento de Preceito Fundamental).

§ 2º As decisões definitivas de mérito, proferidas pelo Supremo Tribunal Federal, nas ações diretas de inconstitucionalidade e nas ações declaratórias de constitucionalidade, produzirão eficácia contra todos e efeito vinculante, relativamente aos demais órgãos do Poder Judiciário e à administração pública direta e indireta, nas esferas federal, estadual e municipal.
▶ § 2º com a redação dada pela EC nº 45, de 8-12-2004.
▶ Lei nº 9.868, de 10-11-1999 (Lei da ADIN e da ADECON).

§ 3º No recurso extraordinário o recorrente deverá demonstrar a repercussão geral das questões constitucionais discutidas no caso, nos termos da lei, a fim de que o Tribunal examine a admissão do recurso, somente podendo recusá-lo pela manifestação de dois terços de seus membros.
▶ § 3º acrescido pela EC nº 45, de 8-12-2004.
▶ Lei nº 11.418, de 19-12-2006, regulamenta este parágrafo.
▶ Arts. 543-A e 543-B do CPC.

Art. 103. Podem propor a ação direta de inconstitucionalidade e a ação declaratória de constitucionalidade:
▶ *Caput* com a redação dada pela EC nº 45, de 8-12-2004.
▶ Arts. 2º, 12-A e 13 da Lei nº 9.868, de 10-11-1999 (Lei da ADIN e da ADECON).

I – o Presidente da República;
II – a Mesa do Senado Federal;
III – a Mesa da Câmara dos Deputados;
IV – a Mesa de Assembleia Legislativa ou da Câmara Legislativa do Distrito Federal;
V – o Governador de Estado ou do Distrito Federal;
▶ Incisos IV e V com a redação dada pela EC nº 45, de 8-12-2004.

VI – o Procurador-Geral da República;
VII – o Conselho Federal da Ordem dos Advogados do Brasil;
VIII – partido político com representação no Congresso Nacional;
IX – confederação sindical ou entidade de classe de âmbito nacional.

§ 1º O Procurador-Geral da República deverá ser previamente ouvido nas ações de inconstitucionalidade e em todos os processos de competência do Supremo Tribunal Federal.

§ 2º Declarada a inconstitucionalidade por omissão de medida para tornar efetiva norma constitucional, será dada ciência ao Poder competente para a adoção das providências necessárias e, em se tratando de órgão administrativo, para fazê-lo em trinta dias.
▶ Art. 12-H da Lei nº 9.868, de 10-11-1999 (Lei da ADIN e da ADECON).

§ 3º Quando o Supremo Tribunal Federal apreciar a inconstitucionalidade, em tese, de norma legal ou ato normativo, citará, previamente, o Advogado-Geral da União, que defenderá o ato ou texto impugnado.

§ 4º *Revogado*. EC nº 45, de 8-12-2004.

Art. 103-A. O Supremo Tribunal Federal poderá, de ofício ou por provocação, mediante decisão de dois terços dos seus membros, após reiteradas decisões sobre matéria constitucional, aprovar súmula que, a partir de sua publicação na imprensa oficial, terá efeito vinculante em relação aos demais órgãos do Poder Judiciário e à administração pública direta e indireta, nas esferas federal, estadual e municipal, bem como proceder à sua revisão ou cancelamento, na forma estabelecida em lei.
▶ Art. 8º da EC nº 45, de 8-12-2004 (Reforma do Judiciário).
▶ Lei nº 11.417, de 19-12-2006 (Lei da Súmula Vinculante), regulamenta este artigo.

§ 1º A súmula terá por objetivo a validade, a interpretação e a eficácia de normas determinadas, acerca das quais haja controvérsia atual entre órgãos judiciários ou entre esses e a administração pública que acarrete grave insegurança jurídica e relevante multiplicação de processos sobre questão idêntica.

§ 2º Sem prejuízo do que vier a ser estabelecido em lei, a aprovação, revisão ou cancelamento de súmula poderá ser provocada por aqueles que podem propor a ação direta de inconstitucionalidade.

§ 3º Do ato administrativo ou decisão judicial que contrariar a súmula aplicável ou que indevidamente a aplicar, caberá reclamação ao Supremo Tribunal Federal que, julgando-a procedente, anulará o ato administrativo ou cassará a decisão judicial reclamada, e determinará que outra seja proferida com ou sem a aplicação da súmula, conforme o caso.
▶ Art. 103-A acrescido pela EC nº 45, de 8-12-2004.

Art. 103-B. O Conselho Nacional de Justiça compõe-se de 15 (quinze) membros com mandato de 2 (dois) anos, admitida 1 (uma) recondução, sendo:
▶ *Caput* com a redação dada pela EC nº 61, de 11-11-2009.
I – o Presidente do Supremo Tribunal Federal;
▶ Inciso I com a redação dada pela EC nº 61, de 11-11-2009.
II – um Ministro do Superior Tribunal de Justiça, indicado pelo respectivo tribunal;
III – um Ministro do Tribunal Superior do Trabalho, indicado pelo respectivo tribunal;
IV – um desembargador de Tribunal de Justiça, indicado pelo Supremo Tribunal Federal;
V – um juiz estadual, indicado pelo Supremo Tribunal Federal;
VI – um juiz de Tribunal Regional Federal, indicado pelo Superior Tribunal de Justiça;
VII – um juiz federal, indicado pelo Superior Tribunal de Justiça;
VIII – um juiz de Tribunal Regional do Trabalho, indicado pelo Tribunal Superior do Trabalho;
IX – um juiz do trabalho, indicado pelo Tribunal Superior do Trabalho;
X – um membro do Ministério Público da União, indicado pelo Procurador-Geral da República;
XI – um membro do Ministério Público estadual, escolhido pelo Procurador-Geral da República dentre os nomes indicados pelo órgão competente de cada instituição estadual;
XII – dois advogados, indicados pelo Conselho Federal da Ordem dos Advogados do Brasil;
XIII – dois cidadãos, de notável saber jurídico e reputação ilibada, indicados um pela Câmara dos Deputados e outro pelo Senado Federal.
▶ Incisos II a XIII acrescidos pela EC nº 45, de 8-12-2004.
§ 1º O Conselho será presidido pelo Presidente do Supremo Tribunal Federal e, nas suas ausências e impedimentos, pelo Vice-Presidente do Supremo Tribunal Federal.
§ 2º Os demais membros do Conselho serão nomeados pelo Presidente da República, depois de aprovada a escolha pela maioria absoluta do Senado Federal.
▶ §§ 1º e 2º com a redação dada pela EC nº 61, de 11-11-2009.
§ 3º Não efetuadas, no prazo legal, as indicações previstas neste artigo, caberá a escolha ao Supremo Tribunal Federal.
§ 4º Compete ao Conselho o controle da atuação administrativa e financeira do Poder Judiciário e do cumprimento dos deveres funcionais dos juízes, cabendo-lhe, além de outras atribuições que lhe forem conferidas pelo Estatuto da Magistratura:
I – zelar pela autonomia do Poder Judiciário e pelo cumprimento do Estatuto da Magistratura, podendo expedir atos regulamentares, no âmbito de sua competência, ou recomendar providências;
II – zelar pela observância do art. 37 e apreciar, de ofício ou mediante provocação, a legalidade dos atos administrativos praticados por membros ou órgãos do Poder Judiciário, podendo desconstituí-los, revê-los ou fixar prazo para que se adotem as providências necessárias ao exato cumprimento da lei, sem prejuízo da competência do Tribunal de Contas da União;
III – receber e conhecer das reclamações contra membros ou órgãos do Poder Judiciário, inclusive contra seus serviços auxiliares, serventias e órgãos prestadores de serviços notariais e de registro que atuem por delegação do poder público ou oficializados, sem prejuízo da competência disciplinar e correicional dos tribunais, podendo avocar processos disciplinares em curso e determinar a remoção, a disponibilidade ou a aposentadoria com subsídios ou proventos proporcionais ao tempo de serviço e aplicar outras sanções administrativas, assegurada ampla defesa;
IV – representar ao Ministério Público, no caso de crime contra a administração pública ou de abuso de autoridade;
V – rever, de ofício ou mediante provocação, os processos disciplinares de juízes e membros de tribunais julgados há menos de um ano;
VI – elaborar semestralmente relatório estatístico sobre processos e sentenças prolatadas, por unidade da Federação, nos diferentes órgãos do Poder Judiciário;
VII – elaborar relatório anual, propondo as providências que julgar necessárias, sobre a situação do Poder Judiciário no País e as atividades do Conselho, o qual deve integrar mensagem do Presidente do Supremo Tribunal Federal a ser remetida ao Congresso Nacional, por ocasião da abertura da sessão legislativa.
§ 5º O Ministro do Superior Tribunal de Justiça exercerá a função de Ministro Corregedor e ficará excluído da distribuição de processos no Tribunal, competindo-lhe, além das atribuições que lhe forem conferidas pelo Estatuto da Magistratura, as seguintes:
I – receber as reclamações e denúncias, de qualquer interessado, relativas aos magistrados e aos serviços judiciários;
II – exercer funções executivas do Conselho, de inspeção e de correição geral;
III – requisitar e designar magistrados, delegando-lhes atribuições, e requisitar servidores de juízos ou tribunais, inclusive nos Estados, Distrito Federal e Territórios.
§ 6º Junto ao Conselho oficiarão o Procurador-Geral da República e o Presidente do Conselho Federal da Ordem dos Advogados do Brasil.
§ 7º A União, inclusive no Distrito Federal e nos Territórios, criará ouvidorias de justiça, competentes para receber reclamações e denúncias de qualquer interessado contra membros ou órgãos do Poder Judiciário, ou contra seus serviços auxiliares, representando diretamente ao Conselho Nacional de Justiça.
▶ §§ 3º a 7º acrescidos pela EC nº 45, de 8-12-2004.
▶ Res. do CNJ nº 103, de 24-2-2010, dispõe sobre as atribuições da Ouvidoria do Conselho Nacional de Justiça e determina a criação de ouvidorias no âmbito dos Tribunais.

SEÇÃO III

DO SUPERIOR TRIBUNAL DE JUSTIÇA

▶ Lei nº 8.038, de 28-5-1990, institui normas procedimentais para os processos que especifica, perante o STJ e o STF.

Art. 104. O Superior Tribunal de Justiça compõe-se de, no mínimo, trinta e três Ministros.

Parágrafo único. Os Ministros do Superior Tribunal de Justiça serão nomeados pelo Presidente da República, dentre brasileiros com mais de trinta e cinco e menos de sessenta e cinco anos, de notável saber jurídico e reputação ilibada, depois de aprovada a escolha pela maioria absoluta do Senado Federal, sendo:

▶ Parágrafo único com a redação dada pela EC nº 45, de 8-12-2004.
▶ Lei nº 8.038, de 28-5-1990, institui normas procedimentais para os processos que especifica, perante o STJ e o STF.

I – um terço dentre juízes dos Tribunais Regionais Federais e um terço dentre desembargadores dos Tribunais de Justiça, indicados em lista tríplice elaborada pelo próprio Tribunal;

II – um terço, em partes iguais, dentre advogados e membros do Ministério Público Federal, Estadual, do Distrito Federal e Territórios, alternadamente, indicados na forma do artigo 94.

Art. 105. Compete ao Superior Tribunal de Justiça:

I – processar e julgar, originariamente:

a) nos crimes comuns, os Governadores dos Estados e do Distrito Federal, e, nestes e nos de responsabilidade, os desembargadores dos Tribunais de Justiça dos Estados e do Distrito Federal, os membros dos Tribunais de Contas dos Estados e do Distrito Federal, os dos Tribunais Regionais Federais, dos Tribunais Regionais Eleitorais e do Trabalho, os membros dos Conselhos ou Tribunais de Contas dos Municípios e os do Ministério Público da União que oficiem perante tribunais;

b) os mandados de segurança e os *habeas data* contra ato de Ministro de Estado, dos Comandantes da Marinha, do Exército e da Aeronáutica ou do próprio Tribunal;

▶ Alínea *b* com a redação dada pela EC nº 23, de 2-9-1999.
▶ Lei nº 9.507, de 12-11-1997 (Lei do *Habeas Data*).
▶ Lei nº 12.016, de 7-8-2009 (Lei do Mandado de Segurança Individual e Coletivo).
▶ Súm. nº 41 do STJ.

c) os *habeas corpus*, quando o coator ou paciente for qualquer das pessoas mencionadas na alínea *a*, ou quando o coator for tribunal sujeito à sua jurisdição, Ministro de Estado ou Comandante da Marinha, do Exército ou da Aeronáutica, ressalvada a competência da Justiça Eleitoral;

▶ Alínea *c* com a redação dada pela EC nº 23, de 2-9-1999.

d) os conflitos de competência entre quaisquer tribunais, ressalvado o disposto no artigo 102, I, o, bem como entre Tribunal e juízes a ele não vinculados e entre juízes vinculados a Tribunais diversos;

▶ Súm. nº 22 do STJ.

e) as revisões criminais e as ações rescisórias de seus julgados;

▶ Arts. 485 a 495 do CPC.
▶ Arts. 621 a 631 do CPP.

f) a reclamação para a preservação de sua competência e garantia da autoridade de suas decisões;

▶ Arts. 13 a 18 da Lei nº 8.038, de 28-5-1990, que institui normas procedimentais para os processos que especifica, perante o STJ e o STF.

g) os conflitos de atribuições entre autoridades administrativas e judiciárias da União, ou entre autoridades judiciárias de um Estado e administrativas de outro ou do Distrito Federal, ou entre as deste e da União;

h) o mandado de injunção, quando a elaboração da norma regulamentadora for atribuição de órgão, entidade ou autoridade federal, da administração direta ou indireta, excetuados os casos de competência do Supremo Tribunal Federal e dos órgãos da Justiça Militar, da Justiça Eleitoral, da Justiça do Trabalho e da Justiça Federal;

▶ Art. 109 desta Constituição.
▶ Arts. 483 e 484 do CPC.

i) a homologação de sentenças estrangeiras e a concessão de exequatur às cartas rogatórias;

▶ Alínea *i* acrescida pela EC nº 45, de 8-12-2004.
▶ Art. 109, X, desta Constituição.
▶ Arts. 483 e 484 do CPC.

II – julgar, em recurso ordinário:

a) os *habeas corpus* decididos em única ou última instância pelos Tribunais Regionais Federais ou pelos Tribunais dos Estados, do Distrito Federal e Territórios, quando a decisão for denegatória;

b) os mandados de segurança decididos em única instância pelos Tribunais Regionais Federais ou pelos Tribunais dos Estados, do Distrito Federal e Territórios, quando denegatória a decisão;

▶ Lei nº 12.016, de 7-8-2009 (Lei do Mandado de Segurança Individual e Coletivo).

c) as causas em que forem partes Estado estrangeiro ou organismo internacional, de um lado, e, do outro, Município ou pessoa residente ou domiciliada no País;

III – julgar, em recurso especial, as causas decididas, em única ou última instância, pelos Tribunais Regionais Federais ou pelos Tribunais dos Estados, do Distrito Federal e Territórios, quando a decisão recorrida:

▶ Lei nº 8.658, de 26-5-1993, dispõe sobre a aplicação, nos Tribunais de Justiça e nos Tribunais Regionais Federais, das normas da Lei nº 8.038, de 28-5-1990.
▶ Súmulas nºs 5, 7, 86, 95, 203, 207, 320 e 418 do STJ.

a) contrariar tratado ou lei federal, ou negar-lhes vigência;

b) julgar válido ato de governo local contestado em face de lei federal;

▶ Alínea *b* com a redação dada pela EC nº 45, de 8-12-2004.

c) der a lei federal interpretação divergente da que lhe haja atribuído outro Tribunal.

▶ Súm. nº 13 do STJ.

Parágrafo único. Funcionarão junto ao Superior Tribunal de Justiça:

▶ Parágrafo único com a redação dada pela EC nº 45, de 8-12-2004.

I – a escola nacional de formação e aperfeiçoamento de magistrados, cabendo-lhe, dentre outras funções, regulamentar os cursos oficiais para o ingresso e promoção na carreira;

II – o Conselho da Justiça Federal, cabendo-lhe exercer, na forma da lei, a supervisão administrativa e orçamentária da Justiça Federal de primeiro e segundo graus, como órgão central do sistema e com poderes correicionais, cujas decisões terão caráter vinculante.
▶ Incisos I e II acrescidos pela EC nº 45, de 8-12-2004.

SEÇÃO IV

DOS TRIBUNAIS REGIONAIS FEDERAIS E DOS JUÍZES FEDERAIS

Art. 106. São órgãos da Justiça Federal:
▶ Lei nº 7.727, de 9-1-1989, dispõe sobre a composição inicial dos Tribunais Regionais Federais e sua instalação, cria os respectivos quadros de pessoal.

I – os Tribunais Regionais Federais;
II – os Juízes Federais.

Art. 107. Os Tribunais Regionais Federais compõem-se de, no mínimo, sete juízes, recrutados, quando possível, na respectiva região e nomeados pelo Presidente da República dentre brasileiros com mais de trinta anos e menos de sessenta e cinco anos, sendo:

I – um quinto dentre advogados com mais de dez anos de efetiva atividade profissional e membros do Ministério Público Federal com mais de dez anos de carreira;
II – os demais, mediante promoção de juízes federais com mais de cinco anos de exercício, por antiguidade e merecimento, alternadamente.
▶ Art. 27, § 9º, do ADCT.
▶ Lei nº 9.967, de 10-5-2000, dispõe sobre as reestruturações dos Tribunais Regionais Federais das cinco Regiões.

§ 1º A lei disciplinará a remoção ou a permuta de juízes dos Tribunais Regionais Federais e determinará sua jurisdição e sede.
▶ Parágrafo único transformado em § 1º pela EC nº 45, de 8-12-2004.
▶ Art. 1º da Lei nº 9.967, de 10-5-2000, que dispõe sobre as reestruturações dos Tribunais Regionais Federais das cinco regiões.
▶ Lei nº 9.968, de 10-5-2000, dispõe sobre a reestruturação do Tribunal Regional Federal da 3ª Região.

§ 2º Os Tribunais Regionais Federais instalarão a justiça itinerante, com a realização de audiências e demais funções da atividade jurisdicional, nos limites territoriais da respectiva jurisdição, servindo-se de equipamentos públicos e comunitários.

§ 3º Os Tribunais Regionais Federais poderão funcionar descentralizadamente, constituindo Câmaras regionais, a fim de assegurar o pleno acesso do jurisdicionado à justiça em todas as fases do processo.
▶ §§ 2º e 3º acrescidos pela EC nº 45, de 8-12-2004.

Art. 108. Compete aos Tribunais Regionais Federais:
I – processar e julgar, originariamente:
a) os juízes federais da área de sua jurisdição, incluídos os da Justiça Militar e da Justiça do Trabalho, nos crimes comuns e de responsabilidade, e os membros do Ministério Público da União, ressalvada a competência da Justiça Eleitoral;
b) as revisões criminais e as ações rescisórias de julgados seus ou dos juízes federais da região;
▶ Arts. 485 a 495 do CPC.
▶ Arts. 621 a 631 do CPP.

c) os mandados de segurança e os *habeas data* contra ato do próprio Tribunal ou de juiz federal;
▶ Lei nº 9.507, de 12-11-1997 (Lei do *Habeas Data*).
▶ Lei nº 12.016, de 7-8-2009 (Lei do Mandado de Segurança Individual e Coletivo).

d) os *habeas corpus*, quando a autoridade coatora for juiz federal;
e) os conflitos de competência entre juízes federais vinculados ao Tribunal;
▶ Súmulas nos 3 e 428 do STJ.

II – julgar, em grau de recurso, as causas decididas pelos juízes federais e pelos juízes estaduais no exercício da competência federal da área de sua jurisdição.
▶ Súm. nº 55 do STJ.

Art. 109. Aos juízes federais compete processar e julgar:
▶ Lei nº 7.492, de 16-6-1986 (Lei dos Crimes Contra o Sistema Financeiro Nacional).
▶ Lei nº 9.469, de 9-7-1997, dispõe sobre a intervenção da União nas causas em que figurarem, como autores ou réus, entes da Administração indireta.
▶ Lei nº 10.259, de 12-7-2001 (Lei dos Juizados Especiais Federais).
▶ Art. 70 da Lei nº 11.343, de 23-8-2006 (Lei Antidrogas).
▶ Súmulas nos 15, 32, 42, 66, 82, 150, 173, 183, 324, 349 e 365 do STJ.

I – as causas em que a União, entidade autárquica ou empresa pública federal forem interessadas na condição de autoras, rés, assistentes ou oponentes, exceto as de falência, as de acidentes de trabalho e as sujeitas à Justiça Eleitoral e à Justiça do Trabalho;
▶ Súmulas Vinculantes nos 22 e 27 do STF.
▶ Súmulas nos 15, 32, 42, 66, 82, 150, 173, 183, 324, 365 e 374 do STJ.

II – as causas entre Estado estrangeiro ou organismo internacional e Município ou pessoa domiciliada ou residente no País;
III – as causas fundadas em tratado ou contrato da União com Estado estrangeiro ou organismo internacional;
▶ Súm. nº 689 do STF.

IV – os crimes políticos e as infrações penais praticadas em detrimento de bens, serviços ou interesse da União ou de suas entidades autárquicas ou empresas públicas, excluídas as contravenções e ressalvada a competência da Justiça Militar e da Justiça Eleitoral;
▶ Art. 9º do CPM.
▶ Súmulas nos 38, 42, 62, 73, 91, 104, 147, 165 e 208 do STJ.

V – os crimes previstos em tratado ou convenção internacional, quando, iniciada a execução no País, o resultado tenha ou devesse ter ocorrido no estrangeiro, ou reciprocamente;
V-A – as causas relativas a direitos humanos a que se refere o § 5º deste artigo;
▶ Inciso V-A acrescido pela EC nº 45, de 8-12-2004.

VI – os crimes contra a organização do trabalho e, nos casos determinados por lei, contra o sistema financeiro e a ordem econômico-financeira;
▶ Arts. 197 a 207 do CP.

► Lei nº 7.492, de 16-6-1986 (Lei dos Crimes contra o Sistema Financeiro Nacional).
► Lei nº 8.137, de 27-12-1990 (Lei dos Crimes Contra a Ordem Tributária, Econômica e contra as Relações de Consumo).
► Lei nº 8.176, de 8-2-1991 (Lei dos Crimes contra a Ordem Econômica).

VII – os *habeas corpus*, em matéria criminal de sua competência ou quando o constrangimento provier de autoridade cujos atos não estejam diretamente sujeitos a outra jurisdição;
VIII – os mandados de segurança e os *habeas data* contra ato de autoridade federal, excetuados os casos de competência dos Tribunais federais;

► Lei nº 9.507, de 12-11-1997 (Lei do *Habeas Data*).
► Lei nº 12.016, de 7-8-2009 (Lei do Mandado de Segurança Individual e Coletivo).

IX – os crimes cometidos a bordo de navios ou aeronaves, ressalvada a competência da Justiça Militar;
► Art. 125, § 4º, desta Constituição.
► Art. 9º do CPM.

X – os crimes de ingresso ou permanência irregular de estrangeiro, a execução de carta rogatória, após o *exequatur*, e de sentença estrangeira após a homologação, as causas referentes à nacionalidade, inclusive a respectiva opção, e à naturalização;
► Art. 105, I, *i*, desta Constituição.
► Art. 484 do CPC.

XI – a disputa sobre direitos indígenas.
► Súm. nº 140 do STJ.

§ 1º As causas em que a União for autora serão aforadas na seção judiciária onde tiver domicílio a outra parte.

§ 2º As causas intentadas contra a União poderão ser aforadas na seção judiciária em que for domiciliado o autor, naquela onde houver ocorrido o ato ou fato que deu origem à demanda ou onde esteja situada a coisa, ou, ainda, no Distrito Federal.

§ 3º Serão processadas e julgadas na justiça estadual, no foro do domicílio dos segurados ou beneficiários, as causas em que forem parte instituição de previdência social e segurado, sempre que a comarca não seja sede de vara do juízo federal, e, se verificada essa condição, a lei poderá permitir que outras causas sejam também processadas e julgadas pela justiça estadual.

► Lei nº 5.010, de 30-5-1966 (Lei de Organização da Justiça Federal).
► Súmulas nᵒˢ 11, 15 e 32 do STJ.

§ 4º Na hipótese do parágrafo anterior, o recurso cabível será sempre para o Tribunal Regional Federal na área de jurisdição do juiz de primeiro grau.
► Súm. nº 32 do STJ.

§ 5º Nas hipóteses de grave violação de direitos humanos, o Procurador-Geral da República, com a finalidade de assegurar o cumprimento de obrigações decorrentes de tratados internacionais de direitos humanos dos quais o Brasil seja parte, poderá suscitar, perante o Superior Tribunal de Justiça, em qualquer fase do inquérito ou processo, incidente de deslocamento de competência para a Justiça Federal.

► § 5º acrescido pela EC nº 45, de 8-12-2004.

Art. 110. Cada Estado, bem como o Distrito Federal, constituirá uma seção judiciária que terá por sede a respectiva Capital, e varas localizadas segundo o estabelecido em lei.

► Lei nº 5.010, de 30-5-1966 (Lei de Organização da Justiça Federal).

Parágrafo único. Nos Territórios Federais, a jurisdição e as atribuições cometidas aos juízes federais caberão aos juízes da justiça local, na forma da lei.

► Lei nº 9.788, de 19-2-1999, dispõe sobre a reestruturação da Justiça Federal de Primeiro Grau, nas cinco regiões, com a criação de cem Varas Federais.

SEÇÃO V
DOS TRIBUNAIS E JUÍZES DO TRABALHO

► Art. 743 e segs. da CLT.
► Lei nº 9.957, de 12-1-2000, institui o procedimento sumaríssimo no processo trabalhista.
► Lei nº 9.958, de 12-1-2000, criou as Comissões de Conciliação Prévia no âmbito na Justiça do Trabalho.

Art. 111. São órgãos da Justiça do Trabalho:
I – o Tribunal Superior do Trabalho;
II – os Tribunais Regionais do Trabalho;
III – Juízes do Trabalho.

► Inciso III com a redação dada pela EC nº 24, de 9-12-1999.

§§ 1º a 3º *Revogados*. EC nº 45, de 8-12-2004.

Art. 111-A. O Tribunal Superior do Trabalho compor-se-á de vinte e sete Ministros, escolhidos dentre brasileiros com mais de trinta e cinco e menos de sessenta e cinco anos, nomeados pelo Presidente da República após aprovação pela maioria absoluta do Senado Federal, sendo:
I – um quinto dentre advogados com mais de dez anos de efetiva atividade profissional e membros do Ministério Público do Trabalho com mais de dez anos de efetivo exercício, observado o disposto no art. 94;
II – os demais dentre juízes do Trabalho dos Tribunais Regionais do Trabalho, oriundos da magistratura da carreira, indicados pelo próprio Tribunal Superior.

§ 1º A lei disporá sobre a competência do Tribunal Superior do Trabalho.

§ 2º Funcionarão junto ao Tribunal Superior do Trabalho:
I – a Escola Nacional de Formação e Aperfeiçoamento de Magistrados do Trabalho, cabendo-lhe, dentre outras funções, regulamentar os cursos oficiais para o ingresso e promoção na carreira;
II – o Conselho Superior da Justiça do Trabalho, cabendo-lhe exercer, na forma da lei, a supervisão administrativa, orçamentária, financeira e patrimonial da Justiça do Trabalho de primeiro e segundo graus, como órgão central do sistema, cujas decisões terão efeito vinculante.

► Art. 111-A acrescido pela EC nº 45, de 8-12-2004.
► Art. 6º da EC nº 45, de 8-12-2004 (Reforma do Judiciário).

Art. 112. A lei criará varas da Justiça do Trabalho, podendo, nas comarcas não abrangidas por sua jurisdição, atribuí-la aos juízes de direito, com recurso para o respectivo Tribunal Regional do Trabalho.

► Artigo com a redação dada pela EC nº 45, de 8-12-2004.

Art. 113. A lei disporá sobre a constituição, investidura, jurisdição, competência, garantias e condições de exercício dos órgãos da Justiça do Trabalho.
▶ Artigo com a redação dada pela EC nº 24, de 9-12-1999.
▶ Arts. 643 a 673 da CLT.
▶ LC nº 35, de 14-3-1979 (Lei Orgânica da Magistratura Nacional).

Art. 114. Compete à Justiça do Trabalho processar e julgar:
▶ Caput com a redação dada pela EC nº 45, de 8-12-2004.
▶ Art. 6º, § 2º, da Lei nº 11.101, de 9-2-2005 (Lei de Recuperação de Empresas e Falências).
▶ Súm. Vinc. nº 22 do STF.
▶ Súmulas nºs 349 e 736 do STF.
▶ Súmulas nºs 57, 97, 137, 180, 222 e 349 do STJ.
▶ Súm. nº 392 do TST.

I – as ações oriundas da relação de trabalho, abrangidos os entes de direito público externo e da administração pública direta e indireta da União, dos Estados, do Distrito Federal e dos Municípios;

▶ O STF, por maioria de votos, referendou a liminar concedida na ADIN nº 3.395-6, com efeito *ex tunc*, para dar interpretação conforme a CF a este inciso, com a redação dada pela EC nº 45, de 8-12-2004, suspendendo toda e qualquer interpretação dada a este inciso que inclua, na competência da Justiça do Trabalho, a "(...) apreciação (...) de causas que (...) sejam instauradas entre o Poder Público e seus servidores, a ele vinculados por típica relação de ordem estatutária ou de caráter jurídico-administrativo" (*DJU* de 4-2-2005 e 10-11-2006).

II – as ações que envolvam exercício do direito de greve;
▶ Art. 9º desta Constituição.
▶ Lei nº 7.783, de 28-6-1989 (Lei de Greve).
▶ Súm. Vinc. nº 23 do STF.

III – as ações sobre representação sindical, entre sindicatos, entre sindicatos e trabalhadores, e entre sindicatos e empregadores;
▶ Lei nº 8.984, de 7-2-1995, estende a competência da Justiça do Trabalho.

IV – os mandados de segurança, *habeas corpus* e *habeas data*, quando o ato questionado envolver matéria sujeita à sua jurisdição;
▶ Arts. 5º, LXVIII, LXIX, LXXII, 7º, XXVIII, desta Constituição.
▶ Lei nº 9.507, de 12-11-1997 (Lei do *Habeas Data*).
▶ Lei nº 12.016, de 7-8-2009 (Lei do Mandado de Segurança Individual e Coletivo).

V – os conflitos de competência entre órgãos com jurisdição trabalhista, ressalvado o disposto no art. 102, I, o;
VI – as ações de indenização por dano moral ou patrimonial, decorrentes da relação de trabalho;
▶ Súmulas nºs 362 e 376 do STJ.

VII – as ações relativas às penalidades administrativas impostas aos empregadores pelos órgãos de fiscalização das relações de trabalho;
VIII – a execução, de ofício, das contribuições sociais previstas no art. 195, I, a, e II, e seus acréscimos legais, decorrentes das sentenças que proferir;

IX – outras controvérsias decorrentes da relação de trabalho, na forma da lei.
▶ Incisos I a IX acrescidos pela EC nº 45, de 8-12-2004.
▶ O STF, por unanimidade de votos, concedeu a liminar na ADIN nº 3.684-0, com efeito *ex tunc*, para dar interpretação conforme a CF ao art. 114, I, IV e IX, com a redação dada pela EC nº 45, de 8-12-2004, no sentido de que não se atribui à Justiça do Trabalho competência para processar e julgar ações penais (*DJU* de 3-8-2007).
▶ Súm. nº 736 do STF.

§ 1º Frustrada a negociação coletiva, as partes poderão eleger árbitros.

§ 2º Recusando-se qualquer das partes à negociação coletiva ou à arbitragem, é facultado às mesmas, de comum acordo, ajuizar dissídio coletivo de natureza econômica, podendo a Justiça do Trabalho decidir o conflito, respeitadas as disposições mínimas legais de proteção ao trabalho, bem como as convencionadas anteriormente.

§ 3º Em caso de greve em atividade essencial, com possibilidade de lesão do interesse público, o Ministério Público do Trabalho poderá ajuizar dissídio coletivo, competindo à Justiça do Trabalho decidir o conflito.
▶ §§ 2º e 3º com a redação dada pela EC nº 45, de 8-12-2004.
▶ Art. 9º, § 1º, desta Constituição.
▶ Lei nº 7.783, de 28-6-1989 (Lei de Greve).

Art. 115. Os Tribunais Regionais do Trabalho compõem-se, no mínimo, sete juízes, recrutados, quando possível, na respectiva região, e nomeados pelo Presidente da República dentre brasileiros com mais de trinta e menos de sessenta e cinco anos, sendo:
▶ Caput com a redação dada pela EC nº 45, de 8-12-2004.

I – um quinto dentre advogados com mais de dez anos de efetiva atividade profissional e membros do Ministério Público do Trabalho com mais de dez anos de efetivo exercício, observado o disposto no art. 94;
II – os demais, mediante promoção de juízes do trabalho por antiguidade e merecimento, alternadamente.
▶ Incisos I e II acrescidos pela EC nº 45, de 8-12-2004.

§ 1º Os Tribunais Regionais do Trabalho instalarão a justiça itinerante, com a realização de audiências e demais funções de atividade jurisdicional, nos limites territoriais da respectiva jurisdição, servindo-se de equipamentos públicos e comunitários.

§ 2º Os Tribunais Regionais do Trabalho poderão funcionar descentralizadamente, constituindo Câmaras regionais, a fim de assegurar o pleno acesso do jurisdicionado à justiça em todas as fases do processo.
▶ §§ 1º e 2º acrescidos pela EC nº 45, de 8-12-2004.

Art. 116. Nas Varas do Trabalho, a jurisdição será exercida por um juiz singular.
▶ Caput com a redação dada pela EC nº 24, de 9-12-1999.

Parágrafo único. *Revogado.* EC nº 24, de 9-12-1999.

Art. 117. *Revogado.* EC nº 24, de 9-12-1999.

SEÇÃO VI

DOS TRIBUNAIS E JUÍZES ELEITORAIS
▶ Arts. 12 a 14 do CE.

Art. 118. São órgãos da Justiça Eleitoral:

I – o Tribunal Superior Eleitoral;

II – os Tribunais Regionais Eleitorais;
III – os Juízes Eleitorais;
IV – as Juntas Eleitorais.

Art. 119. O Tribunal Superior Eleitoral compor-se-á, no mínimo, de sete membros, escolhidos:

I – mediante eleição, pelo voto secreto:

a) três juízes dentre os Ministros do Supremo Tribunal Federal;
b) dois juízes dentre os Ministros do Superior Tribunal de Justiça;

II – por nomeação do Presidente da República, dois juízes dentre seis advogados de notável saber jurídico e idoneidade moral, indicados pelo Supremo Tribunal Federal.

Parágrafo único. O Tribunal Superior Eleitoral elegerá seu Presidente e o Vice-Presidente dentre os Ministros do Supremo Tribunal Federal, e o Corregedor Eleitoral dentre os Ministros do Superior Tribunal de Justiça.

Art. 120. Haverá um Tribunal Regional Eleitoral na Capital de cada Estado e no Distrito Federal.

§ 1º Os Tribunais Regionais Eleitorais compor-se-ão:

I – mediante eleição, pelo voto secreto:

a) de dois juízes dentre os desembargadores do Tribunal de Justiça;
b) de dois juízes, dentre juízes de direito, escolhidos pelo Tribunal de Justiça;

II – de um juiz do Tribunal Regional Federal com sede na Capital do Estado ou no Distrito Federal, ou, não havendo, de juiz federal, escolhido, em qualquer caso, pelo Tribunal Regional Federal respectivo;

III – por nomeação, pelo Presidente da República, de dois juízes dentre seis advogados de notável saber jurídico e idoneidade moral, indicados pelo Tribunal de Justiça.

§ 2º O Tribunal Regional Eleitoral elegerá seu Presidente e o Vice-Presidente dentre os desembargadores.

Art. 121. Lei complementar disporá sobre a organização e competência dos Tribunais, dos juízes de direito e das juntas eleitorais.

▶ Arts. 22, 23, 29, 30, 40 e 41 do CE.
▶ Súm. nº 368 do STJ.

§ 1º Os membros dos Tribunais, os juízes de direito e os integrantes das juntas eleitorais, no exercício de suas funções, e no que lhes for aplicável, gozarão de plenas garantias e serão inamovíveis.

§ 2º Os juízes dos Tribunais eleitorais, salvo motivo justificado, servirão por dois anos, no mínimo, e nunca por mais de dois biênios consecutivos, sendo os substitutos escolhidos na mesma ocasião e pelo mesmo processo, em número igual para cada categoria.

§ 3º São irrecorríveis as decisões do Tribunal Superior Eleitoral, salvo as que contrariarem esta Constituição e as denegatórias de habeas corpus ou mandado de segurança.

§ 4º Das decisões dos Tribunais Regionais Eleitorais somente caberá recurso quando:

I – forem proferidas contra disposição expressa desta Constituição ou de lei;

II – ocorrer divergência na interpretação de lei entre dois ou mais Tribunais eleitorais;
III – versarem sobre inelegibilidade ou expedição de diplomas nas eleições federais ou estaduais;
IV – anularem diplomas ou decretarem a perda de mandatos eletivos federais ou estaduais;
V – denegarem habeas corpus, mandado de segurança, habeas data ou mandado de injunção.

SEÇÃO VII
DOS TRIBUNAIS E JUÍZES MILITARES

Art. 122. São órgãos da Justiça Militar:

▶ Lei nº 8.457, de 4-9-1992, organiza a Justiça Militar da União e regula o funcionamento de seus Serviços Auxiliares.

I – o Superior Tribunal Militar;
II – os Tribunais e Juízes Militares instituídos por lei.

Art. 123. O Superior Tribunal Militar compor-se-á de quinze Ministros vitalícios, nomeados pelo Presidente da República, depois de aprovada a indicação pelo Senado Federal, sendo três dentre oficiais-generais da Marinha, quatro dentre oficiais-generais do Exército, três dentre oficiais-generais da Aeronáutica, todos da ativa e do posto mais elevado da carreira, e cinco dentre civis.

Parágrafo único. Os Ministros civis serão escolhidos pelo Presidente da República dentre brasileiros maiores de trinta e cinco anos, sendo:

I – três dentre advogados de notório saber jurídico e conduta ilibada, com mais de dez anos de efetiva atividade profissional;
II – dois, por escolha paritária, dentre juízes auditores e membros do Ministério Público da Justiça Militar.

Art. 124. À Justiça Militar compete processar e julgar os crimes militares definidos em lei.

▶ Dec.-lei nº 1.002, de 21-10-1969 (Código de Processo Penal Militar).

Parágrafo único. A lei disporá sobre a organização, o funcionamento e a competência da Justiça Militar.

▶ Lei nº 8.457, de 4-9-1992, organiza a Justiça Militar da União e regula o funcionamento de seus Serviços Auxiliares.

SEÇÃO VIII
DOS TRIBUNAIS E JUÍZES DOS ESTADOS

Art. 125. Os Estados organizarão sua Justiça, observados os princípios estabelecidos nesta Constituição.

▶ Art. 70 do ADCT.
▶ Súm. nº 721 do STF.

§ 1º A competência dos Tribunais será definida na Constituição do Estado, sendo a lei de organização judiciária de iniciativa do Tribunal de Justiça.

▶ Súm. nº 721 do STF.
▶ Súm. nº 238 do STJ.

§ 2º Cabe aos Estados a instituição de representação de inconstitucionalidade de leis ou atos normativos estaduais ou municipais em face da Constituição Estadual, vedada a atribuição da legitimação para agir a um único órgão.

§ 3º A lei estadual poderá criar, mediante proposta do Tribunal de Justiça, a Justiça Militar estadual, constituída, em primeiro grau, pelos juízes de direito e pelos Conselhos de Justiça e, em segundo grau, pelo próprio Tribunal de Justiça, ou por Tribunal de Justiça Militar nos Estados em que o efetivo militar seja superior a vinte mil integrantes.

§ 4º Compete à Justiça Militar estadual processar e julgar os militares dos Estados, nos crimes militares definidos em lei e as ações judiciais contra atos disciplinares militares, ressalvada a competência do júri quando a vítima for civil, cabendo ao tribunal competente decidir sobre a perda do posto e da patente dos oficiais e da graduação das praças.

▶ §§ 3º e 4º com a redação dada pela EC nº 45, de 8-12-2004.
▶ Súm. nº 673 do STF.
▶ Súmulas nºs 6, 53 e 90 do STJ.

§ 5º Compete aos juízes de direito do juízo militar processar e julgar, singularmente, os crimes militares cometidos contra civis e as ações judiciais contra atos disciplinares militares, cabendo ao Conselho de Justiça, sob a presidência de juiz de direito, processar e julgar os demais crimes militares.

§ 6º O Tribunal de Justiça poderá funcionar descentralizadamente, constituindo Câmaras regionais, a fim de assegurar o pleno acesso do jurisdicionado à justiça em todas as fases do processo.

§ 7º O Tribunal de Justiça instalará a justiça itinerante, com a realização de audiências e demais funções da atividade jurisdicional, nos limites territoriais da respectiva jurisdição, servindo-se de equipamentos públicos e comunitários.

▶ §§ 5º a 7º acrescidos pela EC nº 45, de 8-12-2004.

Art. 126. Para dirimir conflitos fundiários, o Tribunal de Justiça proporá a criação de varas especializadas, com competência exclusiva para questões agrárias.

▶ Caput com a redação dada pela EC nº 45, de 8-12-2004.

Parágrafo único. Sempre que necessário à eficiente prestação jurisdicional, o juiz far-se-á presente no local do litígio.

CAPÍTULO IV

DAS FUNÇÕES ESSENCIAIS À JUSTIÇA

SEÇÃO I

DO MINISTÉRIO PÚBLICO

▶ LC nº 75, de 20-5-1993 (Lei Orgânica do Ministério Público da União).
▶ Lei nº 8.625, de 12-2-1993 (Lei Orgânica Nacional do Ministério Público).

Art. 127. O Ministério Público é instituição permanente, essencial à função jurisdicional do Estado, incumbindo-lhe a defesa da ordem jurídica, do regime democrático e dos interesses sociais e individuais indisponíveis.

§ 1º São princípios institucionais do Ministério Público a unidade, a indivisibilidade e a independência funcional.

§ 2º Ao Ministério Público é assegurada autonomia funcional e administrativa, podendo, observado o disposto no artigo 169, propor ao Poder Legislativo a criação e extinção de seus cargos e serviços auxiliares, provendo-os por concurso público de provas ou de provas e títulos, a política remuneratória e os planos de carreira; a lei disporá sobre sua organização e funcionamento.

▶ § 2º com a redação dada pela EC nº 19, de 4-6-1998.
▶ Lei nº 11.144, de 26-7-2005, dispõe sobre o subsídio do Procurador-Geral da República.
▶ Lei nº 12.042, de 8-10-2009, dispõe sobre a revisão do subsídio do Procurador-Geral da República.

§ 3º O Ministério Público elaborará sua proposta orçamentária dentro dos limites estabelecidos na lei de diretrizes orçamentárias.

§ 4º Se o Ministério Público não encaminhar a respectiva proposta orçamentária dentro do prazo estabelecido na lei de diretrizes orçamentárias, o Poder Executivo considerará, para fins de consolidação da proposta orçamentária anual, os valores aprovados na lei orçamentária vigente, ajustados de acordo com os limites estipulados na forma do § 3º.

§ 5º Se a proposta orçamentária de que trata este artigo for encaminhada em desacordo com os limites estipulados na forma do § 3º, o Poder Executivo procederá aos ajustes necessários para fins de consolidação da proposta orçamentária anual.

§ 6º Durante a execução orçamentária do exercício, não poderá haver a realização de despesas ou a assunção de obrigações que extrapolem os limites estabelecidos na lei de diretrizes orçamentárias, exceto se previamente autorizadas, mediante a abertura de créditos suplementares ou especiais.

▶ §§ 4º a 6º acrescidos pela EC nº 45, de 8-12-2004.

Art. 128. O Ministério Público abrange:

▶ LC nº 75, de 20-5-1993 (Lei Orgânica do Ministério Público da União).

I – o Ministério Público da União, que compreende:

a) o Ministério Público Federal;
b) o Ministério Público do Trabalho;
c) o Ministério Público Militar;
d) o Ministério Público do Distrito Federal e Territórios;

II – os Ministérios Públicos dos Estados.

§ 1º O Ministério Público da União tem por chefe o Procurador-Geral da República, nomeado pelo Presidente da República dentre integrantes da carreira, maiores de trinta e cinco anos, após a aprovação de seu nome pela maioria absoluta dos membros do Senado Federal, para mandato de dois anos, permitida a recondução.

§ 2º A destituição do Procurador-Geral da República, por iniciativa do Presidente da República, deverá ser precedida de autorização da maioria absoluta do Senado Federal.

§ 3º Os Ministérios Públicos dos Estados e o do Distrito Federal e Territórios formarão lista tríplice dentre integrantes da carreira, na forma da lei respectiva, para escolha de seu Procurador-Geral, que será nomeado pelo Chefe do Poder Executivo, para mandato de dois anos, permitida uma recondução.

§ 4º Os Procuradores-Gerais nos Estados e no Distrito Federal e Territórios poderão ser destituídos por deliberação da maioria absoluta do Poder Legislativo, na forma da lei complementar respectiva.

§ 5º Leis complementares da União e dos Estados, cuja iniciativa é facultada aos respectivos Procuradores-Gerais, estabelecerão a organização, as atribuições e o estatuto de cada Ministério Público, observadas, relativamente a seus membros:

I – as seguintes garantias:

a) vitaliciedade, após dois anos de exercício, não podendo perder o cargo senão por sentença judicial transitada em julgado;

b) inamovibilidade, salvo por motivo de interesse público, mediante decisão do órgão colegiado competente do Ministério Público, pelo voto da maioria absoluta de seus membros, assegurada ampla defesa;

▶ Alínea b com a redação dada pela EC nº 45, de 8-12-2004.

c) irredutibilidade de subsídio, fixado na forma do artigo 39, § 4º, e ressalvado o disposto nos artigos 37, X e XI, 150, II, 153, III, 153, § 2º, I;

▶ Alínea c com a redação dada pela EC nº 19, de 4-6-1998.

▶ Lei nº 11.144, de 26-7-2005, dispõe sobre o subsídio do Procurador-Geral da República.

▶ Lei nº 12.042, de 8-10-2009, dispõe sobre a revisão do subsídio do Procurador-Geral da República.

II – as seguintes vedações:

a) receber, a qualquer título e sob qualquer pretexto, honorários, percentagens ou custas processuais;

b) exercer a advocacia;

c) participar de sociedade comercial, na forma da lei;

d) exercer, ainda que em disponibilidade, qualquer outra função pública, salvo uma de magistério;

e) exercer atividade político-partidária;

▶ Alínea e com a redação dada pela EC nº 45, de 8-12-2004.

f) receber, a qualquer título ou pretexto, auxílios ou contribuições de pessoas físicas, entidades públicas ou privadas, ressalvadas as exceções previstas em lei.

▶ Alínea f acrescida pela EC nº 45, de 8-12-2004.

§ 6º Aplica-se aos membros do Ministério Público o disposto no art. 95, parágrafo único, V.

▶ § 6º acrescido pela EC nº 45, de 8-12-2004.

Art. 129. São funções institucionais do Ministério Público:

I – promover, privativamente, a ação penal pública, na forma da lei;

▶ Art. 100, § 1º, do CP.
▶ Art. 24 do CPP.
▶ Lei nº 8.625, de 12-2-1993 (Lei Orgânica Nacional do Ministério Público).
▶ Súm. nº 234 do STJ.

II – zelar pelo efetivo respeito dos Poderes Públicos e dos serviços de relevância pública aos direitos assegurados nesta Constituição, promovendo as medidas necessárias a sua garantia;

III – promover o inquérito civil e a ação civil pública, para a proteção do patrimônio público e social, do meio ambiente e de outros interesses difusos e coletivos;

▶ Lei nº 7.347, de 24-7-1985 (Lei da Ação Civil Pública).
▶ Súm. nº 643 do STF.
▶ Súm. nº 329 do STJ.

IV – promover a ação de inconstitucionalidade ou representação para fins de intervenção da União e dos Estados, nos casos previstos nesta Constituição;

▶ Arts. 34 a 36 desta Constituição.

V – defender judicialmente os direitos e interesses das populações indígenas;

▶ Art. 231 desta Constituição.

VI – expedir notificações nos procedimentos administrativos de sua competência, requisitando informações e documentos para instruí-los, na forma da lei complementar respectiva;

▶ Súm. nº 234 do STJ.

VII – exercer o controle externo da atividade policial, na forma da lei complementar mencionada no artigo anterior;

▶ LC nº 75, de 20-5-1993 (Lei Orgânica do Ministério Público da União).

VIII – requisitar diligências investigatórias e a instauração de inquérito policial, indicados os fundamentos jurídicos de suas manifestações processuais;

IX – exercer outras funções que lhe forem conferidas, desde que compatíveis com sua finalidade, sendo-lhe vedada a representação judicial e a consultoria jurídica de entidades públicas.

§ 1º A legitimação do Ministério Público para as ações civis previstas neste artigo não impede a de terceiros, nas mesmas hipóteses, segundo o disposto nesta Constituição e na lei.

▶ Lei nº 7.347, de 24-7-1985 (Lei da Ação Civil Pública).

§ 2º As funções do Ministério Público só podem ser exercidas por integrantes da carreira, que deverão residir na comarca da respectiva lotação, salvo autorização do chefe da instituição.

§ 3º O ingresso na carreira do Ministério Público far-se-á mediante concurso público de provas e títulos, assegurada a participação da Ordem dos Advogados do Brasil em sua realização, exigindo-se do bacharel em direito, no mínimo, três anos de atividade jurídica e observando-se, nas nomeações, a ordem de classificação.

§ 4º Aplica-se ao Ministério Público, no que couber, o disposto no art. 93.

▶ §§ 2º a 4º com a redação dada pela EC nº 45, de 8-12-2004.

§ 5º A distribuição de processos no Ministério Público será imediata.

▶ § 5º acrescido pela EC nº 45, de 8-12-2004.

Art. 130. Aos membros do Ministério Público junto aos Tribunais de Contas aplicam-se as disposições desta seção pertinentes a direitos, vedações e forma de investidura.

Art. 130-A. O Conselho Nacional do Ministério Público compõe-se de quatorze membros nomeados pelo Presidente da República, depois de aprovada a escolha pela maioria absoluta do Senado Federal, para um mandato de dois anos, admitida uma recondução, sendo:

▶ Art. 5º da EC nº 45, de 8-12-2004 (Reforma do Judiciário).

I – o Procurador-Geral da República, que o preside;
II – quatro membros do Ministério Público da União, assegurada a representação de cada uma de suas carreiras;
III – três membros do Ministério Público dos Estados;
IV – dois juízes, indicados um pelo Supremo Tribunal Federal e outro pelo Superior Tribunal de Justiça;
V – dois advogados, indicados pelo Conselho Federal da Ordem dos Advogados do Brasil;
VI – dois cidadãos de notável saber jurídico e reputação ilibada, indicados um pela Câmara dos Deputados e outro pelo Senado Federal.

§ 1º Os membros do Conselho oriundos do Ministério Público serão indicados pelos respectivos Ministérios Públicos, na forma da lei.

▶ Lei nº 11.372, de 28-11-2006, regulamenta este parágrafo.

§ 2º Compete ao Conselho Nacional do Ministério Público o controle da atuação administrativa e financeira do Ministério Público e do cumprimento dos deveres funcionais de seus membros, cabendo-lhe:

I – zelar pela autonomia funcional e administrativa do Ministério Público, podendo expedir atos regulamentares, no âmbito de sua competência, ou recomendar providências;
II – zelar pela observância do art. 37 e apreciar, de ofício ou mediante provocação, a legalidade dos atos administrativos praticados por membros ou órgãos do Ministério Público da União e dos Estados, podendo desconstituí-los, revê-los ou fixar prazo para que se adotem as providências necessárias ao exato cumprimento da lei, sem prejuízo da competência dos Tribunais de Contas;
III – receber e conhecer das reclamações contra membros ou órgãos do Ministério Público da União ou dos Estados, inclusive contra seus serviços auxiliares, sem prejuízo da competência disciplinar e correicional da instituição, podendo avocar processos disciplinares em curso, determinar a remoção, a disponibilidade ou a aposentadoria com subsídios ou proventos proporcionais ao tempo de serviço e aplicar outras sanções administrativas, assegurada ampla defesa;
IV – rever, de ofício ou mediante provocação, os processos disciplinares de membros do Ministério Público da União ou dos Estados julgados há menos de um ano;
V – elaborar relatório anual, propondo as providências que julgar necessárias sobre a situação do Ministério Público no País e as atividades do Conselho, o qual deve integrar a mensagem prevista no art. 84, XI.

§ 3º O Conselho escolherá, em votação secreta, um Corregedor nacional, dentre os membros do Ministério Público que o integram, vedada a recondução, competindo-lhe, além das atribuições que lhe forem conferidas pela lei, as seguintes:

I – receber reclamações e denúncias, de qualquer interessado, relativas aos membros do Ministério Público e dos seus serviços auxiliares;
II – exercer funções executivas do Conselho, de inspeção e correição geral;
III – requisitar e designar membros do Ministério Público, delegando-lhes atribuições, e requisitar servidores de órgãos do Ministério Público.

§ 4º O Presidente do Conselho Federal da Ordem dos Advogados do Brasil oficiará junto ao Conselho.

§ 5º Leis da União e dos Estados criarão ouvidorias do Ministério Público, competentes para receber reclamações e denúncias de qualquer interessado contra membros ou órgãos do Ministério Público, inclusive contra seus serviços auxiliares, representando diretamente ao Conselho Nacional do Ministério Público.

▶ Art. 130-A acrescido pela EC nº 45, de 8-12-2004.

Seção II

DA ADVOCACIA PÚBLICA

▶ Denominação da Seção dada pela EC nº 19, de 4-6-1998.
▶ LC nº 73, de 10-2-1993 (Lei Orgânica da Advocacia-Geral da União).
▶ Lei nº 9.028, de 12-4-1995, dispõe sobre o exercício das atribuições institucionais da Advocacia-Geral da União, em caráter emergencial e provisório.
▶ Dec. nº 767, de 5-3-1993, dispõe sobre as atividades de controle interno da Advocacia-Geral da União.

Art. 131. A Advocacia-Geral da União é a instituição que, diretamente ou através de órgão vinculado, representa a União, judicial e extrajudicialmente, cabendo-lhe, nos termos da lei complementar que dispuser sobre sua organização e funcionamento, as atividades de consultoria e assessoramento jurídico do Poder Executivo.

▶ LC nº 73, de 10-2-1993 (Lei Orgânica da Advocacia-Geral da União).
▶ Lei nº 9.028, de 12-4-1995, dispõe sobre o exercício das atribuições institucionais da Advocacia-Geral da União, em caráter emergencial e provisório.
▶ Dec. nº 767, de 5-3-1993, dispõe sobre as atividades de controle interno da Advocacia-Geral da União.
▶ Dec. nº 7.153, de 9-4-2010, dispõe sobre a representação e a defesa extrajudicial dos órgãos e entidades da administração federal junto ao Tribunal de Contas da União, por intermédio da Advocacia-Geral da União.

§ 1º A Advocacia-Geral da União tem por chefe o Advogado-Geral da União, de livre nomeação pelo Presidente da República dentre cidadãos maiores de trinta e cinco anos, de notável saber jurídico e reputação ilibada.

§ 2º O ingresso nas classes iniciais das carreiras da instituição de que trata este artigo far-se-á mediante concurso público de provas e títulos.

§ 3º Na execução da dívida ativa de natureza tributária, a representação da União cabe à Procuradoria-Geral da Fazenda Nacional, observado o disposto em lei.

▶ Súm. nº 139 do STJ.

Art. 132. Os Procuradores dos Estados e do Distrito Federal, organizados em carreira, na qual o ingresso dependerá de concurso público de provas e títulos, com a participação da Ordem dos Advogados do Brasil em todas as suas fases, exercerão a representação judicial e a consultoria jurídica das respectivas unidades federadas.

Parágrafo único. Aos procuradores referidos neste artigo é assegurada estabilidade após três anos de efetivo exercício, mediante avaliação de desempenho perante os órgãos próprios, após relatório circunstanciado das corregedorias.

▶ Art. 132 com a redação dada pela EC nº 19, de 4-6-1998.

SEÇÃO III
DA ADVOCACIA E DA DEFENSORIA PÚBLICA

Art. 133. O advogado é indispensável à administração da justiça, sendo inviolável por seus atos e manifestações no exercício da profissão, nos limites da lei.

► Lei nº 8.906, de 4-7-1994 (Estatuto da Advocacia e a OAB).
► Súm. nº 329 do TST.

Art. 134. A Defensoria Pública é instituição essencial à função jurisdicional do Estado, incumbindo-lhe a orientação jurídica e a defesa, em todos os graus, dos necessitados, na forma do artigo 5º, LXXIV.

► LC nº 80, de 12-1-1994 (Lei da Defensoria Pública).

§ 1º Lei complementar organizará a Defensoria Pública da União e do Distrito Federal e dos Territórios e prescreverá normas gerais para sua organização nos Estados, em cargos de carreira, providos, na classe inicial, mediante concurso público de provas e títulos, assegurada a seus integrantes a garantia da inamovibilidade e vedado o exercício da advocacia fora das atribuições institucionais.

► Parágrafo único transformado em § 1º pela EC nº 45, de 8-12-2004.
► Súm. nº 421 do STJ.

§ 2º Às Defensorias Públicas Estaduais é assegurada autonomia funcional e administrativa, e a iniciativa de sua proposta orçamentária dentro dos limites estabelecidos na lei de diretrizes orçamentárias e subordinação ao disposto no art. 99, § 2º.

► § 2º acrescido pela EC nº 45, de 8-12-2004.

Art. 135. Os servidores integrantes das carreiras disciplinadas nas Seções II e III deste Capítulo serão remunerados na forma do artigo 39, § 4º.

► Artigo com a redação dada pela EC nº 19, de 4-6-1998.
► Art. 132 desta Constituição.

TÍTULO V – DA DEFESA DO ESTADO E DAS INSTITUIÇÕES DEMOCRÁTICAS

CAPÍTULO I
DO ESTADO DE DEFESA E DO ESTADO DE SÍTIO

SEÇÃO I
DO ESTADO DE DEFESA

Art. 136. O Presidente da República pode, ouvidos o Conselho da República e o Conselho de Defesa Nacional, decretar estado de defesa para preservar ou prontamente restabelecer, em locais restritos e determinados, a ordem pública ou a paz social ameaçadas por grave e iminente instabilidade institucional ou atingidas por calamidades de grandes proporções na natureza.

► Arts. 89 a 91 desta Constituição.
► Lei nº 8.041, de 5-6-1990, dispõe sobre a organização e o funcionamento do Conselho da República.
► Lei nº 8.183, de 11-4-1991, dispõe sobre a organização e o funcionamento do Conselho de Defesa Nacional.
► Dec. nº 893, de 12-8-1993, aprova o regulamento do Conselho de Defesa Nacional.

§ 1º O decreto que instituir o estado de defesa determinará o tempo de sua duração, especificará as áreas a serem abrangidas e indicará, nos termos e limites da lei, as medidas coercitivas a vigorarem, dentre as seguintes:

I – restrições aos direitos de:

a) reunião, ainda que exercida no seio das associações;
b) sigilo de correspondência;
c) sigilo de comunicação telegráfica e telefônica;

II – ocupação e uso temporário de bens e serviços públicos, na hipótese de calamidade pública, respondendo a União pelos danos e custos decorrentes.

§ 2º O tempo de duração do estado de defesa não será superior a trinta dias, podendo ser prorrogado uma vez, por igual período, se persistirem as razões que justificaram a sua decretação.

§ 3º Na vigência do estado de defesa:

I – a prisão por crime contra o Estado, determinada pelo executor da medida, será por este comunicada imediatamente ao juiz competente, que a relaxará, se não for legal, facultado ao preso requerer exame de corpo de delito à autoridade policial;

II – a comunicação será acompanhada de declaração, pela autoridade, do estado físico e mental do detido no momento de sua autuação;

III – a prisão ou detenção de qualquer pessoa não poderá ser superior a dez dias, salvo quando autorizada pelo Poder Judiciário;

IV – é vedada a incomunicabilidade do preso.

§ 4º Decretado o estado de defesa ou sua prorrogação, o Presidente da República, dentro de vinte e quatro horas, submeterá o ato com a respectiva justificação ao Congresso Nacional, que decidirá por maioria absoluta.

§ 5º Se o Congresso Nacional estiver em recesso, será convocado, extraordinariamente, no prazo de cinco dias.

§ 6º O Congresso Nacional apreciará o decreto dentro de dez dias contados de seu recebimento, devendo continuar funcionando enquanto vigorar o estado de defesa.

§ 7º Rejeitado o decreto, cessa imediatamente o estado de defesa.

SEÇÃO II
DO ESTADO DE SÍTIO

Art. 137. O Presidente da República pode, ouvidos o Conselho da República e o Conselho de Defesa Nacional, solicitar ao Congresso Nacional autorização para decretar o estado de sítio nos casos de:

I – comoção grave de repercussão nacional ou ocorrência de fatos que comprovem a ineficácia de medida tomada durante o estado de defesa;

II – declaração de estado de guerra ou resposta à agressão armada estrangeira.

Parágrafo único. O Presidente da República, ao solicitar autorização para decretar o estado de sítio ou sua prorrogação, relatará os motivos determinantes do pedido, devendo o Congresso Nacional decidir por maioria absoluta.

Art. 138. O decreto do estado de sítio indicará sua duração, as normas necessárias a sua execução e as garantias constitucionais que ficarão suspensas, e, depois de publicado, o Presidente da República designará o executor das medidas específicas e as áreas abrangidas.

§ 1º O estado de sítio, no caso do artigo 137, I, não poderá ser decretado por mais de trinta dias, nem prorrogado, de cada vez, por prazo superior; no do inciso II, poderá ser decretado por todo o tempo que perdurar a guerra ou a agressão armada estrangeira.

§ 2º Solicitada autorização para decretar o estado de sítio durante o recesso parlamentar, o Presidente do Senado Federal, de imediato, convocará extraordinariamente o Congresso Nacional para se reunir dentro de cinco dias, a fim de apreciar o ato.

§ 3º O Congresso Nacional permanecerá em funcionamento até o término das medidas coercitivas.

Art. 139. Na vigência do estado de sítio decretado com fundamento no artigo 137, I, só poderão ser tomadas contra as pessoas as seguintes medidas:

I – obrigação de permanência em localidade determinada;

II – detenção em edifício não destinado a acusados ou condenados por crimes comuns;

III – restrições relativas à inviolabilidade da correspondência, ao sigilo das comunicações, à prestação de informações e à liberdade de imprensa, radiodifusão e televisão, na forma da lei;

IV – suspensão da liberdade de reunião;

▶ Lei nº 9.296, de 24-7-1996 (Lei das Interceptações Telefônicas).

V – busca e apreensão em domicílio;
VI – intervenção nas empresas de serviços públicos;
VII – requisição de bens.

Parágrafo único. Não se inclui nas restrições do inciso III a difusão de pronunciamentos de parlamentares efetuados em suas Casas Legislativas, desde que liberada pela respectiva Mesa.

SEÇÃO III

DISPOSIÇÕES GERAIS

Art. 140. A Mesa do Congresso Nacional, ouvidos os líderes partidários, designará Comissão composta de cinco de seus membros para acompanhar e fiscalizar a execução das medidas referentes ao estado de defesa e ao estado de sítio.

Art. 141. Cessado o estado de defesa ou o estado de sítio, cessarão também seus efeitos, sem prejuízo da responsabilidade pelos ilícitos cometidos por seus executores ou agentes.

Parágrafo único. Logo que cesse o estado de defesa ou o estado de sítio, as medidas aplicadas em sua vigência serão relatadas pelo Presidente da República, em mensagem ao Congresso Nacional, com especificação e justificação das providências adotadas, com relação nominal dos atingidos, e indicação das restrições aplicadas.

CAPÍTULO II

DAS FORÇAS ARMADAS

▶ Dec. nº 3.897, de 24-8-2001, fixa as diretrizes para o emprego das Forças Armadas na garantia da Lei e da Ordem.

Art. 142. As Forças Armadas, constituídas pela Marinha, pelo Exército e pela Aeronáutica, são instituições nacionais permanentes e regulares, organizadas com base na hierarquia e na disciplina, sob a autoridade suprema do Presidente da República, e destinam-se à defesa da Pátria, à garantia dos poderes constitucionais e, por iniciativa de qualquer destes, da lei e da ordem.

▶ Art. 37, X, desta Constituição.
▶ LC nº 69, de 23-7-1991, dispõe sobre a organização e emprego das Forças Armadas.
▶ Lei nº 8.071, de 17-7-1990, dispõe sobre os efetivos do Exército em tempo de paz.

§ 1º Lei complementar estabelecerá as normas gerais a serem adotadas na organização, no preparo e no emprego das Forças Armadas.

▶ LC nº 97, de 9-6-1999, dispõe sobre as normas gerais para a organização, o preparo e o emprego das Forças Armadas.

§ 2º Não caberá *habeas corpus* em relação a punições disciplinares militares.

▶ Art. 42, § 1º, desta Constituição.
▶ Dec.-lei nº 1.001, de 21-10-1969 (Código Penal Militar).
▶ Dec. nº 76.322, de 22-9-1975 (Regulamento Disciplinar da Aeronáutica).
▶ Dec. nº 88.545, de 26-7-1983 (Regulamento Disciplinar para a Marinha).
▶ Dec. nº 4.346, de 26-8-2002 (Regulamento Disciplinar do Exército).

§ 3º Os membros das Forças Armadas são denominados militares, aplicando-se-lhes, além das que vierem a ser fixadas em lei, as seguintes disposições:

▶ § 3º acrescido pela EC nº 18, de 5-2-1998.
▶ Art. 42, § 1º, desta Constituição.
▶ Lei nº 9.786, de 8-2-1999, dispõe sobre o ensino do Exército Brasileiro.
▶ Dec. nº 3.182, de 23-9-1999, regulamenta a Lei nº 9.786, de 8-2-1999, que dispõe sobre o ensino do Exército Brasileiro.

I – as patentes, com prerrogativas, direitos e deveres a elas inerentes, são conferidas pelo Presidente da República e asseguradas em plenitude aos oficiais da ativa, da reserva ou reformados, sendo-lhes privativos os títulos e postos militares e, juntamente com os demais membros, o uso dos uniformes das Forças Armadas;

II – o militar em atividade que tomar posse em cargo ou emprego público civil permanente será transferido para a reserva, nos termos da lei;

III – o militar da ativa que, de acordo com a lei, tomar posse em cargo, emprego ou função pública civil temporária, não eletiva, ainda que da administração indireta, ficará agregado ao respectivo quadro e somente poderá, enquanto permanecer nessa situação, ser promovido por antiguidade, contando-se-lhe o tempo de serviço apenas para aquela promoção e transferência para a reserva, sendo depois de dois anos de afastamento, contínuos ou não, transferido para a reserva, nos termos da lei;

IV – ao militar são proibidas a sindicalização e a greve;
V – o militar, enquanto em serviço ativo, não pode estar filiado a partidos políticos;
VI – o oficial só perderá o posto e a patente se for julgado indigno do oficialato ou com ele incompatível, por decisão de Tribunal militar de caráter permanente, em tempo de paz, ou de Tribunal especial, em tempo de guerra;

VII – o oficial condenado na justiça comum ou militar a pena privativa de liberdade superior a dois anos, por sentença transitada em julgado, será submetido ao julgamento previsto no inciso anterior;
VIII – aplica-se aos militares o disposto no artigo 7º, VIII, XII, XVII, XVIII, XIX e XXV e no artigo 37, XI, XIII, XIV e XV;

▶ Súm. Vinc. nº 6 do STF.

IX – *Revogado*. EC nº 41, de 19-12-2003;

X – a lei disporá sobre o ingresso nas Forças Armadas, os limites de idade, a estabilidade e outras condições de transferência do militar para a inatividade, os direitos, os deveres, a remuneração, as prerrogativas e outras situações especiais dos militares, consideradas as peculiaridades de suas atividades, inclusive aquelas cumpridas por força de compromissos internacionais e de guerra.

▶ Incisos I a X acrescidos pela EC nº 18, de 5-2-1998.
▶ Arts. 40, § 20, e 42, § 1º, desta Constituição.
▶ Súm. Vinc. nº 4 do STF.

Art. 143. O serviço militar é obrigatório nos termos da lei.

▶ Lei nº 4.375, de 17-8-1964 (Lei do Serviço Militar), regulamentada pelo Dec. nº 57.654, de 20-1-1966.
▶ Dec. nº 3.289, de 15-12-1999, aprova o Plano Geral de Convocação para o Serviço Militar Inicial nas Forças Armadas em 2001.

§ 1º Às Forças Armadas compete, na forma da lei, atribuir serviço alternativo aos que, em tempo de paz, após alistados, alegarem imperativo de consciência, entendendo-se como tal o decorrente de crença religiosa e de convicção filosófica ou política, para se eximirem de atividades de caráter essencialmente militar.

▶ Art. 5º, VIII, desta Constituição.

§ 2º As mulheres e os eclesiásticos ficam isentos do serviço militar obrigatório em tempo de paz, sujeitos, porém, a outros encargos que a lei lhes atribuir.

▶ Lei nº 8.239, de 4-10-1991, regulamenta os §§ 1º e 2º deste artigo.
▶ Súm. Vinc. nº 6 do STF.

Capítulo III

DA SEGURANÇA PÚBLICA

▶ Dec. nº 5.289, de 29-11-2004, disciplina a organização e o funcionamento da administração pública federal, para o desenvolvimento do programa de cooperação federativa denominado Força Nacional de Segurança Pública.

Art. 144. A segurança pública, dever do Estado, direito e responsabilidade de todos, é exercida para a preservação da ordem pública e da incolumidade das pessoas e do patrimônio, através dos seguintes órgãos:

▶ Dec. nº 4.332, de 12-8-2002, estabelece normas para o planejamento, a coordenação e a execução de medidas de segurança a serem implementadas durante as viagens presidenciais em território nacional, ou em eventos na capital federal.

I – polícia federal;
II – polícia rodoviária federal;

▶ Dec. nº 1.655, de 3-10-1995, define a competência da Polícia Rodoviária Federal.

III – polícia ferroviária federal;

IV – polícias civis;
V – polícias militares e corpos de bombeiros militares.

§ 1º A polícia federal, instituída por lei como órgão permanente, organizado e mantido pela União e estruturado em carreira, destina-se a:

▶ § 1º com a redação dada pela EC nº 19, de 4-6-1998.

I – apurar infrações penais contra a ordem política e social ou em detrimento de bens, serviços e interesses da União ou de suas entidades autárquicas e empresas públicas, assim como outras infrações cuja prática tenha repercussão interestadual ou internacional e exija repressão uniforme, segundo se dispuser em lei;

▶ Lei nº 8.137, de 27-12-1990 (Lei dos Crimes contra a Ordem Tributária, Econômica e contra as Relações de Consumo).
▶ Lei nº 10.446, de 8-5-2002, dispõe sobre infrações penais de repercussão interestadual ou internacional que exigem repressão uniforme, para os fins de aplicação do disposto neste inciso.

II – prevenir e reprimir o tráfico ilícito de entorpecentes e drogas afins, o contrabando e o descaminho, sem prejuízo da ação fazendária e de outros órgãos públicos nas respectivas áreas de competência;

▶ Lei nº 11.343, de 23-8-2006 (Lei Antidrogas).
▶ Dec. nº 2.781, de 14-9-1998, institui o Programa Nacional de Combate ao Contrabando e o Descaminho.

III – exercer as funções de polícia marítima, aeroportuária e de fronteiras;

▶ Inciso III com a redação dada pela EC nº 19, de 4-6-1998.

IV – exercer, com exclusividade, as funções de polícia judiciária da União.

§ 2º A polícia rodoviária federal, órgão permanente, organizado e mantido pela União e estruturado em carreira, destina-se, na forma da lei, ao patrulhamento ostensivo das rodovias federais.

▶ Lei nº 9.654, de 2-3-1998, cria a carreira de Policial Rodoviário Federal.

§ 3º A polícia ferroviária federal, órgão permanente, organizado e mantido pela União e estruturado em carreira, destina-se, na forma da lei, ao patrulhamento ostensivo das ferrovias federais.

▶ §§ 2º e 3º com a redação dada pela EC nº 19, de 4-6-1998.

§ 4º Às polícias civis, dirigidas por delegados de polícia de carreira, incumbem, ressalvada a competência da União, as funções de polícia judiciária e a apuração de infrações penais, exceto as Militares.

▶ Art. 9º do CPM.
▶ Art. 7º do CPPM.

§ 5º Às polícias militares cabem a polícia ostensiva e a preservação da ordem pública; aos corpos de bombeiros militares, além das atribuições definidas em lei, incumbe a execução de atividades de defesa civil.

▶ Dec.-lei nº 667, de 2-7-1969, reorganiza as Polícias Militares e os Corpos de Bombeiros Militares dos Estados, dos Territórios e do Distrito Federal.

§ 6º As polícias militares e corpos de bombeiros militares, forças auxiliares e reserva do Exército, subordinam-se, juntamente com as polícias civis, aos Governadores dos Estados, do Distrito Federal e dos Territórios.

§ 7º A lei disciplinará a organização e o funcionamento dos órgãos responsáveis pela segurança pública, de maneira a garantir a eficiência de suas atividades.

▶ Dec. nº 6.950, de 26-8-2009, dispõe sobre o Conselho Nacional de Segurança Pública – CONASP.

§ 8º Os Municípios poderão constituir guardas municipais destinadas à proteção de seus bens, serviços e instalações, conforme dispuser a lei.

§ 9º A remuneração dos servidores policiais integrantes dos órgãos relacionados neste artigo será fixada na forma do § 4º do artigo 39.

▶ § 9º acrescido pela EC nº 19, de 4-6-1998.

TÍTULO VI – DA TRIBUTAÇÃO E DO ORÇAMENTO

▶ Lei nº 5.172, de 27-12-1990 (Código Tributário Nacional).

CAPÍTULO I
DO SISTEMA TRIBUTÁRIO NACIONAL

▶ Lei nº 8.137, de 27-12-1990 (Lei de Crimes contra a Ordem Tributária, Econômica e contra as Relações de Consumo).
▶ Lei nº 8.176, de 8-2-1991 (Lei dos Crimes Contra a Ordem Econômica).
▶ Dec. nº 2.730, de 10-8-1998, dispõe sobre o encaminhamento ao Ministério Público da representação fiscal para os crimes contra a ordem tributária.

SEÇÃO I
DOS PRINCÍPIOS GERAIS

Art. 145. A União, os Estados, o Distrito Federal e os Municípios poderão instituir os seguintes tributos:

▶ Arts. 1º a 5º do CTN.
▶ Súm. nº 667 do STF.

I – impostos;

▶ Arts. 16 a 76 do CTN.

II – taxas, em razão do exercício do poder de polícia ou pela utilização, efetiva ou potencial, de serviços públicos específicos e divisíveis, prestados ao contribuinte ou postos a sua disposição;

▶ Arts. 77 a 80 do CTN.
▶ Lei nº 7.940, de 20-12-1969, institui a Taxa de Fiscalização dos mercados de títulos e valores mobiliários.
▶ Súm. Vinc. nº 19 do STF.
▶ Súm. nº 670 do STF.

III – contribuição de melhoria, decorrente de obras públicas.

▶ Arts. 81 e 82 do CTN.
▶ Dec.-lei nº 195, de 24-2-1967 (Lei da Contribuição de Melhoria).

§ 1º Sempre que possível, os impostos terão caráter pessoal e serão graduados segundo a capacidade econômica do contribuinte, facultado à administração tributária, especialmente para conferir efetividade a esses objetivos, identificar, respeitados os direitos individuais e nos termos da lei, o patrimônio, os rendimentos e as atividades econômicas do contribuinte.

▶ Lei nº 8.021, de 12-4-1990, dispõe sobre a identificação dos contribuintes para fins fiscais.
▶ Súmulas nºs 656 e 668 do STF.

§ 2º As taxas não poderão ter base de cálculo própria de impostos.

▶ Art. 77, parágrafo único, do CTN.
▶ Súm. Vinc. nº 29 do STF.
▶ Súm. nº 665 do STF.
▶ Súm. nº 157 do STJ.

Art. 146. Cabe à lei complementar:

I – dispor sobre conflitos de competência, em matéria tributária, entre a União, os Estados, o Distrito Federal e os Municípios;

▶ Arts. 6º a 8º do CTN.

II – regular as limitações constitucionais ao poder de tributar;

▶ Arts. 9º a 15 do CTN.

III – estabelecer normas gerais em matéria de legislação tributária, especialmente sobre:

▶ Art. 149 desta Constituição.

a) definição de tributos e de suas espécies, bem como, em relação aos impostos discriminados nesta Constituição, a dos respectivos fatos geradores, bases de cálculo e contribuintes;

b) obrigação, lançamento, crédito, prescrição e decadência tributários;

▶ Súm. Vinc. nº 8 do STF.

c) adequado tratamento tributário ao ato cooperativo praticado pelas sociedades cooperativas;

d) definição de tratamento diferenciado e favorecido para as microempresas e para as empresas de pequeno porte, inclusive regimes especiais ou simplificados no caso do imposto previsto no art. 155, II, das contribuições previstas no art. 195, I e §§ 12 e 13, e da contribuição a que se refere o art. 239.

▶ Alínea d acrescida pela EC nº 42, de 19-12-2003.
▶ Art. 94 do ADCT.
▶ LC nº 123, de 14-12-2006 (Estatuto Nacional da Microempresa e da Empresa de Pequeno Porte).

Parágrafo único. A lei complementar de que trata o inciso III, d, também poderá instituir um regime único de arrecadação dos impostos e contribuições da União, dos Estados, do Distrito Federal e dos Municípios, observado que:

I – será opcional para o contribuinte;
II – poderão ser estabelecidas condições de enquadramento diferenciadas por Estado;
III – o recolhimento será unificado e centralizado e a distribuição da parcela de recursos pertencentes aos respectivos entes federados será imediata, vedada qualquer retenção ou condicionamento;
IV – a arrecadação, a fiscalização e a cobrança poderão ser compartilhadas pelos entes federados, adotado cadastro nacional único de contribuintes.

▶ Parágrafo único acrescido pela EC nº 42, de 19-12-2003.

Constituição Federal – Arts. 146-A a 150

Art. 146-A. Lei complementar poderá estabelecer critérios especiais de tributação, com o objetivo de prevenir desequilíbrios da concorrência, sem prejuízo da competência da União, por lei, estabelecer normas de igual objetivo.

▶ Art. 146-A acrescido pela EC nº 42, de 19-12-2003.

Art. 147. Competem à União, em Território Federal, os impostos estaduais e, se o Território não for dividido em Municípios, cumulativamente, os impostos municipais; ao Distrito Federal cabem os impostos municipais.

Art. 148. A União, mediante lei complementar, poderá instituir empréstimos compulsórios:

I – para atender a despesas extraordinárias, decorrentes de calamidade pública, de guerra externa ou sua iminência;

II – no caso de investimento público de caráter urgente e de relevante interesse nacional, observado o disposto no artigo 150, III, *b*.

▶ Art. 34, § 12, do ADCT.

Parágrafo único. A aplicação dos recursos provenientes de empréstimo compulsório será vinculada à despesa que fundamentou sua instituição.

Art. 149. Compete exclusivamente à União instituir contribuições sociais, de intervenção no domínio econômico e de interesse das categorias profissionais ou econômicas, como instrumento de sua atuação nas respectivas áreas, observado o disposto nos artigos 146, III, e 150, I e III, e sem prejuízo do previsto no artigo 195, § 6º, relativamente às contribuições a que alude o dispositivo.

▶ Lei nº 10.336, de 19-12-2001, institui a Contribuição de Intervenção no Domínio Econômico incidente sobre a importação e a comercialização de petróleo e seus derivados, gás natural e seus derivados e álcool etílico combustível – CIDE a que se refere este artigo.

§ 1º Os Estados, o Distrito Federal e os Municípios instituirão contribuição, cobrada de seus servidores, para o custeio, em benefício destes, do regime previdenciário de que trata o art. 40, cuja alíquota não será inferior à da contribuição dos servidores titulares de cargos efetivos da União.

▶ § 1º com a redação dada pela EC nº 41, de 19-12-2003.

§ 2º As contribuições sociais e de intervenção no domínio econômico de que trata o *caput* deste artigo:

I – não incidirão sobre as receitas decorrentes de exportação;

II – incidirá também sobre a importação de produtos estrangeiros ou serviços;

▶ Inciso II com a redação dada pela EC nº 42, de 19-12-2003.

▶ Lei nº 10.336, de 19-12-2001, institui Contribuição de Intervenção no Domínio Econômico incidente sobre a importação e a comercialização de petróleo e seus derivados, e álcool etílico combustível – CIDE.

▶ Lei nº 10.865, de 30-4-2004, dispõe sobre o PIS/PASEP-Importação e a COFINS-Importação.

III – poderão ter alíquotas:

a) *ad valorem*, tendo por base o faturamento, a receita bruta ou o valor da operação e, no caso de importação, o valor aduaneiro;

b) específica, tendo por base a unidade de medida adotada.

§ 3º A pessoa natural destinatária das operações de importação poderá ser equiparada a pessoa jurídica, na forma da lei.

§ 4º A lei definirá as hipóteses em que as contribuições incidirão uma única vez.

▶ §§ 2º a 4º acrescidos pela EC nº 33, de 11-12-2001.

Art. 149-A. Os Municípios e o Distrito Federal poderão instituir contribuição, na forma das respectivas leis, para o custeio do serviço de iluminação pública, observado o disposto no art. 150, I e III.

Parágrafo único. É facultada a cobrança da contribuição a que se refere o *caput*, na fatura de consumo de energia elétrica.

▶ Art. 149-A acrescido pela EC nº 39, de 19-12-2002.

SEÇÃO II

DAS LIMITAÇÕES DO PODER DE TRIBUTAR

Art. 150. Sem prejuízo de outras garantias asseguradas ao contribuinte, é vedado à União, aos Estados, ao Distrito Federal e aos Municípios:

▶ Lei nº 5.172 de 25-10-1966 (Código Tributário Nacional).

I – exigir ou aumentar tributo sem lei que o estabeleça;

▶ Arts. 3º e 97, I e II, do CTN.

II – instituir tratamento desigual entre contribuintes que se encontrem em situação equivalente, proibida qualquer distinção em razão de ocupação profissional ou função por eles exercida, independentemente da denominação jurídica dos rendimentos, títulos ou direitos;

▶ Art. 5º, *caput*, desta Constituição.

▶ Súm. nº 658 do STF.

III – cobrar tributos:

a) em relação a fatos geradores ocorridos antes do início da vigência da lei que os houver instituído ou aumentado;

▶ Art. 9º, II, do CTN.

b) no mesmo exercício financeiro em que haja sido publicada a lei que os instituiu ou aumentou;

▶ Arts. 148, II, 155, § 4º, IV, c, 177, § 4º, I, b, e 195, § 6º, desta Constituição.

c) antes de decorridos noventa dias da data em que haja sido publicada a lei que os instituiu ou aumentou, observado o disposto na alínea *b*;

▶ Alínea c acrescida pela EC nº 42, de 19-12-2003.

IV – utilizar tributo com efeito de confisco;

V – estabelecer limitações ao tráfego de pessoas ou bens, por meio de tributos interestaduais ou intermunicipais, ressalvada a cobrança de pedágio pela utilização de vias conservadas pelo Poder Público;

▶ Art. 9º, III, do CTN.

VI – instituir impostos sobre:

a) patrimônio, renda ou serviços, uns dos outros;

▶ Art. 9º, IV, a, do CTN.

b) templos de qualquer culto;

▶ Art. 9º, IV, b, do CTN.

Constituição Federal – Arts. 151 a 153

c) patrimônio, renda ou serviços dos partidos políticos, inclusive suas fundações, das entidades sindicais dos trabalhadores, das instituições de educação e de assistência social, sem fins lucrativos, atendidos os requisitos da lei;
▶ Arts. 9º, IV, c, e 14 do CTN.
▶ Lei nº 3.193, de 4-7-1957, dispõe sobre isenção de impostos em templos de qualquer culto, bens e serviços de partidos políticos e instituições de educação e assistência social.
▶ Súmulas nºs 724 e 730 do STF.

d) livros, jornais, periódicos e o papel destinado à sua impressão.
▶ Lei nº 10.753, de 30-10-2003, institui a Política Internacional do Livro.
▶ Art. 1º, caput, I e II, da Lei nº 11.945, de 4-6-2009, que dispõe sobre o Registro Especial na Secretaria da Receita Federal do Brasil.
▶ Súm. nº 657 do STF.

§ 1º A vedação do inciso III, b, não se aplica aos tributos previstos nos arts. 148, I, 153, I, II, IV e V; e 154, II; e a vedação do inciso III, c, não se aplica aos tributos previstos nos arts. 148, I, 153, I, II, III e V; e 154, II, nem à fixação da base de cálculo dos impostos previstos nos arts. 155, III, e 156, I.
▶ § 1º com a redação dada pela EC nº 42, de 19-12-2003.

§ 2º A vedação do inciso VI, a, é extensiva às autarquias e às fundações instituídas e mantidas pelo Poder Público, no que se refere ao patrimônio, à renda e aos serviços, vinculados a suas finalidades essenciais ou às delas decorrentes.

§ 3º As vedações do inciso VI, a, e do parágrafo anterior não se aplicam ao patrimônio, à renda e aos serviços, relacionados com exploração de atividades econômicas regidas pelas normas aplicáveis a empreendimentos privados, ou em que haja contraprestação ou pagamento de preços ou tarifas pelo usuário, nem exonera o promitente comprador da obrigação de pagar imposto relativamente ao bem imóvel.

§ 4º As vedações expressas no inciso VI, alíneas b e c, compreendem somente o patrimônio, a renda e os serviços, relacionados com as finalidades essenciais das entidades nelas mencionadas.

§ 5º A lei determinará medidas para que os consumidores sejam esclarecidos acerca dos impostos que incidam sobre mercadorias e serviços.

§ 6º Qualquer subsídio ou isenção, redução de base de cálculo, concessão de crédito presumido, anistia ou remissão, relativos a impostos, taxas ou contribuições, só poderá ser concedido mediante lei específica, federal, estadual ou municipal, que regule exclusivamente as matérias acima enumeradas ou o correspondente tributo ou contribuição, sem prejuízo do disposto no artigo 155, § 2º, XII, g.

§ 7º A lei poderá atribuir a sujeito passivo de obrigação tributária a condição de responsável pelo pagamento de imposto ou contribuição, cujo fato gerador deva ocorrer posteriormente, assegurada a imediata e preferencial restituição da quantia paga, caso não se realize o fato gerador presumido.
▶ §§ 6º e 7º acrescidos pela EC nº 3, de 17-3-1993.

Art. 151. É vedado à União:

I – instituir tributo que não seja uniforme em todo o Território Nacional ou que implique distinção ou preferência em relação a Estado, ao Distrito Federal ou a Município, em detrimento de outro, admitida a concessão de incentivos fiscais destinados a promover o equilíbrio do desenvolvimento socioeconômico entre as diferentes regiões do País;
▶ Art. 10 do CTN.
▶ Lei nº 9.440, de 14-3-1997, estabelece incentivos fiscais para o desenvolvimento regional.
▶ Lei nº 11.508, de 20-7-2007 (Lei das Zonas de Processamento de Exportação).

II – tributar a renda das obrigações da dívida pública dos Estados, do Distrito Federal e dos Municípios, bem como a remuneração e os proventos dos respectivos agentes públicos, em níveis superiores aos que fixar para suas obrigações e para seus agentes;

III – instituir isenções de tributos da competência dos Estados, do Distrito Federal ou dos Municípios.
▶ Súm. nº 185 do STJ.

Art. 152. É vedado aos Estados, ao Distrito Federal e aos Municípios estabelecer diferença tributária entre bens e serviços, de qualquer natureza, em razão de sua procedência ou destino.
▶ Art. 11 do CTN.

SEÇÃO III

DOS IMPOSTOS DA UNIÃO

Art. 153. Compete à União instituir impostos sobre:

I – importação de produtos estrangeiros;
▶ Arts. 60, § 2º, e 154, I, desta Constituição.
▶ Lei nº 7.810, de 30-8-1989, dispõe sobre a redução de impostos na importação.
▶ Lei nº 8.032, de 12-4-1990, dispõe sobre a isenção ou redução de imposto de importação.
▶ Lei nº 9.449, de 14-3-1997, reduz o Imposto de Importação para os produtos que especifica.

II – exportação, para o exterior, de produtos nacionais ou nacionalizados;
▶ Art. 60, § 2º, desta Constituição.

III – renda e proventos de qualquer natureza;
▶ Arts. 27, § 2º, 28, § 2º, 29, V e VI, 37, XV, 48, XV, 49, VII e VIII, 95, III, 128, § 5º, I, c, desta Constituição.
▶ Art. 34, § 2º, I, do ADCT.
▶ Lei nº 8.166, de 11-1-1991, dispõe sobre a não incidência do imposto de renda sobre lucros ou dividendos distribuídos a residentes ou domiciliados no exterior, doados a instituições sem fins lucrativos.
▶ Lei nº 9.430, de 27-12-1996, dispõe sobre a legislação tributária federal, as contribuições para a Seguridade Social, o processo administrativo de consulta.
▶ Dec. nº 3.000, de 26-3-1999, regulamenta a tributação, fiscalização, arrecadação e administração do Imposto sobre a Renda e proventos de qualquer natureza.
▶ Súmulas nºs 125, 136 e 386 do STJ.

IV – produtos industrializados;
▶ Art. 60, § 2º, desta Constituição.
▶ Art. 34,§ 2º, I, do ADCT.
▶ Lei nº 9.363, de 13-12-1996, dispõe sobre a instituição de crédito presumido do Imposto sobre Produtos Indus-

trializados, para ressarcimento do valor do PIS/PASEP e COFINS nos casos que especifica.

► Lei nº 9.493, de 10-9-1997, concede isenção do Imposto sobre Produtos Industrializados – IPI na aquisição de equipamentos, máquinas, aparelhos e instrumentos, dispõe sobre período de apuração e prazo de recolhimento do referido imposto para as microempresas e empresas de pequeno porte, e estabelece suspensão do IPI na saída de bebidas alcoólicas, acondicionadas para venda a granel, dos estabelecimentos produtores e dos estabelecimentos equiparados a industrial.

► Dec. nº 7.212, de 15-6-2010, regulamenta a cobrança, fiscalização, arrecadação e administração do Imposto sobre Produtos Industrializados – IPI.

V – operações de crédito, câmbio e seguro, ou relativas a títulos ou valores mobiliários;

► Art. 60, § 2º, desta Constituição.

► Lei nº 8.894, de 21-6-1994, dispõe sobre o Imposto sobre Operações de Crédito, Câmbio e Seguro, ou relativas a Títulos e Valores Mobiliários.

► Dec. nº 6.306, de 14-12-2007, regulamenta o imposto sobre Operações de Crédito, Câmbio e Seguro, ou relativas a Títulos e Valores Mobiliários – IOF.

► Súm. nº 664 do STF.

VI – propriedade territorial rural;

► Lei nº 8.847, de 28-1-1994, dispõe sobre o Imposto sobre a Propriedade Territorial Rural – ITR.

► Lei nº 9.393, de 19-12-1996, dispõe sobre a Propriedade Territorial Rural – ITR, e sobre o pagamento da dívida representada por Títulos da Dívida Agrária – TDA.

► Dec. nº 4.382, de 19-9-2002, regulamenta a tributação, fiscalização, arrecadação e administração do Imposto sobre a Propriedade Territorial Rural – ITR.

► Súm. nº 139 do STJ.

VII – grandes fortunas, nos termos de lei complementar.

► LC nº 111, de 6-7-2001, dispõe sobre o Fundo de Combate e Erradicação da Pobreza, na forma prevista nos arts. 79 a 81 do ADCT.

§ 1º É facultado ao Poder Executivo, atendidas as condições e os limites estabelecidos em lei, alterar as alíquotas dos impostos enumerados nos incisos I, II, IV e V.

► Art. 150, § 1º, desta Constituição.

► Lei nº 8.088, de 30-10-1990, dispõe sobre a atualização do Bônus do Tesouro Nacional e dos depósitos de poupança.

§ 2º O imposto previsto no inciso III:

I – será informado pelos critérios da generalidade, da universalidade e da progressividade, na forma da lei;

► Arts. 27, § 2º, 28, § 2º, 29, V e VI, 37, XV, 48, XV, 49, VII e VIII, 95, III, e 128, § 5º, I, c, desta Constituição.

II – Revogado. EC nº 20, de 15-12-1998.

§ 3º O imposto previsto no inciso IV:

I – será seletivo, em função da essencialidade do produto;

II – será não cumulativo, compensando-se o que for devido em cada operação com o montante cobrado nas anteriores;

III – não incidirá sobre produtos industrializados destinados ao exterior;

IV – terá reduzido seu impacto sobre a aquisição de bens de capital pelo contribuinte do imposto, na forma da lei.

► Inciso IV acrescido pela EC nº 42, de 19-12-2003.

§ 4º O imposto previsto no inciso VI do caput:

► Caput com a redação dada pela EC nº 42, de 19-12-2003.

► Lei nº 8.629, de 25-2-1993, regula os dispositivos constitucionais relativos à reforma agrária.

I – será progressivo e terá suas alíquotas fixadas de forma a desestimular a manutenção de propriedades improdutivas;

II – não incidirá sobre pequenas glebas rurais, definidas em lei, quando as explore o proprietário que não possua outro imóvel;

III – será fiscalizado e cobrado pelos Municípios que assim optarem, na forma da lei, desde que não implique redução do imposto ou qualquer outra forma de renúncia fiscal.

► Incisos I a III acrescidos pela EC nº 42, de 19-12-2003.

► Lei nº 11.250, de 27-12-2005, regulamenta este inciso.

§ 5º O ouro, quando definido em lei como ativo financeiro ou instrumento cambial, sujeita-se exclusivamente à incidência do imposto de que trata o inciso V do caput deste artigo, devido na operação de origem; a alíquota mínima será de um por cento, assegurada a transferência do montante da arrecadação nos seguintes termos:

► Art. 74, § 2º, do ADCT.

► Lei nº 7.766, de 11-5-1989, dispõe sobre o ouro, ativo financeiro e sobre seu tratamento tributário.

I – trinta por cento para o Estado, o Distrito Federal ou o Território, conforme a origem;

II – setenta por cento para o Município de origem.

► Arts. 72, § 3º, 74, § 2º, 75 e 76, § 1º, do ADCT.

► Lei nº 7.766, de 11-5-1989, dispõe sobre o ouro, ativo financeiro e sobre seu tratamento tributário.

Art. 154. A União poderá instituir:

I – mediante lei complementar, impostos não previstos no artigo anterior, desde que sejam não cumulativos e não tenham fato gerador ou base de cálculo próprios dos discriminados nesta Constituição;

► Art. 195, § 4º, desta Constituição.

► Arts. 74, § 2º, e 75 do ADCT.

II – na iminência ou no caso de guerra externa, impostos extraordinários, compreendidos ou não em sua competência tributária, os quais serão suprimidos, gradativamente, cessadas as causas de sua criação.

► Arts. 62, § 2º, 150, § 1º, desta Constituição.

Seção IV
DOS IMPOSTOS DOS ESTADOS E DO DISTRITO FEDERAL

Art. 155. Compete aos Estados e ao Distrito Federal instituir impostos sobre:

► Caput com a redação dada pela EC nº 3, de 17-3-1993.

I – transmissão causa mortis e doação de quaisquer bens ou direitos;

II – operações relativas à circulação de mercadorias e sobre prestações de serviços de transporte interestadual e intermunicipal e de comunicação, ainda que as operações e as prestações se iniciem no exterior;

► Art. 60, § 2º, do ADCT.

► LC nº 24, de 7-1-1975, dispõe sobre os convênios para a concessão de isenções do imposto sobre operações relativas à circulação de mercadorias.
► LC nº 87, de 13-9-1996 (Lei Kandir – ICMS).
► Súm. nº 662 do STF.
► Súm. nº 334 do STJ.

III – propriedade de veículos automotores;
► Incisos I a III acrescidos pela EC nº 3, de 17-3-1993.

§ 1º O imposto previsto no inciso I:
► § 1º com a redação dada pela EC nº 3, de 17-3-1993.

I – relativamente a bens imóveis e respectivos direitos, compete ao Estado da situação do bem, ou ao Distrito Federal;
II – relativamente a bens móveis, títulos e créditos, compete ao Estado onde se processar o inventário ou arrolamento, ou tiver domicílio o doador, ou ao Distrito Federal;
III – terá a competência para sua instituição regulada por lei complementar:

a) se o doador tiver domicílio ou residência no exterior;
b) se o *de cujus* possuía bens, era residente ou domiciliado ou teve o seu inventário processado no exterior;

IV – terá suas alíquotas máximas fixadas pelo Senado Federal.

§ 2º O imposto previsto no inciso II atenderá ao seguinte:
► *Caput* do § 2º com a redação dada pela EC nº 3, de 17-3-1993.
► LC nº 24, de 7-1-1975, dispõe sobre os convênios para a concessão de isenções do imposto sobre operações relativas à circulação de mercadorias.
► LC nº 101, de 4-5-2000 (Lei da Responsabilidade Fiscal).
► Dec.-lei nº 406, de 31-12-1968, estabelece normas gerais de direito financeiro, aplicáveis aos Impostos sobre Operações relativas à Circulação de Mercadorias e sobre Serviços de Qualquer Natureza.

I – será não cumulativo, compensando-se o que for devido em cada operação relativa à circulação de mercadorias ou prestação de serviços com o montante cobrado nas anteriores pelo mesmo ou outro Estado ou pelo Distrito Federal;
II – a isenção ou não incidência, salvo determinação em contrário da legislação:

► LC nº 24, de 7-1-1975, dispõe sobre os convênios para concessão de isenções do Imposto sobre Obrigações Relativas a Circulação de Mercadorias.
► LC nº 87, de 13-9-1996 (Lei Kandir – ICMS).
► Súm. nº 662 do STF.

a) não implicará crédito para compensação com o montante devido nas operações ou prestações seguintes;
b) acarretará a anulação do crédito relativo às operações anteriores;

III – poderá ser seletivo, em função da essencialidade das mercadorias e dos serviços;
IV – resolução do Senado Federal, de iniciativa do Presidente da República ou de um terço dos Senadores, aprovada pela maioria absoluta de seus membros, estabelecerá as alíquotas aplicáveis às operações e prestações, interestaduais e de exportação;
V – é facultado ao Senado Federal:

a) estabelecer alíquotas mínimas nas operações internas, mediante resolução de iniciativa de um terço e aprovada pela maioria absoluta de seus membros;
b) fixar alíquotas máximas nas mesmas operações para resolver conflito específico que envolva interesse de Estados, mediante resolução de iniciativa da maioria absoluta e aprovada por dois terços de seus membros;

VI – salvo deliberação em contrário dos Estados e do Distrito Federal, nos termos do disposto no inciso XII, g, as alíquotas internas, nas operações relativas à circulação de mercadorias e nas prestações de serviços, não poderão ser inferiores às previstas para as operações interestaduais;
VII – em relação às operações e prestações que destinem bens e serviços a consumidor final localizado em outro Estado, adotar-se-á:

a) a alíquota interestadual, quando o destinatário for contribuinte do imposto;
b) a alíquota interna, quando o destinatário não for contribuinte dele;

VIII – na hipótese da alínea *a* do inciso anterior, caberá ao Estado da localização do destinatário o imposto correspondente à diferença entre a alíquota interna e a interestadual;
IX – incidirá também:

► Súmulas nos 660 e 661 do STF.
► Súm. nº 155 do STJ.

a) sobre a entrada de bem ou mercadoria importados do exterior por pessoa física ou jurídica, ainda que não seja contribuinte habitual do imposto, qualquer que seja a sua finalidade, assim como sobre o serviço prestado no exterior, cabendo o imposto ao Estado onde estiver situado o domicílio ou o estabelecimento do destinatário da mercadoria, bem ou serviço;

► Alínea *a* com a redação dada pela EC nº 33, de 11-12-2001.
► Súmulas nos 660 e 661 do STF.
► Súm. nº 198 do STJ.

b) sobre o valor total da operação, quando mercadorias forem fornecidas com serviços não compreendidos na competência tributária dos Municípios;

X – não incidirá:

a) sobre operações que destinem mercadorias para o exterior, nem sobre serviços prestados a destinatários no exterior, assegurada a manutenção e o aproveitamento do montante do imposto cobrado nas operações e prestações anteriores;

► Alínea *a* com a redação dada pela EC nº 42, de 19-12-2003.
► Súm. nº 433 do STJ.

b) sobre operações que destinem a outros Estados petróleo, inclusive lubrificantes, combustíveis líquidos e gasosos dele derivados, e energia elétrica;
c) sobre o ouro, nas hipóteses definidas no artigo 153, § 5º;

► Lei nº 7.766, de 11-5-1989, dispõe sobre o ouro, ativo financeiro, e sobre seu tratamento tributário.

d) nas prestações de serviço de comunicação nas modalidades de radiodifusão sonora e de sons e imagens de recepção livre e gratuita;

▶ Alínea *d* acrescida pela EC nº 42, de 19-12-2003.

XI – não compreenderá, em sua base de cálculo, o montante do imposto sobre produtos industrializados, quando a operação, realizada entre contribuintes e relativa a produto destinado à industrialização ou à comercialização, configure fato gerador dos dois impostos;

XII – cabe à lei complementar:

▶ Art. 4º da EC nº 42, de 19-12-2003.

a) definir seus contribuintes;
b) dispor sobre substituição tributária;
c) disciplinar o regime de compensação do imposto;
d) fixar, para efeito de sua cobrança e definição do estabelecimento responsável, o local das operações relativas à circulação de mercadorias e das prestações de serviços;
e) excluir da incidência do imposto, nas exportações para o exterior, serviços e outros produtos além dos mencionados no inciso X, *a*;
f) prever casos de manutenção de crédito, relativamente à remessa para outro Estado e exportação para o exterior, de serviços e de mercadorias;
g) regular a forma como, mediante deliberação dos Estados e do Distrito Federal, isenções, incentivos e benefícios fiscais serão concedidos e revogados;

▶ Art. 22, parágrafo único, da LC nº 123, de 14-12-2006 (Estatuto Nacional da Microempresa e da Empresa de Pequeno Porte).

h) definir os combustíveis e lubrificantes sobre os quais o imposto incidirá uma única vez, qualquer que seja a sua finalidade, hipótese em que não se aplicará o disposto no inciso X, *b*;

▶ Alínea *h* acrescida pela EC nº 33, de 11-12-2001.
▶ Conforme o art. 4º da EC nº 33, de 11-12-2001, enquanto não entrar em vigor a lei complementar de que trata esta alínea, os Estados e o Distrito Federal, mediante convênio celebrado nos termos do § 2º, XII, *g*, deste artigo, fixarão normas para regular provisoriamente a matéria.

i) fixar a base de cálculo, de modo que o montante do imposto a integre, também na importação do exterior de bem, mercadoria ou serviço.

▶ Alínea *i* acrescida pela EC nº 33, de 11-12-2001.

§ 3º À exceção dos impostos de que tratam o inciso II do *caput* deste artigo e o artigo 153, I e II, nenhum outro imposto poderá incidir sobre operações relativas a energia elétrica, serviços de telecomunicações, derivados de petróleo, combustíveis e minerais do País.

▶ § 3º com a redação dada pela EC nº 33, de 11-12-2001.
▶ Súm. nº 659 do STF.

§ 4º Na hipótese do inciso XII, *h*, observar-se-á o seguinte:

I – nas operações com os lubrificantes e combustíveis derivados de petróleo, o imposto caberá ao Estado onde ocorrer o consumo;

II – nas operações interestaduais, entre contribuintes, com gás natural e seus derivados, e lubrificantes e combustíveis não incluídos no inciso I deste parágrafo, o imposto será repartido entre os Estados de origem e de destino, mantendo-se a mesma proporcionalidade que ocorre nas operações com as demais mercadorias;

III – nas operações interestaduais com gás natural e seus derivados, e lubrificantes e combustíveis não incluídos no inciso I deste parágrafo, destinadas a não contribuinte, o imposto caberá ao Estado de origem;

IV – as alíquotas do imposto serão definidas mediante deliberação dos Estados e Distrito Federal, nos termos do § 2º, XII, *g*, observando-se o seguinte:

a) serão uniformes em todo o território nacional, podendo ser diferenciadas por produto;
b) poderão ser específicas, por unidade de medida adotada, ou *ad valorem*, incidindo sobre o valor da operação ou sobre o preço que o produto ou seu similar alcançaria em uma venda em condições de livre concorrência;
c) poderão ser reduzidas e restabelecidas, não se lhes aplicando o disposto no artigo 150, III, *b*.

§ 5º As regras necessárias à aplicação do disposto no § 4º, inclusive as relativas à apuração e à destinação do imposto, serão estabelecidas mediante deliberação dos Estados e do Distrito Federal, nos termos do § 2º, XII, *g*.

▶ §§ 4º e 5º acrescidos pela EC nº 33, de 11-12-2001.

§ 6º O imposto previsto no inciso III:

I – terá alíquotas mínimas fixadas pelo Senado Federal;
II – poderá ter alíquotas diferenciadas em função do tipo e utilização.

▶ § 6º acrescido pela EC nº 42, de 19-12-2003.

Seção V

DOS IMPOSTOS DOS MUNICÍPIOS

Art. 156. Compete aos Municípios instituir impostos sobre:

▶ Art. 167, § 4º, desta Constituição.

I – propriedade predial e territorial urbana;

▶ Arts. 32 a 34 do CTN.
▶ Súm. nº 399 do STJ.

II – transmissão *inter vivos*, a qualquer título, por ato oneroso, de bens imóveis, por natureza ou acessão física, e de direitos reais sobre imóveis, exceto os de garantia, bem como cessão de direitos a sua aquisição;

▶ Arts. 34 a 42 do CTN.
▶ Súm. nº 656 do STF.

III – serviços de qualquer natureza, não compreendidos no artigo 155, II, definidos em lei complementar.

▶ Inciso III com a redação dada pela EC nº 3, de 17-3-1993.
▶ LC nº 116, de 31-7-2003 (Lei do ISS).
▶ Súm. Vinc. nº 31 do STF.
▶ Súm. nº 424 do STJ.

IV – *Revogado*. EC nº 3, de 17-3-1993.

§ 1º Sem prejuízo da progressividade no tempo a que se refere o artigo 182, § 4º, inciso II, o imposto previsto no inciso I poderá:

▶ Arts. 182, §§ 2º e 4º, e 186 desta Constituição.
▶ Súm. nº 589 do STF.

I – ser progressivo em razão do valor do imóvel; e
II – ter alíquotas diferentes de acordo com a localização e o uso do imóvel.

▶ § 1º com a redação dada pela EC nº 29, de 13-9-2000.
▶ Lei nº 10.257, de 10-7-2001 (Estatuto da Cidade).

§ 2º O imposto previsto no inciso II:

I – não incide sobre a transmissão de bens ou direitos incorporados ao patrimônio de pessoa jurídica em realização de capital, nem sobre a transmissão de bens ou direitos decorrentes de fusão, incorporação, cisão ou extinção de pessoa jurídica, salvo se, nesses casos, a atividade preponderante do adquirente for a compra e venda desses bens ou direitos, locação de bens imóveis ou arrendamento mercantil;

II – compete ao Município da situação do bem.

§ 3º Em relação ao imposto previsto no inciso III do *caput* deste artigo, cabe à lei complementar:

▶ § 3º com a redação dada pela EC nº 37, de 12-6-2002.

I – fixar as suas alíquotas máximas e mínimas;

▶ Inciso I com a redação dada pela EC nº 37, de 12-6-2002.
▶ Art. 88 do ADCT.

II – excluir da sua incidência exportações de serviços para o exterior;

▶ Inciso II com a redação dada pela EC nº 3, de 17-3-1993.

III – regular a forma e as condições como isenções, incentivos e benefícios fiscais serão concedidos e revogados.

▶ Inciso III acrescido pela EC nº 37, de 12-6-2002.
▶ Art. 88 do ADCT.

§ 4º *Revogado*. EC nº 3, de 17-3-1993.

SEÇÃO VI

DA REPARTIÇÃO DAS
RECEITAS TRIBUTÁRIAS

Art. 157. Pertencem aos Estados e ao Distrito Federal:

▶ Art. 167, § 4º, desta Constituição.

I – o produto da arrecadação do imposto da União sobre renda e proventos de qualquer natureza, incidente na fonte, sobre rendimentos pagos, a qualquer título, por eles, suas autarquias e pelas fundações que instituírem e mantiverem;

▶ Art. 159, § 1º, desta Constituição.
▶ Art. 76, § 1º, do ADCT.
▶ Dec. nº 3.000, de 26-3-1999, regulamenta a tributação, fiscalização, arrecadação e administração do Imposto sobre a Renda e proventos de qualquer natureza.
▶ Súm. nº 447 do STJ.

II – vinte por cento do produto da arrecadação do imposto que a União instituir no exercício da competência que lhe é atribuída pelo artigo 154, I.

▶ Art. 72, § 3º, do ADCT.

Art. 158. Pertencem aos Municípios:

▶ Art. 167, IV, desta Constituição.
▶ LC nº 63, de 11-1-1990, dispõe sobre critérios e prazos de crédito das parcelas do produto da arrecadação de impostos de competência dos Estados e de transferências por estes recebidas, pertencentes aos Municípios.

I – o produto da arrecadação do imposto da União sobre renda e proventos de qualquer natureza, incidente na fonte, sobre rendimentos pagos, a qualquer título, por eles, suas autarquias e pelas fundações que instituírem e mantiverem;

▶ Art. 159, § 1º, desta Constituição.
▶ Art. 76, § 1º, do ADCT.

II – cinquenta por cento do produto da arrecadação do imposto da União sobre a propriedade territorial rural, relativamente aos imóveis neles situados, cabendo a totalidade na hipótese da opção a que se refere o art. 153, § 4º, III;

▶ Inciso II com a redação dada pela EC nº 42, de 19-12-2003.
▶ Arts. 72, § 4º, e 76, § 1º, do ADCT.
▶ Súm. nº 139 do STJ.

III – cinquenta por cento do produto da arrecadação do imposto do Estado sobre a propriedade de veículos automotores licenciados em seus territórios;

▶ Art. 1º da LC nº 63, de 11-1-1990, que dispõe sobre critérios e prazos de crédito das parcelas do produto da arrecadação de impostos de competência dos Estados e de transferências por estes recebidas, pertencentes aos Municípios.

IV – vinte e cinco por cento do produto da arrecadação do imposto do Estado sobre operações relativas à circulação de mercadorias e sobre prestações de serviços de transporte interestadual e intermunicipal e de comunicação.

▶ Arts. 60, § 2º, e 82, § 1º, do ADCT.
▶ Art. 1º da LC nº 63, de 11-1-1990, que dispõe sobre critérios e prazos de crédito das parcelas do produto da arrecadação de impostos de competência dos Estados e de transferências por estes recebidas, pertencentes aos Municípios.

Parágrafo único. As parcelas de receita pertencentes aos Municípios, mencionadas no inciso IV, serão creditadas conforme os seguintes critérios:

I – três quartos, no mínimo, na proporção do valor adicionado nas operações relativas à circulação de mercadorias e nas prestações de serviços, realizadas em seus territórios;

II – até um quarto, de acordo com o que dispuser lei estadual ou, no caso dos Territórios, lei federal.

Art. 159. A União entregará:

▶ Art. 167, IV, desta Constituição.
▶ Arts. 72, §§ 2º e 4º, e 80, § 1º, do ADCT.
▶ LC nº 62, de 28-12-1989, dispõe sobre normas para cálculo, entrega e controle de liberações de recursos dos Fundos de Participação.

I – do produto da arrecadação dos impostos sobre renda e proventos de qualquer natureza e sobre produtos industrializados quarenta e oito por cento na seguinte forma:

▶ Inciso I com a redação dada pela EC nº 55, de 20-9-2007.
▶ Art. 3º da EC nº 17, de 22-11-1997.
▶ Art. 2º da EC nº 55, de 20-9-2007, que determina que as alterações inseridas neste artigo somente se aplicam sobre a arrecadação dos impostos sobre renda e proventos de qualquer natureza e sobre produtos industrializados realizada a partir de 1º-9-2007.
▶ Art. 60, § 2º, do ADCT.

a) vinte e um inteiros e cinco décimos por cento ao Fundo de Participação dos Estados e do Distrito Federal;

▶ Arts. 34, § 2º, II e 60, § 2º, 76, § 1º, do ADCT.
▶ LC nº 62, de 28-12-1989, estabelece normas sobre o cálculo, a entrega e o controle das liberações dos recur-

sos dos fundos de participação dos Estados, do Distrito Federal e dos Municípios.

b) vinte e dois inteiros e cinco décimos por cento ao Fundo de Participação dos Municípios;

▶ Art. 76, § 1º, do ADCT.

▶ LC nº 62 de, 28-12-1989, estabelece normas sobre o cálculo, a entrega e o controle das liberações dos recursos dos fundos de participação dos Estados, do Distrito Federal e dos Municípios.

▶ LC nº 91, de 22-12-1997, dispõe sobre a fixação dos coeficientes do Fundo de Participação dos Municípios.

c) três por cento, para aplicação em programas de financiamento ao setor produtivo das Regiões Norte, Nordeste e Centro-Oeste, através de suas instituições financeiras de caráter regional, de acordo com os planos regionais de desenvolvimento, ficando assegurada ao semiárido do Nordeste a metade dos recursos destinados à Região, na forma que a lei estabelecer;

▶ Lei nº 7.827, de 22-9-1989, regulamenta esta alínea.

d) um por cento ao Fundo de Participação dos Municípios, que será entregue no primeiro decêndio do mês de dezembro de cada ano;

▶ Alínea d acrescida pela EC nº 55, de 20-9-2007.

▶ Art. 2º da EC nº 55, de 20-9-2007, que determina que as alterações inseridas neste artigo somente se aplicam sobre a arrecadação dos impostos sobre renda e proventos de qualquer natureza e sobre produtos industrializados realizada a partir de 1º-9-2007.

II – do produto da arrecadação do imposto sobre produtos industrializados, dez por cento aos Estados e ao Distrito Federal, proporcionalmente ao valor das respectivas exportações de produtos industrializados;

▶ Arts. 60, § 2º, e 76, § 1º, do ADCT.

▶ Art. 1º da LC nº 63, de 11-1-1990, que dispõe sobre critérios e prazos de crédito das parcelas do produto da arrecadação de impostos de competência dos Estados e de transferências por estes recebidas, pertencentes aos Municípios.

▶ Lei nº 8.016, de 8-4-1990, dispõe sobre a entrega das quotas de participação dos Estados e do Distrito Federal na arrecadação do Imposto sobre Produtos Industrializados – IPI, a que se refere este inciso.

III – do produto da arrecadação da contribuição de intervenção no domínio econômico prevista no art. 177, § 4º, 29% (vinte e nove por cento) para os Estados e o Distrito Federal, distribuídos na forma da lei, observada a destinação a que se refere o inciso II, c, do referido parágrafo.

▶ Inciso III com a redação dada pela EC nº 44, de 30-6-2004.

▶ Art. 93 do ADCT.

§ 1º Para efeito de cálculo da entrega a ser efetuada de acordo com o previsto no inciso I, excluir-se-á a parcela da arrecadação do imposto de renda e proventos de qualquer natureza pertencente aos Estados, ao Distrito Federal e aos Municípios, nos termos do disposto nos artigos 157, I, e 158, I.

§ 2º A nenhuma unidade federada poderá ser destinada parcela superior a vinte por cento do montante a que se refere o inciso II, devendo o eventual excedente ser distribuído entre os demais participantes,

mantido, em relação a esses, o critério de partilha nele estabelecido.

▶ LC nº 61, de 26-12-1989, dispõe sobre normas para participação dos Estados e do Distrito Federal no produto de arrecadação do Imposto sobre Produtos Industrializados – IPI, relativamente às exportações.

§ 3º Os Estados entregarão aos respectivos Municípios vinte e cinco por cento dos recursos que receberem nos termos do inciso II, observados os critérios estabelecidos no artigo 158, parágrafo único, I e II.

▶ LC nº 63, de 11-1-1990, dispõe sobre critérios e prazos de crédito das parcelas do produto da arrecadação de impostos de competência dos Estados e de transferências por estes recebidas, pertencentes aos Municípios.

§ 4º Do montante de recursos de que trata o inciso III que cabe a cada Estado, vinte e cinco por cento serão destinados aos seus Municípios, na forma da lei a que se refere o mencionado inciso.

▶ § 4º acrescido pela EC nº 42, de 19-12-2003.

▶ Art. 93 do ADCT.

Art. 160. É vedada a retenção ou qualquer restrição à entrega e ao emprego dos recursos atribuídos, nesta seção, aos Estados, ao Distrito Federal e aos Municípios, neles compreendidos adicionais e acréscimos relativos a impostos.

▶ Art. 3º da EC nº 17, de 22-11-1997.

Parágrafo único. A vedação prevista neste artigo não impede a União e os Estados de condicionarem a entrega de recursos:

▶ Caput do parágrafo único com a redação dada pela EC nº 29, de 13-9-2000.

I – ao pagamento de seus créditos, inclusive de suas autarquias;

II – ao cumprimento do disposto no artigo 198, § 2º, incisos II e III.

▶ Incisos I e II acrescidos pela EC nº 29, de 13-9-2000.

Art. 161. Cabe à lei complementar:

I – definir valor adicionado para fins do disposto no artigo 158, parágrafo único, I;

▶ LC nº 63, de 11-1-1990, dispõe sobre critérios e prazos de crédito das parcelas do produto da arrecadação de impostos de competência dos Estados e de transferências por estes recebidas, pertencentes aos Municípios.

II – estabelecer normas sobre a entrega dos recursos de que trata o artigo 159, especialmente sobre os critérios de rateio dos fundos previstos em seu inciso I, objetivando promover o equilíbrio socioeconômico entre Estados e entre Municípios;

▶ LC nº 62, de 28-12-1989, estabelece normas sobre o cálculo, a entrega e o controle das liberações dos recursos dos fundos de participação dos Estados, do Distrito Federal e dos Municípios.

III – dispor sobre o acompanhamento, pelos beneficiários, do cálculo das quotas e da liberação das participações previstas nos artigos 157, 158 e 159.

▶ LC nº 62, de 28-12-1989, estabelece normas sobre o cálculo, a entrega e o controle das liberações dos recursos dos fundos de participação dos Estados, do Distrito Federal e dos Municípios.

Parágrafo único. O Tribunal de Contas da União efetuará o cálculo das quotas referentes aos fundos de participação a que alude o inciso II.

Art. 162. A União, os Estados, o Distrito Federal e os Municípios divulgarão, até o último dia do mês subsequente ao da arrecadação, os montantes de cada um dos tributos arrecadados, os recursos recebidos, os valores de origem tributária entregues e a entregar e a expressão numérica dos critérios de rateio.

Parágrafo único. Os dados divulgados pela União serão discriminados por Estado e por Município; os dos Estados, por Município.

CAPÍTULO II

DAS FINANÇAS PÚBLICAS

Seção I

NORMAS GERAIS

Art. 163. Lei complementar disporá sobre:

► Lei nº 4.320, de 17-3-1964, estatui normas gerais de direito financeiro para elaboração e controle dos orçamentos e balanços da União, dos Estados, dos Municípios e do Distrito Federal.

► Lei nº 6.830, de 22-9-1980 (Lei das Execuções Fiscais).

I – finanças públicas;

► LC nº 101, de 4-5-2000 (Lei da Responsabilidade Fiscal).

II – dívida pública externa e interna, incluída a das autarquias, fundações e demais entidades controladas pelo Poder Público;

► Lei nº 8.388, de 30-12-1991, estabelece diretrizes para que a União possa realizar a consolidação e o reescalonamento de dívidas das administrações direta e indireta dos Estados, do Distrito Federal e dos Municípios.

III – concessão de garantias pelas entidades públicas;
IV – emissão e resgate de títulos da dívida pública;

► Art. 34, § 2º, I, do ADCT.

V – fiscalização financeira da administração pública direta e indireta;

► Inciso V com a redação dada pela EC nº 40, de 29-5-2003.

► Lei nº 4.595, de 31-12-1964 (Lei do Sistema Financeiro Nacional).

VI – operações de câmbio realizadas por órgãos e entidades da União, dos Estados, do Distrito Federal e dos Municípios;

► Lei nº 4.131, de 3-9-1962, disciplina a aplicação do capital estrangeiro e as remessas de valores para o exterior.

► Dec.-lei nº 9.025, de 27-2-1946, dispõe sobre as operações de cambio e regulamenta o retorno de capitais estrangeiros.

► Dec.-lei nº 9.602, de 16-8-1946, e Lei nº 1.807, de 7-1-1953, dispõem sobre operações de câmbio.

VII – compatibilização das funções das instituições oficiais de crédito da União, resguardadas as características e condições operacionais plenas das voltadas ao desenvolvimento regional.

► Art. 30 da EC nº 19, de 4-6-1998 (Reforma Administrativa).

► LC nº 101, de 4-5-2000 (Lei da Responsabilidade Fiscal).

► Lei nº 4.595, de 31-12-1964 (Lei do Sistema Financeiro Nacional).

Art. 164. A competência da União para emitir moeda será exercida exclusivamente pelo Banco Central.

§ 1º É vedado ao Banco Central conceder, direta ou indiretamente, empréstimos ao Tesouro Nacional e a qualquer órgão ou entidade que não seja instituição financeira.

§ 2º O Banco Central poderá comprar e vender títulos de emissão do Tesouro Nacional, com o objetivo de regular a oferta de moeda ou a taxa de juros.

§ 3º As disponibilidades de caixa da União serão depositadas no Banco Central; as dos Estados, do Distrito Federal, dos Municípios e dos órgãos ou entidades do Poder Público e das empresas por ele controladas, em instituições financeiras oficiais, ressalvados os casos previstos em lei.

Seção II

DOS ORÇAMENTOS

Art. 165. Leis de iniciativa do Poder Executivo estabelecerão:

I – o plano plurianual;
II – as diretrizes orçamentárias;
III – os orçamentos anuais.

§ 1º A lei que instituir o plano plurianual estabelecerá, de forma regionalizada, as diretrizes, os objetivos e metas da administração pública federal para as despesas de capital e outras delas decorrentes e para as relativas aos programas de duração continuada.

§ 2º A lei de diretrizes orçamentárias compreenderá as metas e prioridades da administração pública federal, incluindo as despesas de capital para o exercício financeiro subsequente, orientará a elaboração da lei orçamentária anual, disporá sobre as alterações na legislação tributária e estabelecerá a política de aplicação das agências financeiras oficiais de fomento.

► Art. 4º da LC nº 101, de 4-5-2000 (Lei da Responsabilidade Fiscal).

§ 3º O Poder Executivo publicará, até trinta dias após o encerramento de cada bimestre, relatório resumido da execução orçamentária.

§ 4º Os planos e programas nacionais, regionais e setoriais previstos nesta Constituição serão elaborados em consonância com o plano plurianual e apreciados pelo Congresso Nacional.

► Lei nº 9.491, de 9-9-1997, altera procedimentos relativos ao Programa Nacional de Desestatização.

§ 5º A lei orçamentária anual compreenderá:

I – o orçamento fiscal referente aos Poderes da União, seus fundos, órgãos e entidades da administração direta e indireta, inclusive fundações instituídas e mantidas pelo Poder Público;

II – o orçamento de investimento das empresas em que a União, direta ou indiretamente, detenha a maioria do capital social com direito a voto;

III – o orçamento da seguridade social, abrangendo todas as entidades e órgãos a ela vinculados, da administração direta ou indireta, bem como os fundos e fundações instituídos e mantidos pelo Poder Público.

§ 6º O projeto de lei orçamentária será acompanhado de demonstrativo regionalizado do efeito, sobre as receitas e despesas, decorrente de isenções, anistias, remissões, subsídios e benefícios de natureza financeira, tributária e creditícia.

§ 7º Os orçamentos previstos no § 5º, I e II, deste artigo, compatibilizados com o plano plurianual, terão entre suas funções a de reduzir desigualdades inter-regionais, segundo critério populacional.

▶ Art. 35 do ADCT.

§ 8º A lei orçamentária anual não conterá dispositivo estranho à previsão da receita e à fixação da despesa, não se incluindo na proibição a autorização para abertura de créditos suplementares e contratação de operações de crédito, ainda que por antecipação de receita, nos termos da lei.

▶ Art. 167, IV, desta Constituição.

§ 9º Cabe à lei complementar:

▶ Art. 168 desta Constituição.
▶ Art. 35, § 2º, do ADCT.
▶ Lei nº 4.320, de 17-3-1964 estatui normas gerais de direito financeiro para elaboração e controle dos orçamentos e balanços da União, dos Estados, dos Municípios e do Distrito Federal.
▶ Dec.-lei nº 200, de 25-2-1967, dispõe sobre a organização da Administração Federal, estabelece diretrizes para a Reforma Administrativa.

I – dispor sobre o exercício financeiro, a vigência, os prazos, a elaboração e a organização do plano plurianual, da lei de diretrizes orçamentárias e da lei orçamentária anual;

II – estabelecer normas de gestão financeira e patrimonial da administração direta e indireta, bem como condições para a instituição e funcionamento de fundos.

▶ Arts. 35, § 2º, 71, § 1º, e 81, § 3º, do ADCT.
▶ LC nº 89, de 18-2-1997, instituiu o Fundo para Aparelhamento e Operacionalização das Atividades-fim da Polícia Federal – FUNAPOL.
▶ LC nº 101, de 4-5-2000 (Lei da Responsabilidade Fiscal).

Art. 166. Os projetos de lei relativos ao plano plurianual, às diretrizes orçamentárias, ao orçamento anual e aos créditos adicionais serão apreciados pelas duas Casas do Congresso Nacional, na forma do regimento comum.

§ 1º Caberá a uma Comissão mista permanente de Senadores e Deputados:

I – examinar e emitir parecer sobre os projetos referidos neste artigo e sobre as contas apresentadas anualmente pelo Presidente da República;

II – examinar e emitir parecer sobre os planos e programas nacionais, regionais e setoriais previstos nesta Constituição e exercer o acompanhamento e a fiscalização orçamentária, sem prejuízo da atuação das demais comissões do Congresso Nacional e de suas Casas, criadas de acordo com o artigo 58.

§ 2º As emendas serão apresentadas na Comissão mista, que sobre elas emitirá parecer, e apreciadas, na forma regimental, pelo Plenário das duas Casas do Congresso Nacional.

§ 3º As emendas ao projeto de lei do orçamento anual ou aos projetos que o modifiquem somente podem ser aprovadas caso:

I – sejam compatíveis com o plano plurianual e com a lei de diretrizes orçamentárias;

II – indiquem os recursos necessários, admitidos apenas os provenientes de anulação de despesa, excluídas as que incidam sobre:

a) dotações para pessoal e seus encargos;
b) serviço da dívida;
c) transferências tributárias constitucionais para Estados, Municípios e Distrito Federal; ou

III – sejam relacionadas:

a) com a correção de erros ou omissões; ou
b) com os dispositivos do texto do projeto de lei.

§ 4º As emendas ao projeto de lei de diretrizes orçamentárias não poderão ser aprovadas quando incompatíveis com o plano plurianual.

▶ Art. 63, I, desta Constituição.

§ 5º O Presidente da República poderá enviar mensagem ao Congresso Nacional para propor modificação nos projetos a que se refere este artigo enquanto não iniciada a votação, na Comissão mista, da parte cuja alteração é proposta.

§ 6º Os projetos de lei do plano plurianual, das diretrizes orçamentárias e do orçamento anual serão enviados pelo Presidente da República ao Congresso Nacional, nos termos da lei complementar a que se refere o artigo 165, § 9º.

§ 7º Aplicam-se aos projetos mencionados neste artigo, no que não contrariar o disposto nesta seção, as demais normas relativas ao processo legislativo.

§ 8º Os recursos que, em decorrência de veto, emenda ou rejeição do projeto de lei orçamentária anual, ficarem sem despesas correspondentes poderão ser utilizados, conforme o caso, mediante créditos especiais ou suplementares, com prévia e específica autorização legislativa.

Art. 167. São vedados:

I – o início de programas ou projetos não incluídos na lei orçamentária anual;

II – a realização de despesas ou a assunção de obrigações diretas que excedam os créditos orçamentários ou adicionais;

III – a realização de operações de créditos que excedam o montante das despesas de capital, ressalvadas as autorizadas mediante créditos suplementares ou especiais com finalidade precisa, aprovados pelo Poder Legislativo por maioria absoluta;

▶ Art. 37 do ADCT.
▶ Art. 38, § 1º, da LC nº 101, de 4-5-2000 (Lei da Responsabilidade Fiscal).

IV – a vinculação de receita de impostos a órgão, fundo ou despesa, ressalvadas a repartição do produto da arrecadação dos impostos a que se referem os arts. 158 e 159, a destinação de recursos para as ações e serviços públicos de saúde, para manutenção e desenvolvimento do ensino e para realização de atividades da administração tributária, como determinado, respectivamente, pelos arts. 198, § 2º, 212 e 37, XXII, e a prestação de garantias às operações de crédito por antecipação de receita, previstas no art. 165, § 8º, bem como o disposto no § 4º deste artigo;

▶ Inciso IV com a redação dada pela EC nº 42, de 19-12-2003.
▶ Art. 80, § 1º, do ADCT.

▶ Art. 2º, parágrafo único, da LC nº 111, de 6-7-2001, que dispõe sobre o Fundo de Combate e Erradicação da Pobreza, na forma prevista nos arts. 79 a 81 do ADCT.

V – a abertura de crédito suplementar ou especial sem prévia autorização legislativa e sem indicação dos recursos correspondentes;
VI – a transposição, o remanejamento ou a transferência de recursos de uma categoria de programação para outra ou de um órgão para o outro, sem prévia autorização legislativa;
VII – a concessão ou utilização de créditos ilimitados;
VIII – a utilização, sem autorização legislativa específica, de recursos dos orçamentos fiscal e da seguridade social para suprir necessidade ou cobrir déficit de empresas, fundações e fundos, inclusive dos mencionados no artigo 165, § 5º;
IX – a instituição de fundos de qualquer natureza, sem prévia autorização legislativa;
X – a transferência voluntária de recursos e a concessão de empréstimos, inclusive por antecipação de receita, pelos Governos Federal e Estaduais e suas instituições financeiras, para pagamento de despesas com pessoal ativo, inativo e pensionista, dos Estados, do Distrito Federal e dos Municípios;

▶ Inciso X acrescido pela EC nº 19, de 4-6-1998.

XI – a utilização dos recursos provenientes das contribuições sociais de que trata o artigo 195, I, a, e II, para realização de despesas distintas do pagamento de benefícios do regime geral de previdência social de que trata o artigo 201.

▶ Inciso XI acrescido pela EC nº 20, de 15-12-1998.

§ 1º Nenhum investimento cuja execução ultrapasse um exercício financeiro poderá ser iniciado sem prévia inclusão no plano plurianual, ou sem lei que autorize a inclusão, sob pena de crime de responsabilidade.

§ 2º Os créditos especiais e extraordinários terão vigência no exercício financeiro em que forem autorizados, salvo se o ato de autorização for promulgado nos últimos quatro meses daquele exercício, caso em que, reabertos nos limites de seus saldos, serão incorporados ao orçamento do exercício financeiro subsequente.

§ 3º A abertura de crédito extraordinário somente será admitida para atender a despesas imprevisíveis e urgentes, como as decorrentes de guerra, comoção interna ou calamidade pública, observado o disposto no artigo 62.

§ 4º É permitida a vinculação de receitas próprias geradas pelos impostos a que se referem os artigos 155 e 156, e dos recursos de que tratam os artigos 157, 158 e 159, I, a e b, e II, para a prestação de garantia ou contra garantia à União e para pagamento de débitos para com esta.

▶ § 4º acrescido pela EC nº 3, de 17-3-1993.

Art. 168. Os recursos correspondentes às dotações orçamentárias, compreendidos os créditos suplementares e especiais, destinados aos órgãos dos Poderes Legislativo e Judiciário, do Ministério Público e da Defensoria Pública, ser-lhes-ão entregues até o dia 20 de cada mês, em duodécimos, na forma da lei complementar a que se refere o art. 165, § 9º.

▶ Artigo com a redação dada pela EC nº 45, de 8-12-2004.

Art. 169. A despesa com pessoal ativo e inativo da União, dos Estados, do Distrito Federal e dos Municípios não poderá exceder os limites estabelecidos em lei complementar.

▶ Arts. 96, II, e 127, § 2º, desta Constituição.
▶ Arts. 19 a 23 da LC nº 101, de 4-5-2000 (Lei da Responsabilidade Fiscal).
▶ Lei nº 9.801, de 14-6-1999, dispõe sobre normas gerais para a perda de cargo público por excesso de despesa.

§ 1º A concessão de qualquer vantagem ou aumento de remuneração, a criação de cargos, empregos e funções ou alteração de estrutura de carreiras, bem como a admissão ou contratação de pessoal, a qualquer título, pelos órgãos e entidades da administração direta ou indireta, inclusive fundações instituídas e mantidas pelo poder público, só poderão ser feitas:

▶ Art. 96, I, e, desta Constituição.

I – se houver prévia dotação orçamentária suficiente para atender às projeções de despesa de pessoal e aos acréscimos dela decorrentes;
II – se houver autorização específica na lei de diretrizes orçamentárias, ressalvadas as empresas públicas e as sociedades de economia mista.

▶ § 1º com a redação dada pela EC nº 19, de 4-6-1998.

§ 2º Decorrido o prazo estabelecido na lei complementar referida neste artigo para a adaptação aos parâmetros ali previstos, serão imediatamente suspensos todos os repasses de verbas federais ou estaduais aos Estados, ao Distrito Federal e aos Municípios que não observarem os referidos limites.

§ 3º Para o cumprimento dos limites estabelecidos com base neste artigo, durante o prazo fixado na lei complementar referida no caput, a União, os Estados, o Distrito Federal e os Municípios adotarão as seguintes providências:

I – redução em pelo menos vinte por cento das despesas com cargos em comissão e funções de confiança;
II – exoneração dos servidores não estáveis.

▶ Art. 33 da EC nº 19, de 4-6-1998 (Reforma Administrativa).

§ 4º Se as medidas adotadas com base no parágrafo anterior não forem suficientes para assegurar o cumprimento da determinação da lei complementar referida neste artigo, o servidor estável poderá perder o cargo, desde que ato normativo motivado de cada um dos Poderes especifique a atividade funcional, o órgão ou unidade administrativa objeto da redução de pessoal.

▶ Art. 198, § 6º, desta Constituição.

§ 5º O servidor que perder o cargo na forma do parágrafo anterior fará jus a indenização correspondente a um mês de remuneração por ano de serviço.

§ 6º O cargo objeto da redução prevista nos parágrafos anteriores será considerado extinto, vedada a criação de cargo, emprego ou função com atribuições iguais ou assemelhadas pelo prazo de quatro anos.

§ 7º Lei federal disporá sobre as normas gerais a serem obedecidas na efetivação do disposto no § 4º.

▶ §§ 2º a 7º acrescidos pela EC nº 19, de 4-6-1998.
▶ Art. 247 desta Constituição.

▶ Lei nº 9.801, de 14-6-1999, dispõe sobre as normas gerais para a perda de cargo público por excesso de despesa.

TÍTULO VII – DA ORDEM ECONÔMICA E FINANCEIRA

Capítulo I
DOS PRINCÍPIOS GERAIS DA ATIVIDADE ECONÔMICA

▶ Lei nº 8.137, de 27-12-1990 (Lei dos Crimes contra a Ordem Tributária, Econômica e contra as Relações de Consumo).
▶ Lei nº 8.176, de 8-2-1991 (Lei dos Crimes Contra a Ordem Econômica).
▶ Lei nº 8.884, de 11-6-1994 (Lei Antitruste).

Art. 170. A ordem econômica, fundada na valorização do trabalho humano e na livre iniciativa, tem por fim assegurar a todos existência digna, conforme os ditames da justiça social, observados os seguintes princípios:

I – soberania nacional;
▶ Art. 1º, I, desta Constituição.

II – propriedade privada;
▶ Art. 5º, XXII, desta Constituição.
▶ Arts. 1.228 a 1.368 do CC.

III – função social da propriedade;
▶ Lei nº 8.884, de 11-6-1994 (Lei Antitruste).

IV – livre concorrência;
▶ Arts. 1º, *caput*, 20, I, 21, VIII, 54, *caput*, da Lei nº 8.884, de 11-6-1994 (Lei Antitruste).
▶ Lei nº 9.021, de 30-3-1995, dispõe sobre a implementação do CADE.
▶ Art. 52 do Dec. nº 2.594, de 15-4-1998, que dispõe sobre a defesa da concorrência na desestatização.
▶ Súm. nº 646 do STF.

V – defesa do consumidor;
▶ Lei nº 8.078, de 11-9-1990 (Código de Defesa do Consumidor).
▶ Lei nº 8.884, de 11-6-1994 (Lei Antitruste).
▶ Lei nº 10.504, de 8-7-2002, institui o Dia Nacional do Consumidor, que é comemorado anualmente, no dia 15 de março.
▶ Dec. nº 2.181, de 20-3-1997, dispõe sobre a organização do Sistema Nacional de Defesa do Consumidor – SNDC e estabelece normas gerais de aplicação das sanções administrativas previstas no CDC.
▶ Súm. nº 646 do STF.

VI – defesa do meio ambiente, inclusive mediante tratamento diferenciado conforme o impacto ambiental dos produtos e serviços e de seus processos de elaboração e prestação;
▶ Inciso VI com a redação dada pela EC nº 42, de 19-12-2003.
▶ Art. 5º, LXXIII, desta Constituição.
▶ Lei nº 7.347, de 24-7-1985 (Lei da Ação Civil Pública).
▶ Lei nº 9.605, de 12-2-1998 (Lei dos Crimes Ambientais).
▶ Dec. nº 6.514, de 22-7-2008, dispõe sobre as infrações e sanções administrativas ao meio ambiente, e estabelece o processo administrativo federal para apuração destas infrações.

▶ Res. do CONAMA nº 369, de 28-3-2006, dispõe sobre os casos excepcionais, de utilidade pública, interesse social ou baixo impacto ambiental, que possibilitam a intervenção ou supressão de vegetação em Área de Preservação Permanente – APP.

VII – redução das desigualdades regionais e sociais;
▶ Art. 3º, III, desta Constituição.

VIII – busca do pleno emprego;
▶ Arts. 6º e 7º desta Constituição.
▶ Art. 47 da Lei nº 11.101, de 9-2-2005 (Lei de Recuperação de Empresas e Falências).

IX – tratamento favorecido para as empresas de pequeno porte constituídas sob as leis brasileiras e que tenham sua sede e administração no País.
▶ Inciso IX com a redação dada pela EC nº 6, de 15-8-1995.
▶ Art. 246 desta Constituição.
▶ LC nº 123, de 14-12-2006 (Estatuto Nacional da Microempresa e da Empresa de Pequeno Porte).
▶ Lei nº 6.174, de 1-8-2007, institui e regulamenta o Fórum Permanente das Microempresas de Pequeno Porte.

Parágrafo único. É assegurado a todos o livre exercício de qualquer atividade econômica, independentemente de autorização de órgãos públicos, salvo nos casos previstos em lei.
▶ Súm. nº 646 do STF.

Art. 171. *Revogado.* EC nº 6, de 15-8-1995.

Art. 172. A lei disciplinará, com base no interesse nacional, os investimentos de capital estrangeiro, incentivará os reinvestimentos e regulará a remessa de lucros.
▶ Lei nº 4.131, de 3-9-1962, disciplina a aplicação do capital estrangeiro e as remessas de valores para o exterior.
▶ Dec.-lei nº 37, de 18-11-1966 (Lei do Imposto de Importação).

Art. 173. Ressalvados os casos previstos nesta Constituição, a exploração direta de atividade econômica pelo Estado só será permitida quando necessária aos imperativos da segurança nacional ou a relevante interesse coletivo, conforme definidos em lei.
▶ OJ da SBDI-I do TST nº 364.

§ 1º A lei estabelecerá o estatuto jurídico da empresa pública, da sociedade de economia mista e de suas subsidiárias que explorem atividade econômica de produção ou comercialização de bens ou de prestação de serviços, dispondo sobre:
▶ § 1º com a redação dada pela EC nº 19, de 4-6-1998.

I – sua função social e formas de fiscalização pelo Estado e pela sociedade;

II – a sujeição ao regime jurídico próprio das empresas privadas, inclusive quanto aos direitos e obrigações civis, comerciais, trabalhistas e tributários;
▶ OJ da SBDI-I do TST nº 353.

III – licitação e contratação de obras, serviços, compras e alienações, observados os princípios da administração pública;
▶ Art. 22, XXVII, desta Constituição.

IV – a constituição e o funcionamento dos conselhos de administração e fiscal, com a participação de acionistas minoritários;
V – os mandatos, a avaliação de desempenho e a responsabilidade dos administradores.

▶ Incisos I a V com a redação dada pela EC nº 19, de 4-6-1998.

§ 2º As empresas públicas e as sociedades de economia mista não poderão gozar de privilégios fiscais não extensivos às do setor privado.

§ 3º A lei regulamentará as relações da empresa pública com o Estado e a sociedade.

§ 4º A lei reprimirá o abuso do poder econômico que vise à dominação dos mercados, à eliminação da concorrência e ao aumento arbitrário dos lucros.

▶ Lei nº 8.137, de 27-12-1990 (Lei dos Crimes Contra a Ordem Tributária, Econômica e Contra as Relações de Consumo).
▶ Lei nº 8.176, de 8-2-1991 (Lei dos Crimes Contra a Ordem Econômica).
▶ Lei nº 8.884, de 11-6-1994 (Lei Antitruste).
▶ Lei nº 9.069, de 29-6-1995 dispõe sobre o Plano Real, o Sistema Monetário Nacional, estabelece as regras e condições de emissão do Real e os critérios para conversão das obrigações para o Real.
▶ Súm. nº 646 do STF.

§ 5º A lei, sem prejuízo da responsabilidade individual dos dirigentes da pessoa jurídica, estabelecerá a responsabilidade desta, sujeitando-a às punições compatíveis com sua natureza, nos atos praticados contra a ordem econômica e financeira e contra a economia popular.

▶ Lei Delegada nº 4, de 26-9-1962, dispõe sobre a intervenção no domínio econômico para assegurar a livre distribuição de produtos necessários ao consumo do povo.

Art. 174. Como agente normativo e regulador da atividade econômica, o Estado exercerá, na forma da lei, as funções de fiscalização, incentivo e planejamento, sendo este determinante para o setor público e indicativo para o setor privado.

§ 1º A lei estabelecerá as diretrizes e bases do planejamento do desenvolvimento nacional equilibrado, o qual incorporará e compatibilizará os planos nacionais e regionais de desenvolvimento.

§ 2º A lei apoiará e estimulará o cooperativismo e outras formas de associativismo.

▶ Lei nº 5.764, de 16-12-1971 (Lei das Cooperativas).
▶ Lei nº 9.867, de 10-11-1999, dispõe sobre a criação e o funcionamento de Cooperativas Sociais, visando à integração social dos cidadãos.

§ 3º O Estado favorecerá a organização da atividade garimpeira em cooperativas, levando em conta a proteção do meio ambiente e a promoção econômico-social dos garimpeiros.

▶ Dec.-lei nº 227, de 28-2-1967 (Código de Mineração).

§ 4º As cooperativas a que se refere o parágrafo anterior terão prioridade na autorização ou concessão para pesquisa e lavra dos recursos e jazidas de minerais garimpáveis, nas áreas onde estejam atuando, e naquelas fixadas de acordo com o artigo 21, XXV, na forma da lei.

Art. 175. Incumbe ao Poder Público, na forma da lei, diretamente ou sob regime de concessão ou permissão, sempre através de licitação, a prestação de serviços públicos.

▶ Lei nº 8.987, de 13-2-1995 (Lei da Concessão e Permissão da Prestação de Serviços Públicos).
▶ Lei nº 9.074, de 7-7-1995, estabelece normas para outorga e prorrogações das concessões e permissões de serviços públicos.
▶ Lei nº 9.427, de 26-12-1996, institui a Agência Nacional de Energia Elétrica – ANEEL e disciplina o regime das concessões de serviços públicos de energia elétrica.
▶ Lei nº 9.791, de 24-3-1999, dispõe sobre a obrigatoriedade de as concessionárias de serviços públicos estabelecerem ao consumidor e ao usuário datas opcionais para o vencimento de seus débitos.
▶ Dec. nº 2.196, de 8-4-1997, aprova o Regulamento de Serviços Especiais.

Parágrafo único. A lei disporá sobre:

I – o regime das empresas concessionárias e permissionárias de serviços públicos, o caráter especial de seu contrato e de sua prorrogação, bem como as condições de caducidade, fiscalização e rescisão da concessão ou permissão;
II – os direitos dos usuários;
III – política tarifária;

▶ Súm. nº 407 do STJ.

IV – a obrigação de manter serviço adequado.

Art. 176. As jazidas, em lavra ou não, e demais recursos minerais e os potenciais de energia hidráulica constituem propriedade distinta da do solo, para efeito de exploração ou aproveitamento, e pertencem à União, garantida ao concessionário a propriedade do produto da lavra.

§ 1º A pesquisa e a lavra de recursos minerais e o aproveitamento dos potenciais a que se refere o *caput* deste artigo somente poderão ser efetuados mediante autorização ou concessão da União, no interesse nacional, por brasileiros ou empresa constituída sob as leis brasileiras e que tenha sua sede e administração no País, na forma da lei, que estabelecerá as condições específicas quando essas atividades se desenvolverem em faixa de fronteira ou terras indígenas.

▶ § 1º com a redação dada pela EC nº 6, de 15-8-1995.
▶ Art. 246 desta Constituição.
▶ Dec.-lei nº 227, de 28-2-1967 (Código de Mineração).

§ 2º É assegurada participação ao proprietário do solo nos resultados da lavra, na forma e no valor que dispuser a lei.

▶ Lei nº 8.901, de 30-6-1995, regulamenta este parágrafo.
▶ Dec.-lei nº 227, de 28-2-1967 (Código de Mineração).

§ 3º A autorização de pesquisa será sempre por prazo determinado, e as autorizações e concessões previstas neste artigo não poderão ser cedidas ou transferidas, total ou parcialmente, sem prévia anuência do poder concedente.

§ 4º Não dependerá de autorização ou concessão o aproveitamento do potencial de energia renovável de capacidade reduzida.

Art. 177. Constituem monopólio da União:

► Lei nº 9.478, de 6-8-1997, dispõe sobre a política energética nacional, as atividades relativas ao monopólio do petróleo, institui o Conselho Nacional de Política Energética e a Agência Nacional do Petróleo – ANP.

I – a pesquisa e a lavra das jazidas de petróleo e gás natural e outros hidrocarbonetos fluidos;

II – a refinação do petróleo nacional ou estrangeiro;

► Art. 45 do ADCT.

III – a importação e exportação dos produtos e derivados básicos resultantes das atividades previstas nos incisos anteriores;

► Lei nº 11.909, de 4-3-2009, dispõe sobre as atividades relativas à importação, exportação, transporte por meio de condutos, tratamento, processamento, estocagem, liquefação, regaseificação e comercialização de gás natural.

IV – o transporte marítimo do petróleo bruto de origem nacional ou de derivados básicos de petróleo produzidos no País, bem assim o transporte, por meio de conduto, de petróleo bruto, seus derivados e gás natural de qualquer origem;

► Lei nº 11.909, de 4-3-2009, dispõe sobre as atividades relativas à importação, exportação, transporte por meio de condutos, tratamento, processamento, estocagem, liquefação, regaseificação e comercialização de gás natural.

V – a pesquisa, a lavra, o enriquecimento, o reprocessamento, a industrialização e o comércio de minérios e minerais nucleares e seus derivados, com exceção dos radioisótopos cuja produção, comercialização e utilização poderão ser autorizadas sob regime de permissão, conforme as alíneas *b* e *c* do inciso XXIII do *caput* do art. 21 desta Constituição Federal.

► Inciso V com a redação dada pela EC nº 49, de 8-2-2006.

§ 1º A União poderá contratar com empresas estatais ou privadas a realização das atividades previstas nos incisos I a IV deste artigo, observadas as condições estabelecidas em Lei.

► § 1º com a redação dada pela EC nº 9, de 9-11-1995.

§ 2º A lei a que se refere o § 1º disporá sobre:

► Lei nº 9.478, de 6-8-1997, dispõe sobre a Política Energética Nacional, as atividades relativas ao monopólio do petróleo, institui o Conselho Nacional de Política Energética e a Agência Nacional do Petróleo – ANP.

► Lei nº 9.847, de 26-10-1999, dispõe sobre a fiscalização das atividades relativas ao abastecimento nacional de combustíveis de que trata a Lei nº 9.478, de 6-8-1997, e estabelece sanções administrativas.

I – a garantia do fornecimento dos derivados de petróleo em todo o Território Nacional;

II – as condições de contratação;

III – a estrutura e atribuições do órgão regulador do monopólio da União.

► § 2º acrescido pela EC nº 9, de 9-11-1995.

► Lei nº 9.478, de 6-8-1997, dispõe sobre a política energética nacional, as atividades relativas ao monopólio do petróleo, que institui o Conselho Nacional de Política Energética e a Agência Nacional de Petróleo – ANP.

§ 3º A lei disporá sobre transporte e a utilização de materiais radioativos no Território Nacional.

► Antigo § 2º transformado em § 3º pela EC nº 9, de 9-11-1995.

► Art. 3º da EC nº 9, de 9-11-1995.

§ 4º A lei que instituir contribuição de intervenção no domínio econômico relativa às atividades de importação ou comercialização de petróleo e seus derivados, gás natural e seus derivados e álcool combustível deverá atender aos seguintes requisitos:

I – a alíquota da contribuição poderá ser:

a) diferenciada por produto ou uso;

b) reduzida e restabelecida por ato do Poder Executivo, não se lhe aplicando o disposto no artigo 150, III, *b*;

II – os recursos arrecadados serão destinados:

a) ao pagamento de subsídios a preços ou transporte de álcool combustível, gás natural e seus derivados e derivados de petróleo;

► Lei nº 10.453, de 13-5-2002, dispõe sobre subvenções ao preço e ao transporte do álcool combustível e subsídios ao preço do gás liquefeito de petróleo – GLP.

b) ao financiamento de projetos ambientais relacionados com a indústria do petróleo e do gás;

c) ao financiamento de programas de infraestrutura de transportes.

► § 4º acrescido pela EC nº 33, de 11-12-2001.

► O STF, por maioria de votos, julgou parcialmente procedente a ADIN nº 2.925-8, para dar interpretação conforme a CF, no sentido de que a abertura de crédito suplementar deve ser destinada às três finalidades enumeradas nas alíneas *a* a *c*, deste inciso (*DJ* de 4-3-2005).

► Lei nº 10.336, de 19-12-2001, institui Contribuição de Intervenção no Domínio Econômico incidente sobre a importação e a comercialização de petróleo e seus derivados, gás natural e seus derivados, e álcool etílico combustível – CIDE.

► Art. 1º da Lei nº 10.453, de 13-5-2002, que dispõe sobre subvenções ao preço e ao transporte do álcool combustível e subsídios ao preço do gás liquefeito de petróleo – GLP.

Art. 178.
A lei disporá sobre a ordenação dos transportes aéreo, aquático e terrestre, devendo, quanto à ordenação do transporte internacional, observar os acordos firmados pela União, atendido ao princípio da reciprocidade.

► Art. 246 desta Constituição.

► Lei nº 7.565, de 19-15-1986 (Código Brasileiro de Aeronáutica).

► Lei nº 11.442, de 5-1-2007, dispõe sobre o transporte rodoviário de cargas por conta de terceiros e mediante remuneração.

► Dec.-lei nº 116, de 25-1-1967, dispõe sobre as operações inerentes ao transporte de mercadorias por via d'água nos portos brasileiros, delimitando suas responsabilidades e tratando das faltas e avarias.

Parágrafo único. Na ordenação do transporte aquático, a lei estabelecerá as condições em que o transporte de mercadorias na cabotagem e a navegação interior poderão ser feitos por embarcações estrangeiras.

► Art. 178 com a redação dada pela EC nº 7, de 15-8-1995.

► Art. 246 desta Constituição.
► Lei nº 10.233, de 5-6-2001, dispõe sobre a reestruturação dos transportes aquaviário e terrestre, cria o Conselho Nacional de Integração de Políticas de Transporte, a Agência Nacional de Transportes Terrestres, a Agência Nacional de Transportes Aquaviários e o Departamento Nacional de Infraestrutura de Transportes.
► Dec. nº 4.130, de 13-2-2002, aprova o Regulamento e o Quadro Demonstrativo dos Cargos Comissionados e dos Cargos Comissionados Técnicos da Agência Nacional de Transporte Terrestre – ANTT.
► Dec. nº 4.244, de 22-5-2002, dispõe sobre o transporte aéreo, no País, de autoridades em aeronave do comando da aeronáutica.

Art. 179. A União, os Estados, o Distrito Federal e os Municípios dispensarão às microempresas e às empresas de pequeno porte, assim definidas em lei, tratamento jurídico diferenciado, visando a incentivá-las pela simplificação de suas obrigações administrativas, tributárias, previdenciárias e creditícias, ou pela eliminação ou redução destas por meio de lei.

► Art. 47, § 1º, do ADCT.
► LC nº 123, de 14-12-2006 (Estatuto Nacional da Microempresa e da Empresa de Pequeno Porte).

Art. 180. A União, os Estados, o Distrito Federal e os Municípios promoverão e incentivarão o turismo como fator de desenvolvimento social e econômico.

Art. 181. O atendimento de requisição de documento ou informação de natureza comercial, feita por autoridade administrativa ou judiciária estrangeira, a pessoa física ou jurídica residente ou domiciliada no País dependerá de autorização do Poder competente.

Capítulo II

DA POLÍTICA URBANA
► Lei nº 10.257, de 10-7-2001 (Estatuto da Cidade).

Art. 182. A política de desenvolvimento urbano, executada pelo Poder Público municipal, conforme diretrizes gerais fixadas em lei, tem por objetivo ordenar o pleno desenvolvimento das funções sociais da cidade e garantir o bem-estar de seus habitantes.

► Lei nº 10.257, de 10-7-2001 (Estatuto da Cidade), regulamenta este artigo.

§ 1º O plano diretor, aprovado pela Câmara Municipal, obrigatório para cidades com mais de vinte mil habitantes, é o instrumento básico da política de desenvolvimento e de expansão urbana.

§ 2º A propriedade urbana cumpre sua função social quando atende às exigências fundamentais de ordenação da cidade expressas no plano diretor.

► Art. 186 desta Constituição.
► Súm. nº 668 do STF.

§ 3º As desapropriações de imóveis urbanos serão feitas com prévia e justa indenização em dinheiro.

► Art. 46 da LC nº 101, de 4-5-2000 (Lei da Responsabilidade Fiscal).
► Dec.-lei nº 3.365, de 21-6-1941 (Lei das Desapropriações).
► Súmulas nºs 113 e 114 do STJ.

§ 4º É facultado ao Poder Público municipal, mediante lei específica para área incluída no plano diretor, exigir, nos termos da lei federal, do proprietário do solo urbano não edificado, subutilizado ou não utilizado, que promova seu adequado aproveitamento, sob pena, sucessivamente, de:

I – parcelamento ou edificação compulsórios;
II – imposto sobre a propriedade predial e territorial urbana progressivo no tempo;

► Art. 156, § 1º, desta Constituição.
► Súm. nº 668 do STF.

III – desapropriação com pagamento mediante títulos da dívida pública de emissão previamente aprovada pelo Senado Federal, com prazo de resgate de até dez anos, em parcelas anuais, iguais e sucessivas, assegurados o valor real da indenização e os juros legais.

► Lei nº 10.257, de 10-7-2001 (Estatuto da Cidade).
► Dec.-lei nº 3.365, de 21-6-1941 (Lei das Desapropriações).

Art. 183. Aquele que possuir como sua área urbana de até duzentos e cinquenta metros quadrados, por cinco anos, ininterruptamente e sem oposição, utilizando-a para sua moradia ou de sua família, adquirir-lhe-á o domínio, desde que não seja proprietário de outro imóvel urbano ou rural.

► Arts. 1.238 e 1.240 do CC.
► Lei nº 10.257, de 10-7-2001 (Estatuto da Cidade), regulamenta este artigo.

§ 1º O título de domínio e a concessão de uso serão conferidos ao homem ou à mulher, ou a ambos, independentemente do estado civil.

► MP nº 2.220, de 4-9-2001, dispõe sobre a concessão de uso especial de que trata este parágrafo, e que até o encerramento desta edição não havia sido convertida em Lei.

§ 2º Esse direito não será reconhecido ao mesmo possuidor mais de uma vez.

§ 3º Os imóveis públicos não serão adquiridos por usucapião.

► Lei nº 10.257, de 10-7-2001 (Estatuto da Cidade), regulamenta este artigo.

Capítulo III

DA POLÍTICA AGRÍCOLA E FUNDIÁRIA E DA REFORMA AGRÁRIA

► LC nº 93, de 4-2-1998, cria o Fundo de Terras e da Reforma Agrária – Banco da Terra, e seu Dec. regulamentador nº 2.622, de 9-6-1998.
► Lei nº 4.504, de 30-11-1964 (Estatuto da Terra).
► Lei nº 8.174, de 30-1-1991, dispõe sobre princípios de política agrícola, estabelecendo atribuições ao Conselho Nacional de Política Agrícola – CNPA, tributação compensatória de produtos agrícolas, amparo ao pequeno produtor e regras de fixação e liberação dos estoques públicos.
► Lei nº 8.629, de 25-2-1993, regulamenta os dispositivos constitucionais relativos à reforma agrária.
► Lei nº 9.126, de 10-11-1995, dispõe sobre a concessão de subvenção econômica nas operações de crédito rural.
► Lei nº 9.138, de 29-11-1995, dispõe sobre o crédito rural.
► Lei nº 9.393, de 19-12-1996, dispõe sobre o ITR.

Art. 184. Compete à União desapropriar por interesse social, para fins de reforma agrária, o imóvel rural que não esteja cumprindo sua função social, mediante prévia e justa indenização em títulos da dívida agrária, com cláusula de preservação do valor real, resgatáveis no prazo de até vinte anos, a partir do segundo ano de sua emissão, e cuja utilização será definida em lei.

▶ Lei nº 8.629, de 25-2-1993, regula os dispositivos constitucionais relativos à reforma agrária.

§ 1º As benfeitorias úteis e necessárias serão indenizadas em dinheiro.

§ 2º O decreto que declarar o imóvel como de interesse social, para fins de reforma agrária, autoriza a União a propor a ação de desapropriação.

§ 3º Cabe à lei complementar estabelecer procedimento contraditório especial, de rito sumário, para o processo judicial de desapropriação.

▶ LC nº 76, de 6-7-1993 (Lei de Desapropriação de Imóvel Rural para fins de Reforma Agrária).

§ 4º O orçamento fixará anualmente o volume total de títulos da dívida agrária, assim como o montante de recursos para atender ao programa de reforma agrária no exercício.

§ 5º São isentas de impostos federais, estaduais e municipais as operações de transferência de imóveis desapropriados para fins de reforma agrária.

Art. 185. São insuscetíveis de desapropriação para fins de reforma agrária:

▶ Lei nº 8.629, de 25-2-1993, regula os dispositivos constitucionais relativos à reforma agrária.

I – a pequena e média propriedade rural, assim definida em lei, desde que seu proprietário não possua outra;
II – a propriedade produtiva.

Parágrafo único. A lei garantirá tratamento especial à propriedade produtiva e fixará normas para o cumprimento dos requisitos relativos à sua função social.

Art. 186. A função social é cumprida quando a propriedade rural atende, simultaneamente, segundo critérios e graus de exigência estabelecidos em lei, aos seguintes requisitos:

▶ Lei nº 8.629, de 25-2-1993, regula os dispositivos constitucionais relativos à reforma agrária.

I – aproveitamento racional e adequado;
II – utilização adequada dos recursos naturais disponíveis e preservação do meio ambiente;

▶ Res. do CONAMA nº 369, de 28-3-2006, dispõe sobre os casos excepcionais, de utilidade pública, interesse social ou baixo impacto ambiental, que possibilitam a intervenção ou supressão de vegetação em Área de Preservação Permanente – APP.

III – observância das disposições que regulam as relações de trabalho;
IV – exploração que favoreça o bem-estar dos proprietários e dos trabalhadores.

Art. 187. A política agrícola será planejada e executada na forma da lei, com a participação efetiva do setor de produção, envolvendo produtores e trabalhadores rurais, bem como dos setores de comercialização, de armazenamento e de transportes, levando em conta, especialmente:

▶ Lei nº 8.171, de 17-1-1991 (Lei da Política Agrícola).

▶ Lei nº 8.174, de 30-1-1991, dispõe sobre princípios de política agrícola, estabelecendo atribuições ao Conselho Nacional de Política Agrícola – CNPA, tributação compensatória de produtos agrícolas, amparo ao pequeno produtor e regras de fixação e liberação dos estoques públicos.

▶ Súm. nº 298 do STJ.

I – os instrumentos creditícios e fiscais;
II – os preços compatíveis com os custos de produção e a garantia de comercialização;
III – o incentivo à pesquisa e à tecnologia;
IV – a assistência técnica e extensão rural;
V – o seguro agrícola;
VI – o cooperativismo;
VII – a eletrificação rural e irrigação;
VIII – a habitação para o trabalhador rural.

§ 1º Incluem-se no planejamento agrícola as atividades agroindustriais, agropecuárias, pesqueiras e florestais.

§ 2º Serão compatibilizadas as ações de política agrícola e de reforma agrária.

Art. 188. A destinação de terras públicas e devolutas será compatibilizada com a política agrícola e com o plano nacional de reforma agrária.

§ 1º A alienação ou a concessão, a qualquer título, de terras públicas com área superior a dois mil e quinhentos hectares a pessoa física ou jurídica, ainda que por interposta pessoa, dependerá de prévia aprovação do Congresso Nacional.

§ 2º Excetuam-se do disposto no parágrafo anterior as alienações ou as concessões de terras públicas para fins de reforma agrária.

Art. 189. Os beneficiários da distribuição de imóveis rurais pela reforma agrária receberão títulos de domínio ou de concessão de uso, inegociáveis, pelo prazo de dez anos.

▶ Lei nº 8.629, de 25-2-1993, regula os dispositivos constitucionais relativos à reforma agrária.
▶ Art. 6º, II, da Lei nº 11.284, de 2-3-2006 (Lei de Gestão de Florestas Públicas).

Parágrafo único. O título de domínio e a concessão de uso serão conferidos ao homem ou à mulher, ou a ambos, independentemente do estado civil, nos termos e condições previstos em lei.

Art. 190. A lei regulará e limitará a aquisição ou o arrendamento de propriedade rural por pessoa física ou jurídica estrangeira e estabelecerá os casos que dependerão de autorização do Congresso Nacional.

▶ Lei nº 5.709, de 7-10-1971, regula a aquisição de imóveis rurais por estrangeiro residente no País ou pessoa jurídica estrangeira autorizada a funcionar no Brasil.
▶ Lei nº 8.629, de 25-2-1993, regula os dispositivos constitucionais relativos à reforma agrária.

Art. 191. Aquele que, não sendo proprietário de imóvel rural ou urbano, possua como seu, por cinco anos ininterruptos, sem oposição, área de terra, em zona rural, não superior a cinquenta hectares, tornando-a produtiva por seu trabalho ou de sua família, tendo nela sua moradia, adquirir-lhe-á a propriedade.

▶ Art. 1.239 do CC.
▶ Lei nº 6.969, de 10-12-1981 (Lei da Usucapião Especial).

Parágrafo único. Os imóveis públicos não serão adquiridos por usucapião.

CAPÍTULO IV

DO SISTEMA FINANCEIRO NACIONAL

Art. 192. O sistema financeiro nacional, estruturado de forma a promover o desenvolvimento equilibrado do País e a servir aos interesses da coletividade, em todas as partes que o compõem, abrangendo as cooperativas de crédito, será regulado por leis complementares que disporão, inclusive, sobre a participação do capital estrangeiro nas instituições que o integram.

▶ *Caput* com a redação dada pela EC nº 40, de 29-5-2003.

I a VIII – *Revogados*. EC nº 40, de 29-5-2003.

§§ 1º a 3º *Revogados*. EC nº 40, de 29-5-2003.

TÍTULO VIII – DA ORDEM SOCIAL

CAPÍTULO I

DISPOSIÇÃO GERAL

Art. 193. A ordem social tem como base o primado do trabalho, e como objetivo o bem-estar e a justiça sociais.

CAPÍTULO II

DA SEGURIDADE SOCIAL

▶ Lei nº 8.212, de 24-7-1991 (Lei Orgânica da Seguridade Social).
▶ Lei nº 8.213, de 24-7-1991 (Lei dos Planos de Benefícios da Previdência Social).
▶ Lei nº 8.742, de 7-12-1993 (Lei Orgânica da Assistência Social).
▶ Dec. nº 3.048, de 6-5-1999 (Regulamento da Previdência Social).

SEÇÃO I

DISPOSIÇÕES GERAIS

Art. 194. A seguridade social compreende um conjunto integrado de ações de iniciativa dos Poderes Públicos e da sociedade, destinadas a assegurar os direitos relativos à saúde, à previdência e à assistência social.

▶ Lei nº 8.212, de 24-7-1991 (Lei Orgânica da Seguridade Social).
▶ Lei nº 8.213, de 24-7-1991 (Lei dos Planos de Benefícios da Previdência Social).

Parágrafo único. Compete ao Poder Público, nos termos da lei, organizar a seguridade social, com base nos seguintes objetivos:

I – universalidade da cobertura e do atendimento;
II – uniformidade e equivalência dos benefícios e serviços às populações urbanas e rurais;
III – seletividade e distributividade na prestação dos benefícios e serviços;
IV – irredutibilidade do valor dos benefícios;
V – equidade na forma de participação no custeio;
VI – diversidade da base de financiamento;
VII – caráter democrático e descentralizado da administração, mediante gestão quadripartite, com participação dos trabalhadores, dos empregadores, dos aposentados e do Governo nos órgãos colegiados.

▶ Inciso VII com a redação dada pela EC nº 20, de 15-12-1998.

Art. 195. A seguridade social será financiada por toda a sociedade, de forma direta e indireta, nos termos da lei, mediante recursos provenientes dos orçamentos da União, dos Estados, do Distrito Federal e dos Municípios, e das seguintes contribuições sociais:

▶ Art. 12 da EC nº 20, de 15-12-1998 (Reforma Previdenciária).
▶ LC nº 70, de 30-12-1991, institui contribuição para financiamento da Seguridade Social, eleva a alíquota da contribuição social sobre o lucro das instituições financeiras.
▶ Lei nº 7.689, de 15-12-1988 (Lei da Contribuição Social Sobre o Lucro das Pessoas Jurídicas).
▶ Lei nº 7.894, de 24-11-1989, dispõe sobre as contribuições para o Finsocial e PIS/PASEP.
▶ Lei nº 9.363, de 13-12-1996, dispõe sobre a instituição de crédito presumido do Imposto sobre Produtos Industrializados, para ressarcimento do valor do PIS/PASEP e COFINS nos casos que especifica.
▶ Lei nº 9.477, de 24-7-1997, institui o Fundo de Aposentadoria Programada Individual – FAPI e o plano de incentivo à aposentadoria programada individual.
▶ Súmulas nºs 658, 659 e 688 do STF.
▶ Súm. nº 423 do STJ.

I – do empregador, da empresa e da entidade a ela equiparada na forma da lei, incidentes sobre:

▶ Súm. nº 688 do STF.

a) a folha de salários e demais rendimentos do trabalho pagos ou creditados, a qualquer título, à pessoa física que lhe preste serviço, mesmo sem vínculo empregatício;

▶ Art. 114, VIII, desta Constituição.

b) a receita ou o faturamento;
c) o lucro;

▶ Alíneas *a* a *c* acrescidas pela EC nº 20, de 15-12-1998.
▶ Art. 195, § 9º, desta Constituição.
▶ LC nº 70, de 30-12-1991, institui contribuição para o funcionamento da Seguridade Social e eleva alíquota da contribuição social sobre o lucro das instituições financeiras.

II – do trabalhador e dos demais segurados da previdência social, não incidindo contribuição sobre aposentadoria e pensão concedidas pelo regime geral de previdência social de que trata o artigo 201;

▶ Incisos I e II com a redação dada pela EC nº 20, de 15-12-1998.
▶ Arts. 114, VIII, e 167, IX, desta Constituição.
▶ Lei nº 9.477, de 24-7-1997, institui o Fundo de Aposentadoria Programada Individual – FAPI e o Plano de Incentivo à Aposentadoria Programada Individual.

III – sobre a receita de concursos de prognósticos;

▶ Art. 4º da Lei nº 7.856, de 24-10-1989, que dispõe sobre a destinação da renda de concursos de prognósticos.

IV – do importador de bens ou serviços do exterior, ou de quem a lei a ele equiparar.

▶ Inciso IV acrescido pela EC nº 42, de 19-12-2003.
▶ Lei nº 10.865, de 30-4-2004, dispõe sobre o PIS/PASEP-Importação e a COFINS-Importação.

§ 1º As receitas dos Estados, do Distrito Federal e dos Municípios destinadas à seguridade social constarão dos respectivos orçamentos, não integrando o orçamento da União.

§ 2º A proposta de orçamento da seguridade social será elaborada de forma integrada pelos órgãos responsáveis pela saúde, previdência social e assistência social, tendo em vista as metas e prioridades estabelecidas na lei de diretrizes orçamentárias, assegurada a cada área a gestão de seus recursos.

§ 3º A pessoa jurídica em débito com o sistema da seguridade social, como estabelecido em lei, não poderá contratar com o Poder Público nem dele receber benefícios ou incentivos fiscais ou creditícios.

► Lei nº 8.212, de 24-7-1991 (Lei Orgânica da Seguridade Social).

§ 4º A lei poderá instituir outras fontes destinadas a garantir a manutenção ou expansão da seguridade social, obedecido o disposto no artigo 154, I.

► Lei nº 9.876, de 26-11-1999, dispõe sobre a contribuição previdenciária do contribuinte individual e o cálculo do benefício.

§ 5º Nenhum benefício ou serviço da seguridade social poderá ser criado, majorado ou estendido sem a correspondente fonte de custeio total.

► Art. 24 da LC nº 101, de 4-5-2000 (Lei da Responsabilidade Fiscal).

§ 6º As contribuições sociais de que trata este artigo só poderão ser exigidas após decorridos noventa dias da data da publicação da lei que as houver instituído ou modificado, não se lhes aplicando o disposto no artigo 150, III, b.

► Art. 74, § 4º, do ADCT.
► Súm. nº 669 do STF.

§ 7º São isentas de contribuição para a seguridade social as entidades beneficentes de assistência social que atendam às exigências estabelecidas em lei.

► Súm. nº 659 do STF.

§ 8º O produtor, o parceiro, o meeiro e o arrendatário rurais e o pescador artesanal, bem como os respectivos cônjuges, que exerçam suas atividades em regime de economia familiar, sem empregados permanentes, contribuirão para a seguridade social mediante a aplicação de uma alíquota sobre o resultado da comercialização da produção e farão jus aos benefícios nos termos da lei.

► § 8º com a redação dada pela EC nº 20, de 15-12-1998.
► Súm. nº 272 do STJ.

§ 9º As contribuições sociais previstas no inciso I do caput deste artigo poderão ter alíquotas ou bases de cálculo diferenciadas, em razão da atividade econômica, da utilização intensiva de mão de obra, do porte da empresa ou da condição estrutural do mercado de trabalho.

► § 9º com a redação dada pela EC nº 47, de 5-7-2005.

§ 10. A lei definirá os critérios de transferência de recursos para o sistema único de saúde e ações de assistência social da União para os Estados, o Distrito Federal e os Municípios, e dos Estados para os Municípios, observada a respectiva contrapartida de recursos.

§ 11. É vedada a concessão de remissão ou anistia das contribuições sociais de que tratam os incisos I, a, e II deste artigo, para débitos em montante superior ao fixado em lei complementar.

► §§ 10 e 11 acrescidos pela EC nº 20, de 15-12-1998.

§ 12. A lei definirá os setores de atividade econômica para os quais as contribuições incidentes na forma dos incisos I, b; e IV do caput, serão não cumulativas.

§ 13. Aplica-se o disposto no § 12 inclusive na hipótese de substituição gradual, total ou parcial, da contribuição incidente na forma do inciso I, a, pela incidente sobre a receita ou o faturamento.

► §§ 12 e 13 acrescidos pela EC nº 42, de 19-12-2003.

SEÇÃO II

DA SAÚDE

► Lei nº 8.147, de 28-12-1990, dispõe sobre a alíquota do Finsocial.
► Lei nº 9.790, de 23-3-1999, dispõe sobre a qualificação de pessoas jurídicas de direito privado, sem fins lucrativos, como organizações da sociedade civil de interesse público e institui e disciplina o termo de parceria.
► Lei nº 9.961, de 28-1-2000, cria a Agência Nacional de Saúde Suplementar – ANS, regulamentada pelo Dec. nº 3.327, de 5-1-2000.
► Lei nº 10.216, de 6-4-2001, dispõe sobre a proteção e os direitos das pessoas portadoras de transtornos mentais e redireciona o modelo assistencial em saúde mental.
► Dec. nº 3.964, de 10-10-2001, dispõe sobre o Fundo Nacional de Saúde.

Art. 196. A saúde é direito de todos e dever do Estado, garantido mediante políticas sociais e econômicas que visem à redução do risco de doença e de outros agravos e ao acesso universal e igualitário às ações e serviços para sua promoção, proteção e recuperação.

► Lei nº 9.273, de 3-5-1996, torna obrigatória a inclusão de dispositivo de segurança que impeça a reutilização das seringas descartáveis.
► Lei nº 9.313, de 13-11-1996, dispõe sobre a distribuição gratuita de medicamentos aos portadores do HIV e doentes de AIDS.
► Lei nº 9.797, de 5-6-1999, Dispõe sobre a obrigatoriedade da cirurgia plástica reparadora da mama pela rede de unidades integrantes do Sistema Único de Saúde – SUS nos casos de mutilação decorrentes de tratamento de câncer.

Art. 197. São de relevância pública as ações e serviços de saúde, cabendo ao Poder Público dispor, nos termos da lei, sobre sua regulamentação, fiscalização e controle, devendo sua execução ser feita diretamente ou através de terceiros e, também, por pessoa física ou jurídica de direito privado.

► Lei nº 8.080, de 19-9-1990, dispõe sobre as condições para a promoção, proteção e recuperação da saúde, a organização e o funcionamento dos serviços correspondentes.
► Lei nº 9.273, de 3-5-1996, torna obrigatória a inclusão de dispositivo de segurança que impeça a reutilização das seringas descartáveis.

Art. 198. As ações e serviços públicos de saúde integram uma rede regionalizada e hierarquizada e constituem um sistema único, organizado de acordo com as seguintes diretrizes:

I – descentralização, com direção única em cada esfera de governo;

▶ Lei nº 8.080, de 19-9-1990, dispõe sobre as condições para a promoção, proteção e recuperação da saúde, a organização e o funcionamento dos serviços correspondentes.

II – atendimento integral, com prioridade para as atividades preventivas, sem prejuízo dos serviços assistenciais;
III – participação da comunidade.

§ 1º O sistema único de saúde será financiado, nos termos do artigo 195, com recursos do orçamento da seguridade social, da União, dos Estados, do Distrito Federal e dos Municípios, além de outras fontes.

▶ Parágrafo único transformado em § 1º pela EC nº 29, de 13-9-2000.

§ 2º União, os Estados, o Distrito Federal e os Municípios aplicarão, anualmente, em ações e serviços públicos de saúde recursos mínimos derivados da aplicação de percentuais calculados sobre:

▶ Art. 167, IV, desta Constituição.

I – no caso da União, na forma definida nos termos da lei complementar prevista no § 3º;
II – no caso dos Estados e do Distrito Federal, o produto da arrecadação dos impostos a que se refere o artigo 155 e dos recursos de que tratam os artigos 157 e 159, inciso I, alínea a e inciso II, deduzidas as parcelas que forem transferidas aos respectivos Municípios;
III – no caso dos Municípios e do Distrito Federal, o produto da arrecadação dos impostos a que se refere o artigo 156 e dos recursos de que tratam os artigos 158 e 159, inciso I, alínea b e § 3º.

§ 3º Lei complementar, que será reavaliada pelo menos a cada cinco anos, estabelecerá:
I – os percentuais de que trata o § 2º;
II – os critérios de rateio dos recursos da União vinculados à saúde destinados aos Estados, ao Distrito Federal e aos Municípios, e dos Estados destinados a seus respectivos Municípios, objetivando a progressiva redução das disparidades regionais;
III – as normas de fiscalização, avaliação e controle das despesas com saúde nas esferas federal, estadual, distrital e municipal;
IV – as normas de cálculo do montante a ser aplicado pela União.

▶ §§ 2º e 3º acrescidos pela EC nº 29, de 13-9-2000.

§ 4º Os gestores locais do sistema único de saúde poderão admitir agentes comunitários de saúde e agentes de combate às endemias por meio de processo seletivo público, de acordo com a natureza e complexidade de suas atribuições e requisitos específicos para sua atuação.

▶ § 4º acrescido pela EC nº 51, de 14-2-2006.
▶ Art. 2º da EC nº 51, de 14-2-2006, que dispõe sobre a contratação dos agentes comunitários de saúde e de combate às endemias.

§ 5º Lei federal disporá sobre o regime jurídico, o piso salarial profissional nacional, as diretrizes para os Planos de Carreira e a regulamentação das atividades de agente comunitário de saúde e agente de combate às endemias, competindo à União, nos termos da lei, prestar assistência financeira complementar aos Estados, ao Distrito Federal e aos Municípios, para o cumprimento do referido piso salarial.

▶ § 5º com a redação dada pela EC nº 63, de 4-2-2010.
▶ Lei nº 11.350, de 5-10-2006, regulamenta este parágrafo.

§ 6º Além das hipóteses previstas no § 1º do art. 41 e no § 4º do art. 169 da Constituição Federal, o servidor que exerça funções equivalentes às de agente comunitário de saúde ou de agente de combate às endemias poderá perder o cargo em caso de descumprimento dos requisitos específicos, fixados em lei, para o seu exercício.

▶ § 6º acrescido pela EC nº 51, de 14-2-2006.

Art. 199. A assistência à saúde é livre à iniciativa privada.

▶ Lei nº 9.656, de 3-6-1998 (Lei dos Planos e Seguros Privados de Saúde).

§ 1º As instituições privadas poderão participar de forma complementar do sistema único de saúde, segundo diretrizes deste, mediante contrato de direito público ou convênio, tendo preferência as entidades filantrópicas e as sem fins lucrativos.

§ 2º É vedada a destinação de recursos públicos para auxílios ou subvenções às instituições privadas com fins lucrativos.

§ 3º É vedada a participação direta ou indireta de empresas ou capitais estrangeiros na assistência à saúde no País, salvo nos casos previstos em lei.

▶ Lei nº 8.080, de 19-9-1990, dispõe sobre as condições para a promoção, proteção e recuperação da saúde, a organização e o funcionamento dos serviços correspondentes.

§ 4º A lei disporá sobre as condições e os requisitos que facilitem a remoção de órgãos, tecidos e substâncias humanas para fins de transplante, pesquisa e tratamento, bem como a coleta, processamento e transfusão de sangue e seus derivados, sendo vedado todo tipo de comercialização.

▶ Lei nº 8.501, de 30-11-1992, dispõe sobre a utilização de cadáver não reclamado, para fins de estudos ou pesquisas científicas.
▶ Lei nº 9.434, de 4-2-1997 (Lei de Remoção de Órgãos e Tecidos), regulamentada pelo Dec. nº 2.268, de 30-6-1997.
▶ Lei nº 10.205, de 21-3-2001, regulamenta este parágrafo, relativo à coleta, processamento, estocagem, distribuição e aplicação do sangue, seus componentes e derivados.
▶ Lei nº 10.972, de 2-12-2004, autoriza o Poder Executivo a criar a empresa pública denominada Empresa Brasileira de Hemoderivados e Biotecnologia – HEMOBRÁS.
▶ Dec. nº 5.402, de 28-5-2005, aprova o Estatuto da Empresa Brasileira de Hemoderivados e Biotecnologia – HEMOBRÁS.

Art. 200. Ao sistema único de saúde compete, além de outras atribuições, nos termos da lei:

▶ Lei nº 8.080, de 19-9-1990, dispõe sobre as condições para a promoção, proteção e recuperação da saúde, a organização e o funcionamento dos serviços correspondentes.
▶ Lei nº 8.142, de 28-12-1990, dispõe sobre a participação da comunidade na gestão do Sistema Único de Saúde – SUS e sobre as transferências intergovernamentais de recursos financeiros na área da saúde.

I – controlar e fiscalizar procedimentos, produtos e substâncias de interesse para a saúde e participar da produção de medicamentos, equipamentos, imunobiológicos, hemoderivados e outros insumos;
► Lei nº 9.431, de 6-1-1997, dispõe sobre a obrigatoriedade da manutenção de programa de controle de infecções hospitalares pelos hospitais do País.
► Lei nº 9.677, de 2-7-1998, dispõe sobre a obrigatoriedade da cirurgia plástica reparadora da mama pela rede de unidades integrantes do Sistema Único de Saúde – SUS, nos casos de mutilação decorrente do tratamento de câncer.
► Lei nº 9.695, de 20-8-1998, incluíram na classificação dos delitos considerados hediondos determinados crimes contra a saúde pública.

II – executar as ações de vigilância sanitária e epidemiológica, bem como as de saúde do trabalhador;
III – ordenar a formação de recursos humanos na área de saúde;
IV – participar da formulação da política e da execução das ações de saneamento básico;
V – incrementar em sua área de atuação o desenvolvimento científico e tecnológico;
VI – fiscalizar e inspecionar alimentos, compreendido o controle de seu teor nutricional, bem como bebidas e águas para consumo humano;
VII – participar do controle e fiscalização da produção, transporte, guarda e utilização de substâncias e produtos psicoativos, tóxicos e radioativos;
► Lei nº 7.802, de 11-7-1989, dispõe sobre a pesquisa, a experimentação, a produção, a embalagem e rotulagem, o transporte, o armazenamento, a comercialização, a propaganda comercial, a utilização, a importação, a exportação, o destino final dos resíduos e embalagens, o registro, a classificação, o controle, a inspeção e a fiscalização, de agrotóxicos, seus componentes, e afins.

VIII – colaborar na proteção do meio ambiente, nele compreendido o do trabalho.

SEÇÃO III

DA PREVIDÊNCIA SOCIAL

► Lei nº 8.147, de 28-12-1990, dispõe sobre a alíquota do Finsocial.
► Lei nº 8.213, de 24-7-1991 (Lei dos Planos de Benefícios da Previdência Social).
► Lei nº 9.796, de 5-5-1999, dispõe sobre a compensação financeira entre o Regime Geral de Previdência Social e os Regimes de previdência dos servidores da União, dos Estados, do Distrito Federal e dos Municípios, nos casos de contagem recíproca de tempo de contribuição para efeito de aposentadoria.
► Dec. nº 3.048, de 6-5-1999 (Regulamento da Previdência Social).

Art. 201. A previdência social será organizada sob a forma de regime geral, de caráter contributivo e de filiação obrigatória, observados critérios que preservem o equilíbrio financeiro e atuarial, e atenderá, nos termos da lei, a:
► *Caput* com a redação dada pela EC nº 20, de 15-12-1998.
► Arts. 40, 167, XI e 195, II, desta Constituição.
► Art. 14 da EC nº 20, de 15-12-1998 (Reforma Previdenciária).

► Arts. 4º, parágrafo único, I e II, e 5º, da EC nº 41, de 19-12-2003.
► Lei nº 8.212, de 24-7-1991 (Lei Orgânica da Seguridade Social).
► Lei nº 8.213, de 24-7-1991 (Lei dos Planos de Benefícios da Previdência Social).
► Dec. nº 3.048, de 6-5-1999 (Regulamento da Previdência Social).

I – cobertura dos eventos de doença, invalidez, morte e idade avançada;
II – proteção à maternidade, especialmente à gestante;
III – proteção ao trabalhador em situação de desemprego involuntário;
► Lei nº 7.998, de 11-1-1990 (Lei do Seguro-Desemprego).
► Lei nº 10.779, de 25-11-2003, dispõe sobre a concessão do benefício de seguro-desemprego, durante o período de defeso, ao pescador profissional que exerce a atividade pesqueira de forma artesanal.

IV – salário-família e auxílio-reclusão para os dependentes dos segurados de baixa renda;
V – pensão por morte do segurado, homem ou mulher, ao cônjuge ou companheiro e dependentes, observado o disposto no § 2º.
► Incisos I a V com a redação dada pela EC nº 20, de 15-12-1998.

§ 1º É vedada a adoção de requisitos e critérios diferenciados para a concessão de aposentadoria aos beneficiários do regime geral de previdência social, ressalvados os casos de atividades exercidas sob condições especiais que prejudiquem a saúde ou a integridade física e quando se tratar de segurados portadores de deficiência, nos termos definidos em lei complementar.
► § 1º com a redação dada pela EC nº 47, de 5-7-2005.
► Art. 15 da EC nº 20, de 15-12-1998 (Reforma Previdenciária).

§ 2º Nenhum benefício que substitua o salário de contribuição ou o rendimento do trabalho do segurado terá valor mensal inferior ao salário-mínimo.

§ 3º Todos os salários de contribuição considerados para o cálculo de benefício serão devidamente atualizados, na forma da lei.

§ 4º É assegurado o reajustamento dos benefícios para preservar-lhes, em caráter permanente, o valor real, conforme critérios definidos em lei.

§ 5º É vedada a filiação ao regime geral de previdência social, na qualidade de segurado facultativo, de pessoa participante de regime próprio de previdência.

§ 6º A gratificação natalina dos aposentados e pensionistas terá por base o valor dos proventos do mês de dezembro de cada ano.
► §§ 2º a 6º com a redação dada pela EC nº 20, de 15-12-1998.
► Leis nºs 4.090, de 13-7-1962; 4.749, de 12-8-1965; e Decretos nºs 57.155, de 3-11-1965; e 63.912, de 26-12-1968, dispõem sobre o 13º salário.
► Súm. nº 688 do STF.

§ 7º É assegurada aposentadoria no regime geral de previdência social, nos termos da lei, obedecidas as seguintes condições:
► *Caput* com a redação dada pela EC nº 20, de 15-12-1998.

I – trinta e cinco anos de contribuição, se homem, e trinta anos de contribuição, se mulher;
II – sessenta e cinco anos de idade, se homem, e sessenta anos de idade, se mulher, reduzido em cinco anos o limite para os trabalhadores rurais de ambos os sexos e para os que exerçam suas atividades em regime de economia familiar, nestes incluídos o produtor rural, o garimpeiro e o pescador artesanal.

▶ Incisos I e II acrescidos pela EC nº 20, de 15-12-1998.

§ 8º Os requisitos a que se refere o inciso I do parágrafo anterior serão reduzidos em cinco anos, para o professor que comprove exclusivamente tempo de efetivo exercício das funções de magistério na educação infantil e no ensino fundamental e médio.

▶ § 8º com a redação dada pela EC nº 20, de 15-12-1998.
▶ Art. 67, § 2º, da Lei nº 9.394, de 20-12-1996 (Lei das Diretrizes e Bases da Educação Nacional).

§ 9º Para efeito de aposentadoria, é assegurada a contagem recíproca do tempo de contribuição na administração pública e na atividade privada, rural e urbana, hipótese em que os diversos regimes de previdência social se compensarão financeiramente, segundo critérios estabelecidos em lei.

▶ Lei nº 9.796, de 5-5-1999, dispõe sobre a compensação financeira entre o Regime Geral de Previdência Social e os Regimes de Previdência dos Servidores da União, dos Estados, do Distrito Federal e dos Municípios, nos casos de contagem recíproca de tempo de contribuição para efeito de aposentadoria.
▶ Dec. nº 3.112, de 6-7-1999, regulamenta a Lei nº 9.796, de 5-5-1999.

§ 10. Lei disciplinará a cobertura do risco de acidente do trabalho, a ser atendida concorrentemente pelo regime geral de previdência social e pelo setor privado.

§ 11. Os ganhos habituais do empregado, a qualquer título, serão incorporados ao salário para efeito de contribuição previdenciária e consequente repercussão em benefícios, nos casos e na forma da lei.

▶ §§ 9º a 11 acrescidos pela EC nº 20, de 15-12-1998.
▶ Art. 3º da EC nº 20, de 15-12-1998 (Reforma Previdenciária).
▶ Lei nº 8.213, de 24-7-1991 (Lei dos Planos de Benefícios da Previdência Social).
▶ Dec. nº 3.048, de 6-5-1999 (Regulamento da Previdência Social).

§ 12. Lei disporá sobre sistema especial de inclusão previdenciária para atender a trabalhadores de baixa renda e àqueles sem renda própria que se dediquem exclusivamente ao trabalho doméstico no âmbito de sua residência, desde que pertencentes a famílias de baixa renda, garantindo-lhes acesso a benefícios de valor igual a um salário-mínimo.

▶ § 12 com a redação dada pela EC nº 47, de 5-7-2005.

§ 13. O sistema especial de inclusão previdenciária de que trata o § 12 deste artigo terá alíquotas e carências inferiores às vigentes para os demais segurados do regime geral de previdência social.

▶ § 13 acrescido pela EC nº 47, de 5-7-2005.

Art. 202. O regime de previdência privada, de caráter complementar e organizado de forma autônoma em relação ao regime geral de previdência social, será facultativo, baseado na constituição de reservas que garantam o benefício contratado, e regulado por lei complementar.

▶ *Caput* com a redação dada pela EC nº 20, de 15-12-1998.
▶ Art. 40, § 15, desta Constituição.
▶ Art. 7º da EC nº 20, de 15-12-1998 (Reforma Previdenciária).
▶ LC nº 109, de 29-5-2001 (Lei do Regime de Previdência Complementar), regulamentada pelo Dec. nº 4.206, de 23-4-2002.
▶ Lei nº 9.656, de 3-6-1998 (Lei dos Planos e Seguros Privados de Saúde).
▶ Lei nº 10.185, de 12-2-2001, dispõe sobre a especialização das sociedades seguradoras em planos privados de assistência à saúde.
▶ Dec. nº 3.745, de 5-2-2001, institui o Programa de Interiorização do Trabalho em Saúde.
▶ Dec. nº 7.123, de 3-3-2010, dispõe sobre o Conselho Nacional de Previdência Complementar – CNPC e sobre a Câmara de Recursos de Previdência Complementar – CRPC.
▶ Súm. nº 149 do STJ.

§ 1º A lei complementar de que trata este artigo assegurará ao participante de planos de benefícios de entidades de previdência privada o pleno acesso às informações relativas à gestão de seus respectivos planos.

§ 2º As contribuições do empregador, os benefícios e as condições contratuais previstas nos estatutos, regulamentos e planos de benefícios das entidades de previdência privada não integram o contrato de trabalho dos participantes, assim como, à exceção dos benefícios concedidos, não integram a remuneração dos participantes, nos termos da lei.

▶ §§ 1º e 2º com a redação dada pela EC nº 20, de 15-12-1998.

§ 3º É vedado o aporte de recursos a entidade de previdência privada pela União, Estados, Distrito Federal e Municípios, suas autarquias, fundações, empresas públicas, sociedades de economia mista e outras entidades públicas, salvo na qualidade de patrocinador, situação na qual, em hipótese alguma, sua contribuição normal poderá exceder a do segurado.

▶ Art. 5º da EC nº 20, de 15-12-1998 (Reforma Previdenciária).
▶ LC nº 108, de 29-5-2001, regulamenta este parágrafo.

§ 4º Lei complementar disciplinará a relação entre a União, Estados, Distrito Federal e Municípios, inclusive suas autarquias, fundações, sociedades de economia mista e empresas controladas direta ou indiretamente, enquanto patrocinadoras de entidades fechadas de previdência privada, e suas respectivas entidades fechadas de previdência privada.

▶ Art. 40, § 14, desta Constituição.
▶ LC nº 108, de 29-5-2001, regulamenta este parágrafo.

§ 5º A lei complementar de que trata o parágrafo anterior aplicar-se-á, no que couber, às empresas privadas permissionárias ou concessionárias de prestação de serviços públicos, quando patrocinadoras de entidades fechadas de previdência privada.

▶ LC nº 108, de 29-5-2001, regulamenta este parágrafo.

§ 6º A lei complementar a que se refere o § 4º deste artigo estabelecerá os requisitos para a designação dos membros das diretorias das entidades fechadas de previdência privada e disciplinará a inserção dos participantes nos colegiados e instâncias de decisão em que seus interesses sejam objeto de discussão e deliberação.

▶ §§ 3º a 6º acrescidos pela EC nº 20, de 15-12-1998.
▶ LC nº 108, de 29-5-2001, regulamenta este parágrafo.
▶ LC nº 109, de 29-5-2001 (Lei do Regime de Previdência Complementar).

Seção IV
DA ASSISTÊNCIA SOCIAL

▶ Lei nº 8.147, de 28-12-1990, dispõe sobre a alíquota do Finsocial.
▶ Lei nº 8.742, de 7-12-1993 (Lei Orgânica da Assistência Social).
▶ Lei nº 8.909, de 6-7-1994, dispõe sobre a prestação de serviços por entidades de assistência social, entidades beneficentes de assistência social e entidades de fins filantrópicos e estabelece prazos e procedimentos para o recadastramento de entidades junto ao Conselho Nacional de Assistência Social.
▶ Lei nº 9.790, de 23-3-1999, dispõe sobre a promoção da assistência social por meio de organizações da sociedade civil de interesse público.

Art. 203. A assistência social será prestada a quem dela necessitar, independentemente de contribuição à seguridade social, e tem por objetivos:

▶ Lei nº 8.213, de 24-7-1991 (Lei dos Planos de Benefícios da Previdência Social).
▶ Lei nº 8.742, de 7-12-1993 (Lei Orgânica da Assistência Social).
▶ Lei nº 8.909, de 6-7-1994, dispõe, em caráter emergencial, sobre a prestação de serviços por entidades de assistência social, entidades beneficentes de assistência social e entidades de fins filantrópicos e estabelece prazos e procedimentos para o recadastramento de entidades junto ao Conselho Nacional de Assistência Social.
▶ Lei nº 9.429, de 26-12-1996, dispõe sobre prorrogação de prazo para renovação do Certificado de Entidades de Fins Filantrópicos e de recadastramento junto ao Conselho Nacional de Assistência Social – CNAS e anulação de atos emanados do Instituto Nacional do Seguro Social – INSS contra instituições que gozavam de isenção da contribuição social, pela não apresentação do pedido de renovação do certificado em tempo hábil.

I – a proteção à família, à maternidade, à infância, à adolescência e à velhice;
II – o amparo às crianças e adolescentes carentes;
III – a promoção da integração ao mercado de trabalho;
IV – a habilitação e reabilitação das pessoas portadoras de deficiência e a promoção de sua integração à vida comunitária;

▶ Dec. nº 6.949, de 25-8-2009, promulga a Convenção Internacional sobre os Direitos das Pessoas com Deficiência.

V – a garantia de um salário-mínimo de benefício mensal à pessoa portadora de deficiência e ao idoso que comprovem não possuir meios de prover à própria manutenção ou de tê-la provida por sua família, conforme dispuser a lei.

▶ Lei nº 10.741, de 1º-10-2003 (Estatuto do Idoso).

Art. 204. As ações governamentais na área da assistência social serão realizadas com recursos do orçamento da seguridade social, previstos no artigo 195, além de outras fontes, e organizadas com base nas seguintes diretrizes:

I – descentralização político-administrativa, cabendo a coordenação e as normas gerais à esfera federal e a coordenação e a execução dos respectivos programas às esferas estadual e municipal, bem como a entidades beneficentes e de assistência social;
II – participação da população, por meio de organizações representativas, na formulação das políticas e no controle das ações em todos os níveis.

Parágrafo único. É facultado aos Estados e ao Distrito Federal vincular a programa de apoio à inclusão e promoção social até cinco décimos por cento de sua receita tributária líquida, vedada a aplicação desses recursos no pagamento de:

I – despesas com pessoal e encargos sociais;
II – serviço da dívida;
III – qualquer outra despesa corrente não vinculada diretamente aos investimentos ou ações apoiados.

▶ Parágrafo único acrescido pela EC nº 42, de 19-12-2003.

Capítulo III
DA EDUCAÇÃO, DA CULTURA E DO DESPORTO

Seção I
DA EDUCAÇÃO

▶ Lei nº 9.394, de 20-12-1996 (Lei das Diretrizes e Bases da Educação Nacional).
▶ Lei nº 9.424, de 24-12-1996, dispõe sobre o fundo de manutenção e desenvolvimento e de valorização do magistério.
▶ Lei nº 9.766, de 18-12-1998, altera a legislação que rege o salário-educação.
▶ Lei nº 10.219, de 11-4-2001, cria o Programa Nacional de Renda Mínima vinculado à educação – "Bolsa-Escola", regulamentada pelo Dec. nº 4.313, de 24-7-2002.
▶ Lei nº 10.558, de 13-11-2002, cria o Programa Diversidade na Universidade.
▶ Art. 27, X, g, da Lei nº 10.683, de 28-5-2003, que dispõe sobre a organização da Presidência da República e dos Ministérios.
▶ Lei nº 11.096, de 13-1-2005, institui o Programa Universidade para Todos – PROUNI.
▶ Lei nº 11.274, de 6-2-2006, fixa a idade de seis anos para o início do ensino fundamental obrigatório e altera para nove anos seu período de duração.
▶ Lei nº 12.089, de 11-11-2009, proíbe que uma mesma pessoa ocupe 2 (duas) vagas simultaneamente em instituições públicas de ensino superior.

Art. 205. A educação, direito de todos e dever do Estado e da família, será promovida e incentivada com a colaboração da sociedade, visando ao pleno desenvolvimento da pessoa, seu preparo para o exercício da cidadania e sua qualificação para o trabalho.

▶ Lei nº 8.147, de 28-12-1990, dispõe sobre a alíquota do Finsocial.
▶ Lei nº 9.394, de 20-12-1996 (Lei das Diretrizes e Bases da Educação Nacional).
▶ Arts. 11 a 20 da Lei nº 12.288, de 20-7-2010 (Estatuto da Igualdade Racial).

Art. 206. O ensino será ministrado com base nos seguintes princípios:

I – igualdade de condições para o acesso e permanência na escola;

II – liberdade de aprender, ensinar, pesquisar e divulgar o pensamento, a arte e o saber;
III – pluralismo de ideias e de concepções pedagógicas, e coexistência de instituições públicas e privadas de ensino;
IV – gratuidade do ensino público em estabelecimentos oficiais;
▶ Art. 242 desta Constituição.
▶ Súm. Vinc. nº 12 do STF.

V – valorização dos profissionais da educação escolar, garantidos, na forma da lei, planos de carreira, com ingresso exclusivamente por concurso público de provas e títulos, aos das redes públicas;
▶ Inciso V com a redação dada pela EC nº 53, de 19-12-2006.
▶ Lei nº 9.424, de 24-12-1996, dispõe sobre o Fundo de Manutenção e Desenvolvimento do Ensino Fundamental e de Valorização do Magistério.

VI – gestão democrática do ensino público, na forma da lei;
▶ Lei nº 9.394, de 20-12-1996 (Lei das Diretrizes e Bases da Educação Nacional).

VII – garantia de padrão de qualidade;
VIII – piso salarial profissional nacional para os profissionais da educação escolar pública, nos termos de lei federal.
▶ Inciso VIII acrescido pela EC nº 53, de 19-12-2006.

Parágrafo único. A lei disporá sobre as categorias de trabalhadores considerados profissionais da educação básica e sobre a fixação de prazo para a elaboração ou adequação de seus planos de carreira, no âmbito da União, dos Estados, do Distrito Federal e dos Municípios.
▶ Parágrafo único acrescido pela EC nº 53, de 19-12-2006.

Art. 207. As universidades gozam de autonomia didático-científica, administrativa e de gestão financeira e patrimonial, e obedecerão ao princípio de indissociabilidade entre ensino, pesquisa e extensão.

§ 1º É facultado às universidades admitir professores, técnicos e cientistas estrangeiros, na forma da lei.

§ 2º O disposto neste artigo aplica-se às instituições de pesquisa científica e tecnológica.
▶ §§ 1º e 2º acrescidos pela EC nº 11, de 30-4-1996.

Art. 208. O dever do Estado com a educação será efetivado mediante a garantia de:
I – educação básica obrigatória e gratuita dos 4 (quatro) aos 17 (dezessete) anos de idade, assegurada inclusive sua oferta gratuita para todos os que a ela não tiveram acesso na idade própria;
▶ Inciso I com a redação dada pela EC nº 59, de 11-11-2009.
▶ Art. 6º da EC nº 59, de 11-11-2009, determina que o disposto neste inciso deverá ser implementado progressivamente, até 2016, nos termos do Plano Nacional de Educação, com apoio técnico e financeiro da União.

II – progressiva universalização do ensino médio gratuito;
▶ Inciso II com a redação dada pela EC nº 14, de 12-9-1996.
▶ Art. 6º da EC nº 14, de 12-9-1996.

III – atendimento educacional especializado aos portadores de deficiência, preferencialmente na rede regular de ensino;
▶ Lei nº 7.853, de 24-10-1989 (Lei de Apoio às Pessoas Portadoras de Deficiência), regulamentada pelo Dec. nº 3.298, de 20-12-1999.
▶ Lei nº 10.436, de 24-4-2002, dispõe sobre a Língua Brasileira de Sinais – LIBRA.
▶ Lei nº 10.845, de 5-3-2004, institui o Programa de Complementação ao Atendimento Educacional Especializado às Pessoas Portadoras de Deficiência – PAED.
▶ Dec. nº 3.956, de 8-10-2001, promulga a Convenção Interamericana para a Eliminação de todas as Formas de Discriminação contra as Pessoas Portadoras de Deficiência.
▶ Dec. nº 6.949, de 25-8-2009, promulga a Convenção Internacional sobre os Direitos das Pessoas com Deficiência.

IV – educação infantil, em creche e pré-escola, às crianças até 5 (cinco) anos de idade;
▶ Inciso IV com a redação dada pela EC nº 53, de 19-12-2006.

V – acesso aos níveis mais elevados do ensino, da pesquisa e da criação artística, segundo a capacidade de cada um;
▶ Lei nº 10.260, de 10-7-2001, dispõe sobre o Fundo de Financiamento ao Estudante do Ensino Superior.
▶ Lei nº 12.089, de 11-11-2009, proíbe que uma mesma pessoa ocupe 2 (duas) vagas simultaneamente em instituições públicas de ensino superior.

VI – oferta de ensino noturno regular, adequado às condições do educando;
VII – atendimento ao educando, em todas as etapas da educação básica, por meio de programas suplementares de material didático-escolar, transporte, alimentação e assistência à saúde.
▶ Inciso VII com a redação dada pela EC nº 59, de 11-11-2009.
▶ Arts. 6º e 212, § 4º, desta Constituição.

§ 1º O acesso ao ensino obrigatório e gratuito é direito público subjetivo.

§ 2º O não oferecimento do ensino obrigatório pelo Poder Público, ou sua oferta irregular, importa responsabilidade da autoridade competente.

§ 3º Compete ao Poder Público recensear os educandos no ensino fundamental, fazer-lhes a chamada e zelar, junto aos pais ou responsáveis, pela frequência à escola.

Art. 209. O ensino é livre à iniciativa privada, atendidas as seguintes condições:
I – cumprimento das normas gerais da educação nacional;
II – autorização e avaliação de qualidade pelo Poder Público.

Art. 210. Serão fixados conteúdos mínimos para o ensino fundamental, de maneira a assegurar formação básica comum e respeito aos valores culturais e artísticos, nacionais e regionais.

§ 1º O ensino religioso, de matrícula facultativa, constituirá disciplina dos horários normais das escolas públicas de ensino fundamental.

§ 2º O ensino fundamental regular será ministrado em língua portuguesa, assegurada às comunidades indígenas também a utilização de suas línguas maternas e processos próprios de aprendizagem.

Art. 211. A União, os Estados, o Distrito Federal e os Municípios organizarão em regime de colaboração seus sistemas de ensino.

► Art. 60 do ADCT.
► Art. 6º da EC nº 14, de 12-9-1996.

§ 1º A União organizará o sistema federal de ensino e o dos Territórios, financiará as instituições de ensino públicas federais e exercerá, em matéria educacional, função redistributiva e supletiva, de forma a garantir equalização de oportunidades educacionais e padrão mínimo de qualidade de ensino mediante assistência técnica e financeira aos Estados, ao Distrito Federal e aos Municípios.

§ 2º Os Municípios atuarão prioritariamente no ensino fundamental e na educação infantil.

► §§ 1º e 2º com a redação dada pela EC nº 14, de 12-9-1996.

§ 3º Os Estados e o Distrito Federal atuarão prioritariamente no ensino fundamental e médio.

► § 3º acrescido pela EC nº 14, de 12-9-1996.

§ 4º Na organização de seus sistemas de ensino, a União, os Estados, o Distrito Federal e os Municípios definirão formas de colaboração, de modo a assegurar a universalização do ensino obrigatório.

► § 4º com a redação dada pela EC nº 59, de 11-11-2009.

§ 5º A educação básica pública atenderá prioritariamente ao ensino regular.

► § 5º acrescido pela EC nº 53, de 19-12-2006.

Art. 212. A União aplicará, anualmente, nunca menos de dezoito, e os Estados, o Distrito Federal e os Municípios vinte e cinco por cento, no mínimo, da receita resultante de impostos, compreendida a proveniente de transferências, na manutenção e desenvolvimento do ensino.

► Arts. 34, VII, e, 35, III, e 167, IV, desta Constituição.
► Arts. 60, *caput*, § 6º, 72, §§ 2º e 3º, e 76, § 3º, do ADCT.
► Lei nº 9.424, de 24-12-1996, dispõe sobre o Fundo de Manutenção e Desenvolvimento do Ensino Fundamental e de Valorização do Magistério.

§ 1º A parcela da arrecadação de impostos transferida pela União aos Estados, ao Distrito Federal e aos Municípios, ou pelos Estados aos respectivos Municípios, não é considerada, para efeito do cálculo previsto neste artigo, receita do governo que a transferir.

§ 2º Para efeito do cumprimento do disposto no *caput* deste artigo, serão considerados os sistemas de ensino federal, estadual e municipal e os recursos aplicados na forma do artigo 213.

§ 3º A distribuição dos recursos públicos assegurará prioridade ao atendimento das necessidades do ensino obrigatório, no que se refere à universalização, garantia de padrão de qualidade e equidade, nos termos do plano nacional de educação.

► § 3º com a redação dada pela EC nº 59, de 11-11-2009.

§ 4º Os programas suplementares de alimentação e assistência à saúde previstos no artigo 208, VII, serão financiados com recursos provenientes de contribuições sociais e outros recursos orçamentários.

§ 5º A educação básica pública terá como fonte adicional de financiamento a contribuição social do salário-educação, recolhida pelas empresas na forma da lei.

► § 5º com a redação dada pela EC nº 53, de 19-12-2006.
► Art. 76, § 2º, do ADCT.
► Lei nº 9.424, de 24-12-1996, dispõe sobre o Fundo de Manutenção e Desenvolvimento do Ensino Fundamental e de Valorização do Magistério.
► Lei nº 9.766, de 18-12-1998, dispõe sobre o salário-educação.
► Dec. nº 3.142, de 16-8-1999, regulamenta a contribuição social do salário-educação.
► Dec. nº 6.003, de 28-12-2006, regulamenta a arrecadação, a fiscalização e a cobrança da contribuição social do salário-educação.
► Súm. nº 732 do STF.

§ 6º As cotas estaduais e municipais da arrecadação da contribuição social do salário-educação serão distribuídas proporcionalmente ao número de alunos matriculados na educação básica nas respectivas redes públicas de ensino.

► § 6º acrescido pela EC nº 53, de 19-12-2006.

Art. 213. Os recursos públicos serão destinados às escolas públicas, podendo ser dirigidos a escolas comunitárias, confessionais ou filantrópicas, definidas em lei, que:

► Art. 212 desta Constituição.
► Art. 61 do ADCT.
► Lei nº 9.394, de 20-12-1996 (Lei das Diretrizes e Bases da Educação Nacional).

I – comprovem finalidade não lucrativa e apliquem seus excedentes financeiros em educação;

II – assegurem a destinação de seu patrimônio à outra escola comunitária, filantrópica ou confessional, ou ao Poder Público, no caso de encerramento de suas atividades.

► Art. 61 do ADCT.

§ 1º Os recursos de que trata este artigo poderão ser destinados a bolsas de estudo para o ensino fundamental e médio, na forma da lei, para os que demonstrarem insuficiência de recursos, quando houver falta de vagas e cursos regulares da rede pública na localidade da residência do educando, ficando o Poder Público obrigado a investir prioritariamente na expansão de sua rede na localidade.

► Lei nº 9.394, de 20-12-1996 (Lei das Diretrizes e Bases da Educação Nacional).

§ 2º As atividades universitárias de pesquisa e extensão poderão receber apoio financeiro do Poder Público.

► Lei nº 8.436, de 25-6-1992, institucionaliza o Programa de Crédito Educativo para estudantes carentes.

Art. 214. A lei estabelecerá o plano nacional de educação, de duração decenal, com o objetivo de articular o sistema nacional de educação em regime de colaboração e definir diretrizes, objetivos, metas e estratégias de implementação para assegurar a manutenção e desenvolvimento do ensino em seus diversos níveis, etapas e modalidades por meio de ações integradas dos poderes públicos das diferentes esferas federativas que conduzam a:

▶ *Caput* com a redação dada pela EC nº 59, de 11-11-2009.

I – erradicação do analfabetismo;
II – universalização do atendimento escolar;
III – melhoria da qualidade do ensino;
IV – formação para o trabalho;
V – promoção humanística, científica e tecnológica do País;

▶ Lei nº 10.172, de 9-1-2001, aprova o Plano Nacional de Educação.

VI – estabelecimento de meta de aplicação de recursos públicos em educação como proporção do produto interno bruto.

▶ Inciso VI acrescido pela EC nº 59, de 11-11-2009.
▶ Lei nº 9.394, de 20-12-1996 (Lei das Diretrizes e Bases da Educação Nacional).
▶ Lei nº 10.172, de 9-1-2001, aprova o Plano Nacional de Educação.

SEÇÃO II

DA CULTURA

Art. 215. O Estado garantirá a todos o pleno exercício dos direitos culturais e acesso às fontes da cultura nacional, e apoiará e incentivará a valorização e a difusão das manifestações culturais.

▶ Lei nº 8.313, de 23-12-1991, institui o Programa Nacional de Apoio à Cultura – PRONAC, regulamentada pelo Dec. nº 5.761, de 27-4-2002.
▶ Lei nº 8.685, de 20-7-1993, cria mecanismos de fomento à atividade audiovisual.
▶ Lei nº 10.454, de 13-5-2002, dispõe sobre remissão da Contribuição para o Desenvolvimento da Indústria Cinematográfica – CONDECINE.
▶ MP nº 2.228-1, de 6-9-2001, que até o encerramento desta edição não havia sido convertida em Lei, cria a Agência Nacional do Cinema – ANCINE.
▶ Dec. nº 2.290, de 4-8-1997, regulamenta o art. 5º, VIII, da Lei nº 8.313, de 23-12-1991.

§ 1º O Estado protegerá as manifestações das culturas populares, indígenas e afro-brasileiras, e das de outros grupos participantes do processo civilizatório nacional.

§ 2º A lei disporá sobre a fixação de datas comemorativas de alta significação para os diferentes segmentos étnicos nacionais.

§ 3º A lei estabelecerá o Plano Nacional de Cultura, de duração plurianual, visando ao desenvolvimento cultural do País e à integração das ações do poder público que conduzem à:

I – defesa e valorização do patrimônio cultural brasileiro;
II – produção, promoção e difusão de bens culturais;
III – formação de pessoal qualificado para a gestão da cultura em suas múltiplas dimensões;
IV – democratização do acesso aos bens de cultura;
V – valorização da diversidade étnica e regional.

▶ § 3º acrescido pela EC nº 48, de 10-8-2005.

Art. 216. Constituem patrimônio cultural brasileiro os bens de natureza material e imaterial, tomados individualmente ou em conjunto, portadores de referência à identidade, à ação, à memória dos diferentes grupos formadores da sociedade brasileira, nos quais se incluem:

I – as formas de expressão;
II – os modos de criar, fazer e viver;
III – as criações científicas, artísticas e tecnológicas;

▶ Lei nº 9.610, de 19-2-1998 (Lei de Direitos Autorais).

IV – as obras, objetos, documentos, edificações e demais espaços destinados às manifestações artístico-culturais;
V – os conjuntos urbanos e sítios de valor histórico, paisagístico, artístico, arqueológico, paleontológico, ecológico e científico.

▶ Lei nº 3.924, de 26-7-1961 (Lei dos Monumentos Arqueológicos e Pré-Históricos).
▶ Arts. 1º, 20, 28, I, II, e parágrafo único, da Lei nº 7.542, de 26-9-1986, que dispõe sobre a pesquisa, exploração, remoção e demolição de coisas ou bens afundados, submersos, encalhados e perdidos em águas sob jurisdição nacional, em terreno de marinha e seus acrescidos e em terrenos marginais, em decorrência de sinistro, alijamento ou fortuna do mar.

§ 1º O Poder Público, com a colaboração da comunidade, promoverá e protegerá o patrimônio cultural brasileiro, por meio de inventários, registros, vigilância, tombamento e desapropriação, e de outras formas de acautelamento e preservação.

▶ Lei nº 7.347, de 24-7-1985 (Lei da Ação Civil Pública).
▶ Lei nº 8.394, de 30-12-1991, dispõe sobre a preservação, organização e proteção dos acervos documentais privados dos presidentes da República.
▶ Dec. nº 3.551, de 4-8-2000, institui o registro de bens culturais de natureza imaterial que constituem Patrimônio Cultural Brasileiro e cria o Programa Nacional do Patrimônio Imaterial.

§ 2º Cabem à administração pública, na forma da lei, a gestão da documentação governamental e as providências para franquear sua consulta a quantos dela necessitem.

▶ Lei nº 8.159, de 8-1-1991, dispõe sobre a Política Nacional de arquivos públicos e privados.

§ 3º A lei estabelecerá incentivos para a produção e o conhecimento de bens e valores culturais.

▶ Lei nº 7.505, de 2-7-1986, dispõe sobre benefícios fiscais na área do imposto de renda concedidos a operações de caráter cultural ou artístico.
▶ Lei nº 8.313, de 23-12-1991, dispõe sobre benefícios fiscais concedidos a operações de caráter cultural ou artístico e cria o Programa Nacional de Apoio à Cultura – PRONAC.
▶ Lei nº 8.685, de 20-7-1993, cria mecanismos de fomento à atividade audiovisual.
▶ Lei nº 10.454, de 13-5-2002, dispõe sobre remissão da Contribuição para o Desenvolvimento da Indústria Cinematográfica – CONDECINE.
▶ MP nº 2.228-1, de 6-9-2001, que até o encerramento desta edição não havia sido convertida em Lei, cria a Agência Nacional do Cinema – ANCINE.

§ 4º Os danos e ameaças ao patrimônio cultural serão punidos, na forma da lei.

▶ Lei nº 3.924, de 26-7-1961 (Lei dos Monumentos Arqueológicos e Pré-Históricos).
▶ Lei nº 4.717, de 29-6-1965 (Lei da Ação Popular).
▶ Lei nº 7.347, de 24-7-1985 (Lei da Ação Civil Pública).

§ 5º Ficam tombados todos os documentos e os sítios detentores de reminiscências históricas dos antigos quilombos.

§ 6º É facultado aos Estados e ao Distrito Federal vincular a fundo estadual de fomento à cultura até cinco décimos por cento de sua receita tributária líquida, para o financiamento de programas e projetos culturais, vedada a aplicação desses recursos no pagamento de:
I – despesas com pessoal e encargos sociais;
II – serviço da dívida;
III – qualquer outra despesa corrente não vinculada diretamente aos investimentos ou ações apoiados.

▶ § 6º acrescido pela EC nº 42, de 19-12-2003.

SEÇÃO III

DO DESPORTO

▶ Lei nº 9.615, de 24-3-1998, institui normas gerais sobre desportos.
▶ Lei nº 10.891, de 9-7-2004, institui a Bolsa-Atleta.

Art. 217. É dever do Estado fomentar práticas desportivas formais e não formais, como direito de cada um, observados:
I – a autonomia das entidades desportivas dirigentes e associações, quanto a sua organização e funcionamento;
II – a destinação de recursos públicos para a promoção prioritária do desporto educacional e, em casos específicos, para a do desporto de alto rendimento;
III – o tratamento diferenciado para o desporto profissional e o não profissional;
IV – a proteção e o incentivo às manifestações desportivas de criação nacional.

▶ Art. 22 da Lei nº 12.288, de 20-7-2010 (Estatuto da Igualdade Racial).

§ 1º O Poder Judiciário só admitirá ações relativas à disciplina e às competições desportivas após esgotarem-se as instâncias da justiça desportiva, regulada em lei.

§ 2º A justiça desportiva terá o prazo máximo de sessenta dias, contados da instauração do processo, para proferir decisão final.

§ 3º O Poder Público incentivará o lazer, como forma de promoção social.

CAPÍTULO IV

DA CIÊNCIA E TECNOLOGIA

▶ Lei nº 9.257, de 9-1-1996, dispõe sobre o Conselho Nacional de Ciência e Tecnologia.
▶ Lei nº 10.168, de 29-12-2000, institui Contribuição de Intervenção de Domínio Econômico destinado a financiar o Programa de Estímulo à Interação Universidade-Empresa para o apoio à inovação.
▶ Lei nº 10.332, de 19-12-2001, institui mecanismo de financiamento para o Programa de Ciência e Tecnologia para o Agronegócio, para o Programa de Fomento à Pesquisa em Saúde, para o Programa Biotecnologia e Recursos Genéticos, para o Programa de Ciência e Tecnologia para o Setor Aeronáutico e para o Programa de Inovação para Competitividade.

Art. 218. O Estado promoverá e incentivará o desenvolvimento científico, a pesquisa e a capacitação tecnológicas.

▶ Lei nº 10.973, de 2-12-2004, estabelece medidas de incentivo à inovação e à pesquisa científica e tecnológica no ambiente produtivo, com vistas à capacitação e ao alcance da autonomia tecnológica e ao desenvolvimento industrial do país, nos termos deste artigo e do art. 219.

§ 1º A pesquisa científica básica receberá tratamento prioritário do Estado, tendo em vista o bem público e o progresso das ciências.

§ 2º A pesquisa tecnológica voltar-se-á preponderantemente para a solução dos problemas brasileiros e para o desenvolvimento do sistema produtivo nacional e regional.

§ 3º O Estado apoiará a formação de recursos humanos nas áreas de ciência, pesquisa e tecnologia, e concederá aos que delas se ocupem meios e condições especiais de trabalho.

§ 4º A lei apoiará e estimulará as empresas que invistam em pesquisa, criação de tecnologia adequada ao País, formação e aperfeiçoamento de seus recursos humanos e que pratiquem sistemas de remuneração que assegurem ao empregado, desvinculada do salário, participação nos ganhos econômicos resultantes da produtividade de seu trabalho.

§ 5º É facultado aos Estados e ao Distrito Federal vincular parcela de sua receita orçamentária a entidades públicas de fomento ao ensino e à pesquisa científica e tecnológica.

▶ Lei nº 8.248, de 23-10-1991, dispõe sobre a capacitação e competitividade do setor de informática e automação.

Art. 219. O mercado interno integra o patrimônio nacional e será incentivado de modo a viabilizar o desenvolvimento cultural e socioeconômico, o bem-estar da população e a autonomia tecnológica do País, nos termos de lei federal.

▶ Lei nº 10.973, de 2-12-2004, estabelece medidas de incentivo à inovação e à pesquisa científica e tecnológica no ambiente produtivo, com vistas à capacitação e ao alcance da autonomia tecnológica e ao desenvolvimento industrial do país, nos termos deste artigo e do art. 218.

CAPÍTULO V

DA COMUNICAÇÃO SOCIAL

Art. 220. A manifestação do pensamento, a criação, a expressão e a informação, sob qualquer forma, processo ou veículo não sofrerão qualquer restrição, observado o disposto nesta Constituição.

▶ Arts. 1º, III e IV, 3º, III e IV, 4º, II, 5º, IX, XII, XIV, XXVII, XXVIII e XXIX, desta Constituição.
▶ Arts. 36, 37, 43 e 44 do CDC.
▶ Lei nº 4.117, de 24-8-1962 (Código Brasileiro de Telecomunicações).
▶ Art. 1º da Lei nº 7.524, de 17-7-1986, que dispõe sobre a manifestação, por militar inativo, de pensamento e opinião políticos ou filosóficos.
▶ Art. 2º da Lei nº 8.389, de 30-12-1991, que institui o Conselho de Comunicação Social.
▶ Lei nº 9.472, de 16-7-1997, dispõe sobre a organização dos serviços de telecomunicações, a criação e funcionamento de um Órgão Regulador e outros aspectos institucionais.
▶ Art. 7º da Lei nº 9.610, de 19-2-1998 (Lei de Direitos Autorais).

Constituição Federal – Arts. 221 a 223

§ 1º Nenhuma lei conterá dispositivo que possa constituir embaraço à plena liberdade de informação jornalística em qualquer veículo de comunicação social, observado o disposto no artigo 5º, IV, V, X, XIII e XIV.
▶ Art. 45 da Lei nº 9.504, de 30-9-1997 (Lei das Eleições).

§ 2º É vedada toda e qualquer censura de natureza política, ideológica e artística.

§ 3º Compete à lei federal:

I – regular as diversões e espetáculos públicos, cabendo ao Poder Público informar sobre a natureza deles, as faixas etárias a que não se recomendem, locais e horários em que sua apresentação se mostre inadequada;
▶ Art. 21, XVI, desta Constituição.
▶ Arts. 74, 80, 247 e 258 do ECA.

II – estabelecer os meios legais que garantam à pessoa e à família a possibilidade de se defenderem de programas ou programações de rádio e televisão que contrariem o disposto no artigo 221, bem como da propaganda de produtos, práticas e serviços que possam ser nocivos à saúde e ao meio ambiente.
▶ Arts. 9º e 10 do CDC.
▶ Art. 5º da Lei nº 8.389, de 30-12-1991, que institui o Conselho de Comunicação Social.

§ 4º A propaganda comercial de tabaco, bebidas alcoólicas, agrotóxicos, medicamentos e terapias estará sujeita a restrições legais, nos termos do inciso II do parágrafo anterior, e conterá, sempre que necessário, advertência sobre os malefícios decorrentes de seu uso.
▶ Lei nº 9.294, de 15-7-1996, dispõe sobre as restrições ao uso e à propaganda de produtos fumígenos, bebidas alcoólicas, medicamentos, terapias e defensivos agrícolas referidos neste parágrafo.

§ 5º Os meios de comunicação social não podem, direta ou indiretamente, ser objeto de monopólio ou oligopólio.
▶ Art. 20, II e IV, da Lei nº 8.884, de 11-6-1994 (Lei Antitruste).

§ 6º A publicação de veículo impresso de comunicação independe de licença de autoridade.
▶ Art. 114, parágrafo único, da Lei nº 6.015, de 31-12-1973 (Lei dos Registros Públicos).

Art. 221. A produção e a programação das emissoras de rádio e televisão atenderão aos seguintes princípios:

I – preferência a finalidades educativas, artísticas, culturais e informativas;
▶ Dec. nº 4.901, de 26-11-2003, institui o Sistema Brasileiro de Televisão Digital – SBTVD.

II – promoção da cultura nacional e regional e estímulo à produção independente que objetive sua divulgação;
▶ Lei nº 10.454, de 13-5-2002, dispõe sobre remissão da Contribuição para o Desenvolvimento da Indústria Cinematográfica – CONDECINE.
▶ Art. 2º da MP nº 2.228-1, de 6-9-2001, cria a Agência Nacional do Cinema – ANCINE.

III – regionalização da produção cultural, artística e jornalística, conforme percentuais estabelecidos em lei;
▶ Art. 3º, III, desta Constituição.

IV – respeito aos valores éticos e sociais da pessoa e da família.
▶ Arts. 1º, III, 5º, XLII, XLIII, XLVIII, XLIX, L, 34, VII, b, 225 a 227 e 230 desta Constituição.
▶ Art. 8º, III, da Lei nº 11.340, de 7-8-2006 (Lei que Coíbe a Violência Doméstica e Familiar Contra a Mulher).

Art. 222. A propriedade de empresa jornalística e de radiodifusão sonora e de sons e imagens é privativa de brasileiros natos ou naturalizados há mais de dez anos, ou de pessoas jurídicas constituídas sob as leis brasileiras e que tenham sede no País.
▶ Caput com a redação dada pela EC nº 36, de 28-5-2002.

§ 1º Em qualquer caso, pelo menos setenta por cento do capital total e do capital votante das empresas jornalísticas e de radiodifusão sonora e de sons e imagens deverá pertencer, direta ou indiretamente, a brasileiros natos ou naturalizados há mais de dez anos, que exercerão obrigatoriamente a gestão das atividades e estabelecerão o conteúdo da programação.

§ 2º A responsabilidade editorial e as atividades de seleção e direção da programação veiculada são privativas de brasileiros natos ou naturalizados há mais de dez anos, em qualquer meio de comunicação social.
▶ §§ 1º e 2º com a redação dada pela EC nº 36, de 28-5-2002.

§ 3º Os meios de comunicação social eletrônica, independentemente da tecnologia utilizada para a prestação do serviço, deverão observar os princípios enunciados no art. 221, na forma de lei específica, que também garantirá a prioridade de profissionais brasileiros na execução de produções nacionais.

§ 4º Lei disciplinará a participação de capital estrangeiro nas empresas de que trata o § 1º.
▶ Lei nº 10.610, de 20-12-2002, dispõe sobre a participação de capital estrangeiro nas empresas jornalísticas e de radiodifusão sonora e de sons e imagens.

§ 5º As alterações de controle societário das empresas de que trata o § 1º serão comunicadas ao Congresso Nacional.
▶ §§ 3º a 5º acrescidos pela EC nº 36, de 28-5-2002.

Art. 223. Compete ao Poder Executivo outorgar e renovar concessão, permissão e autorização para o serviço de radiodifusão sonora e de sons e imagens, observado o princípio da complementaridade dos sistemas privado, público e estatal.
▶ Lei nº 9.612, de 19-2-1998, institui o serviço de radiodifusão comunitária.
▶ Arts. 2º, 10 e 32 do Dec. nº 52.795, de 31-10-1963, que aprova regulamento dos serviços de radiodifusão.

§ 1º O Congresso Nacional apreciará o ato no prazo do artigo 64, §§ 2º e 4º, a contar do recebimento da mensagem.

§ 2º A não renovação da concessão ou permissão dependerá de aprovação de, no mínimo, dois quintos do Congresso Nacional, em votação nominal.

§ 3º O ato de outorga ou renovação somente produzirá efeitos legais após deliberação do Congresso Nacional, na forma dos parágrafos anteriores.

§ 4º O cancelamento da concessão ou permissão, antes de vencido o prazo, depende de decisão judicial.

§ 5º O prazo da concessão ou permissão será de dez anos para as emissoras de rádio e de quinze para as de televisão.

Art. 224. Para os efeitos do disposto neste Capítulo, o Congresso Nacional instituirá, como seu órgão auxiliar, o Conselho de Comunicação Social, na forma da lei.

- Lei nº 6.650, de 23-5-1979, dispõe sobre a criação, na Presidência da República, da Secretaria de Comunicação Social.
- Lei nº 8.389, de 30-12-1991, institui o Conselho de Comunicação Social.

CAPÍTULO VI
DO MEIO AMBIENTE

- Lei nº 7.802, de 11-7-1989, dispõe sobre a pesquisa, a experimentação, a produção, a embalagem e rotulagem, o transporte, o armazenamento, a comercialização, a propaganda comercial, a utilização, a importação, a exportação, o destino final dos resíduos e embalagens, o registro, a classificação, o controle, a inspeção e a fiscalização, de agrotóxicos, seus componentes, e afins.
- Lei nº 9.605, de 12-2-1998 (Lei dos Crimes Ambientais).
- Arts. 25, 27, XV, e 29, XV, da Lei nº 10.683, de 28-5-2003, e arts. 61 e 62 do Dec. nº 4.118, de 7-2-2002, que dispõem sobre a estrutura e organização do Ministério do Meio Ambiente.
- Dec. nº 4.339, de 22-8-2002, institui princípios e diretrizes para a implementação Política Nacional da Biodiversidade.
- Dec. nº 4.411, de 7-10-2002, dispõe sobre a atuação das Forças Armadas e da Polícia Federal nas unidades de conservação.

Art. 225. Todos têm direito ao meio ambiente ecologicamente equilibrado, bem de uso comum do povo e essencial à sadia qualidade de vida, impondo-se ao Poder Público e à coletividade o dever de defendê-lo e preservá-lo para as presentes e futuras gerações.

- Lei nº 7.735, de 22-2-1989, dispõe sobre a extinção de órgão e de entidade autárquica, cria o Instituto Brasileiro do Meio Ambiente e dos Recursos Naturais Renováveis.
- Lei nº 7.797, de 10-7-1989 (Lei do Fundo Nacional de Meio Ambiente).
- Lei nº 11.284, de 2-3-2006 (Lei de Gestão de Florestas Públicas).
- Dec. nº 4.339, de 22-8-2002, institui princípios e diretrizes para a implementação Política Nacional da Biodiversidade.

§ 1º Para assegurar a efetividade desse direito, incumbe ao Poder Público:

- Lei nº 9.985, de 18-7-2000 (Lei do Sistema Nacional de Unidades de Conservação da Natureza), regulamenta este parágrafo.

I – preservar e restaurar os processos ecológicos essenciais e prover o manejo ecológico das espécies e ecossistemas;

- Lei nº 9.985, de 18-7-2000 (Lei do Sistema Nacional de Unidades de Conservação da Natureza), regulamentada pelo Dec. nº 4.340, de 22-8-2002.

II – preservar a diversidade e a integridade do patrimônio genético do País e fiscalizar as entidades dedicadas à pesquisa e manipulação de material genético;

- Inciso regulamentado pela MP nº 2.186-16, de 23-8-2001, que até o encerramento desta edição não havia sido convertida em Lei.

- Lei nº 9.985, de 18-7-2000 (Lei do Sistema Nacional de Unidades de Conservação da Natureza) regulamentada pelo Dec. nº 4.340, de 22-8-2002.
- Lei nº 11.105, de 24-3-2005 (Lei de Biossegurança), regulamenta este inciso.
- Dec. nº 5.705, de 16-2-2006, promulga o Protocolo de Cartagena sobre Biossegurança da Convenção sobre Diversidade Biológica.

III – definir, em todas as Unidades da Federação, espaços territoriais e seus componentes a serem especialmente protegidos, sendo a alteração e a supressão permitidas somente através de lei, vedada qualquer utilização que comprometa a integridade dos atributos que justifiquem sua proteção;

- Lei nº 9.985, de 18-7-2000 (Lei do Sistema Nacional de Unidades de Conservação da Natureza) regulamentada pelo Dec. nº 4.340, de 22-8-2002.
- Res. do CONAMA nº 369, de 28-3-2006, dispõe sobre os casos excepcionais, de utilidade pública, interesse social ou baixo impacto ambiental, que possibilitam a intervenção ou supressão de vegetação em Área de Preservação Permanente – APP.

IV – exigir, na forma da lei, para instalação de obra ou atividade potencialmente causadora de significativa degradação do meio ambiente, estudo prévio de impacto ambiental, a que se dará publicidade;

- Lei nº 11.105, de 24-3-2005 (Lei de Biossegurança), regulamenta este inciso.

V – controlar a produção, a comercialização e o emprego de técnicas, métodos e substâncias que comportem risco para a vida, a qualidade de vida e o meio ambiente;

- Lei nº 7.802, de 11-7-1989, dispõe sobre a pesquisa, a experimentação, a produção, a embalagem e rotulagem, o transporte, o armazenamento, a comercialização, a propaganda comercial, a utilização, a importação, a exportação, o destino final dos resíduos e embalagens, o registro, a classificação, o controle, a inspeção e a fiscalização, de agrotóxicos, seus componentes, e afins.
- Lei nº 9.985, de 18-7-2000 (Lei do Sistema Nacional de Unidades de Conservação da Natureza) regulamentada pelo Dec. nº 4.340, de 22-8-2002.
- Lei nº 11.105, de 24-3-2005 (Lei de Biossegurança), regulamenta este inciso.

VI – promover a educação ambiental em todos os níveis de ensino e a conscientização pública para a preservação do meio ambiente;

- Lei nº 9.795, de 27-4-1999, dispõe sobre a educação ambiental e institui a Política Nacional de Educação Ambiental.

VII – proteger a fauna e a flora, vedadas, na forma da lei, as práticas que coloquem em risco sua função ecológica, provoquem a extinção de espécies ou submetam os animais à crueldade.

- Lei nº 4.771, de 15-9-1965 (Código Florestal).
- Lei nº 5.197, de 3-1-1967 (Lei de Proteção à Fauna).
- Lei nº 7.802, de 11-7-1989, dispõe sobre a pesquisa, a experimentação, a produção, a embalagem e rotulagem, o transporte, o armazenamento, a comercialização, a propaganda comercial, a utilização, a importação, a exportação, o destino final dos resíduos e embalagens, o registro, a classificação, o controle, a inspeção e a fiscalização, de agrotóxicos, seus componentes, e afins.

► Lei nº 9.605, de 12-2-1998 (Lei dos Crimes Ambientais).

► Lei nº 9.985, de 18-7-2000 (Lei do Sistema Nacional de Unidades de Conservação da Natureza) regulamentada pelo Dec. nº 4.340, de 22-8-2002.

► Dec.-lei nº 221, de 28-2-1967 (Lei de Proteção e Estímulos à Pesca).

§ 2º Aquele que explorar recursos minerais fica obrigado a recuperar o meio ambiente degradado, de acordo com solução técnica exigida pelo órgão público competente, na forma da lei.

► Dec.-lei nº 227, de 28-2-1967 (Código de Mineração).

§ 3º As condutas e atividades consideradas lesivas ao meio ambiente sujeitarão os infratores, pessoas físicas ou jurídicas, a sanções penais e administrativas, independentemente da obrigação de reparar os danos causados.

► Art. 3º, caput, e parágrafo único, da Lei nº 9.605, de 12-2-1998 (Lei dos Crimes Ambientais).

► Dec. nº 6.514, de 22-7-2008, dispõe sobre as infrações e sanções administrativas ao meio ambiente, e estabelece o processo administrativo federal para apuração destas infrações.

§ 4º A Floresta Amazônica brasileira, a Mata Atlântica, a Serra do Mar, o Pantanal Mato-Grossense e a Zona Costeira são patrimônio nacional, e sua utilização far-se-á, na forma da lei, dentro de condições que assegurem a preservação do meio ambiente, inclusive quanto ao uso dos recursos naturais.

► Lei nº 6.902, de 27-4-1981 (Lei das Estações Ecológicas e das Áreas de Proteção Ambiental).

► Lei nº 6.938, de 31-8-1981 (Lei da Política Nacional do Meio Ambiente).

► Lei nº 7.347, de 24-7-1985 (Lei da Ação Civil Pública).

► Dec. nº 4.297, de 10-7-2002, regulamenta o inciso II do art. 9º da Lei nº 6.938, de 31-8-1981 (Lei da Política Nacional do Meio Ambiente), estabelecendo critério para o Zoneamento Ecológico-Econômico do Brasil – ZEE.

► Res. do CONAMA nº 369, de 28-3-2006, dispõe sobre os casos excepcionais, de utilidade pública, interesse social ou baixo impacto ambiental, que possibilitam a intervenção ou supressão de vegetação em Área de Preservação Permanente – APP.

§ 5º São indisponíveis as terras devolutas ou arrecadadas pelos Estados, por ações discriminatórias, necessárias à proteção dos ecossistemas naturais.

► Lei nº 6.383, de 7-12-1976 (Lei das Ações Discriminatórias).

► Dec.-lei nº 9.760, de 5-9-1946 (Lei dos Bens Imóveis da União)

► Dec.-lei nº 1.414, de 18-8-1975, dispõe sobre o processo de ratificação das concessões e alterações de terras devolutas na faixa de fronteiras.

► Arts. 1º, 5º e 164 do Dec. nº 87.620, de 21-9-1982, que dispõe sobre o procedimento administrativo para o reconhecimento da aquisição, por usucapião especial, de imóveis rurais compreendidos em terras devolutas.

► Res. do CONAMA nº 369, de 28-3-2006, dispõe sobre os casos excepcionais, de utilidade pública, interesse social ou baixo impacto ambiental, que possibilitam a intervenção ou supressão de vegetação em Área de Preservação Permanente – APP.

§ 6º As usinas que operem com reator nuclear deverão ter sua localização definida em lei federal, sem o que não poderão ser instaladas.

► Dec.-lei nº 1.809, de 7-10-1980, institui o Sistema de Proteção ao Programa Nuclear Brasileiro – SIPRON.

Capítulo VII
DA FAMÍLIA, DA CRIANÇA, DO ADOLESCENTE, DO JOVEM E DO IDOSO

► Capítulo VII com a denominação dada pela EC nº 65, de 13-7-2010.

► Lei nº 8.069, de 13-7-1990 (Estatuto da Criança e do Adolescente).

► Lei nº 8.842, de 4-1-1994, dispõe sobre a composição, estruturação, competência e funcionamento do Conselho Nacional dos Direitos do Idoso – CNDI.

► Lei nº 10.741, de 1º-10-2003 (Estatuto do Idoso).

► Lei nº 12.010, de 3-8-2009 (Lei da Adoção).

Art. 226. A família, base da sociedade, tem especial proteção do Estado.

► Arts. 1.533 a 1.542 do CC.

► Lei nº 6.015, de 31-12-1973 (Lei dos Registros Públicos).

► Lei nº 8.069, de 13-7-1990 (Estatuto da Criança e do Adolescente).

§ 1º O casamento é civil e gratuita a celebração.

► Arts. 1.511 a 1.570 do CC.

► Arts. 67 a 76 da Lei nº 6.015, de 31-12-1973 (Lei dos Registros Públicos).

§ 2º O casamento religioso tem efeito civil, nos termos da lei.

► Lei nº 1.110, de 23-5-1950, regula o reconhecimento dos efeitos civis ao casamento religioso.

► Arts. 71 a 75 da Lei nº 6.015, de 31-12-1973 (Lei dos Registros Públicos).

► Lei nº 9.278, de 10-5-1996 (Lei da União Estável).

► Art. 5º do Dec.-lei nº 3.200, de 19-4-1941, que dispõe sobre a organização e proteção da família.

§ 3º Para efeito da proteção do Estado, é reconhecida a união estável entre o homem e a mulher como entidade familiar, devendo a lei facilitar sua conversão em casamento.

► Lei nº 8.971, de 29-12-1994, regula o direito dos companheiros a alimentos e sucessão.

► Lei nº 9.278, de 10-5-1996 (Lei da União Estável).

§ 4º Entende-se, também, como entidade familiar a comunidade formada por qualquer dos pais e seus descendentes.

§ 5º Os direitos e deveres referentes à sociedade conjugal são exercidos igualmente pelo homem e pela mulher.

► Arts. 1.511 a 1.570 do CC.

► Arts. 2º a 8º da Lei nº 6.515, de 26-12-1977 (Lei do Divórcio).

§ 6º *O casamento civil pode ser dissolvido pelo divórcio.*

► § 6º com a redação dada pela EC nº 66, de 13-7-2010.

§ 7º Fundado nos princípios da dignidade da pessoa humana e da paternidade responsável, o planejamento familiar é livre decisão do casal, competindo ao Estado propiciar recursos educacionais e científicos para o exercício desse direito, vedada qualquer forma coercitiva por parte de instituições oficiais ou privadas.

► Lei nº 9.263, de 12-1-1996 (Lei do Planejamento Familiar), regulamenta este parágrafo.

§ 8º O Estado assegurará a assistência à família na pessoa de cada um dos que a integram, criando mecanismos para coibir a violência no âmbito de suas relações.

▶ Lei nº 11.340, de 7-8-2006 (Lei que Coíbe a Violência Doméstica e Familiar Contra a Mulher).

Art. 227. É dever da família, da sociedade e do Estado assegurar à criança, ao adolescente e ao jovem, com absoluta prioridade, o direito à vida, à saúde, à alimentação, à educação, ao lazer, à profissionalização, à cultura, à dignidade, ao respeito, à liberdade e à convivência familiar e comunitária, além de colocá-los a salvo de toda forma de negligência, discriminação, exploração, violência, crueldade e opressão.

▶ *Caput* com a redação dada pela EC nº 65, de 13-7-2010.
▶ Arts. 6º, 208 e 212, § 4º, desta Constituição.
▶ Lei nº 8.069, de 13-7-1990 (Estatuto da Criança e do Adolescente).
▶ Dec. nº 3.413, de 14-4-2000, promulga a Convenção sobre os Aspectos Civis do Sequestro Internacional de Crianças, concluída na cidade de Haia, em 25-10-1980.
▶ Dec. nº 3.597, de 12-9-2000, promulga a Convenção 182 e a Recomendação 190 da Organização Internacional do Trabalho – OIT sobre a proibição das piores formas de trabalho infantil e a ação imediata para sua eliminação, concluídas em Genebra em 17-6-1999.
▶ Dec. nº 3.951, de 4-10-2001, designa a Autoridade Central para dar cumprimento às obrigações impostas pela Convenção sobre os Aspectos Civis do Sequestro Internacional de Crianças, cria o Conselho da Autoridade Central Administrativa Federal Contra o Sequestro Internacional de Crianças e institui o Programa Nacional para Cooperação no Regresso de Crianças e Adolescentes Brasileiros Sequestrados Internacionalmente.
▶ Dec. Legislativo nº 79, de 15-9-1999, aprova o texto da Convenção sobre os Aspectos Civis do Sequestro Internacional de Crianças, concluída na cidade de Haia, em 25-10-1980, com vistas a adesão pelo governo brasileiro.
▶ Res. do CNJ nº 94, de 27-10-2009, determina a criação de Coordenadorias da Infância e da Juventude no âmbito dos Tribunais de Justiça dos Estados e do Distrito Federal.

§ 1º O Estado promoverá programas de assistência integral à saúde da criança, do adolescente e do jovem, admitida a participação de entidades não governamentais, mediante políticas específicas e obedecendo aos seguintes preceitos:

▶ § 1º com a redação dada pela EC nº 65, de 13-7-2010.
▶ Lei nº 8.642, de 31-3-1993, dispõe sobre a instituição do Programa Nacional de Atenção à Criança e ao Adolescente – PRONAICA.

I – aplicação de percentual dos recursos públicos destinados à saúde na assistência materno-infantil;
II – criação de programas de prevenção e atendimento especializado para as pessoas portadoras de deficiência física, sensorial ou mental, bem como de integração social do adolescente e do jovem portador de deficiência, mediante o treinamento para o trabalho e a convivência, e a facilitação do acesso aos bens e serviços coletivos, com a eliminação de obstáculos arquitetônicos e de todas as formas de discriminação.

▶ Inciso II com a redação dada pela EC nº 65, de 13-7-2010.

▶ Lei nº 7.853, de 24-10-1989 (Lei de Apoio às Pessoas Portadoras de Deficiência), regulamentada pelo Dec. nº 3.298, de 20-12-1999.
▶ Lei nº 8.069, de 13-7-1990 (Estatuto da Criança e do Adolescente).
▶ Lei nº 10.216, de 6-4-2001, dispõe sobre a proteção e os direitos das pessoas portadoras de transtornos mentais e redireciona o modelo assistencial em saúde mental.
▶ Dec. nº 3.956, de 8-10-2001, promulga a Convenção Interamericana para Eliminação de Todas as Formas de Discriminação contra as Pessoas Portadoras de Deficiência.
▶ Dec. nº 6.949, de 25-8-2009, promulga a Convenção Internacional sobre os Direitos das Pessoas com Deficiência.

§ 2º A lei disporá sobre normas de construção dos logradouros e dos edifícios de uso público e de fabricação de veículos de transporte coletivo, a fim de garantir acesso adequado às pessoas portadoras de deficiência.

▶ Art. 244 desta Constituição.
▶ Art. 3º da Lei nº 7.853, de 24-10-1989 (Lei de Apoio às Pessoas Portadoras de Deficiência), regulamentada pelo Dec. nº 3.298, de 20-12-1999.
▶ Dec. nº 6.949, de 25-8-2009, promulga a Convenção Internacional sobre os Direitos das Pessoas com Deficiência.

§ 3º O direito a proteção especial abrangerá os seguintes aspectos:

I – idade mínima de quatorze anos para admissão ao trabalho, observado o disposto no artigo 7º, XXXIII;

▶ O art. 7º, XXXIII, desta Constituição, foi alterado pela EC nº 20, de 15-12-1998, e agora fixa em dezesseis anos a idade mínima para admissão ao trabalho.

II – garantia de direitos previdenciários e trabalhistas;
III – garantia de acesso do trabalhador adolescente e jovem à escola;

▶ Inciso III com a redação dada pela EC nº 65, de 13-7-2010.

IV – garantia de pleno e formal conhecimento da atribuição de ato infracional, igualdade na relação processual e defesa técnica por profissional habilitado, segundo dispuser a legislação tutelar específica;
V – obediência aos princípios de brevidade, excepcionalidade e respeito à condição peculiar de pessoa em desenvolvimento, quando da aplicação de qualquer medida privativa da liberdade;
VI – estímulo do Poder Público, através de assistência jurídica, incentivos fiscais e subsídios, nos termos da lei, ao acolhimento, sob a forma de guarda, de criança ou adolescente órfão ou abandonado;

▶ Arts. 33 a 35 do ECA.

VII – programas de prevenção e atendimento especializado à criança, ao adolescente e ao jovem dependente de entorpecentes e drogas afins.

▶ Inciso VII com a redação dada pela EC nº 65, de 13-7-2010.
▶ Lei nº 11.343, de 23-8-2006 (Lei Antidrogas).

§ 4º A lei punirá severamente o abuso, a violência e a exploração sexual da criança e do adolescente.

▶ Arts. 218 e 224 do CP.
▶ Arts. 225 a 258 do ECA.

§ 5º A adoção será assistida pelo Poder Público, na forma da lei, que estabelecerá casos e condições de sua efetivação por parte de estrangeiros.
▶ Arts. 39 a 52 do ECA.
▶ Lei nº 12.010, de 3-8-2009 (Lei da Adoção).
▶ Dec. n° 3.087, de 21-6-1999, de 21-6-1999, promulga a Convenção Relativa a Proteção das Crianças e a Cooperação em Matéria de Adoção Internacional concluída em Haia em 29-5-1993.

§ 6º Os filhos, havidos ou não da relação do casamento, ou por adoção, terão os mesmos direitos e qualificações, proibidas quaisquer designações discriminatórias relativas à filiação.
▶ Art. 41 e §§ 1º e 2º do ECA.
▶ Lei nº 8.560, de 29-12-1992 (Lei de Investigação de Paternidade).
▶ Lei nº 10.317, de 6-12-2001, dispõe sobre a gratuidade no exame de DNA nos casos que especifica.
▶ Lei nº 12.010, de 3-8-2009 (Lei da Adoção).

§ 7º No atendimento dos direitos da criança e do adolescente levar-se-á em consideração o disposto no artigo 204.

§ 8º A lei estabelecerá:
I – o estatuto da juventude, destinado a regular os direitos dos jovens;
II – o plano nacional de juventude, de duração decenal, visando à articulação das várias esferas do poder público para a execução de políticas públicas.
▶ § 8º acrescido pela EC nº 65, de 13-7-2010.

Art. 228. São penalmente inimputáveis os menores de dezoito anos, sujeitos às normas da legislação especial.
▶ Art. 27 do CP.
▶ Arts. 101, 104 e 112 do ECA.

Art. 229. Os pais têm o dever de assistir, criar e educar os filhos menores, e os filhos maiores têm o dever de ajudar e amparar os pais na velhice, carência ou enfermidade.
▶ Art. 22 do ECA.

Art. 230. A família, a sociedade e o Estado têm o dever de amparar as pessoas idosas, assegurando sua participação na comunidade, defendendo sua dignidade e bem-estar e garantindo-lhes o direito à vida.
▶ Lei nº 8.842, de 4-1-1994, dispõe sobre a política nacional do idoso.
▶ Lei nº 10.741, de 1º-10-2003 (Estatuto do Idoso).

§ 1º Os programas de amparo aos idosos serão executados preferencialmente em seus lares.

§ 2º Aos maiores de sessenta e cinco anos é garantida a gratuidade dos transportes coletivos urbanos.

Capítulo VIII

DOS ÍNDIOS

Art. 231. São reconhecidos aos índios sua organização social, costumes, línguas, crenças e tradições, e os direitos originários sobre as terras que tradicionalmente ocupam, competindo à União demarcá-las, proteger e fazer respeitar todos os seus bens.
▶ Lei nº 6.001, de 19-12-1973 (Estatuto do Índio).

▶ Dec. nº 26, de 4-2-1991, dispõe sobre a educação indígena no Brasil.
▶ Dec. nº 1.141, de 19-5-1994, dispõe sobre ações de proteção ambiental, saúde e apoio às atividades produtivas para as comunidades indígenas.
▶ Dec. nº 1.775, de 8-1-1996, dispõe sobre o procedimento administrativo de demarcação de terras indígenas.
▶ Dec. nº 3.156, de 7-10-1999, dispõe sobre as condições para a prestação de assistência à saúde dos povos indígenas, no âmbito do Sistema Único de Saúde.
▶ Dec. nº 4.412, de 7-10-2002, dispõe sobre a atuação das Forças Armadas e da Polícia Federal nas terras indígenas.
▶ Dec. nº 6.040, de 7-2-2007, institui a Política Nacional de Desenvolvimento Sustentável dos Povos e Comunidades Tradicionais.

§ 1º São terras tradicionalmente ocupadas pelos índios as por eles habitadas em caráter permanente, as utilizadas para suas atividades produtivas, as imprescindíveis à preservação dos recursos ambientais necessários a seu bem-estar e as necessárias a sua reprodução física e cultural, segundo seus usos, costumes e tradições.

§ 2º As terras tradicionalmente ocupadas pelos índios destinam-se a sua posse permanente, cabendo-lhes o usufruto exclusivo das riquezas do solo, dos rios e dos lagos nelas existentes.

§ 3º O aproveitamento dos recursos hídricos, incluídos os potenciais energéticos, a pesquisa e a lavra das riquezas minerais em terras indígenas só podem ser efetivados com autorização do Congresso Nacional, ouvidas as comunidades afetadas, ficando-lhes assegurada participação nos resultados da lavra, na forma da lei.

§ 4º As terras de que trata este artigo são inalienáveis e indisponíveis, e os direitos sobre elas, imprescritíveis.

§ 5º É vedada a remoção dos grupos indígenas de suas terras, salvo, *ad referendum* do Congresso Nacional, em caso de catástrofe ou epidemia que ponha em risco sua população, ou no interesse da soberania do País, após deliberação do Congresso Nacional, garantindo, em qualquer hipótese, o retorno imediato logo que cesse o risco.

§ 6º São nulos e extintos, não produzindo efeitos jurídicos, os atos que tenham por objeto a ocupação, o domínio e a posse das terras a que se refere este artigo, ou a exploração das riquezas naturais do solo, dos rios e dos lagos nelas existentes, ressalvado relevante interesse público da União, segundo o que dispuser lei complementar, não gerando a nulidade e a extinção direito a indenização ou ações contra a União, salvo, na forma da lei, quanto às benfeitorias derivadas da ocupação de boa-fé.
▶ Art. 62 da Lei nº 6.001, de 19-12-1973 (Estatuto do Índio).

§ 7º Não se aplica às terras indígenas o disposto no artigo 174, §§ 3º e 4º.

Art. 232. Os índios, suas comunidades e organizações são partes legítimas para ingressar em juízo em defesa de seus direitos e interesses, intervindo o Ministério Público em todos os atos do processo.
▶ Lei nº 6.001, de 19-12-1973 (Estatuto do Índio).

TÍTULO IX – DAS DISPOSIÇÕES CONSTITUCIONAIS GERAIS

Art. 233. Revogado. EC nº 28, de 25-5-2000.

Art. 234. É vedado à União, direta ou indiretamente, assumir, em decorrência da criação de Estado, encargos referentes a despesas com pessoal inativo e com encargos e amortizações da dívida interna ou externa da administração pública, inclusive da indireta.

▶ Art. 13, § 6º, do ADCT.

Art. 235. Nos dez primeiros anos da criação de Estado, serão observadas as seguintes normas básicas:

I – a Assembleia Legislativa será composta de dezessete Deputados se a população do Estado for inferior a seiscentos mil habitantes, e de vinte e quatro, se igual ou superior a esse número, até um milhão e quinhentos mil;

II – o Governo terá no máximo dez Secretarias;

III – o Tribunal de Contas terá três membros, nomeados, pelo Governador eleito, dentre brasileiros de comprovada idoneidade e notório saber;

IV – o Tribunal de Justiça terá sete Desembargadores;

V – os primeiros Desembargadores serão nomeados pelo Governador eleito, escolhidos da seguinte forma:

a) cinco dentre os magistrados com mais de trinta e cinco anos de idade, em exercício na área do novo Estado ou do Estado originário;

b) dois dentre promotores, nas mesmas condições, e advogados de comprovada idoneidade e saber jurídico, com dez anos, no mínimo, de exercício profissional, obedecido o procedimento fixado na Constituição;

VI – no caso de Estado proveniente de Território Federal, os cinco primeiros Desembargadores poderão ser escolhidos dentre juízes de direito de qualquer parte do País;

VII – em cada Comarca, o primeiro Juiz de Direito, o primeiro Promotor de Justiça e o primeiro Defensor Público serão nomeados pelo Governador eleito após concurso público de provas e títulos;

VIII – até a promulgação da Constituição Estadual, responderão pela Procuradoria-Geral, pela Advocacia-Geral e pela Defensoria-Geral do Estado advogados de notório saber, com trinta e cinco anos de idade, no mínimo, nomeados pelo Governador eleito e demissíveis *ad nutum*;

IX – se o novo Estado for resultado de transformação de Território Federal, a transferência de encargos financeiros da União para pagamento dos servidores optantes que pertenciam à Administração Federal ocorrerá da seguinte forma:

a) no sexto ano de instalação, o Estado assumirá vinte por cento dos encargos financeiros para fazer face ao pagamento dos servidores públicos, ficando ainda o restante sob a responsabilidade da União;

b) no sétimo ano, os encargos do Estado serão acrescidos de trinta por cento e, no oitavo, dos restantes cinquenta por cento;

X – as nomeações que se seguirem às primeiras, para os cargos mencionados neste artigo, serão disciplinadas na Constituição Estadual;

XI – as despesas orçamentárias com pessoal não poderão ultrapassar cinquenta por cento da receita do Estado.

Art. 236. Os serviços notariais e de registro são exercidos em caráter privado, por delegação do Poder Público.

▶ Art. 32 do ADCT.
▶ Lei nº 8.935, de 18-11-1994 (Lei dos Serviços Notariais e de Registro).

§ 1º Lei regulará as atividades, disciplinará a responsabilidade civil e criminal dos notários, dos oficiais de registro e de seus prepostos, e definirá a fiscalização de seus atos pelo Poder Judiciário.

§ 2º Lei federal estabelecerá normas gerais para fixação de emolumentos relativos aos atos praticados pelos serviços notariais e de registro.

▶ Lei nº 10.169, de 29-12-2000, dispõe sobre normas gerais para a fixação de emolumentos relativos aos atos praticados pelos serviços notariais e de registro.

§ 3º O ingresso na atividade notarial e de registro depende de concurso público de provas e títulos, não se permitindo que qualquer serventia fique vaga, sem abertura de concurso de provimento ou de remoção, por mais de seis meses.

Art. 237. A fiscalização e o controle sobre o comércio exterior, essenciais à defesa dos interesses fazendários nacionais, serão exercidos pelo Ministério da Fazenda.

▶ Dec. nº 2.781, de 14-9-1998, institui o Programa Nacional de Combate ao Contrabando e ao Descaminho.
▶ Dec. nº 4.732, de 10-6-2003, dispõe sobre a CAMEX – Câmara de Comércio Exterior, que tem por objetivo a formulação, a doação, implementação e a coordenação das políticas e atividades relativas ao comércio exterior de bens e de serviço, incluindo o turismo.

Art. 238. A lei ordenará a venda e revenda de combustíveis de petróleo, álcool carburante e outros combustíveis derivados de matérias-primas renováveis, respeitados os princípios desta Constituição.

▶ Lei nº 9.478, de 6-8-1997, dispõe sobre a Política Energética Nacional, as atividades relativas ao monopólio do petróleo, institui o Conselho Nacional de Política Energética e a Agência Nacional de Petróleo – ANP.
▶ Lei nº 9.847, de 26-10-1999, disciplina a fiscalização das atividades relativas ao abastecimento nacional de combustíveis, de que trata a Lei nº 9.478, de 6-8-1997, e estabelece sanções.

Art. 239. A arrecadação decorrente das contribuições para o Programa de Integração Social, criado pela Lei Complementar nº 7, de 7 de setembro de 1970, e para o Programa de Formação do Patrimônio do Servidor Público, criado pela Lei Complementar nº 8, de 3 de dezembro de 1970, passa, a partir da promulgação desta Constituição, a financiar, nos termos que a lei dispuser, o programa do seguro-desemprego e o abono de que trata o § 3º deste artigo.

▶ Art. 72, §§ 2º e 3º, do ADCT.
▶ Lei nº 7.998, de 11-1-1990 (Lei do Seguro-Desemprego).
▶ Lei nº 9.715, de 25-11-1998, dispõe sobre as contribuições para os Programas de Integração Social e de Formação do Patrimônio do Servidor Público – PIS/PASEP.

§ 1º Dos recursos mencionados no *caput* deste artigo, pelo menos quarenta por cento serão destinados a financiar programas de desenvolvimento econômico, através do Banco Nacional de Desenvolvimento Econômico e Social, com critérios de remuneração que lhes preservem o valor.

▶ Dec. nº 4.418, de 11-10-2002, aprova novo Estatuto Social da empresa pública Banco Nacional de Desenvolvimento Econômico e Social – BNDES.

§ 2º Os patrimônios acumulados do Programa de Integração Social e do Programa de Formação do Patrimônio do Servidor Público são preservados, mantendo-se os critérios de saque nas situações previstas nas leis específicas, com exceção da retirada por motivo de casamento, ficando vedada a distribuição da arrecadação de que trata o *caput* deste artigo, para depósito nas contas individuais dos participantes.

§ 3º Aos empregados que percebam de empregadores que contribuem para o Programa de Integração Social ou para o Programa de Formação do Patrimônio do Servidor Público, até dois salários-mínimos de remuneração mensal, é assegurado o pagamento de um salário-mínimo anual, computado neste valor o rendimento das contas individuais, no caso daqueles que já participavam dos referidos programas, até a data da promulgação desta Constituição.

▶ Lei nº 7.859, de 25-10-1989, regula a concessão e o pagamento de abono previsto neste parágrafo.

§ 4º O financiamento do seguro-desemprego receberá uma contribuição adicional da empresa cujo índice de rotatividade da força de trabalho superar o índice médio da rotatividade do setor, na forma estabelecida por lei.

▶ Lei nº 7.998, de 11-1-1990 (Lei do Seguro-Desemprego).
▶ Lei nº 8.352, de 28-12-1991, dispõe sobre as disponibilidades financeiras do Fundo de Amparo ao Trabalhador – FAT.

Art. 240. Ficam ressalvadas do disposto no artigo 195 as atuais contribuições compulsórias dos empregadores sobre a folha de salários, destinadas às entidades privadas de serviço social e de formação profissional vinculadas ao sistema sindical.

▶ Art. 13, § 3º, da LC nº 123, de 14-12-2006 (Estatuto Nacional da Microempresa e da Empresa de Pequeno Porte).

Art. 241. A União, os Estados, o Distrito Federal e os Municípios disciplinarão por meio de lei os consórcios públicos e os convênios de cooperação entre os entes federados, autorizando a gestão associada de serviços públicos, bem como a transferência total ou parcial de encargos, serviços, pessoal e bens essenciais à continuidade dos serviços transferidos.

▶ Artigo com a redação dada pela EC nº 19, de 4-6-1998.
▶ Lei nº 11.107, de 6-4-2005 (Lei de Consórcios Públicos), regulamenta este artigo.

Art. 242. O princípio do artigo 206, IV, não se aplica às instituições educacionais oficiais criadas por lei estadual ou municipal e existentes na data da promulgação desta Constituição, que não sejam total ou preponderantemente mantidas com recursos públicos.

§ 1º O ensino da História do Brasil levará em conta as contribuições das diferentes culturas e etnias para a formação do povo brasileiro.

§ 2º O Colégio Pedro II, localizado na cidade do Rio de Janeiro, será mantido na órbita federal.

Art. 243. As glebas de qualquer região do País onde forem localizadas culturas ilegais de plantas psicotrópicas serão imediatamente expropriadas e especificamente destinadas ao assentamento de colonos, para o cultivo de produtos alimentícios e medicamentosos, sem qualquer indenização ao proprietário e sem prejuízo de outras sanções previstas em lei.

▶ Lei nº 8.257, de 26-11-1991, dispõe sobre a expropriação das glebas nas quais se localizem culturas ilegais de plantas psicotrópicas, regulamentada pelo Dec. nº 577, de 24-6-1992.

Parágrafo único. Todo e qualquer bem de valor econômico apreendido em decorrência do tráfico ilícito de entorpecentes e drogas afins será confiscado e reverterá em benefício de instituições e pessoal especializados no tratamento e recuperação de viciados e no aparelhamento e custeio de atividades de fiscalização, controle, prevenção e repressão do crime de tráfico dessas substâncias.

▶ Lei nº 11.343, de 23-8-2006 (Lei Antidrogas).

Art. 244. A lei disporá sobre a adaptação dos logradouros, dos edifícios de uso público e dos veículos de transporte coletivo atualmente existentes a fim de garantir acesso adequado às pessoas portadoras de deficiência, conforme disposto no artigo 227, § 2º.

▶ Lei nº 7.853, de 24-10-1989 (Lei de Apoio às Pessoas Portadoras de Deficiência), regulamentada pelo Dec. nº 3.298, de 20-12-1999.
▶ Lei nº 8.899, de 29-6-1994, concede passe livre às pessoas portadoras de deficiência, no sistema de transporte coletivo interestadual.
▶ Lei nº 10.098, de 19-12-2000, estabelece normas gerais e critérios básicos para a promoção da acessibilidade das pessoas portadoras de deficiência ou com mobilidade reduzida.
▶ Dec. nº 6.949, de 25-8-2009, promulga a Convenção Internacional sobre os Direitos das Pessoas com Deficiência.

Art. 245. A lei disporá sobre as hipóteses e condições em que o Poder Público dará assistência aos herdeiros e dependentes carentes de pessoas vitimadas por crime doloso, sem prejuízo da responsabilidade civil do autor do ilícito.

▶ LC nº 79, de 7-1-1994, cria o Fundo Penitenciário Nacional – FUNPEN.

Art. 246. É vedada a adoção de medida provisória na regulamentação de artigo da Constituição cuja redação tenha sido alterada por meio de emenda promulgada entre 1º de janeiro de 1995 até a promulgação desta emenda, inclusive.

▶ Artigo com a redação dada pela EC nº 32, de 11-9-2001.
▶ Art. 62 desta Constituição.

Art. 247. As leis previstas no inciso III do § 1º do artigo 41 e no § 7º do artigo 169 estabelecerão critérios e garantias especiais para a perda do cargo pelo servidor público estável que, em decorrência das atribuições de seu cargo efetivo, desenvolva atividades exclusivas de Estado.

Parágrafo único. Na hipótese de insuficiência de desempenho, a perda do cargo somente ocorrerá median-

te processo administrativo em que lhe sejam asseguradosos o contraditório e a ampla defesa.
► Art. 247 acrescido pela EC nº 19, de 4-6-1998.

Art. 248. Os benefícios pagos, a qualquer título, pelo órgão responsável pelo regime geral de previdência social, ainda que à conta do Tesouro Nacional, e os não sujeitos ao limite máximo de valor fixado para os benefícios concedidos por esse regime observarão os limites fixados no artigo 37, XI.

Art. 249. Com o objetivo de assegurar recursos para o pagamento de proventos de aposentadoria e pensões concedidas aos respectivos servidores e seus dependentes, em adição aos recursos dos respectivos tesouros, a União, os Estados, o Distrito Federal e os Municípios poderão constituir fundos integrados pelos recursos provenientes de contribuições e por bens, direitos e ativos de qualquer natureza, mediante lei que disporá sobre a natureza e administração desses fundos.

Art. 250. Com o objetivo de assegurar recursos para o pagamento dos benefícios concedidos pelo regime geral de previdência social, em adição aos recursos de sua arrecadação, a União poderá constituir fundo integrado por bens, direitos e ativos de qualquer natureza, mediante lei que disporá sobre a natureza e administração desse fundo.
► Arts. 248 a 250 acrescidos pela EC nº 20, de 15-12-1998.

ATO DAS DISPOSIÇÕES CONSTITUCIONAIS TRANSITÓRIAS

Art. 1º O Presidente da República, o Presidente do Supremo Tribunal Federal e os membros do Congresso Nacional prestarão o compromisso de manter, defender e cumprir a Constituição, no ato e na data de sua promulgação.

Art. 2º No dia 7 de setembro de 1993 o eleitorado definirá, através de plebiscito, a forma (república ou monarquia constitucional) e o sistema de governo (parlamentarismo ou presidencialismo) que devem vigorar no País.
► EC nº 2, de 25-8-1992.
► Lei nº 8.624, de 4-2-1993, dispõe sobre o plebiscito que definirá a Forma e o Sistema de Governo, regulamentando este artigo.
► No plebiscito realizado em 21-4-1993, disciplinado pela EC nº 2, de 25-8-1992, foram mantidos a República e o Presidencialismo, como forma e sistema de Governo, respectivamente.

§ 1º Será assegurada gratuidade na livre divulgação dessas formas e sistemas, através dos meios de comunicação de massa cessionários de serviço público.

§ 2º O Tribunal Superior Eleitoral, promulgada a Constituição, expedirá as normas regulamentadoras deste artigo.

Art. 3º A revisão constitucional será realizada após cinco anos, contados da promulgação da Constituição, pelo voto da maioria absoluta dos membros do Congresso Nacional, em sessão unicameral.
► Emendas Constitucionais de Revisão nºˢ 1 a 6.

Art. 4º O mandato do atual Presidente da República terminará em 15 de março de 1990.

§ 1º A primeira eleição para Presidente da República após a promulgação da Constituição será realizada no dia 15 de novembro de 1989, não se lhe aplicando o disposto no artigo 16 da Constituição.

§ 2º É assegurada a irredutibilidade da atual representação dos Estados e do Distrito Federal na Câmara dos Deputados.

§ 3º Os mandatos dos Governadores e dos Vice-Governadores eleitos em 15 de novembro de 1986 terminarão em 15 de março de 1991.

§ 4º Os mandatos dos atuais Prefeitos, Vice-Prefeitos e Vereadores terminarão no dia 1º de janeiro de 1989, com a posse dos eleitos.

Art. 5º Não se aplicam às eleições previstas para 15 de novembro de 1988 o disposto no artigo 16 e as regras do artigo 77 da Constituição.

§ 1º Para as eleições de 15 de novembro de 1988 será exigido domicílio eleitoral na circunscrição pelo menos durante os quatro meses anteriores ao pleito, podendo os candidatos que preencham este requisito, atendidas as demais exigências da lei, ter seu registro efetivado pela Justiça Eleitoral após a promulgação da Constituição.

§ 2º Na ausência de norma legal específica, caberá ao Tribunal Superior Eleitoral editar as normas necessárias à realização das eleições de 1988, respeitada a legislação vigente.

§ 3º Os atuais parlamentares federais e estaduais eleitos Vice-Prefeitos, se convocados a exercer a função de Prefeito, não perderão o mandato parlamentar.

§ 4º O número de vereadores por município será fixado, para a representação a ser eleita em 1988, pelo respectivo Tribunal Regional Eleitoral, respeitados os limites estipulados no artigo 29, IV, da Constituição.

§ 5º Para as eleições de 15 de novembro de 1988, ressalvados os que já exercem mandato eletivo, são inelegíveis para qualquer cargo, no território de jurisdição do titular, o cônjuge e os parentes por consanguinidade ou afinidade, até o segundo grau, ou por adoção, do Presidente da República, do Governador de Estado, do Governador do Distrito Federal e do Prefeito que tenham exercido mais da metade do mandato.

Art. 6º Nos seis meses posteriores à promulgação da Constituição, parlamentares federais, reunidos em número não inferior a trinta, poderão requerer ao Tribunal Superior Eleitoral o registro de novo partido político, juntando ao requerimento o manifesto, o estatuto e o programa devidamente assinados pelos requerentes.

§ 1º O registro provisório, que será concedido de plano pelo Tribunal Superior Eleitoral, nos termos deste artigo, defere ao novo partido todos os direitos, deveres e prerrogativas dos atuais, entre eles os de participar, sob legenda própria, das eleições que vierem a ser realizadas nos doze meses seguintes à sua formação.

§ 2º O novo partido perderá automaticamente seu registro provisório se, no prazo de vinte e quatro meses, contados de sua formação, não obtiver registro definitivo no Tribunal Superior Eleitoral, na forma que a lei dispuser.

Art. 7º O Brasil propugnará pela formação de um Tribunal Internacional dos Direitos Humanos.

▶ Dec. nº 4.388, de 25-9-2002, promulga o Estatuto de Roma do Tribunal Penal Internacional.

▶ Dec. nº 4.463, de 8-11-2002, promulga a Declaração de Reconhecimento da Competência Obrigatória da Corte Interamericana em todos os casos relativos à interpretação ou aplicação da Convenção Americana sobre Direitos Humanos.

Art. 8º É concedida anistia aos que, no período de 18 de setembro de 1946 até a data da promulgação da Constituição, foram atingidos, em decorrência de motivação exclusivamente política, por atos de exceção, institucionais ou complementares, aos que foram abrangidos pelo Decreto Legislativo nº 18, de 15 de dezembro de 1961, e aos atingidos pelo Decreto-Lei nº 864, de 12 de setembro de 1969, asseguradas as promoções, na inatividade, ao cargo, emprego, posto ou graduação a que teriam direito se estivessem em serviço ativo, obedecidos os prazos de permanência em atividade previstos nas leis e regulamentos vigentes, respeitadas as características e peculiaridades das carreiras dos servidores públicos civis e militares e observados os respectivos regimes jurídicos.

▶ Lei nº 10.559, de 13-11-2002, regulamenta este artigo.
▶ Súm. nº 674 do STF.

§ 1º O disposto neste artigo somente gerará efeitos financeiros a partir da promulgação da Constituição, vedada a remuneração de qualquer espécie em caráter retroativo.

§ 2º Ficam assegurados os benefícios estabelecidos neste artigo aos trabalhadores do setor privado, dirigentes e representantes sindicais que, por motivos exclusivamente políticos, tenham sido punidos, demitidos ou compelidos ao afastamento das atividades remuneradas que exerciam, bem como aos que foram impedidos de exercer atividades profissionais em virtude de pressões ostensivas ou expedientes oficiais sigilosos.

§ 3º Aos cidadãos que foram impedidos de exercer, na vida civil, atividade profissional específica, em decorrência das Portarias Reservadas do Ministério da Aeronáutica nº S-50-GM5, de 19 de junho de 1964, e nº S-285-GM5 será concedida reparação de natureza econômica, na forma que dispuser lei de iniciativa do Congresso Nacional e a entrar em vigor no prazo de doze meses a contar da promulgação da Constituição.

§ 4º Aos que, por força de atos institucionais, tenham exercido gratuitamente mandato eletivo de vereador serão computados, para efeito de aposentadoria no serviço público e Previdência Social, os respectivos períodos.

§ 5º A anistia concedida nos termos deste artigo aplica-se aos servidores públicos civis e aos empregados em todos os níveis de governo ou em suas fundações, empresas públicas ou empresas mistas sob controle estatal, exceto nos Ministérios militares, que tenham sidos punidos ou demitidos por atividades profissionais interrompidas em virtude de decisão de seus trabalhadores, bem como em decorrência do Decreto-lei nº 1.632, de 4 de agosto de 1978, ou por motivos exclusivamente políticos, assegurada a readmissão dos que foram atingidos a partir de 1979, observado o disposto no § 1º.

▶ O Dec.-lei nº 1.632, de 4-8-1978, foi revogado pela Lei nº 7.783, de 28-6-1989 (Lei de Greve).

Art. 9º Os que, por motivos exclusivamente políticos, foram cassados ou tiveram seus direitos políticos suspensos no período de 15 de julho a 31 de dezembro de 1969, por ato do então Presidente da República, poderão requerer ao Supremo Tribunal Federal o reconhecimento dos direitos e vantagens interrompidos pelos atos punitivos, desde que comprovem terem sido estes eivados de vício grave.

Parágrafo único. O Supremo Tribunal Federal proferirá a decisão no prazo de cento e vinte dias, a contar do pedido do interessado.

Art. 10. Até que seja promulgada a lei complementar a que se refere o artigo 7º, I, da Constituição:

I – fica limitada a proteção nele referida ao aumento, para quatro vezes, da porcentagem prevista no artigo 6º, *caput* e § 1º, da Lei nº 5.107, de 13 de setembro de 1966;

▶ A Lei nº 5.107, de 13-9-1966, foi revogada pela Lei nº 7.839, de 12-10-1989, e essa pela Lei nº 8.036, de 11-5-1990 (Lei do FGTS).

II – fica vedada a dispensa arbitrária ou sem justa causa:

a) do empregado eleito para cargo de direção de comissões internas de prevenção de acidentes, desde o registro de sua candidatura até um ano após o final de seu mandato;

▶ Súm. nº 676 do STF.
▶ Súm. nº 339 do TST.

b) da empregada gestante, desde a confirmação da gravidez até cinco meses após o parto.

§ 1º Até que a lei venha a disciplinar o disposto no artigo 7º, XIX, da Constituição, o prazo da licença-paternidade a que se refere o inciso é de cinco dias.

§ 2º Até ulterior disposição legal, a cobrança das contribuições para o custeio das atividades dos sindicatos rurais será feita juntamente com a do imposto territorial rural, pelo mesmo órgão arrecadador.

§ 3º Na primeira comprovação do cumprimento das obrigações trabalhistas pelo empregador rural, na forma do artigo 233, após a promulgação da Constituição, será certificada perante a Justiça do Trabalho a regularidade do contrato e das atualizações das obrigações trabalhistas de todo o período.

▶ O referido art. 233 foi revogado pela EC nº 28, de 25-5-2000.

Art. 11. Cada Assembleia Legislativa, com poderes constituintes, elaborará a Constituição do Estado, no prazo de um ano, contado da promulgação da Constituição Federal, obedecidos os princípios desta.

Parágrafo único. Promulgada a Constituição do Estado, caberá à Câmara Municipal, no prazo de seis meses, votar a Lei Orgânica respectiva, em dois turnos de discussão e votação, respeitado o disposto na Constituição Federal e na Constituição Estadual.

Art. 12. Será criada, dentro de noventa dias da promulgação da Constituição, Comissão de Estudos Territoriais, com dez membros indicados pelo Congresso Nacional e cinco pelo Poder Executivo, com a finalidade de apresentar estudos sobre o território nacional e anteprojetos relativos a novas unidades territoriais, notadamente na Amazônia Legal e em áreas pendentes de solução.

§ 1º No prazo de um ano, a Comissão submeterá ao Congresso Nacional os resultados de seus estudos para, nos termos da Constituição, serem apreciados nos doze meses subsequentes, extinguindo-se logo após.

§ 2º Os Estados e os Municípios deverão, no prazo de três anos, a contar da promulgação da Constituição, promover, mediante acordo ou arbitramento, a demarcação de suas linhas divisórias atualmente litigiosas, podendo para isso fazer alterações e compensações de área que atendam aos acidentes naturais, critérios históricos, conveniências administrativas e comodidade das populações limítrofes.

§ 3º Havendo solicitação dos Estados e Municípios interessados, a União poderá encarregar-se dos trabalhos demarcatórios.

§ 4º Se, decorrido o prazo de três anos, a contar da promulgação da Constituição, os trabalhos demarcatórios não tiverem sido concluídos, caberá à União determinar os limites das áreas litigiosas.

§ 5º Ficam reconhecidos e homologados os atuais limites do Estado do Acre com os Estados do Amazonas e de Rondônia, conforme levantamentos cartográficos e geodésicos realizados pela Comissão Tripartite integrada por representantes dos Estados e dos serviços técnico-especializados do Instituto Brasileiro de Geografia e Estatística.

Art. 13. É criado o Estado do Tocantins, pelo desmembramento da área descrita neste artigo, dando-se sua instalação no quadragésimo sexto dia após a eleição prevista no § 3º, mas não antes de 1º de janeiro de 1989.

§ 1º O Estado do Tocantins integra a Região Norte e limita-se com o Estado de Goiás pelas divisas norte dos Municípios de São Miguel do Araguaia, Porangatu, Formoso, Minaçu, Cavalcante, Monte Alegre de Goiás e Campos Belos, conservando a leste, norte e oeste as divisas atuais de Goiás com os Estados da Bahia, Piauí, Maranhão, Pará e Mato Grosso.

§ 2º O Poder Executivo designará uma das cidades do Estado para sua Capital provisória até a aprovação da sede definitiva do governo pela Assembleia Constituinte.

§ 3º O Governador, o Vice-Governador, os Senadores, os Deputados Federais e os Deputados Estaduais serão eleitos, em um único turno, até setenta e cinco dias após a promulgação da Constituição, mas não antes de 15 de novembro de 1988, a critério do Tribunal Superior Eleitoral, obedecidas, entre outras, as seguintes normas:

I – o prazo de filiação partidária dos candidatos será encerrado setenta e cinco dias antes da data das eleições;
II – as datas das convenções regionais partidárias destinadas a deliberar sobre coligações e escolha de candidatos, de apresentação de requerimento de registro dos candidatos escolhidos e dos demais procedimentos legais serão fixadas em calendário especial, pela Justiça Eleitoral;

III – são inelegíveis os ocupantes de cargos estaduais ou municipais que não se tenham deles afastado, em caráter definitivo, setenta e cinco dias antes da data das eleições previstas neste parágrafo;
IV – ficam mantidos os atuais diretórios regionais dos partidos políticos do Estado de Goiás, cabendo às Comissões Executivas Nacionais designar comissões provisórias no Estado do Tocantins, nos termos e para os fins previstos na lei.

§ 4º Os mandatos do Governador, do Vice-Governador, dos Deputados Federais e Estaduais eleitos na forma do parágrafo anterior extinguir-se-ão concomitantemente aos das demais Unidades da Federação; o mandato do Senador eleito menos votado extinguir-se-á nessa mesma oportunidade, e os dos outros dois, juntamente com os dos Senadores eleitos em 1986 nos demais Estados.

§ 5º A Assembleia Estadual Constituinte será instalada no quadragésimo sexto dia da eleição de seus integrantes, mas não antes de 1º de janeiro de 1989, sob a presidência do Presidente do Tribunal Regional Eleitoral do Estado de Goiás, e dará posse, na mesma data, ao Governador e ao Vice-Governador eleitos.

§ 6º Aplicam-se à criação e instalação do Estado do Tocantins, no que couber, as normas legais disciplinadoras da divisão do Estado de Mato Grosso, observado o disposto no artigo 234 da Constituição.

§ 7º Fica o Estado de Goiás liberado dos débitos e encargos decorrentes de empreendimentos no território do novo Estado, e autorizada a União, a seu critério, a assumir os referidos débitos.

Art. 14. Os Territórios Federais de Roraima e do Amapá são transformados em Estados Federados, mantidos seus atuais limites geográficos.

§ 1º A instalação dos Estados dar-se-á com a posse dos Governadores eleitos em 1990.

§ 2º Aplicam-se à transformação e instalação dos Estados de Roraima e Amapá as normas e critérios seguidos na criação do Estado de Rondônia, respeitado o disposto na Constituição e neste Ato.

§ 3º O Presidente da República, até quarenta e cinco dias após a promulgação da Constituição, encaminhará a apreciação do Senado Federal os nomes dos Governadores dos Estados de Roraima e do Amapá que exercerão o Poder Executivo até a instalação dos novos Estados com a posse dos Governadores eleitos.

§ 4º Enquanto não concretizada a transformação em Estados, nos termos deste artigo, os Territórios Federais de Roraima e do Amapá serão beneficiados pela transferência de recursos prevista nos artigos 159, I, a, da Constituição, e 34, § 2º, II, deste Ato.

Art. 15. Fica extinto o Território Federal de Fernando de Noronha, sendo sua área reincorporada ao Estado de Pernambuco.

Art. 16. Até que se efetive o disposto no artigo 32, § 2º, da Constituição, caberá ao Presidente da República, com a aprovação do Senado Federal, indicar o Governador e o Vice-Governador do Distrito Federal.

§ 1º A competência da Câmara Legislativa do Distrito Federal, até que se instale, será exercida pelo Senado Federal.

§ 2º A fiscalização contábil, financeira, orçamentária, operacional e patrimonial do Distrito Federal, enquanto não for instalada a Câmara Legislativa, será exercida pelo Senado Federal, mediante controle externo, com o auxílio do Tribunal de Contas do Distrito Federal, observado o disposto no artigo 72 da Constituição.

§ 3º Incluem-se entre os bens do Distrito Federal aqueles que lhe vierem a ser atribuídos pela União na forma da lei.

Art. 17. Os vencimentos, a remuneração, as vantagens e os adicionais, bem como os proventos de aposentadoria que estejam sendo percebidos em desacordo com a Constituição serão imediatamente reduzidos aos limites dela decorrentes, não se admitindo, neste caso, invocação de direito adquirido ou percepção de excesso a qualquer título.

▶ Art. 9º da EC nº 41, de 19-12-2003.

§ 1º É assegurado o exercício cumulativo de dois cargos ou empregos privativos de médico que estejam sendo exercidos por médico militar na administração pública direta ou indireta.

§ 2º É assegurado o exercício cumulativo de dois cargos ou empregos privativos de profissionais de saúde que estejam sendo exercidos na administração pública direta ou indireta.

Art. 18. Ficam extintos os efeitos jurídicos de qualquer ato legislativo ou administrativo, lavrado a partir da instalação da Assembleia Nacional Constituinte, que tenha por objeto a concessão de estabilidade a servidor admitido sem concurso público, da administração direta ou indireta, inclusive das fundações instituídas e mantidas pelo Poder Público.

Art. 19. Os servidores públicos civis da União, dos Estados, do Distrito Federal e dos Municípios, da administração direta, autárquica e das fundações públicas, em exercício na data da promulgação da Constituição, há pelo menos cinco anos continuados, e que não tenham sido admitidos na forma regulada no artigo 37, da Constituição, são considerados estáveis no serviço público.

▶ OJ da SBDI-I do TST nº 364.

§ 1º O tempo de serviço dos servidores referidos neste artigo será contado como título quando se submeterem a concurso para fins de efetivação, na forma da lei.

§ 2º O disposto neste artigo não se aplica aos ocupantes de cargos, funções e empregos de confiança ou em comissão, nem aos que a lei declare de livre exoneração, cujo tempo de serviço não será computado para os fins do *caput* deste artigo, exceto se se tratar de servidor.

§ 3º O disposto neste artigo não se aplica aos professores de nível superior, nos termos da lei.

Art. 20. Dentro de cento e oitenta dias, proceder-se-á à revisão dos direitos dos servidores públicos inativos e pensionistas e à atualização dos proventos e pensões a eles devidos, a fim de ajustá-los ao disposto na Constituição.

▶ EC nº 41, de 19-12-2003, dispõe sobre a Reforma Previdenciária.
▶ Lei nº 8.112, de 11-12-1990 (Estatuto dos Servidores Públicos Civis da União, Autarquias e Fundações Públicas Federais).

Art. 21. Os juízes togados de investidura limitada no tempo, admitidos mediante concurso público de provas e títulos e que estejam em exercício na data da promulgação da Constituição, adquirem estabilidade, observado o estágio probatório, e passam a compor quadro em extinção, mantidas as competências, prerrogativas e restrições da legislação a que se achavam submetidos, salvo as inerentes à transitoriedade da investidura.

Parágrafo único. A aposentadoria dos juízes de que trata este artigo regular-se-á pelas normas fixadas para os demais juízes estaduais.

Art. 22. É assegurado aos defensores públicos investidos na função até a data de instalação da Assembleia Nacional Constituinte o direito de opção pela carreira, com a observância das garantias e vedações previstas no artigo 134, parágrafo único, da Constituição.

▶ O referido parágrafo único foi renumerado para § 1º, pela EC nº 45, de 8-12-2004.

Art. 23. Até que se edite a regulamentação do artigo 21, XVI, da Constituição, os atuais ocupantes do cargo de Censor Federal continuarão exercendo funções com este compatíveis, no Departamento de Polícia Federal, observadas as disposições constitucionais.

▶ Lei nº 9.688, de 6-7-1998, dispõe sobre a extinção dos cargos de Censor Federal e o enquadramento de seus ocupantes.

Parágrafo único. A lei referida disporá sobre o aproveitamento dos Censores Federais, nos termos deste artigo.

Art. 24. A União, os Estados, o Distrito Federal e os Municípios editarão leis que estabeleçam critérios para a compatibilização de seus quadros de pessoal ao disposto no artigo 39 da Constituição e à reforma administrativa dela decorrente, no prazo de dezoito meses, contados da sua promulgação.

Art. 25. Ficam revogados, a partir de cento e oitenta dias da promulgação da Constituição, sujeito este prazo a prorrogação por lei, todos os dispositivos legais que atribuam ou deleguem a órgão do Poder Executivo competência assinalada pela Constituição ao Congresso Nacional, especialmente no que tange à:

I – ação normativa;

II – alocação ou transferência de recursos de qualquer espécie.

§ 1º Os decretos-leis em tramitação no Congresso Nacional e por este não apreciados até a promulgação da Constituição terão seus efeitos regulados da seguinte forma:

I – se editados até 2 de setembro de 1988, serão apreciados pelo Congresso Nacional no prazo de até cento e oitenta dias a contar da promulgação da Constituição, não computado o recesso parlamentar;

II – decorrido o prazo definido no inciso anterior, e não havendo apreciação, os decretos-leis ali mencionados serão considerados rejeitados;

III – nas hipóteses definidas nos incisos I e II, terão plena validade os atos praticados na vigência dos respectivos decretos-leis, podendo o Congresso Nacional, se necessário, legislar sobre os efeitos deles remanescentes.

§ 2º Os decretos-leis editados entre 3 de setembro de 1988 e a promulgação da Constituição serão convertidos, nesta data, em medidas provisórias, aplicando-se-lhes as regras estabelecidas no artigo 62, parágrafo único.

▶ Art. 62, § 3º, desta Constituição.

Art. 26. No prazo de um ano a contar da promulgação da Constituição, o Congresso Nacional promoverá, através de Comissão Mista, exame analítico e pericial dos atos e fatos geradores do endividamento externo brasileiro.

§ 1º A Comissão terá a força legal de Comissão Parlamentar de Inquérito para os fins de requisição e convocação, e atuará com o auxílio do Tribunal de Contas da União.

§ 2º Apurada irregularidade, o Congresso Nacional proporá ao Poder Executivo a declaração de nulidade do ato e encaminhará o processo ao Ministério Público Federal, que formalizará, no prazo de sessenta dias, a ação cabível.

Art. 27. O Superior Tribunal de Justiça será instalado sob a Presidência do Supremo Tribunal Federal.

§ 1º Até que se instale o Superior Tribunal de Justiça, o Supremo Tribunal Federal exercerá as atribuições e competências definidas na ordem constitucional precedente.

§ 2º A composição inicial do Superior Tribunal de Justiça far-se-á:

I – pelo aproveitamento dos Ministros do Tribunal Federal de Recursos;

II – pela nomeação dos Ministros que sejam necessários para completar o número estabelecido na Constituição.

§ 3º Para os efeitos do disposto na Constituição, os atuais Ministros do Tribunal Federal de Recursos serão considerados pertencentes à classe de que provieram, quando de sua nomeação.

§ 4º Instalado o Tribunal, os Ministros aposentados do Tribunal Federal de Recursos tornar-se-ão, automaticamente, Ministros aposentados do Superior Tribunal de Justiça.

§ 5º Os Ministros a que se refere o § 2º, II, serão indicados em lista tríplice pelo Tribunal Federal de Recursos, observado o disposto no artigo 104, parágrafo único, da Constituição.

§ 6º Ficam criados cinco Tribunais Regionais Federais, a serem instalados no prazo de seis meses a contar da promulgação da Constituição, com a jurisdição e sede que lhes fixar o Tribunal Federal de Recursos, tendo em conta o número de processos e sua localização geográfica.

▶ Lei nº 7.727, de 9-1-1989, dispõe sobre a composição inicial dos Tribunais Regionais Federais e sua instalação, cria os respectivos quadros de pessoal.

§ 7º Até que se instalem os Tribunais Regionais Federais, o Tribunal Federal de Recursos exercerá a competência a eles atribuída em todo o território nacional, cabendo-lhe promover sua instalação e indicar os candidatos a todos os cargos da composição inicial, mediante lista tríplice, podendo desta constar juízes federais de qualquer região, observado o disposto no § 9º.

§ 8º É vedado, a partir da promulgação da Constituição, o provimento de vagas de Ministros do Tribunal Federal de Recursos.

§ 9º Quando não houver juiz federal que conte o tempo mínimo previsto no artigo 107, II, da Constituição, a promoção poderá contemplar juiz com menos de cinco anos no exercício do cargo.

§ 10. Compete à Justiça Federal julgar as ações nela propostas até a data da promulgação da Constituição, e aos Tribunais Regionais Federais bem como ao Superior Tribunal de Justiça julgar as ações rescisórias das decisões até então proferidas pela Justiça Federal, inclusive daquelas cuja matéria tenha passado à competência de outro ramo do Judiciário.

▶ Súmulas nos 38, 91, 104, 147 e 165 do STJ.

Art. 28. Os juízes federais de que trata o artigo 123, § 2º, da Constituição de 1967, com a redação dada pela Emenda Constitucional nº 7, de 1977, ficam investidos na titularidade de varas na Seção Judiciária para a qual tenham sido nomeados ou designados; na inexistência de vagas, proceder-se-á ao desdobramento das varas existentes.

▶ Dispunha o artigo citado: "A lei poderá atribuir a juízes federais exclusivamente funções de substituição, em uma ou mais seções judiciárias e, ainda, as de auxílio a juízes titulares de Varas, quando não se encontrarem no exercício de substituição".

Parágrafo único. Para efeito de promoção por antiguidade, o tempo de serviço desses juízes será computado a partir do dia de sua posse.

Art. 29. Enquanto não aprovadas as leis complementares relativas ao Ministério Público e à Advocacia-Geral da União, o Ministério Público Federal, a Procuradoria-Geral da Fazenda Nacional, as Consultorias Jurídicas dos Ministérios, as Procuradorias e Departamentos Jurídicos de autarquias federais com representação própria e os membros das Procuradorias das Universidades fundacionais públicas continuarão a exercer suas atividades na área das respectivas atribuições.

▶ LC nº 73, de 10-2-1993 (Lei Orgânica da Advocacia-Geral da União).
▶ LC nº 75, de 20-5-1993 (Lei Orgânica do Ministério Público da União).
▶ Dec. nº 767, de 5-3-1993, dispõe sobre as atividades de controle interno da Advocacia-Geral da União.

§ 1º O Presidente da República, no prazo de cento e vinte dias, encaminhará ao Congresso Nacional projeto de lei complementar dispondo sobre a organização e o funcionamento da Advocacia-Geral da União.

§ 2º Aos atuais Procuradores da República, nos termos da lei complementar, será facultada a opção, de forma irretratável, entre as carreiras do Ministério Público Federal e da Advocacia-Geral da União.

§ 3º Poderá optar pelo regime anterior, no que respeita às garantias e vantagens, o membro do Ministério Público admitido antes da promulgação da Constituição, observando-se, quanto às vedações, a situação jurídica na data desta.

§ 4º Os atuais integrantes do quadro suplementar dos Ministérios Públicos do Trabalho e Militar que tenham adquirido estabilidade nessas funções passam a integrar o quadro da respectiva carreira.

§ 5º Cabe à atual Procuradoria-Geral da Fazenda Nacional, diretamente ou por delegação, que pode ser ao Ministério Público Estadual, representar judicialmente a União nas causas de natureza fiscal, na área da respectiva competência, até a promulgação das leis complementares previstas neste artigo.

Art. 30. A legislação que criar a Justiça de Paz manterá os atuais juízes de paz até a posse dos novos titulares, assegurando-lhes os direitos e atribuições conferidos a estes, e designará o dia para a eleição prevista no artigo 98, II, da Constituição.

Art. 31. Serão estatizadas as serventias do foro judicial, assim definidas em lei, respeitados os direitos dos atuais titulares.

▶ Lei nº 8.935, de 18-11-1994 (Lei dos Serviços Notariais e de Registro).

Art. 32. O disposto no artigo 236 não se aplica aos serviços notariais e de registro que já tenham sido oficializados pelo Poder Público, respeitando-se o direito de seus servidores.

Art. 33. Ressalvados os créditos de natureza alimentar, o valor dos precatórios judiciais pendentes de pagamento na data da promulgação da Constituição, incluído o remanescente de juros e correção monetária, poderá ser pago em moeda corrente, com atualização, em prestações anuais, iguais e sucessivas, no prazo máximo de oito anos, a partir de 1º de julho de 1989, por decisão editada pelo Poder Executivo até cento e oitenta dias da promulgação da Constituição.

▶ Art. 97, § 15, deste Ato.
▶ Res. do CNJ nº 92, de 13-10-2009, dispõe sobre a Gestão de Precatórios no âmbito do Poder Judiciário.

Parágrafo único. Poderão as entidades devedoras, para o cumprimento do disposto neste artigo, emitir, em cada ano, no exato montante do dispêndio, títulos de dívida pública não computáveis para efeito do limite global de endividamento.

▶ Súm. nº 144 do STJ.

Art. 34. O sistema tributário nacional entrará em vigor a partir do primeiro dia do quinto mês seguinte ao da promulgação da Constituição, mantido, até então, o da Constituição de 1967, com a redação dada pela Emenda nº 1, de 1969, e pelas posteriores.

§ 1º Entrarão em vigor com a promulgação da Constituição os artigos 148, 149, 150, 154, I, 156, III, e 159, I, c, revogadas as disposições em contrário da Constituição de 1967 e das Emendas que a modificaram, especialmente de seu artigo 25, III.

§ 2º O Fundo de Participação dos Estados e do Distrito Federal e o Fundo de Participação dos Municípios obedecerão às seguintes determinações:

I – a partir da promulgação da Constituição, os percentuais serão, respectivamente, de dezoito por cento e de vinte por cento, calculados sobre o produto da arrecadação dos impostos referidos no artigo 153, III e IV, mantidos os atuais critérios de rateio até a entrada em vigor da lei complementar a que se refere o artigo 161, II;

II – o percentual relativo ao Fundo de Participação dos Estados e do Distrito Federal será acrescido de um ponto percentual no exercício financeiro de 1989 e, a partir de 1990, inclusive, à razão de meio ponto por exercício, até 1992, inclusive, atingindo em 1993 o percentual estabelecido no artigo 159, I, a;

III – o percentual relativo ao Fundo de Participação dos Municípios, a partir de 1989, inclusive, será elevado à razão de meio ponto percentual por exercício financeiro, até atingir o estabelecido no artigo 159, I, b.

§ 3º Promulgada a Constituição, a União, os Estados, o Distrito Federal e os Municípios poderão editar as leis necessárias à aplicação do sistema tributário nacional nela previsto.

§ 4º As leis editadas nos termos do parágrafo anterior produzirão efeitos a partir da entrada em vigor do sistema tributário nacional previsto na Constituição.

§ 5º Vigente o novo sistema tributário nacional, fica assegurada a aplicação da legislação anterior, no que não seja incompatível com ele e com a legislação referida nos §§ 3º e 4º.

▶ Súm. nº 663 do STF.
▶ Súm. nº 198 do STJ.

§ 6º Até 31 de dezembro de 1989, o disposto no artigo 150, III, b, não se aplica aos impostos de que tratam os artigos 155, I, a e b, e 156, II e III, que podem ser cobrados trinta dias após a publicação da lei que os tenha instituído ou aumentado.

▶ Com a alteração determinada pela EC nº 3, de 17-3-1993, a referência ao art. 155, I, b, passou a ser ao art. 155, II.

§ 7º Até que sejam fixadas em lei complementar, as alíquotas máximas do imposto municipal sobre vendas a varejo de combustíveis líquidos e gasosos não excederão a três por cento.

§ 8º Se, no prazo de sessenta dias contados da promulgação da Constituição, não for editada a lei complementar necessária à instituição do imposto de que trata o artigo 155, I, b, os Estados e o Distrito Federal, mediante convênio celebrado nos termos da Lei Complementar nº 24, de 7 de janeiro de 1975, fixarão normas para regular provisoriamente a matéria.

▶ De acordo com a nova redação dada pela EC nº 3, de 17-3-1993, a referência ao art. 155, I, b passou a ser art. 155, II.
▶ LC nº 24, de 7-1-1975, dispõe sobre os convênios para a concessão de isenções de imposto sobre operações relativas à circulação de mercadorias.
▶ LC nº 87, de 13-9-1996 (Lei Kandir – ICMS).
▶ Súm. nº 198 do STJ.

§ 9º Até que lei complementar disponha sobre a matéria, as empresas distribuidoras de energia elétrica, na condição de contribuintes ou de substitutos tributários, serão as responsáveis, por ocasião da saída do produto de seus estabelecimentos, ainda que destinado a outra Unidade da Federação, pelo pagamento do Imposto sobre Operações Relativas à Circulação de mercadorias incidente sobre energia elétrica, desde a produção ou importação até a última operação, calculado o imposto sobre o preço então praticado na operação final e assegurado seu recolhimento ao Estado ou ao Distrito Federal, conforme o local onde deva ocorrer essa operação.

§ 10. Enquanto não entrar em vigor a lei prevista no artigo 159, I, c, cuja promulgação se fará até 31 de dezembro de 1989, é assegurada a aplicação dos recursos previstos naquele dispositivo da seguinte maneira:

▶ Lei nº 7.827, de 27-9-1989, regulamenta o art. 159, inciso I, alínea c, desta Constituição, institui o Fundo Constitucional de Financiamento do Norte – FNO, o Fundo Constitucional de Financiamento do Nordeste – FNE e o Fundo Constitucional de Financiamento do Centro-Oeste – FCO.

I – seis décimos por cento na Região Norte, através do Banco da Amazônia S/A;
II – um inteiro e oito décimos por cento na Região Nordeste, através do Banco do Nordeste do Brasil S/A;
III – seis décimos por cento na Região Centro-Oeste, através do Banco do Brasil S/A.

§ 11. Fica criado, nos termos da lei, o Banco de Desenvolvimento do Centro-Oeste, para dar cumprimento, na referida região, ao que determinam os artigos 159, I, c, e 192, § 2º, da Constituição.

▶ O referido § 2º foi revogado pela EC nº 40, de 29-5-2003.

§ 12. A urgência prevista no artigo 148, II, não prejudica a cobrança do empréstimo compulsório instituído, em benefício das Centrais Elétricas Brasileiras S/A (ELETROBRÁS), pela Lei nº 4.156, de 28 de novembro de 1962, com as alterações posteriores.

Art. 35. O disposto no artigo 165, § 7º, será cumprido de forma progressiva, no prazo de até dez anos, distribuindo-se os recursos entre as regiões macroeconômicas em razão proporcional à população, a partir da situação verificada no biênio 1986/1987.

§ 1º Para aplicação dos critérios de que trata este artigo, excluem-se das despesas totais as relativas:

I – aos projetos considerados prioritários no plano plurianual;
II – à segurança e defesa nacional;
III – à manutenção dos órgãos federais no Distrito Federal;
IV – ao Congresso Nacional, ao Tribunal de Contas da União e ao Poder Judiciário;
V – ao serviço da dívida da administração direta e indireta da União, inclusive fundações instituídas e mantidas pelo Poder Público Federal.

§ 2º Até a entrada em vigor da lei complementar a que se refere o artigo 165, § 9º, I e II, serão obedecidas as seguintes normas:

I – o projeto do plano plurianual, para vigência até o final do primeiro exercício financeiro do mandato presidencial subsequente, será encaminhado até quatro meses antes do encerramento do primeiro exercício financeiro e devolvido para sanção até o encerramento da sessão legislativa;
II – o projeto de lei de diretrizes orçamentárias será encaminhado até oito meses e meio antes do encerramento do exercício financeiro e devolvido para sanção até o encerramento do primeiro período da sessão legislativa;

III – o projeto de lei orçamentária da União será encaminhado até quatro meses antes do encerramento do exercício financeiro e devolvido para sanção até o encerramento da sessão legislativa.

Art. 36. Os fundos existentes na data da promulgação da Constituição, excetuados os resultantes de isenções fiscais que passem a integrar patrimônio privado e os que interessem à defesa nacional, extinguir-se-ão, se não forem ratificados pelo Congresso Nacional no prazo de dois anos.

Art. 37. A adaptação ao que estabelece o artigo 167, III, deverá processar-se no prazo de cinco anos, reduzindo-se o excesso à base de, pelo menos, um quinto por ano.

Art. 38. Até a promulgação da lei complementar referida no artigo 169, a União, os Estados, o Distrito Federal e os Municípios não poderão despender com pessoal mais do que sessenta e cinco por cento do valor das respectivas receitas correntes.

Parágrafo único. A União, os Estados, o Distrito Federal e os Municípios, quando a respectiva despesa de pessoal exceder o limite previsto neste artigo, deverão retornar àquele limite, reduzindo o percentual excedente à razão de um quinto por ano.

Art. 39. Para efeito do cumprimento das disposições constitucionais que impliquem variações de despesas e receitas da União, após a promulgação da Constituição, o Poder Executivo deverá elaborar e o Poder Legislativo apreciar projeto de revisão da lei orçamentária referente ao exercício financeiro de 1989.

Parágrafo único. O Congresso Nacional deverá votar no prazo de doze meses a lei complementar prevista no artigo 161, II.

Art. 40. É mantida a Zona Franca de Manaus, com suas características de área livre de comércio, de exportação e importação, e de incentivos fiscais, pelo prazo de vinte e cinco anos, a partir da promulgação da Constituição.

▶ Art. 92 deste Ato.
▶ Dec. nº 205, de 5-9-1991, dispõe sobre a apresentação de guias de importação ou documento de efeito equivalente, na Zona Franca de Manaus e suspende a fixação de limites máximos globais anuais de importação, durante o prazo de que trata este artigo.

Parágrafo único. Somente por lei federal podem ser modificados os critérios que disciplinaram ou venham a disciplinar a aprovação dos projetos na Zona Franca de Manaus.

Art. 41. Os Poderes Executivos da União, dos Estados, do Distrito Federal e dos Municípios reavaliarão todos os incentivos fiscais de natureza setorial ora em vigor, propondo aos Poderes Legislativos respectivos as medidas cabíveis.

▶ Arts. 151, I, 155, XII, g, 195, § 3º, e 227, § 3º, VI, desta Constituição.
▶ Lei nº 8.402, de 8-1-1992, restabelece os incentivos fiscais que menciona.

§ 1º Considerar-se-ão revogados após dois anos, a partir da data da promulgação da Constituição, os incentivos que não forem confirmados por lei.

§ 2º A revogação não prejudicará os direitos que já tiverem sido adquiridos, àquela data, em relação a incentivos concedidos sob condição e com prazo certo.

§ 3º Os incentivos concedidos por convênio entre Estados, celebrados nos termos do artigo 23, § 6º, da Constituição de 1967, com a redação da Emenda nº 1, de 17 de outubro de 1969, também deverão ser reavaliados e reconfirmados nos prazos deste artigo.

Art. 42. Durante 25 (vinte e cinco) anos, a União aplicará, dos recursos destinados à irrigação:

▶ *Caput* com a redação dada pela EC nº 43, de 15-4-2004.

I – vinte por cento na Região Centro-Oeste;
II – cinquenta por cento na Região Nordeste, preferencialmente no semiárido.

Art. 43. Na data da promulgação da lei que disciplinar a pesquisa e a lavra de recursos e jazidas minerais, ou no prazo de um ano, a contar da promulgação da Constituição, tornar-se-ão sem efeito as autorizações, concessões e demais títulos atributivos de direitos minerários, caso os trabalhos de pesquisa ou de lavra não hajam sido comprovadamente iniciados nos prazos legais ou estejam inativos.

▶ Lei nº 7.886, de 20-11-1989, regulamenta este artigo.

Art. 44. As atuais empresas brasileiras titulares de autorização de pesquisa, concessão de lavra de recursos minerais e de aproveitamento dos potenciais de energia hidráulica em vigor terão quatro anos, a partir da promulgação da Constituição, para cumprir os requisitos do artigo 176, § 1º.

§ 1º Ressalvadas as disposições de interesse nacional previstas no texto constitucional, as empresas brasileiras ficarão dispensadas do cumprimento do disposto no artigo 176, § 1º, desde que, no prazo de até quatro anos da data da promulgação da Constituição, tenham o produto de sua lavra e beneficiamento destinado a industrialização no território nacional, em seus próprios estabelecimentos ou em empresa industrial controladora ou controlada.

§ 2º Ficarão também dispensadas do cumprimento do disposto no artigo 176, § 1º, as empresas brasileiras titulares de concessão de energia hidráulica para uso em seu processo de industrialização.

§ 3º As empresas brasileiras referidas no § 1º somente poderão ter autorizações de pesquisa e concessões de lavra ou potenciais de energia hidráulica, desde que a energia e o produto da lavra sejam utilizados nos respectivos processos industriais.

Art. 45. Ficam excluídas do monopólio estabelecido pelo artigo 177, II, da Constituição as refinarias em funcionamento no País amparadas pelo artigo 43 e nas condições do artigo 45 da Lei nº 2.004, de 3 de outubro de 1953.

▶ A referida Lei foi revogada pela Lei nº 9.478, de 6-8-1997.

Parágrafo único. Ficam ressalvados da vedação do artigo 177, § 1º, os contratos de risco feitos com a Petróleo Brasileiro S/A (PETROBRAS), para pesquisa de petróleo, que estejam em vigor na data da promulgação da Constituição.

Art. 46. São sujeitos à correção monetária desde o vencimento, até seu efetivo pagamento, sem interrupção ou suspensão, os créditos junto a entidades submetidas aos regimes de intervenção ou liquidação extrajudicial, mesmo quando esses regimes sejam convertidos em falência.

▶ Súm. nº 304 do TST.

Parágrafo único. O disposto neste artigo aplica-se também:

I – às operações realizadas posteriormente à decretação dos regimes referidos no *caput* deste artigo;
II – às operações de empréstimo, financiamento, refinanciamento, assistência financeira de liquidez, cessão ou sub-rogação de créditos ou cédulas hipotecárias, efetivação de garantia de depósitos do público ou de compra de obrigações passivas, inclusive as realizadas com recursos de fundos que tenham essas destinações;
III – aos créditos anteriores à promulgação da Constituição;
IV – aos créditos das entidades da administração pública anteriores à promulgação da Constituição, não liquidados até 1º de janeiro de 1988.

Art. 47. Na liquidação dos débitos, inclusive suas renegociações e composições posteriores, ainda que ajuizados, decorrentes de quaisquer empréstimos concedidos por bancos e por instituições financeiras, não existirá correção monetária desde que o empréstimo tenha sido concedido:

I – aos micro e pequenos empresários ou seus estabelecimentos no período de 28 de fevereiro de 1986 a 28 de fevereiro de 1987;

II – aos mini, pequenos e médios produtores rurais no período de 28 de fevereiro de 1986 a 31 de dezembro de 1987, desde que relativos a crédito rural.

§ 1º Consideram-se, para efeito deste artigo, microempresas as pessoas jurídicas e as firmas individuais com receitas anuais de até dez mil Obrigações do Tesouro Nacional, e pequenas empresas as pessoas jurídicas e as firmas individuais com receita anual de até vinte e cinco mil Obrigações do Tesouro Nacional.

▶ Art. 179 desta Constituição.

§ 2º A classificação de mini, pequeno e médio produtor rural será feita obedecendo-se às normas de crédito rural vigentes à época do contrato.

§ 3º A isenção da correção monetária a que se refere este artigo só será concedida nos seguintes casos:

I – se a liquidação do débito inicial, acrescido de juros legais e taxas judiciais, vier a ser efetivada no prazo de noventa dias, a contar da data da promulgação da Constituição;

II – se a aplicação dos recursos não contrariar a finalidade do financiamento, cabendo o ônus da prova à instituição credora;

III – se não for demonstrado pela instituição credora que o mutuário dispõe de meios para o pagamento de seu débito, excluído desta demonstração seu estabelecimento, a casa de moradia e os instrumentos de trabalho e produção;

IV – se o financiamento inicial não ultrapassar o limite de cinco mil Obrigações do Tesouro Nacional;

V – se o beneficiário não for proprietário de mais de cinco módulos rurais.

§ 4º Os benefícios de que trata este artigo não se estendem aos débitos já quitados e aos devedores que sejam constituintes.

§ 5º No caso de operações com prazos de vencimento posteriores à data limite de liquidação da dívida, havendo interesse do mutuário, os bancos e as instituições financeiras promoverão, por instrumento próprio, alteração nas condições contratuais originais de forma a ajustá-las ao presente benefício.

§ 6º A concessão do presente benefício por bancos comerciais privados em nenhuma hipótese acarretará ônus para o Poder Público, ainda que através de refinanciamento e repasse de recursos pelo Banco Central.

§ 7º No caso de repasse a agentes financeiros oficiais ou cooperativas de crédito, o ônus recairá sobre a fonte de recursos originária.

Art. 48. O Congresso Nacional, dentro de cento e vinte dias da promulgação da Constituição, elaborará Código de Defesa do Consumidor.

▶ Lei nº 8.078, de 11-9-1990 (Código de Defesa do Consumidor).

Art. 49. A lei disporá sobre o instituto da enfiteuse em imóveis urbanos, sendo facultada aos foreiros, no caso de sua extinção, a remição dos aforamentos mediante aquisição do domínio direto, na conformidade do que dispuserem os respectivos contratos.

▶ Dec.-lei nº 9.760, de 5-9-1946 (Lei dos Bens Imóveis da União).

§ 1º Quando não existir cláusula contratual, serão adotados os critérios e bases hoje vigentes na legislação especial dos imóveis da União.

§ 2º Os direitos dos atuais ocupantes inscritos ficam assegurados pela aplicação de outra modalidade de contrato.

▶ Lei nº 9.636, de 15-5-1998, regulamenta este parágrafo.

§ 3º A enfiteuse continuará sendo aplicada aos terrenos de marinha e seus acrescidos, situados na faixa de segurança, a partir da orla marítima.

▶ Art. 2.038, § 2º, do CC.

▶ Dec.-lei nº 9.760, de 5-9-1946 (Lei dos Bens Imóveis da União).

§ 4º Remido o foro, o antigo titular do domínio direto deverá, no prazo de noventa dias, sob pena de responsabilidade, confiar à guarda do registro de imóveis competente toda a documentação a ele relativa.

Art. 50. Lei agrícola a ser promulgada no prazo de um ano disporá, nos termos da Constituição, sobre os objetivos e instrumentos de política agrícola, prioridades, planejamento de safras, comercialização, abastecimento interno, mercado externo e instituição de crédito fundiário.

▶ Lei nº 8.171, de 17-1-1991 (Lei da Política Agrícola).

Art. 51. Serão revistos pelo Congresso Nacional, através de Comissão Mista, nos três anos a contar da data da promulgação da Constituição, todas as doações, vendas e concessões de terras públicas com área superior a três mil hectares, realizadas no período de 1º de janeiro de 1962 a 31 de dezembro de 1987.

§ 1º No tocante às vendas, a revisão será feita com base exclusivamente no critério de legalidade da operação.

§ 2º No caso de concessões e doações, a revisão obedecerá aos critérios de legalidade e de conveniência do interesse público.

§ 3º Nas hipóteses previstas nos parágrafos anteriores, comprovada a ilegalidade, ou havendo interesse público, as terras reverterão ao patrimônio da União, dos Estados, do Distrito Federal ou dos Municípios.

Art. 52. Até que sejam fixadas as condições do art. 192, são vedados:

▶ *Caput* com a redação dada pela EC nº 40, de 29-5-2003.

I – a instalação, no País, de novas agências de instituições financeiras domiciliadas no exterior;

II – o aumento do percentual de participação, no capital de instituições financeiras com sede no País, de pessoas físicas ou jurídicas residentes ou domiciliadas no exterior.

Parágrafo único. A vedação a que se refere este artigo não se aplica às autorizações resultantes de acordos internacionais, de reciprocidade, ou de interesse do Governo brasileiro.

Art. 53. Ao ex-combatente que tenha efetivamente participado de operações bélicas durante a Segunda Guerra Mundial, nos termos da Lei nº 5.315, de 12 de setembro de 1967, serão assegurados os seguintes direitos:

▶ Lei nº 8.059, de 4-7-1990, dispõe sobre a pensão especial devida aos ex-combatentes da Segunda Guerra Mundial e a seus dependentes.

I – aproveitamento no serviço público, sem a exigência de concurso, com estabilidade;

II – pensão especial correspondente à deixada por segundo-tenente das Forças Armadas, que poderá ser requerida a qualquer tempo, sendo inacumulável com quaisquer rendimentos recebidos dos cofres públicos, exceto os benefícios previdenciários, ressalvado o direito de opção;

III – em caso de morte, pensão à viúva ou companheira ou dependente, de forma proporcional, de valor igual à do inciso anterior;

IV – assistência médica, hospitalar e educacional gratuita, extensiva aos dependentes;

V – aposentadoria com proventos integrais aos vinte e cinco anos de serviço efetivo, em qualquer regime jurídico;

VI – prioridade na aquisição da casa própria, para os que não a possuam ou para suas viúvas ou companheiras.

Parágrafo único. A concessão da pensão especial do inciso II substitui, para todos os efeitos legais, qualquer outra pensão já concedida ao ex-combatente.

Art. 54. Os seringueiros recrutados nos termos do Decreto-Lei nº 5.813, de 14 de setembro de 1943, e amparados pelo Decreto-Lei nº 9.882, de 16 de setembro de 1946, receberão, quando carentes, pensão mensal vitalícia no valor de dois salários-mínimos.

▶ Lei nº 7.986, de 28-12-1989, dispõe sobre a concessão do benefício previsto neste artigo.

▶ Lei nº 9.882, de 3-12-1999 (Lei da Ação de Descumprimento de Preceito Fundamental).

▶ Dec.-lei nº 5.813, de 14-9-1943, aprova o acordo relativo ao recrutamento, encaminhamento e colocação de trabalhadores para a Amazônia.

§ 1º O benefício é estendido aos seringueiros que, atendendo a apelo do Governo brasileiro, contribuíram para o esforço de guerra, trabalhando na produção de borracha, na Região Amazônica, durante a Segunda Guerra Mundial.

§ 2º Os benefícios estabelecidos neste artigo são transferíveis aos dependentes reconhecidamente carentes.

§ 3º A concessão do benefício far-se-á conforme lei a ser proposta pelo Poder Executivo dentro de cento e cinquenta dias da promulgação da Constituição.

Art. 55. Até que seja aprovada a lei de diretrizes orçamentárias, trinta por cento, no mínimo, do orçamento da seguridade social, excluído o seguro-desemprego, serão destinados ao setor de saúde.

Art. 56. Até que a lei disponha sobre o artigo 195, I, a arrecadação decorrente de, no mínimo, cinco dos seis décimos percentuais correspondentes à alíquota da contribuição de que trata o Decreto-Lei nº 1.940, de 25 de maio de 1982, alterada pelo Decreto-Lei nº 2.049, de 1º de agosto de 1983, pelo Decreto nº 91.236, de 8 de maio de 1985, e pela Lei nº 7.611, de 8 de julho de 1987, passa a integrar a receita da seguridade social, ressalvados, exclusivamente no exercício de 1988, os compromissos assumidos com programas e projetos em andamento.

▶ LC nº 70, de 30-12-1991, institui contribuição para financiamento da Seguridade Social e eleva alíquota da contribuição social sobre o lucro das instituições financeiras.

▶ Dec.-lei nº 1.940, de 25-5-1982, institui contribuição social para financiamento da Seguridade Social e cria o Fundo de Investimento Social – FINSOCIAL.

▶ Súm. n° 658 do STF.

Art. 57. Os débitos dos Estados e dos Municípios relativos às contribuições previdenciárias até 30 de junho de 1988 serão liquidados, com correção monetária, em cento e vinte parcelas mensais, dispensados os juros e multas sobre eles incidentes, desde que os devedores requeiram o parcelamento e iniciem seu pagamento no prazo de cento e oitenta dias a contar da promulgação da Constituição.

§ 1º O montante a ser pago em cada um dos dois primeiros anos não será inferior a cinco por cento do total do débito consolidado e atualizado, sendo o restante dividido em parcelas mensais de igual valor.

§ 2º A liquidação poderá incluir pagamentos na forma de cessão de bens e prestação de serviços, nos termos da Lei nº 7.578, de 23 de dezembro de 1986.

§ 3º Em garantia do cumprimento do parcelamento, os Estados e os Municípios consignarão, anualmente, nos respectivos orçamentos as dotações necessárias ao pagamento de seus débitos.

§ 4º Descumprida qualquer das condições estabelecidas para concessão do parcelamento, o débito será considerado vencido em sua totalidade, sobre ele incidindo juros de mora; nesta hipótese, parcela dos recursos correspondentes aos Fundos de Participação, destinada aos Estados e Municípios devedores, será bloqueada e repassada à Previdência Social para pagamento de seus débitos.

Art. 58. Os benefícios de prestação continuada, mantidos pela Previdência Social na data da promulgação da Constituição, terão seus valores revistos, a fim de que seja restabelecido o poder aquisitivo, expresso em número de salários-mínimos, que tinham na data de sua concessão, obedecendo-se a esse critério de atualização até a implantação do plano de custeio e benefícios referidos no artigo seguinte.

▶ Súm. nº 687 do STF.

Parágrafo único. As prestações mensais dos benefícios atualizadas de acordo com este artigo serão devidas e pagas a partir do sétimo mês a contar da promulgação da Constituição.

Art. 59. Os projetos de lei relativos à organização da seguridade social e aos planos de custeio e de benefício serão apresentados no prazo máximo de seis meses da promulgação da Constituição ao Congresso Nacional, que terá seis meses para apreciá-los.

Parágrafo único. Aprovados pelo Congresso Nacional, os planos serão implantados progressivamente nos dezoito meses seguintes.

▶ Lei nº 8.212, de 24-7-1991 (Lei Orgânica da Seguridade Social).

▶ Lei nº 8.213, de 24-7-1991 (Lei dos Planos de Benefícios da Previdência Social).

Art. 60. Até o 14º (décimo quarto) ano a partir da promulgação desta Emenda Constitucional, os Estados, o Distrito Federal e os Municípios destinarão parte dos recursos a que se refere o *caput* do art. 212 da Constituição Federal à manutenção e desenvolvimento da educação básica e à remuneração condigna dos trabalhadores da educação, respeitadas as seguintes disposições:

▶ *Caput* com a redação dada pela EC nº 53, de 19-12-2006.

▶ Lei nº 11.494, de 20-6-2007, regulamenta o Fundo de Manutenção e Desenvolvimento da Educação Básica e de Valorização dos Profissionais da Educação – FUNDEB, regulamentada pelo Dec. n.º 6.253, de 13-11-2007.

I – a distribuição dos recursos e de responsabilidades entre o Distrito Federal, os Estados e seus Municípios é assegurada mediante a criação, no âmbito de cada Estado e do Distrito Federal, de um Fundo de Manutenção e Desenvolvimento da Educação Básica e de Valorização dos Profissionais da Educação – FUNDEB, de natureza contábil;

II – os Fundos referidos no inciso I do *caput* deste artigo serão constituídos por 20% (vinte por cento) dos recursos a que se referem os incisos I, II e III do art. 155; o inciso II do *caput* do art. 157; os incisos II, III e IV do *caput* do art. 158; e as alíneas *a* e *b* do inciso I e o inciso II do *caput* do art. 159, todos da Constituição Federal, e distribuídos entre cada Estado e seus Municípios, proporcionalmente ao número de alunos das diversas etapas e modalidades da educação básica presencial, matriculados nas respectivas redes, nos respectivos âmbitos de atuação prioritária estabelecidos nos §§ 2º e 3º do art. 211 da Constituição Federal;

III – observadas as garantias estabelecidas nos incisos I, II, III e IV do *caput* do art. 208 da Constituição Federal e as metas de universalização da educação básica estabelecidas no Plano Nacional de Educação, a lei disporá sobre:

a) a organização dos Fundos, a distribuição proporcional de seus recursos, as diferenças e as ponderações quanto ao valor anual por aluno entre etapas e modalidades da educação básica e tipos de estabelecimento de ensino;
b) a forma de cálculo do valor anual mínimo por aluno;
c) os percentuais máximos de apropriação dos recursos dos Fundos pelas diversas etapas e modalidades da educação básica, observados os arts. 208 e 214 da Constituição Federal, bem como as metas do Plano Nacional de Educação;
d) a fiscalização e o controle dos Fundos;
e) prazo para fixar, em lei específica, piso salarial profissional nacional para os profissionais do magistério público da educação básica;

▶ Lei nº 11.738, de 16-7-2008, regulamenta esta alínea.

IV – os recursos recebidos à conta dos Fundos instituídos nos termos do inciso I do *caput* deste artigo serão aplicados pelos Estados e Municípios exclusivamente nos respectivos âmbitos de atuação prioritária, conforme estabelecido nos §§ 2º e 3º do art. 211 da Constituição Federal;
V – a União complementará os recursos dos Fundos a que se refere o inciso II do *caput* deste artigo sempre que, no Distrito Federal e em cada Estado, o valor por aluno não alcançar o mínimo definido nacionalmente, fixado em observância ao disposto no inciso VII do *caput* deste artigo, vedada a utilização dos recursos a que se refere o § 5º do art. 212 da Constituição Federal;
VI – até 10% (dez por cento) da complementação da União prevista no inciso V do *caput* deste artigo poderá ser distribuída para os Fundos por meio de programas direcionados para a melhoria da qualidade da educação, na forma da lei a que se refere o inciso III do *caput* deste artigo;
VII – a complementação da União de que trata o inciso V do *caput* deste artigo será de, no mínimo:
a) R$ 2.000.000.000,00 (dois bilhões de reais), no primeiro ano de vigência dos Fundos;
b) R$ 3.000.000.000,00 (três bilhões de reais), no segundo ano de vigência dos Fundos;
c) R$ 4.500.000.000,00 (quatro bilhões e quinhentos milhões de reais), no terceiro ano de vigência dos Fundos;
d) 10% (dez por cento) do total dos recursos a que se refere o inciso II do *caput* deste artigo, a partir do quarto ano de vigência dos Fundos;
VIII – a vinculação de recursos à manutenção e desenvolvimento do ensino estabelecida no art. 212 da Constituição Federal suportará, no máximo, 30% (trinta por cento) da complementação da União, considerando-se para os fins deste inciso os valores previstos no inciso VII do *caput* deste artigo;
IX – os valores a que se referem as alíneas *a, b,* e *c* do inciso VII do *caput* deste artigo serão atualizados, anualmente, a partir da promulgação desta Emenda Constitucional, de forma a preservar, em caráter permanente, o valor real da complementação da União;
X – aplica-se à complementação da União o disposto no art. 160 da Constituição Federal;
XI – o não cumprimento do disposto nos incisos V e VII do *caput* deste artigo importará crime de responsabilidade da autoridade competente;

XII – proporção não inferior a 60% (sessenta por cento) de cada Fundo referido no inciso I do *caput* deste artigo será destinada ao pagamento dos profissionais do magistério da educação básica em efetivo exercício.

▶ Incisos I a XII acrescidos pela EC nº 53, de 19-12-2006.

§ 1º A União, os Estados, o Distrito Federal e os Municípios deverão assegurar, no financiamento da educação básica, a melhoria da qualidade de ensino, de forma a garantir padrão mínimo definido nacionalmente.

§ 2º O valor por aluno do ensino fundamental, no Fundo de cada Estado e do Distrito Federal, não poderá ser inferior ao praticado no âmbito do Fundo de Manutenção e Desenvolvimento do Ensino Fundamental e de Valorização do Magistério – FUNDEF, no ano anterior à vigência desta Emenda Constitucional.

§ 3º O valor anual mínimo por aluno do ensino fundamental, no âmbito do Fundo de Manutenção e Desenvolvimento da Educação Básica e de Valorização dos Profissionais da Educação – FUNDEB, não poderá ser inferior ao valor mínimo fixado nacionalmente no ano anterior ao da vigência desta Emenda Constitucional.

§ 4º Para efeito de distribuição de recursos dos Fundos a que se refere o inciso I do *caput* deste artigo, levar-se-á em conta a totalidade das matrículas no ensino fundamental e considerar-se-á para a educação infantil, para o ensino médio e para a educação de jovens e adultos 1/3 (um terço) das matrículas no primeiro ano, 2/3 (dois terços) no segundo ano e sua totalidade a partir do terceiro ano.

▶ §§ 1º a 4º com a redação dada pela EC nº 53, de 19-12-2006.

§ 5º A porcentagem dos recursos de constituição dos Fundos, conforme o inciso II do *caput* deste artigo, será alcançada gradativamente nos primeiros 3 (três) anos de vigência dos Fundos, da seguinte forma:

▶ *Caput* do § 5º com a redação dada pela EC nº 53, de 19-12-2006.

I – no caso dos impostos e transferências constantes do inciso II do *caput* do art. 155; do inciso IV do *caput* do art. 158; e das alíneas *a* e *b* do inciso I e do inciso II do *caput* do art. 159 da Constituição Federal:
a) 16,66% (dezesseis inteiros e sessenta e seis centésimos por cento), no primeiro ano;
b) 18,33% (dezoito inteiros e trinta e três centésimos por cento), no segundo ano;
c) 20% (vinte por cento), a partir do terceiro ano;

II – no caso dos impostos e transferências constantes dos incisos I e III do *caput* do art. 155; do inciso II do *caput* do art. 157; e dos incisos II e III do *caput* do art. 158 da Constituição Federal:
a) 6,66% (seis inteiros e sessenta e seis centésimos por cento), no primeiro ano;
b) 13,33% (treze inteiros e trinta e três centésimos por cento), no segundo ano;
c) 20% (vinte por cento), a partir do terceiro ano.

▶ Incisos I e II acrescidos pela EC nº 53, de 19-12-2006.

§§ 6º e 7º *Revogados*. EC nº 53, de 19-12-2006.

Art. 61. As entidades educacionais a que se refere o artigo 213, bem como as fundações de ensino e pesquisa cuja criação tenha sido autorizada por lei, que preencham os requisitos dos incisos I e II do referido artigo e que, nos últimos três anos, tenham recebido recursos públicos, poderão continuar a recebê-los, salvo disposição legal em contrário.

Art. 62. A lei criará o Serviço Nacional de Aprendizagem Rural (SENAR) nos moldes da legislação relativa ao Serviço Nacional de Aprendizagem Industrial (SENAI) e ao Serviço Nacional de Aprendizagem do Comércio (SENAC), sem prejuízo das atribuições dos órgãos públicos que atuam na área.

▶ Lei nº 8.315, de 13-12-1991, dispõe sobre a criação do Serviço Nacional de Aprendizagem Rural – SENAR.

Art. 63. É criada uma Comissão composta de nove membros, sendo três do Poder Legislativo, três do Poder Judiciário e três do Poder Executivo, para promover as comemorações do centenário da proclamação da República e da promulgação da primeira Constituição republicana do País, podendo, a seu critério, desdobrar-se em tantas subcomissões quantas forem necessárias.

Parágrafo único. No desenvolvimento de suas atribuições, a Comissão promoverá estudos, debates e avaliações sobre a evolução política, social, econômica e cultural do País, podendo articular-se com os governos estaduais e municipais e com instituições públicas e privadas que desejem participar dos eventos.

Art. 64. A Imprensa Nacional e demais gráficas da União, dos Estados, do Distrito Federal e dos Municípios, da administração direta ou indireta, inclusive fundações instituídas e mantidas pelo Poder Público, promoverão edição popular do texto integral da Constituição, que será posta à disposição das escolas e dos cartórios, dos sindicatos, dos quartéis, das igrejas e de outras instituições representativas da comunidade, gratuitamente, de modo que cada cidadão brasileiro possa receber do Estado um exemplar da Constituição do Brasil.

Art. 65. O Poder Legislativo regulamentará, no prazo de doze meses, o artigo 220, § 4º.

Art. 66. São mantidas as concessões de serviços públicos de telecomunicações atualmente em vigor, nos termos da lei.

▶ Lei nº 9.472, de 16-7-1997, dispõe sobre a organização dos serviços de telecomunicações, a criação e funcionamento de um Órgão Regulador e outros aspectos institucionais.

Art. 67. A União concluirá a demarcação das terras indígenas no prazo de cinco anos a partir da promulgação da Constituição.

Art. 68. Aos remanescentes das comunidades dos quilombos que estejam ocupando suas terras é reconhecida a propriedade definitiva, devendo o Estado emitir-lhes os títulos respectivos.

▶ Dec. nº 4.887, de 20-11-2003, regulamenta o procedimento para identificação, reconhecimento, delimitação, demarcação e titulação das terras ocupadas por remanescentes das comunidades dos quilombos de que trata este artigo.

▶ Dec. nº 6.040, de 7-2-2007, institui a Política Nacional de Desenvolvimento Sustentável dos Povos e Comunidades Tradicionais.

Art. 69. Será permitido aos Estados manter consultorias jurídicas separadas de suas Procuradorias-Gerais ou Advocacias-Gerais, desde que, na data da promulgação da Constituição, tenham órgãos distintos para as respectivas funções.

Art. 70. Fica mantida a atual competência dos tribunais estaduais até que a mesma seja definida na Constituição do Estado, nos termos do artigo 125, § 1º, da Constituição.

▶ Art. 4º da EC nº 45, de 8-12-2004 (Reforma do Judiciário).

Art. 71. É instituído, nos exercícios financeiros de 1994 e 1995, bem assim nos períodos de 1º de janeiro de 1996 a 30 de junho de 1997 e 1º de julho de 1997 a 31 de dezembro de 1999, o Fundo Social de Emergência, com o objetivo de saneamento financeiro da Fazenda Pública Federal e de estabilização econômica, cujos recursos serão aplicados prioritariamente no custeio das ações dos sistemas de saúde e educação, incluindo a complementação de recursos de que trata o § 3º do artigo 60 do Ato das Disposições Constitucionais Transitórias, benefícios previdenciários e auxílios assistenciais de prestação continuada, inclusive liquidação de passivo previdenciário, e despesas orçamentárias associadas a programas de relevante interesse econômico e social.

▶ Caput com a redação dada pela EC nº 17, de 22-11-1997.

§ 1º Ao Fundo criado por este artigo não se aplica o disposto na parte final do inciso II do § 9º do artigo 165 da Constituição.

§ 2º O Fundo criado por este artigo passa a ser denominado Fundo de Estabilização Fiscal a partir do início do exercício financeiro de 1996.

§ 3º O Poder Executivo publicará demonstrativo da execução orçamentária, de periodicidade bimestral, no qual se discriminarão as fontes e usos do Fundo criado por este artigo.

▶ §§ 1º a 3º acrescidos pela EC nº 10, de 4-3-1996.

Art. 72. Integram o Fundo Social de Emergência:

▶ Art. 72 acrescido pela ECR nº 1, de 1º-3-1994.

I – o produto da arrecadação do imposto sobre renda e proventos de qualquer natureza incidente na fonte sobre pagamentos efetuados, a qualquer título, pela União, inclusive suas autarquias e fundações;

II – a parcela do produto da arrecadação do imposto sobre renda e proventos de qualquer natureza e do imposto sobre operações de crédito, câmbio e seguro, ou relativas a títulos e valores mobiliários, decorrente das alterações produzidas pela Lei nº 8.894, de 21 de junho de 1994, e pelas Leis nºs 8.849 e 8.848, ambas de 28 de janeiro de 1994, e modificações posteriores;

III – a parcela do produto da arrecadação resultante da elevação da alíquota da contribuição social sobre o lucro dos contribuintes a que se refere o § 1º do artigo 22 da Lei nº 8.212, de 24 de julho de 1991, a qual, nos exercícios financeiros de 1994 e 1995, bem assim no período de 1º de janeiro de 1996 a 30 de junho de 1997, passa a ser de trinta por cento, sujeita a alteração por lei ordinária, mantidas as demais normas da Lei nº 7.689, de 15 de dezembro de 1988;

IV – vinte por cento do produto da arrecadação de todos os impostos e contribuições da União, já instituídos ou a serem criados, excetuado o previsto nos incisos I, II e III, observado o disposto nos §§ 3º e 4º;

▶ Incisos II a IV com a redação dada pela EC nº 10, de 4-3-1996.

V – a parcela do produto da arrecadação da contribuição de que trata a Lei Complementar nº 7, de 7 de setembro de 1970, devida pelas pessoas jurídicas a que se refere o inciso III deste artigo, a qual será calculada, nos exercícios financeiros de 1994 a 1995, bem assim nos períodos de 1º de janeiro de 1996 a 30 de junho de 1997 e de 1º de julho de 1997 a 31 de dezembro de 1999, mediante a aplicação da alíquota de setenta e cinco centésimos por cento, sujeita a alteração por lei ordinária posterior, sobre a receita bruta operacional, como definida na legislação do imposto sobre renda e proventos de qualquer natureza;

▶ Inciso V com a redação dada pela EC nº 17, de 22-11-1997.

VI – outras receitas previstas em lei específica.

§ 1º As alíquotas e a base de cálculo previstas nos incisos III e IV aplicar-se-ão a partir do primeiro dia do mês seguinte aos noventa dias posteriores à promulgação desta Emenda.

§ 2º As parcelas de que tratam os incisos I, II, III e V serão previamente deduzidas da base de cálculo de qualquer vinculação ou participação constitucional ou legal, não se lhes aplicando o disposto nos artigos 159, 212 e 239 da Constituição.

§ 3º A parcela de que trata o inciso IV será previamente deduzida da base de cálculo das vinculações ou participações constitucionais previstas nos artigos 153, § 5º, 157, II, 212 e 239 da Constituição.

§ 4º O disposto no parágrafo anterior não se aplica aos recursos previstos nos artigos 158, II, e 159 da Constituição.

§ 5º A parcela dos recursos provenientes do imposto sobre renda e proventos de qualquer natureza, destinada ao Fundo Social de Emergência, nos termos do inciso II deste artigo, não poderá exceder a cinco inteiros e seis décimos por cento do total do produto da sua arrecadação.

▶ §§ 2º a 5º acrescidos pela EC nº 10, de 4-3-1996.

Art. 73. Na regulação do Fundo Social de Emergência não poderá ser utilizado o instrumento previsto no inciso V do artigo 59 da Constituição.

▶ Artigo acrescido pela ECR nº 1, de 1º-3-1994.

Art. 74. A União poderá instituir contribuição provisória sobre movimentação ou transmissão de valores e de créditos e direitos de natureza financeira.

▶ Art. 84 deste Ato.

§ 1º A alíquota da contribuição de que trata este artigo não excederá a vinte e cinco centésimos por cento, facultado ao Poder Executivo reduzi-la ou restabelecê-la, total ou parcialmente, nas condições e limites fixados em lei.

▶ Alíquota alterada pela EC nº 21, de 18-3-1999.

§ 2º À contribuição de que trata este artigo não se aplica o disposto nos artigos 153, § 5º, e 154, I, da Constituição.

§ 3º O produto da arrecadação da contribuição de que trata este artigo será destinado integralmente ao Fundo Nacional de Saúde, para financiamento das ações e serviços de saúde.

§ 4º A contribuição de que trata este artigo terá sua exigibilidade subordinada ao disposto no artigo 195, § 6º, da Constituição, e não poderá ser cobrada por prazo superior a dois anos.

▶ Lei nº 9.311 de 24-10-1996, institui a Contribuição Provisória sobre Movimentação ou Transmissão de Valores e de Créditos e Direitos de Natureza Financeira – CPMF.

Art. 75. É prorrogada, por trinta e seis meses, a cobrança da contribuição provisória sobre movimentação ou transmissão de valores e de créditos e direitos de natureza financeira de que trata o artigo 74, instituída pela Lei nº 9.311, de 24 de outubro de 1996, modificada pela Lei nº 9.539, de 12 de dezembro de 1997, cuja vigência é também prorrogada por idêntico prazo.

▶ Arts. 80, I, e 84 deste Ato.

§ 1º Observado o disposto no § 6º do artigo 195 da Constituição Federal, a alíquota da contribuição será de trinta e oito centésimos por cento, nos primeiros doze meses, e de trinta centésimos, nos meses subsequentes, facultado ao Poder Executivo reduzi-la total ou parcialmente, nos limites aqui definidos.

§ 2º O resultado do aumento da arrecadação, decorrente da alteração da alíquota, nos exercícios financeiros de 1999, 2000 e 2001, será destinado ao custeio da Previdência Social.

§ 3º É a União autorizada a emitir títulos da dívida pública interna, cujos recursos serão destinados ao custeio da saúde e da Previdência Social, em montante equivalente ao produto da arrecadação da contribuição, prevista e não realizada em 1999.

▶ Art. 75 acrescido pela EC nº 21, de 18-3-1999.

▶ O STF, por maioria de votos, julgou parcialmente procedente a ADIN nº 2.031-5, para declarar a inconstitucionalidade deste parágrafo, acrescido pela EC nº 21, de 18-3-1999 (DOU de 5-11-2003).

▶ LC nº 111, de 6-7-2001, dispõe sobre o Fundo de Combate e Erradicação da Pobreza, na forma prevista nos arts. 79, 80 e 81 do ADCT.

Art. 76. É desvinculado de órgão, fundo ou despesa, até 31 de dezembro de 2011, 20% (vinte por cento) da arrecadação da União de impostos, contribuições sociais e de intervenção no domínio econômico, já instituídos ou que vierem a ser criados até a referida data, seus adicionais e respectivos acréscimos legais.

▶ Caput com a redação dada pela EC nº 56, de 20-12-2007.

§ 1º O disposto no caput deste artigo não reduzirá a base de cálculo das transferências a Estados, Distrito Federal e Municípios na forma dos arts. 153, § 5º; 157, I; 158, I e II; e 159, I, a e b; e II, da Constituição, bem como a base de cálculo das destinações a que se refere o art. 159, I, c, da Constituição.

▶ § 1º com a redação dada pela EC nº 42, de 19-12-2003.

§ 2º Excetua-se da desvinculação de que trata o *caput* deste artigo a arrecadação da contribuição social do salário-educação a que se refere o artigo 212, § 5º, da Constituição.

▶ § 2º acrescido pela EC nº 27, de 21-3-2000.

§ 3º Para efeito do cálculo dos recursos para manutenção e desenvolvimento do ensino de que trata o art. 212 da Constituição, o percentual referido no *caput* deste artigo será de 12,5% (doze inteiros e cinco décimos por cento) no exercício de 2009, 5% (cinco por cento) no exercício de 2010, e nulo no exercício de 2011.

▶ § 3º acrescido pela EC nº 59, de 11-11-2009.

Art. 77. Até o exercício financeiro de 2004, os recursos mínimos aplicados nas ações e serviços públicos de saúde serão equivalentes:

I – no caso da União:

a) no ano 2000, o montante empenhado em ações e serviços públicos de saúde no exercício financeiro de 1999 acrescido de, no mínimo, cinco por cento;

b) do ano de 2001 ao ano de 2004, o valor apurado no ano anterior, corrigido pela variação nominal do Produto Interno Bruto – PIB;

II – no caso dos Estados e do Distrito Federal, doze por cento do produto da arrecadação dos impostos a que se refere o artigo 155 e dos recursos de que tratam os artigos 157 e 159, inciso I, alínea *a* e inciso II, deduzidas as parcelas que forem transferidas aos respectivos Municípios; e

III – no caso dos Municípios e do Distrito Federal, quinze por cento do produto da arrecadação dos impostos a que se refere o artigo 156 e dos recursos de que tratam os artigos 158 e 159, inciso I, alínea *b* e § 3º.

§ 1º Os Estados, o Distrito Federal e os municípios que apliquem percentuais inferiores aos fixados nos incisos II e III deverão elevá-los gradualmente, até o exercício financeiro de 2004, reduzida a diferença à razão de, pelo menos, um quinto por ano, sendo que, a partir de 2000, a aplicação será de pelo menos sete por cento.

§ 2º Dos recursos da União apurados nos termos deste artigo, quinze por cento, no mínimo, serão aplicados nos Municípios, segundo o critério populacional, em ações e serviços básicos de saúde, na forma da lei.

§ 3º Os recursos dos Estados, do Distrito Federal e dos Municípios destinados às ações e serviços públicos de saúde e os transferidos pela União para a mesma finalidade serão aplicados por meio de Fundo de Saúde que será acompanhado e fiscalizado por Conselho de Saúde, sem prejuízo do disposto no artigo 74 da Constituição Federal.

§ 4º Na ausência da lei complementar a que se refere o artigo 198, § 3º, a partir do exercício financeiro de 2005, aplicar-se-á à União, aos Estados, ao Distrito Federal e aos Municípios o disposto neste artigo.

▶ Art. 77 acrescido pela EC nº 29, de 13-9-2000.

Art. 78. Ressalvados os créditos definidos em lei como de pequeno valor, os de natureza alimentícia, os de que trata o artigo 33 deste Ato das Disposições Constitucionais Transitórias e suas complementações e os que já tiverem os seus respectivos recursos liberados ou depositados em juízo, os precatórios pendentes na data da publicação desta Emenda e os que decorrem de ações iniciais ajuizadas até 31 de dezembro de 1999 serão liquidados pelo seu valor real, em moeda corrente, acrescido de juros legais, em prestações anuais, iguais e sucessivas, no prazo máximo de dez anos, permitida a cessão dos créditos.

▶ Arts. 86, 87 e 97, § 15, do ADCT.

▶ Res. do CNJ nº 92, de 13-10-2009, dispõe sobre a Gestão de Precatórios no âmbito do Poder Judiciário.

§ 1º É permitida a decomposição de parcelas, a critério do credor.

§ 2º As prestações anuais a que se refere o *caput* deste artigo terão, se não liquidadas até o final do exercício a que se referem, poder liberatório do pagamento de tributos da entidade devedora.

▶ Art. 6º da EC nº 62, de 9-12-2009, que convalida todas as compensações de precatórios com tributos vencidos até 31-10-2009 da entidade devedora, efetuadas na forma deste parágrafo, realizadas antes da promulgação desta Emenda Constitucional.

§ 3º O prazo referido no *caput* deste artigo fica reduzido para dois anos, nos casos de precatórios judiciais originários de desapropriação de imóvel residencial do credor, desde que comprovadamente único à época da imissão na posse.

§ 4º O Presidente do Tribunal competente deverá, vencido o prazo ou em caso de omissão no orçamento, ou preterição ao direito de precedência, a requerimento do credor, requisitar ou determinar o sequestro de recursos financeiros da entidade executada, suficientes à satisfação da prestação.

▶ Art. 78 acrescido pela EC nº 30, de 13-12-2000.

Art. 79. É instituído, para vigorar até o ano de 2010, no âmbito do Poder Executivo Federal, o Fundo de Combate e Erradicação da Pobreza, a ser regulado por lei complementar com o objetivo de viabilizar a todos os brasileiros acesso a níveis dignos de subsistência, cujos recursos serão aplicados em ações suplementares de nutrição, habitação, educação, saúde, reforço de renda familiar e outros programas de relevante interesse social voltados para melhoria da qualidade de vida.

▶ Art. 4º da EC nº 42, de 19-12-2003.

Parágrafo único. O Fundo previsto neste artigo terá Conselho Consultivo e de Acompanhamento que conte com a participação de representantes da sociedade civil, nos termos da lei.

▶ Art. 79 acrescido pela EC nº 31, de 14-12-2000.

▶ LC nº 111, de 6-7-2001, dispõe sobre o Fundo de Combate e Erradicação da Pobreza, na forma prevista nos arts. 79 a 81 do ADCT.

▶ Dec. nº 3.997, de 1º-11-2001, define o órgão gestor do Fundo de Combate e Erradicação da Pobreza, regulamenta a composição e o funcionamento do seu Conselho Consultivo e de Acompanhamento, e dá outras providências.

Art. 80. Compõem o Fundo de Combate e Erradicação da Pobreza:

▶ Art. 31, III, do Dec. nº 6.140, de 3-7-2007, regulamenta a Contribuição Provisória sobre Movimentação ou Transmissão de Valores e de Créditos e Direitos de Natureza Financeira – CPMF.

I – a parcela do produto da arrecadação correspondente a um adicional de oito centésimos por cento, aplicável de 18 de junho de 2000 a 17 de junho de 2002, na alíquota da contribuição social de que trata o art. 75 do Ato das Disposições Constitucionais Transitórias;

▶ Art. 84 deste Ato.
▶ Art. 4º da EC nº 42, de 19-12-2003.

II – a parcela do produto da arrecadação correspondente a um adicional de cinco pontos percentuais na alíquota do Imposto sobre Produtos Industrializados – IPI, ou do imposto que vier a substituí-lo, incidente sobre produtos supérfluos e aplicável até a extinção do Fundo;
III – o produto da arrecadação do imposto de que trata o artigo 153, inciso VII, da Constituição;
IV – dotações orçamentárias;
V – doações, de qualquer natureza, de pessoas físicas ou jurídicas do País ou do exterior;
VI – outras receitas, a serem definidas na regulamentação do referido Fundo.

§ 1º Aos recursos integrantes do Fundo de que trata este artigo não se aplica o disposto nos artigos 159 e 167, inciso IV, da Constituição, assim como qualquer desvinculação de recursos orçamentários.

§ 2º A arrecadação decorrente do disposto no inciso I deste artigo, no período compreendido entre 18 de junho de 2000 e o início da vigência da lei complementar a que se refere o artigo 79, será integralmente repassada ao Fundo, preservando o seu valor real, em títulos públicos federais, progressivamente resgatáveis após 18 de junho de 2002, na forma da lei.

▶ Art. 80 acrescido pela EC nº 31, de 14-12-2000.
▶ LC nº 111, de 6-7-2001, dispõe sobre o Fundo de Combate e Erradicação da Pobreza, na forma prevista nos arts. 79 a 81 do ADCT.

Art. 81. É instituído Fundo constituído pelos recursos recebidos pela União em decorrência da desestatização de sociedades de economia mista ou empresas públicas por ela controladas, direta ou indiretamente, quando a operação envolver a alienação do respectivo controle acionário a pessoa ou entidade não integrante da Administração Pública, ou de participação societária remanescente após a alienação, cujos rendimentos, gerados a partir de 18 de junho de 2002, reverterão ao Fundo de Combate e Erradicação da Pobreza.

▶ Art. 31, III, do Dec. nº 6.140, de 3-7-2007, que regulamenta a Contribuição Provisória sobre Movimentação ou Transmissão de Valores e de Créditos e Direitos de Natureza Financeira – CPMF.

§ 1º Caso o montante anual previsto nos rendimentos transferidos ao Fundo de Combate e Erradicação da Pobreza, na forma deste artigo, não alcance o valor de quatro bilhões de reais, far-se-á complementação na forma do artigo 80, inciso IV, do Ato das Disposições Constitucionais Transitórias.

§ 2º Sem prejuízo do disposto no § 1º, o Poder Executivo poderá destinar ao Fundo a que se refere este artigo outras receitas decorrentes da alienação de bens da União.

§ 3º A constituição do Fundo a que se refere o caput, a transferência de recursos ao Fundo de Combate e Erradicação da Pobreza e as demais disposições referentes ao § 1º deste artigo serão disciplinadas em lei, não se aplicando o disposto no artigo 165, § 9º, inciso II, da Constituição.

▶ Art. 81 acrescido pela EC nº 31, de 13-12-2000.
▶ LC nº 111, de 6-7-2001, dispõe sobre o Fundo de Combate e Erradicação da Pobreza, na forma prevista nos arts. 79 a 81 do ADCT.

Art. 82. Os Estados, o Distrito Federal e os Municípios devem instituir Fundos de Combate à Pobreza, com os recursos de que trata este artigo e outros que vierem a destinar, devendo os referidos Fundos ser geridos por entidades que contém com a participação da sociedade civil.

▶ Art. 4º da EC nº 42, de 19-12-2003.

§ 1º Para o financiamento dos Fundos Estaduais e Distrital, poderá ser criado adicional de até dois pontos percentuais na alíquota do Imposto sobre Circulação de Mercadorias e Serviços – ICMS, sobre os produtos e serviços supérfluos e nas condições definidas na lei complementar de que trata o art. 155, § 2º, XII, da Constituição, não se aplicando, sobre este percentual, o disposto no art. 158, IV, da Constituição.

▶ § 1º com a redação dada pela EC nº 42, de 19-12-2003.

§ 2º Para o financiamento dos Fundos Municipais, poderá ser criado adicional de até meio ponto percentual na alíquota do Imposto sobre serviços ou do imposto que vier a substituí-lo, sobre os serviços supérfluos.

▶ Art. 82 acrescido pela EC nº 31, de 14-12-2000.

Art. 83. Lei federal definirá os produtos e serviços supérfluos a que se referem os arts. 80, II, e 82, § 2º.

▶ Artigo com a redação dada pela EC nº 42, de 19-12-2003.

Art. 84. A contribuição provisória sobre movimentação ou transmissão de valores e de créditos e direitos de natureza financeira, prevista nos arts. 74, 75 e 80, I, deste Ato das Disposições Constitucionais Transitórias, será cobrada até 31 de dezembro de 2004.

▶ Art. 90 deste Ato.
▶ Dec. nº 6.140, de 3-7-2007, regulamenta a Contribuição Provisória sobre Movimentação ou Transmissão de Valores e de Créditos e Direitos de Natureza Financeira – CPMF.

§ 1º Fica prorrogada, até a data referida no caput deste artigo, a vigência da Lei nº 9.311, de 24 de outubro de 1996, e suas alterações.

§ 2º Do produto da arrecadação da contribuição social de que trata este artigo será destinada a parcela correspondente à alíquota de:

▶ Art. 31 do Dec. nº 6.140, de 3-7-2007, que regulamenta a Contribuição Provisória sobre Movimentação ou Transmissão de Valores e de Créditos e Direitos de Natureza Financeira – CPMF.

I – vinte centésimos por cento ao Fundo Nacional de Saúde, para financiamento das ações e serviços de saúde;
II – dez centésimos por cento ao custeio da previdência social;
III – oito centésimos por cento ao Fundo de Combate e Erradicação da Pobreza, de que tratam os arts. 80 e 81 deste Ato das Disposições Constitucionais Transitórias.

§ 3º A alíquota da contribuição de que trata este artigo será de:

I – trinta e oito centésimos por cento, nos exercícios financeiros de 2002 e 2003;
II – *Revogado*. EC nº 42, de 19-12-2003.
▶ Art. 84 acrescido pela EC nº 37, de 12-6-2002.

Art. 85. A contribuição a que se refere o art. 84 deste Ato das Disposições Constitucionais Transitórias não incidirá, a partir do trigésimo dia da data de publicação desta Emenda Constitucional, nos lançamentos:

▶ Art. 3º do Dec. nº 6.140, de 3-7-2007, que regulamenta a Contribuição Provisória sobre Movimentação ou Transmissão de Valores e de Créditos e Direitos de Natureza Financeira – CPMF.

I – em contas-correntes de depósito especialmente abertas e exclusivamente utilizadas para operações de:

▶ Art. 2º da Lei nº 10.892, de 13-7-2004, que dispõe sobre multas nos casos de utilização diversa da prevista na legislação das contas-correntes de depósitos beneficiarias da alíquota 0 (zero), bem como da inobservância de normas baixadas pelo BACEN que resultem na falta de cobrança do CPMF devida.

a) câmaras e prestadoras de serviços de compensação e de liquidação de que trata o parágrafo único do art. 2º da Lei nº 10.214, de 27 de março de 2001;
b) companhias securitizadoras de que trata a Lei nº 9.514, de 20 de novembro de 1997;
c) sociedades anônimas que tenham por objeto exclusivo a aquisição de créditos oriundos de operações praticadas no mercado financeiro;

▶ Art. 2º, § 3º, da Lei nº 10.892, de 13-7-2004, que altera os arts. 8º e 16 da Lei nº 9.311, de 24-10-1996, que institui a Contribuição Provisória sobre Movimentação ou Transmissão de Valores e de Créditos e Direitos de Natureza Financeira – CPMF.

II – em contas-correntes de depósito, relativos a:

a) operações de compra e venda de ações, realizadas em recintos ou sistemas de negociação de bolsas de valores e no mercado de balcão organizado;
b) contratos referenciados em ações ou índices de ações, em suas diversas modalidades, negociados em bolsas de valores, de mercadorias e de futuros;

III – em contas de investidores estrangeiros, relativos a entradas no País e a remessas para o exterior de recursos financeiros empregados, exclusivamente, em operações e contratos referidos no inciso II deste artigo.

§ 1º O Poder Executivo disciplinará o disposto neste artigo no prazo de trinta dias da data de publicação desta Emenda Constitucional.

§ 2º O disposto no inciso I deste artigo aplica-se somente às operações relacionadas em ato do Poder Executivo, dentre aquelas que constituam o objeto social das referidas entidades.

§ 3º O disposto no inciso II deste artigo aplica-se somente a operações e contratos efetuados por intermédio de instituições financeiras, sociedades corretoras de títulos e valores mobiliários, sociedades distribuidoras de títulos e valores mobiliários e sociedades corretoras de mercadorias.

▶ Art. 85 acrescido pela EC nº 37, de 12-6-2002.

Art. 86. Serão pagos conforme disposto no art. 100 da Constituição Federal, não se lhes aplicando a regra de parcelamento estabelecida no *caput* do art. 78 deste Ato das Disposições Constitucionais Transitórias, os débitos da Fazenda Federal, Estadual, Distrital ou Municipal oriundos de sentenças transitadas em julgado, que preencham, cumulativamente, as seguintes condições:

I – ter sido objeto de emissão de precatórios judiciários;

▶ Res. do CNJ nº 92, de 13-10-2009, dispõe sobre a Gestão de Precatórios no âmbito do Poder Judiciário.

II – ter sido definidos como de pequeno valor pela lei de que trata o § 3º do art. 100 da Constituição Federal ou pelo art. 87 deste Ato das Disposições Constitucionais Transitórias;

III – estar, total ou parcialmente, pendentes de pagamento na data da publicação desta Emenda Constitucional.

§ 1º Os débitos a que se refere o *caput* deste artigo, ou os respectivos saldos, serão pagos na ordem cronológica de apresentação dos respectivos precatórios, com precedência sobre os de maior valor.

▶ Res. do CNJ nº 92, de 13-10-2009, dispõe sobre a Gestão de Precatórios no âmbito do Poder Judiciário.

§ 2º Os débitos a que se refere o *caput* deste artigo, ainda não tiverem sido objeto de pagamento parcial, nos termos do art. 78 deste Ato das Disposições Constitucionais Transitórias, poderão ser pagos em duas parcelas anuais, se assim dispuser a lei.

§ 3º Observada a ordem cronológica de sua apresentação, os débitos de natureza alimentícia previstos neste artigo terão precedência para pagamento sobre todos os demais.

▶ Art. 86 acrescido pela EC nº 37, de 12-6-2002.

Art. 87. Para efeito do que dispõem o § 3º do art. 100 da Constituição Federal e o art. 78 deste Ato das Disposições Constitucionais Transitórias serão considerados de pequeno valor, até que se dê a publicação oficial das respectivas leis definidoras pelos entes da Federação, observado o disposto no § 4º do art. 100 da Constituição Federal, os débitos ou obrigações consignados em precatório judiciário, que tenham valor igual ou inferior a:

I – quarenta salários-mínimos, perante a Fazenda dos Estados e do Distrito Federal;
II – trinta salários-mínimos, perante a Fazenda dos Municípios.

Parágrafo único. Se o valor da execução ultrapassar o estabelecido neste artigo, o pagamento far-se-á, sempre, por meio de precatório, sendo facultada à parte exequente a renúncia ao crédito do valor excedente, para que possa optar pelo pagamento do saldo sem o precatório, da forma prevista no § 3º do art. 100.

▶ Art. 87 acrescido pela EC nº 37, de 12-6-2002.
▶ Res. do CNJ nº 92, de 13-10-2009, dispõe sobre a Gestão de Precatórios no âmbito do Poder Judiciário.

Art. 88. Enquanto lei complementar não disciplinar o disposto nos incisos I e III do § 3º do art. 156 da Constituição Federal, o imposto a que se refere o inciso III do *caput* do mesmo artigo:

I – terá alíquota mínima de dois por cento, exceto para os serviços a que se referem os itens 32, 33 e 34 da

Lista de Serviços anexa ao Decreto-Lei nº 406, de 31 de dezembro de 1968;

II – não será objeto de concessão de isenções, incentivos e benefícios fiscais, que resulte, direta ou indiretamente, na redução da alíquota mínima estabelecida no inciso I.

▶ Art. 88 acrescido pela EC nº 37, de 12-6-2002.

Art. 89. Os integrantes da carreira policial militar e os servidores municipais do ex-Território Federal de Rondônia que, comprovadamente, se encontravam no exercício regular de suas funções prestando serviço àquele ex-Território na data em que foi transformado em Estado, bem como os servidores e os policiais militares alcançados pelo disposto no art. 36 da Lei Complementar nº 41, de 22 de dezembro de 1981, e aqueles admitidos regularmente nos quadros do Estado de Rondônia até a data de posse do primeiro Governador eleito, em 15 de março de 1987, constituirão, mediante opção, quadro em extinção da administração federal, assegurados os direitos e as vantagens a eles inerentes, vedado o pagamento, a qualquer título, de diferenças remuneratórias.

▶ *Caput* com a redação dada pela EC nº 60, de 11-11-2009.

▶ Art. 1º da EC nº 60, de 11-11-2009, que veda o pagamento, a qualquer título, em virtude da alteração pela referida Emenda, de ressarcimentos ou indenizações, de qualquer espécie, referentes a períodos anteriores à data de sua publicação (*DOU* de 12-11-2009).

§ 1º Os membros da Polícia Militar continuarão prestando serviços ao Estado de Rondônia, na condição de cedidos, submetidos às corporações da Polícia Militar, observadas as atribuições de função compatíveis com o grau hierárquico.

§ 2º Os servidores a que se refere o *caput* continuarão prestando serviços ao Estado de Rondônia na condição de cedidos, até seu aproveitamento em órgão ou entidade da administração federal direta, autárquica ou fundacional.

▶ §§ 1º e 2º acrescidos pela EC nº 60, de 11-11-2009.

Art. 90. O prazo previsto no *caput* do art. 84 deste Ato das Disposições Constitucionais Transitórias fica prorrogado até 31 de dezembro de 2007.

§ 1º Fica prorrogada, até a data referida no *caput* deste artigo, a vigência da Lei nº 9.311, de 24 de outubro de 1996, e suas alterações.

§ 2º Até a data referida no *caput* deste artigo, a alíquota da contribuição de que trata o art. 84 deste Ato das Disposições Constitucionais Transitórias será de trinta e oito centésimos por cento.

▶ Art. 90 acrescido pela EC nº 42, de 19-12-2003.

Art. 91. A União entregará aos Estados e ao Distrito Federal o montante definido em lei complementar, de acordo com critérios, prazos e condições nela determinados, podendo considerar as exportações para o exterior de produtos primários e semielaborados, a relação entre as exportações e as importações, os créditos decorrentes de aquisições destinadas ao ativo permanente e a efetiva manutenção e aproveitamento do crédito do imposto a que se refere o art. 155, § 2º, X, *a*.

§ 1º Do montante de recursos que cabe a cada Estado, setenta e cinco por cento pertencem ao próprio Estado,

e vinte e cinco por cento, aos seus Municípios, distribuídos segundo os critérios a que se refere o art. 158, parágrafo único, da Constituição.

§ 2º A entrega de recursos prevista neste artigo perdurará, conforme definido em lei complementar, até que o imposto a que se refere o art. 155, II, tenha o produto de sua arrecadação destinado predominantemente, em proporção não inferior a oitenta por cento, ao Estado onde ocorrer o consumo das mercadorias, bens ou serviços.

§ 3º Enquanto não for editada a lei complementar de que trata o *caput*, em substituição ao sistema de entrega de recursos nele previsto, permanecerá vigente o sistema de entrega de recursos previsto no art. 31 e Anexo da Lei Complementar nº 87, de 13 de setembro de 1996, com a redação dada pela Lei Complementar nº 115, de 26 de dezembro de 2002.

§ 4º Os Estados e o Distrito Federal deverão apresentar à União, nos termos das instruções baixadas pelo Ministério da Fazenda, as informações relativas ao imposto de que trata o art. 155, II, declaradas pelos contribuintes que realizarem operações ou prestações com destino ao exterior.

▶ Art. 91 acrescido pela EC nº 42, de 19-12-2003.

Art. 92. São acrescidos dez anos ao prazo fixado no art. 40 deste Ato das Disposições Constitucionais Transitórias.

▶ Artigo acrescido pela EC nº 42, de 19-12-2003.

Art. 93. A vigência do disposto no art. 159, III, e § 4º, iniciará somente após a edição da lei de que trata o referido inciso III.

▶ Artigo acrescido pela EC nº 42, de 19-12-2003.

Art. 94. Os regimes especiais de tributação para microempresas e empresas de pequeno porte próprios da União, dos Estados, do Distrito Federal e dos Municípios cessarão a partir da entrada em vigor do regime previsto no art. 146, III, *d*, da Constituição.

▶ Artigo acrescido pela EC nº 42, de 19-12-2003.

Art. 95. Os nascidos no estrangeiro entre 7 de junho de 1994 e a data da promulgação desta Emenda Constitucional, filhos de pai brasileiro ou mãe brasileira, poderão ser registrados em repartição diplomática ou consular brasileira competente ou em ofício de registro, se vierem a residir na República Federativa do Brasil.

▶ Artigo acrescido pela EC nº 54, de 20-9-2007.
▶ Art. 12 desta Constituição.

Art. 96. Ficam convalidados os atos de criação, fusão, incorporação e desmembramento de Municípios, cuja lei tenha sido publicada até 31 de dezembro de 2006, atendidos os requisitos estabelecidos na legislação do respectivo Estado à época de sua criação.

▶ Artigo acrescido pela EC nº 57, de 18-12-2008.

Art. 97. Até que seja editada a Lei Complementar de que trata o § 15 do art. 100 da Constituição Federal, os Estados, o Distrito Federal e os Municípios que, na data de publicação desta Emenda Constitucional, estejam em mora na quitação de precatórios vencidos, relativos às suas administrações direta e indireta, inclusive os emitidos durante o período de vigência do regime especial instituído por este artigo, farão esses pagamentos de acordo com as normas a seguir estabelecidas, sendo inaplicável o disposto no art. 100 desta Constituição Federal, exceto em seus §§ 2º, 3º, 9º, 10, 11, 12, 13 e 14, e sem prejuízo dos acordos de juízos conciliatórios já formalizados na data de promulgação desta Emenda Constitucional.

▶ Art. 3º da EC nº 62, de 9-12-2009, estabelece que a implantação do regime de pagamento criado por este artigo deverá ocorrer no prazo de até 90 (noventa dias), contados da data de sua publicação (DOU de 10-12-2009).

§ 1º Os Estados, o Distrito Federal e os Municípios sujeitos ao regime especial de que trata este artigo optarão, por meio de ato do Poder Executivo:

▶ Art. 4º da EC nº 62, de 9-12-2009, que estabelece os casos em que a entidade federativa voltará a observar somente o disposto no art. 100 da CF.

I – pelo depósito em conta especial do valor referido pelo § 2º deste artigo; ou
II – pela adoção do regime especial pelo prazo de até 15 (quinze) anos, caso em que o percentual a ser depositado na conta especial a que se refere o § 2º deste artigo corresponderá, anualmente, ao saldo total dos precatórios devidos, acrescido do índice oficial de remuneração básica da caderneta de poupança e de juros simples no mesmo percentual de juros incidentes sobre a caderneta de poupança para fins de compensação da mora, excluída a incidência de juros compensatórios, diminuído das amortizações e dividido pelo número de anos restantes no regime especial de pagamento.

§ 2º Para saldar os precatórios, vencidos e a vencer, pelo regime especial, os Estados, o Distrito Federal e os Municípios devedores depositarão mensalmente, em conta especial criada para tal fim, 1/12 (um doze avos) do valor calculado percentualmente sobre as respectivas receitas correntes líquidas, apuradas no segundo mês anterior ao mês de pagamento, sendo que esse percentual, calculado no momento de opção pelo regime e mantido fixo até o final do prazo a que se refere o § 14 deste artigo, será:

I – para os Estados e para o Distrito Federal:
a) de, no mínimo, 1,5% (um inteiro e cinco décimos por cento), para os Estados das regiões Norte, Nordeste e Centro-Oeste, além do Distrito Federal, ou cujo estoque de precatórios pendentes das suas administrações direta e indireta corresponder a até 35% (trinta e cinco por cento) do total da receita corrente líquida;
b) de, no mínimo, 2% (dois por cento), para os Estados das regiões Sul e Sudeste, cujo estoque de precatórios pendentes das suas administrações direta e indireta corresponder a mais de 35% (trinta e cinco por cento) da receita corrente líquida;

II – para Municípios:
a) de, no mínimo, 1% (um por cento), para Municípios das regiões Norte, Nordeste e Centro-Oeste, ou cujo estoque de precatórios pendentes das suas administrações direta e indireta corresponder a até 35% (trinta e cinco por cento) da receita corrente líquida;
b) de, no mínimo, 1,5% (um inteiro e cinco décimos por cento), para Municípios das regiões Sul e Su-

deste, cujo estoque de precatórios pendentes das suas administrações direta e indireta corresponder a mais de 35 % (trinta e cinco por cento) da receita corrente líquida.

§ 3º Entende-se como receita corrente líquida, para os fins de que trata este artigo, o somatório das receitas tributárias, patrimoniais, industriais, agropecuárias, de contribuições e de serviços, transferências correntes e outras receitas correntes, incluindo as oriundas do § 1º do art. 20 da Constituição Federal, verificado no período compreendido pelo mês de referência e os 11 (onze) meses anteriores, excluídas as duplicidades, e deduzidas:

I – nos Estados, as parcelas entregues aos Municípios por determinação constitucional;
II – nos Estados, no Distrito Federal e nos Municípios, a contribuição dos servidores para custeio do seu sistema de previdência e assistência social e as receitas provenientes da compensação financeira referida no § 9º do art. 201 da Constituição Federal.

§ 4º As contas especiais de que tratam os §§ 1º e 2º serão administradas pelo Tribunal de Justiça local, para pagamento de precatórios expedidos pelos tribunais.

§ 5º Os recursos depositados nas contas especiais de que tratam os §§ 1º e 2º deste artigo não poderão retornar para Estados, Distrito Federal e Municípios devedores.

§ 6º Pelo menos 50% (cinquenta por cento) dos recursos de que tratam os §§ 1º e 2º deste artigo serão utilizados para pagamento de precatórios em ordem cronológica de apresentação, respeitadas as preferências definidas no § 1º, para os requisitórios do mesmo ano e no § 2º do art. 100, para requisitórios de todos os anos.

§ 7º Nos casos em que não se possa estabelecer a precedência cronológica entre 2 (dois) precatórios, pagar-se-á primeiramente o precatório de menor valor.

§ 8º A aplicação dos recursos restantes dependerá de opção a ser exercida por Estados, Distrito Federal e Municípios devedores, por ato do Poder Executivo, obedecendo à seguinte forma, que poderá ser aplicada isoladamente ou simultaneamente:

I – destinados ao pagamento dos precatórios por meio do leilão;
II – destinados a pagamento a vista de precatórios não quitados na forma do § 6º e do inciso I, em ordem única e crescente de valor por precatório;
III – destinados a pagamento por acordo direto com os credores, na forma estabelecida por lei própria da entidade devedora, que poderá prever criação e forma de funcionamento de câmara de conciliação.

§ 9º Os leilões de que trata o inciso I do § 8º deste artigo:

I – serão realizados por meio de sistema eletrônico administrado por entidade autorizada pela Comissão de Valores Mobiliários ou pelo Banco Central do Brasil;
II – admitirão a habilitação de precatórios, ou parcela de cada precatório indicada pelo seu detentor, em relação aos quais não esteja pendente, no âmbito do Poder Judiciário, recurso ou impugnação de qualquer natureza, permitida por iniciativa do Poder Executivo a compensação com débitos líquidos e certos, inscritos ou não em dívida ativa e constituídos contra devedor

originário pela Fazenda Pública devedora até a data da expedição do precatório, ressalvados aqueles cuja exigibilidade esteja suspensa nos termos da legislação, ou que já tenham sido objeto de abatimento nos termos do § 9º do art. 100 da Constituição Federal;

III – ocorrerão por meio de oferta pública a todos os credores habilitados pelo respectivo ente federativo devedor;

IV – considerarão automaticamente habilitado o credor que satisfaça o que consta no inciso II;

V – serão realizados tantas vezes quanto necessário em função do valor disponível;

VI – a competição por parcela do valor total ocorrerá a critério do credor, com deságio sobre o valor desta;

VII – ocorrerão na modalidade deságio, associado ao maior volume ofertado cumulado ou não com o maior percentual de deságio, pelo maior percentual de deságio, podendo ser fixado valor máximo por credor, ou por outro critério a ser definido em edital;

VIII – o mecanismo de formação de preço constará nos editais publicados para cada leilão;

IX – a quitação parcial dos precatórios será homologada pelo respectivo Tribunal que o expediu.

§ 10. No caso de não liberação tempestiva dos recursos de que tratam o inciso II do § 1º e os §§ 2º e 6º deste artigo:

I – haverá o sequestro de quantia nas contas de Estados, Distrito Federal e Municípios devedores, por ordem do Presidente do Tribunal referido no § 4º, até o limite do valor não liberado;

II – constituir-se-á, alternativamente, por ordem do Presidente do Tribunal requerido, em favor dos credores de precatórios, contra Estados, Distrito Federal e Municípios devedores, direito líquido e certo, autoaplicável e independentemente de regulamentação, à compensação automática com débitos líquidos lançados por esta contra aqueles, e, havendo saldo em favor do credor, o valor terá automaticamente poder liberatório do pagamento de tributos de Estados, Distrito Federal e Municípios devedores, até onde se compensarem;

III – o chefe do Poder Executivo responderá na forma da legislação de responsabilidade fiscal e de improbidade administrativa;

IV – enquanto perdurar a omissão, a entidade devedora:

a) não poderá contrair empréstimo externo ou interno;
b) ficará impedida de receber transferências voluntárias;

V – a União reterá os repasses relativos ao Fundo de Participação dos Estados e do Distrito Federal e ao Fundo de Participação dos Municípios, e os depositará nas contas especiais referidas no § 1º, devendo sua utilização obedecer ao que prescreve o § 5º, ambos deste artigo.

§ 11. No caso de precatórios relativos a diversos credores, em litisconsórcio, admite-se o desmembramento do valor, realizado pelo Tribunal de origem do precatório, por credor, e, por este, a habilitação do valor total a que tem direito, não se aplicando, neste caso, a regra do § 3º do art. 100 da Constituição Federal.

§ 12. Se a lei a que se refere o § 4º do art. 100 não estiver publicada em até 180 (cento e oitenta) dias, contados da data de publicação desta Emenda Constitucional, será considerado, para os fins referidos, em relação a Estados, Distrito Federal e Municípios devedores, omissos na regulamentação, o valor de:

I – 40 (quarenta) salários-mínimos para Estados e para o Distrito Federal;
II – 30 (trinta) salários-mínimos para Municípios.

§ 13. Enquanto Estados, Distrito Federal e Municípios devedores estiverem realizando pagamentos de precatórios pelo regime especial, não poderão sofrer sequestro de valores, exceto no caso de não liberação tempestiva dos recursos de que tratam o inciso II do § 1º e o § 2º deste artigo.

§ 14. O regime especial de pagamento de precatório previsto no inciso I do § 1º vigorará enquanto o valor dos precatórios devidos for superior ao valor dos recursos vinculados, nos termos do § 2º, ambos deste artigo, ou pelo prazo fixo de até 15 (quinze) anos, no caso da opção prevista no inciso II do § 1º.

§ 15. Os precatórios parcelados na forma do art. 33 ou do art. 78 deste Ato das Disposições Constitucionais Transitórias e ainda pendentes de pagamento ingressarão no regime especial com o valor atualizado das parcelas não pagas relativas a cada precatório, bem como o saldo dos acordos judiciais e extrajudiciais.

§ 16. A partir da promulgação desta Emenda Constitucional, a atualização de valores de requisitórios, até o efetivo pagamento, independentemente de sua natureza, será feita pelo índice oficial de remuneração básica da caderneta de poupança, e, para fins de compensação da mora, incidirão juros simples no mesmo percentual de juros incidentes sobre a caderneta de poupança, ficando excluída a incidência de juros compensatórios.

§ 17. O valor que exceder o limite previsto no § 2º do art. 100 da Constituição Federal será pago, durante a vigência do regime especial, na forma prevista nos §§ 6º e 7º ou nos incisos I, II e III do § 8º deste artigo, devendo os valores dispendidos para o atendimento do disposto no § 2º do art. 100 da Constituição Federal serem computados para efeito do § 6º deste artigo.

§ 18. Durante a vigência do regime especial a que se refere este artigo, gozarão também da preferência a que se refere o § 6º os titulares originais de precatórios que tenham completado 60 (sessenta) anos de idade até a data da promulgação desta Emenda Constitucional.

▶ Art. 97 acrescido pela EC nº 62, de 9-12-2009.

Brasília, 5 de outubro de 1988.

Ulysses Guimarães – Presidente,
Mauro Benevides – 1º Vice-Presidente,
Jorge Arbage – 2º Vice-Presidente,
Marcelo Cordeiro – 1º Secretário,
Mário Maia – 2º Secretário,
Arnaldo Faria de Sá – 3º Secretário,
Benedita da Silva – 1º Suplente de Secretário,
Luiz Soyer – 2º Suplente de Secretário,
Sotero Cunha – 3º Suplente de Secretário,
Bernardo Cabral – Relator Geral,
Adolfo Oliveira – Relator Adjunto,
Antônio Carlos Konder Reis – Relator Adjunto,
José Fogaça – Relator Adjunto.